Karl-Heinz Reicheneder

Krippen zum Selberbauen

Von alpenländisch bis orientalisch

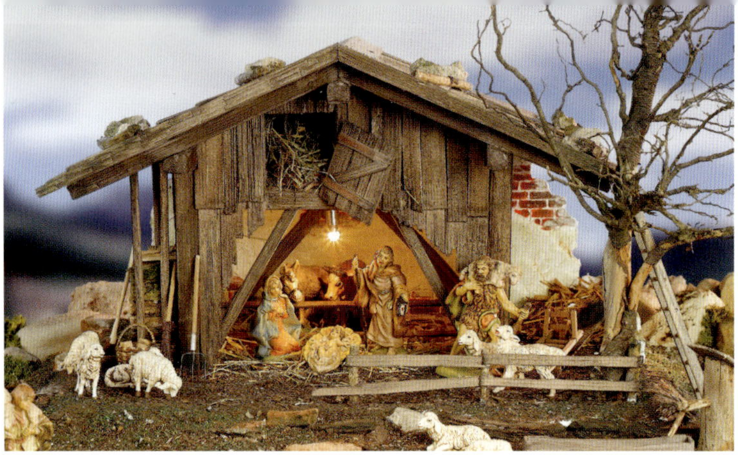

Inhaltsverzeichnis

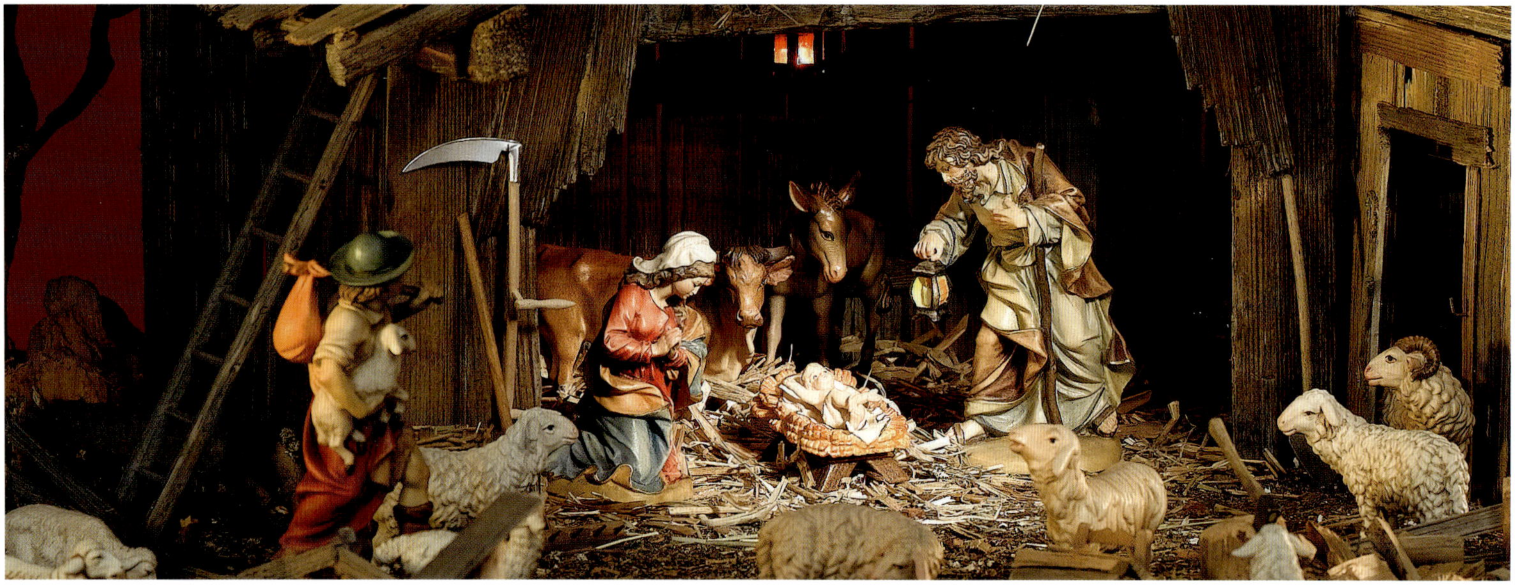

Krippen zum Selberbauen

Ein Tannenbaum mit bunten Kugeln und brennenden Kerzen im Kreise der Familie bildet auch heute noch den Mittelpunkt eines traditionellen Weihnachtsfestes. Vielfach gehört aber auch das Aufstellen einer Weihnachtskrippe zu den seit vielen Jahren lieb gewordenen Traditionen. Besonders im alpenländischen Raum wird dieser alte Brauch, die Geburt Christi bildhaft und räumlich mit einer Krippe darzustellen, in vielen Familien gepflegt.

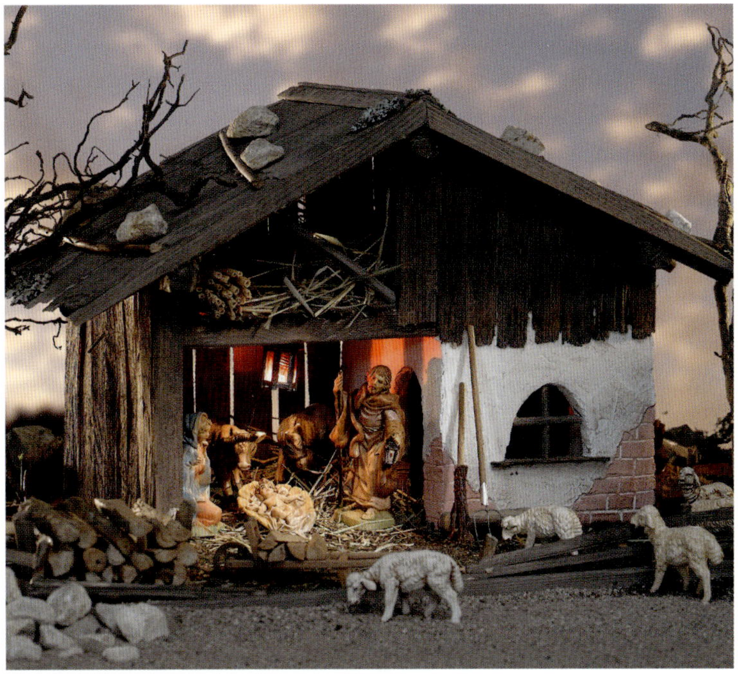

Über Generationen hinweg wurden die Krippen meist selbst gefertigt und über die Jahre hinweg fantasievoll erweitert. So entstanden ganz individuelle kleine Kunstwerke, die Jahr für Jahr in der Vorweihnachtszeit die Familie auf das besondere Fest einstimmen.

Bewahren Sie mit Hilfe dieses Buches diese schöne Tradition.

Ich wünsche Ihnen eine schöne und besinnliche Vorweihnachtszeit und viel Spaß und Freude mit Ihrer Krippe!

Ihr

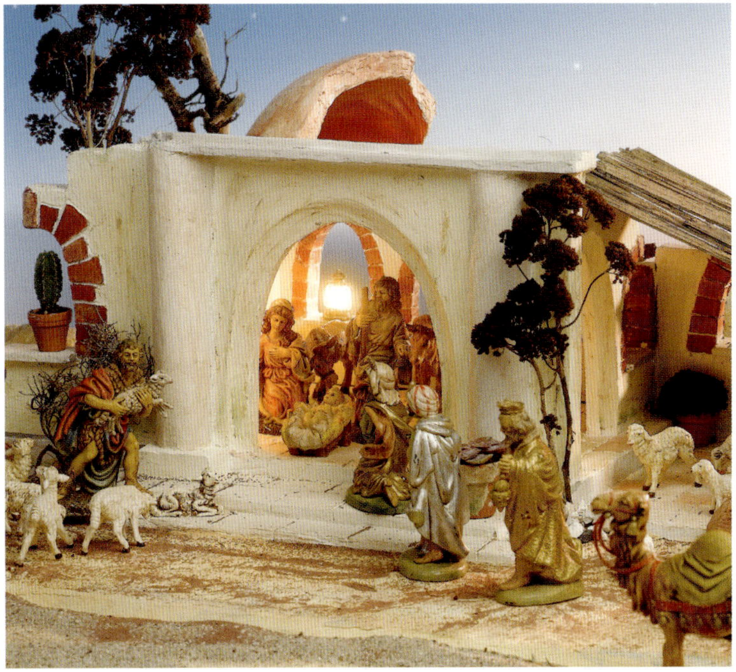

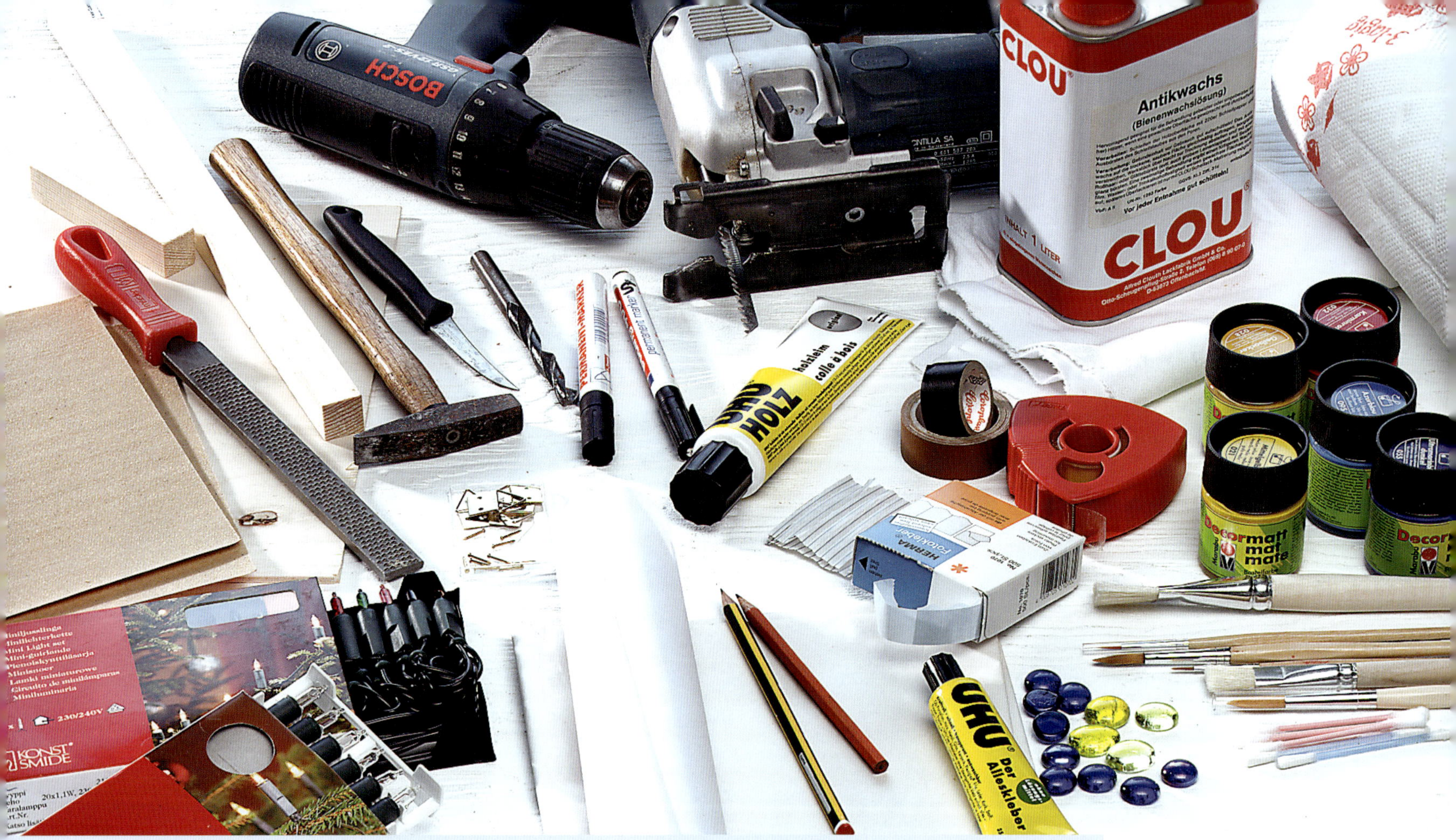

ALLGEMEINE HILFSMITTEL UND WERKZEUGE
Diese Werkzeuge und Hilfsmittel werden bei vielen Modellen verwendet und sind daher in den speziellen Materiallisten nicht eigens aufgeführt.

MATERIAL

- Schere
- Bleistift, Radiergummi, Spitzer
- Metermaß, Winkelmaß
- Stichsäge
- ggf. Tischkreissäge
- scharfes Messer
- Akku-Bohrschrauber
- Stemmeisen
- Hobel
- Schleifpapier (120er und 240er)
- Drahtbürste
- Holzraspel, Holzfeile
- Holzleim, Heißklebepistole
- Holzbeize
- Pinsel, Schwamm
- Spachtel
- Hammer
- Seitenschneider
- Flachzange
- Beißzange/Kneifzange
- Leimzwingen
- weiches Tuch (zum Polieren)
- Tacker

HINWEIS
Für die meisten Krippen sind komplette Holzbausätze beziehbar. Informationen dazu finden Sie im Impressum auf Seite 156.

Materialkunde

Fichtenholz

Fichtenholz lässt sich leicht bearbeiten und hat eine schöne Oberfläche. Es ist eines der am häufigsten genutzten Weichhölzer. Das Holz ist sehr hell bis rötlich und hat einen starken, natürlichen Glanz. Die Vierkanthölzer und Leisten sind aus sägerauem Fichtenholz.

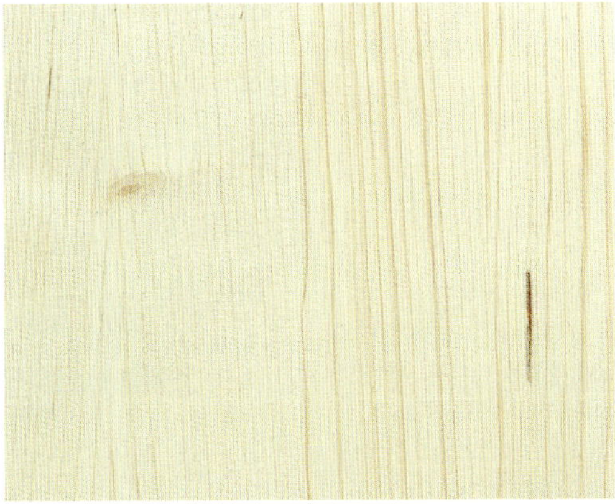

Leimholz

Beim Leimholz werden schmale Bretter zu Platten verleimt. Leimholz verzieht sich weniger stark als Massivholz. Es eignet sich besonders gut, wenn die Maserung später noch sichtbar ist. Das ist beim Beizen, Ölen und Lasieren der Fall. Leimholzplatten sind in verschiedenen Größen in allen Baumärkten erhältlich und können gut als Grundplatte verwendet werden.

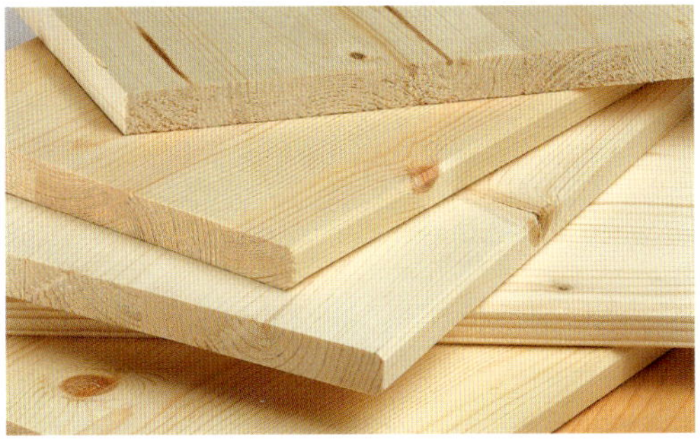

Tipp

Die Bauteile aus Fichtenholz oder Leimholz können Sie entweder selbst zusägen oder in Baumärkten oder beim Schreiner zusägen lassen.

Pressspanplatten

Pressspanplatten sind sehr preisgünstig. Sie lassen sich leicht bearbeiten. Durch die grobe Struktur sind die Ränder nie ganz glatt. Im Krippenbau wird Pressspan für Flächen benutzt, die später nicht mehr sichtbar sind, weil sie entweder deckend bemalt werden oder von einem anderen Material verdeckt werden. Pressspanplatten gibt es in Baumärkten in vielen Größen und Stärken.

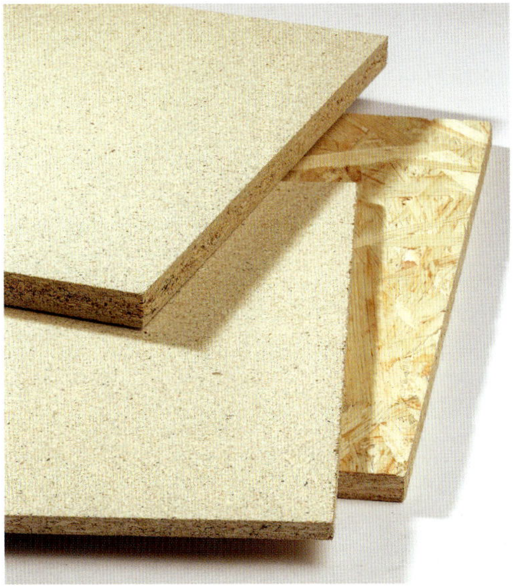

Hinweis

Die Adresse zum Bestellen kompletter Bausätze für die Krippen finden Sie auf Seite 156.

So wird's gemacht

Holz bearbeiten

Aussägen

Das Motiv entlang der Konturen mit der Stich- oder Tischkreissäge aussägen. Rundungen mit der Stichsäge ausführen. Anschließend ggf. mit einer Holzraspel nachbearbeiten. Gerade Schnitte können auch mit der Tischkreissäge geschnitten werden.

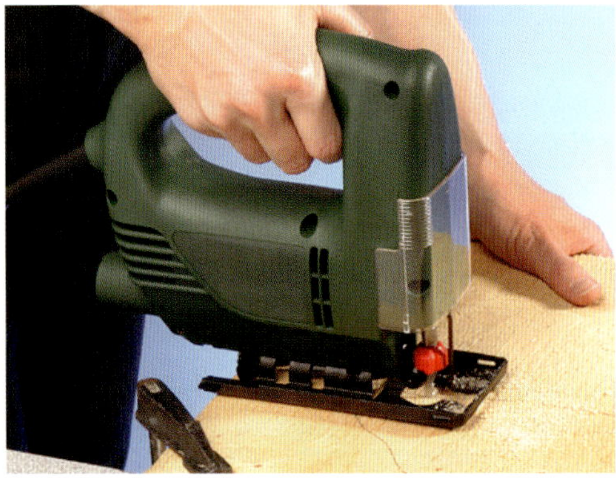

Aussägen von Innenflächen

Ein Loch, ca. ø 10 mm, in den Ausschnitt (z. B. eines Fensters) bohren, denn die Stichsäge ist mit ihrem breiten Sägeblatt nur begrenzt gelenkig. Das Sägeblatt ins Loch setzen und dann erst den Motor einschalten.

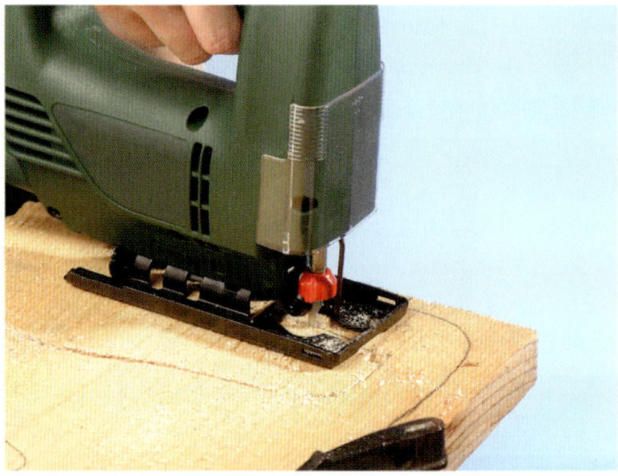

Auf Gehrung sägen

Als Gehrung bezeichnet man die Eckverbindung zweier in einem Winkel aufeinanderstoßenden länglichen Werkteile. In den meisten Fällen ist die Gehrung dabei die Winkelhalbierende des Winkels, mit dem die Teile fixiert werden.
Um auf Gehrung zu sägen braucht man eine Säge mit einer Vorrichtung zum Winkelsägen. Beide Teile im angegebenen Winkel zusägen und nach Anleitung zusammenfügen.

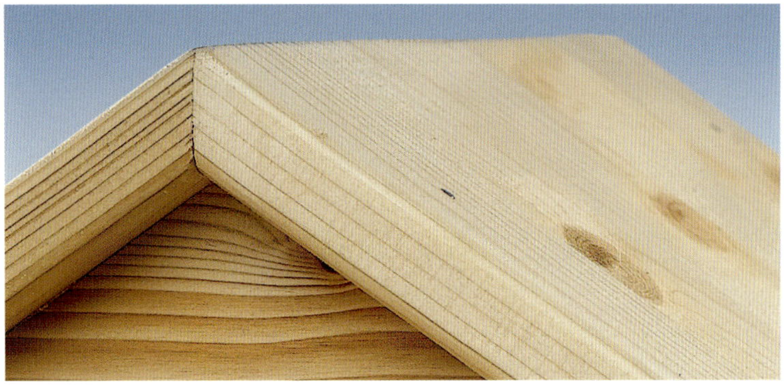

Kanten glätten

Die Schnittkanten sind nach dem Sägen recht rau und werden mit einer Holzfeile geglättet. Die Feile mit beiden Händen führen; eine Hand hält den Griff, die andere liegt auf dem Blattende und drückt es auf das Werkstück. Darauf achten, dass die Holzfasern nicht nach außen gedrückt werden, sondern die Feile schräg vom Körper weg geführt wird. Danach die Kanten mit Schleifpapier glätten.

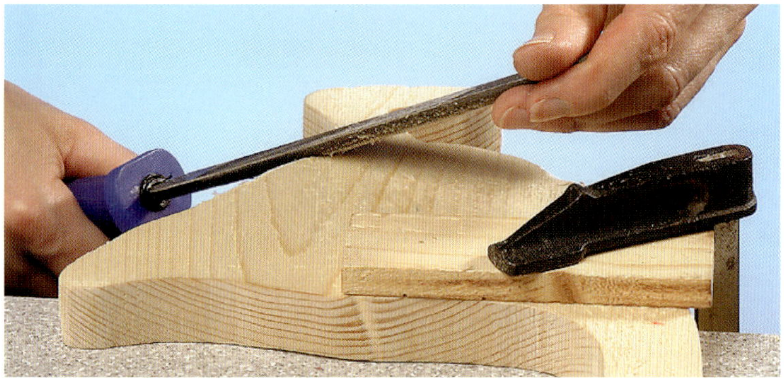

Leimen

Die Flächen der Einzelteile müssen fett- und staubfrei sein. Vor dem Zusammenleimen mit einem weichen Tuch abwischen. Den Leim mit einem Pinsel, Karton oder einem Finger auf einer Seite und nicht zu dick auftragen.
Die Teile zusammenfügen. Falls Leim herausquillt, diesen sofort mit einem feuchten Tuch oder einem Wattestäbchen abwischen.
Das Werkstück während des Abbindens des Leims zwischen Leimzwingen oder Schraubzwingen einspannen. Druckstellen vermeidet man, indem man kleine Pappstücke zwischen Holz und Zwinge klemmt. Die Teile sind nach ca. drei Stunden fest zusammengefügt.

Verschrauben

Für Senkkopfschrauben wird die Bohrung oben trichterförmig vergrößert („angesenkt“), dass der Schraubenkopf hineinrutschen kann und bündig abschließt. Die Tiefe der Senkbohrung beträgt wenige Millimeter. Dazu einen speziellen Senker (im Baumarkt erhältlich) oder einen Bohrer im Durchmesser des Schraubenkopfes verwenden.

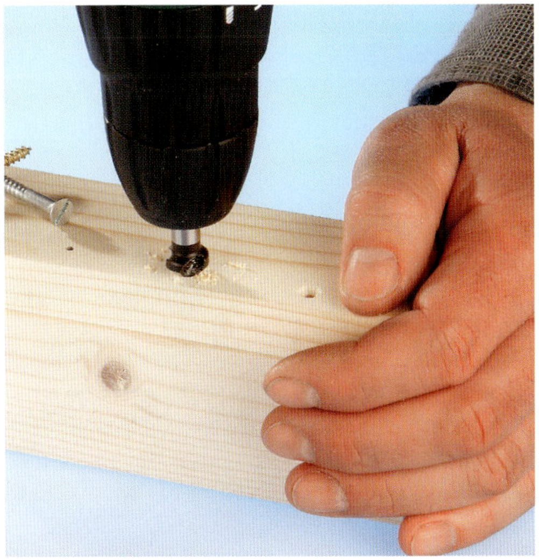

Wachsen

Die getrocknete Krippe mit farblosem Holzwachs oder Speiseöl mit einem sauberen, fusselfreien Lappen leicht einreiben. Das Wachs zieht nach kurzer Zeit ein, nach dem Trocknen kann mit einem Lappen noch nachpoliert werden. Durch das Wachs wird das Holz leicht wasserabweisend und unempfindlicher. Es hat dann einen leichten Glanz.

Ausgestaltung der Krippe

Farbliche Gestaltung der Krippe

Zum Anstrich der Holzbauteile können handelsübliche Beizen in Grau- oder Brauntönen verwendet werden, die mit einem Pinsel oder auch einem Schwamm aufgetragen werden. Um den Anstrich beurteilen zu können, sollten Sie vor dem Anstrich in jedem Falle eine Probebeizung durchführen.
Ein älteres Aussehen der Krippe erreichen Sie, wenn Sie die Holzbauteile, die dauerhaft sichtbar bleiben (Enden der Pfetten und Sparren) vor dem Zusammenbau und Beizen mit einer Drahtbürste bürsten, bis die Maserung des Holzes deutlich wird. Nach dem Bürsten nochmals mit Schleifpapier überarbeiten.

Um der Holzverkleidung und dem Dach ein älteres, angegrautes Aussehen zu verleihen, kann es nach dem Beizen stellenweise leicht und oberflächlich mit wenig weißer Mauerfarbe bestrichen werden. Verwenden Sie dazu einen weichen Pinsel oder einen alten Stofflappen.
Verputzte Wände (Orientalische Krippe) und Mauersegmente werden mit handelsüblicher Mauerfarben (Abtönfarben) farblich gestaltet.
Um verputzte Mauern älter aussehen zu lassen, kann nach dem Trocknen der Gipsmasse auf die Wände etwas Patina (im Bastelladen od. auch Baumarkt) aufgetragen werden. Dabei wenig Patina auf einen alten Lappen auftragen und diese leicht und vorsichtig auf den Wänden verreiben.

HINWEIS
Führen Sie vor dem Anstrich in jedem Fall einen Probeanstrich durch, um sicher zu gehen, dass das Ergebnis Ihren Vorstellungen entspricht!

Ausgestaltung der Grundplatte

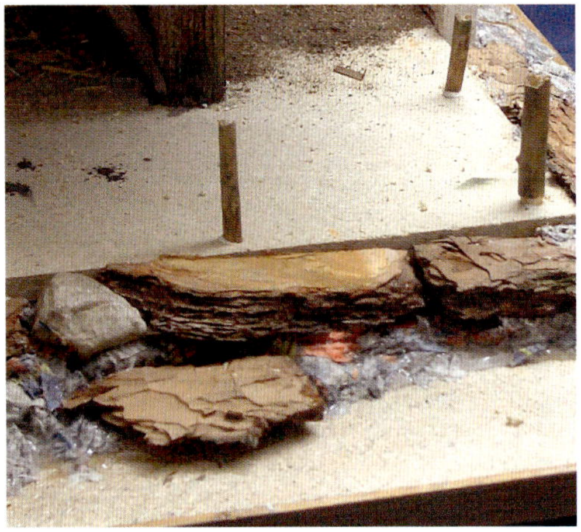

Die sorgfältige und liebevolle Ausgestaltung der Grundplatte trägt wesentlich zur Wirkung der Krippe bei. Die Gestaltung kann sehr individuell nach den eigenen Vorstellungen erfolgen. Folgende Überlegungen spielen dabei eine wichtige Rolle: Wie soll der Boden gestaltet werden? Wo wird ein Holzstoß errichtet? Wo kann ein Baum oder ein Brunnen mit Trog errichtet werden? Der spätere Standort sollte vor Beginn der Gestaltung festgelegt werden.

Die Grundplatte

Die Größe der Grundplatte (Pressspanplatte oder Leimholzplatte) richtet sich nach dem vorhandenen Platz zur Aufstellung Ihrer Krippe.
Die Schnittkanten der Grundplatte können durch entsprechend breite und 2 mm bis 3 mm starke Leisten verkleidet werden. Die Schnittkanten können aber auch mit einer Stichsäge auf 45° abgeschrägt und mit Streumaterial überdeckt werden (wie unter Außenbereich beschrieben).

Stallboden

Für den Stallboden Stroh mit der Schere kurz schneiden. Den Stallboden mit Leim einstreichen, die Strohstücke aufstreuen und mit der Hand festdrücken.

Außenbereich

Der Außenbereich wird durch Streumaterial in eine Landschaft verwandelt. Dazu den Außenbereich satt mit Leim bestreichen.
Erdbraunes und, insbesondere für die Ränder, dunkelgrünes Streumaterial aus dem Modelleisenbahnbau verwenden. Zusätzlich können noch etwas fein verriebene, trockene Baumrinde und trockenes Baummoos aufgestreut werden.

Tipp

Sie können das Streumaterial auch einfach selbst herstellen: Dazu ca. einen Liter Sägespäne mit ca. 30 ml dunkelbrauner Beize vermengen, intensiv verrühren und trocknen lassen. Der Untergrund mit Leim bestreichen und die gefärbten Sägespäne aufstreuen.

Bäume

Als Bäume Wurzeln von Wurzelstöcken entwurzelter Bäume verwenden. Die Höhe des Baumes soll der Krippenhöhe entsprechen. Den Baum von unten mit einer Schraube an der Grundplatte befestigen.

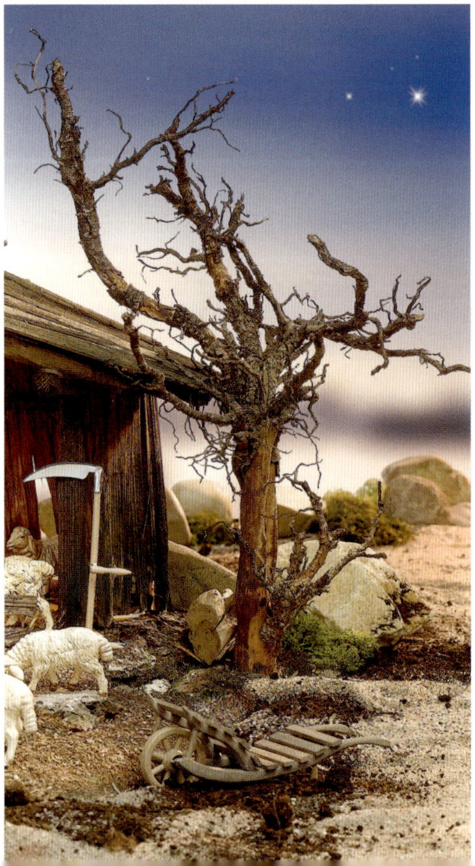

Gelände

1 Zur Gestaltung eines Geländes sollten mindesten zwei oder auch drei Grundplattenvon unterschiedlicher Größe verwendet werden. Die Grundplatten miteinander mit Leim verkleben oder mit Senkkopfschrauben von unten miteinander verschrauben (Schraubenlöcher unten ansenken). Bei der Verwendung von drei Grundplatten kann die mittlere Platte auch aus Styropor sein (10 mm stark). Die Kanten der Grundplatte können mithilfe einer Stichsäge schräg zu einer beliebigen Form zugeschnitten werden.

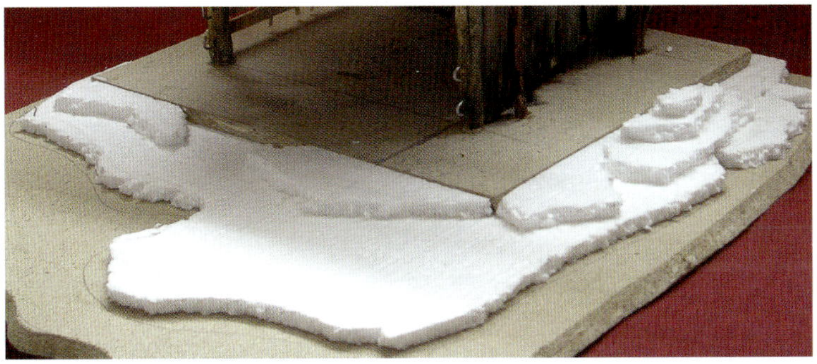

2 Unebenes, hügeliges Gelände können Sie durch Aufkleben von Styroporteilen gestalten; anschließend alle Übergänge auf der Grundplatte sowie alles Styropor mit Gipsmasse (mit etwas Leim zur besseren Haftung) zustreichen. Nach dem Trocknen es Gipses kann die Grundplatte zur Darstellung von Steinen, Fels usw. mit üblicher Wandfarbe oder auch mit der bereits verwendeten (grauen) Beize in verschiedenen Schattierungen
gestrichen werden.

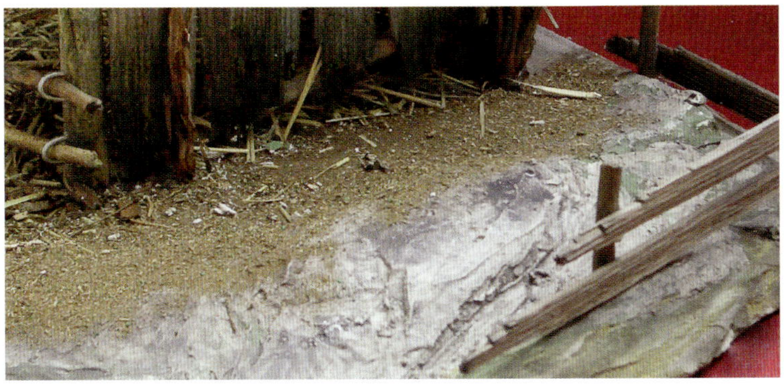

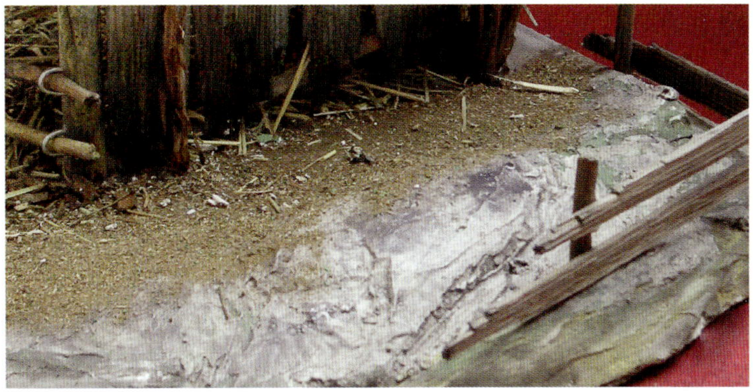

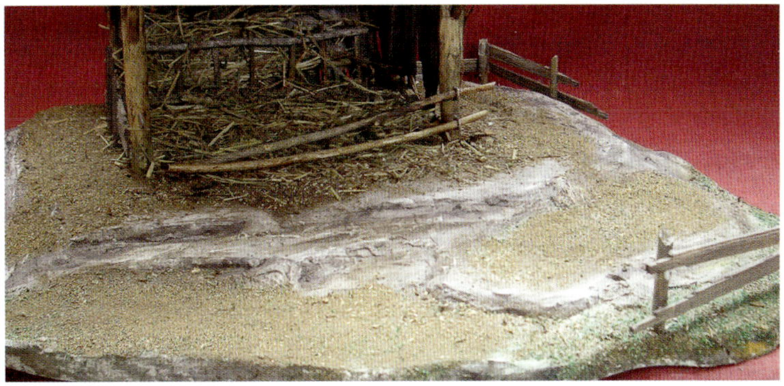

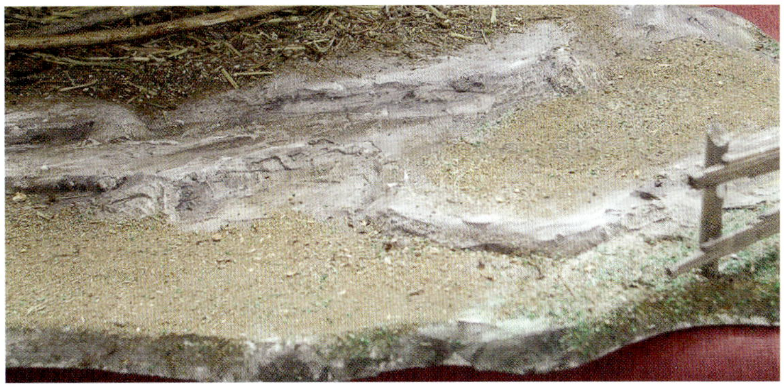

Felsen

Felsen können aus kleinen Styropor–Bruchstücken gestaltet werden die unregelmäßig nach Belieben mit Heißkleber zusammengeklebt und dann mit weicher, cremiger Gipsmasse überstrichen werden.

Bodenbelag

Zur Darstellung von Wald- oder einfachem Erdboden kann abschließend noch Streumaterial auf die entsprechenden Stellen der Grundplatte aufgebracht werden. Streumaterial (Braunund/oder Grüntöne für Grasboden) erhält man im Zubehörhandel für Modeleisenbahnbau. Durch kräftiges und intensives Vermengen von Sägespänen mit Beize oder auch Farbe kann Streumaterial auch leicht selbst hergestellt werden (vor dem Aufkleben trocknen lassen). Alle Bereiche, an denen Streumaterial aufgebracht werden soll, satt mit Leim bestreichen, Streumaterial (z.B. Stroh) aufstreuen und etwas festdrücken.
Zum Abschluss den Innenbereich des Stalls mit klein geschnittenem

Zäune

Zäune können nach eigenen Vorstellungen überall angebracht werden. Für einen Zaun Löcher mit einem Durchmesser von ca. 6 mm im Abstand von ca. 15 cm in die Grundplatte bohren. In diese Löcher ca. 5 cm lange, dürre Zweige einkleben (Reste von Querholm oder Stützen) und diese dann mit schmalen, dünnen Brettchen verbinden.

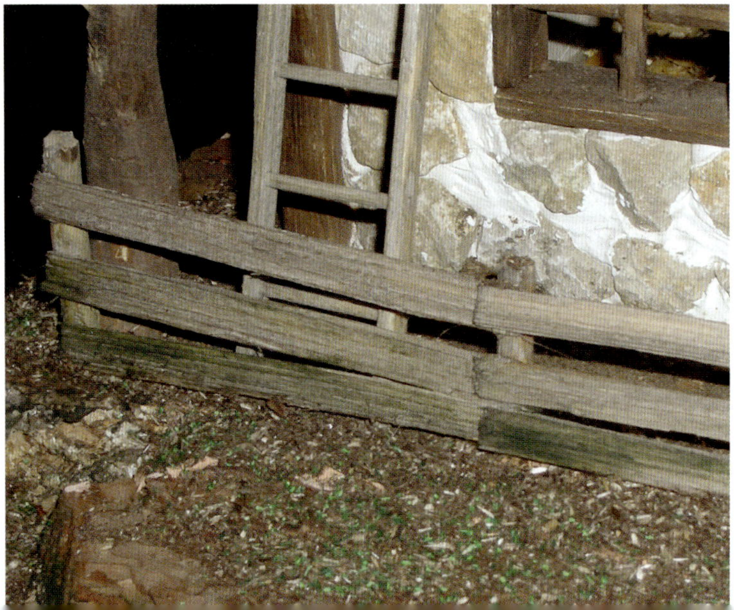

Beleuchtung

Für eine Beleuchtung im Stall kann in der Mitte des mittleren Querbalkens ein kleiner Haken eingedreht werden, an dem eine Lampe gehängt wird. Hinter dem Stall können Sie einen passenden Trafo oder eine Batterie anbringen.

Herstellung und Befestigung von Türen

Für die Tür werden die Bretterstreifen auf einer ebenen Unterlage bis zur entsprechenden Breite nebeneinander gelegt und ausgerichtet. Im oberen und unteren Bereich quer je einen weiteren Bretterstreifen kleben. Diagonal zwischen die beiden waagrechten Streifen einen dritten Streifen zur Befestigung kleben.

Als **Scharniere für Türen oder auch Fensterläden** können dünne Lederstreifen oder aber auch schmale Weißblechstreifen (4-5 mm breit) verwendet werden, die aus leeren Blechdosen geschnitten werden. Aus den Weißblechstreifen können mit etwas Geschick und Geduld an einem Ende des Streifens kleine Scharniere gebogen werden.
Die Scharniere mit Kleber oder mit kleinen Nägeln auf den waagrechten Streifen des Tores befestigt. Der zu lange Nagel wird auf der Rückseite gekürzt und mit einem Tropfen Heißkleber „versiegelt“. Das Scharnier soll auf einer Seite ca. 0,5 cm überstehen.
Als **Angel** für die Scharniere werden ebenfalls kleine Nägel verwendet. Sie werden ca. 5 mm vor dem Kopf im rechten Winkel gebogen. Anschließend wird der Kopf des Nagels entfernt. Die längere Seite der Angel wird (nachdem vorgebohrt wurde) mit Hilfe einer Flachzange in den Türrahmen eingedrückt. Die Lage der Angeln ist vorher durch Anpassen der Tore festzulegen.

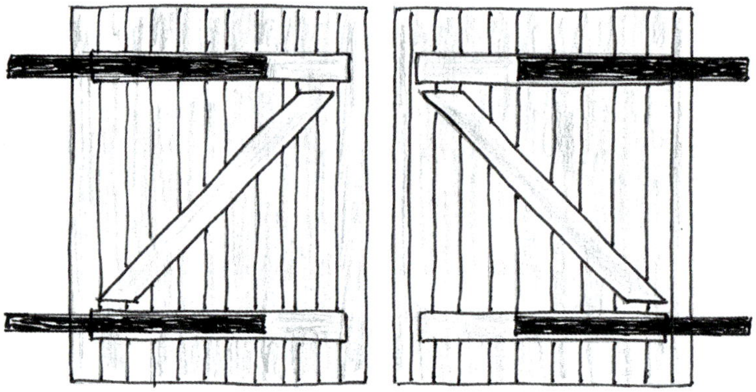

Beispiele für Türen

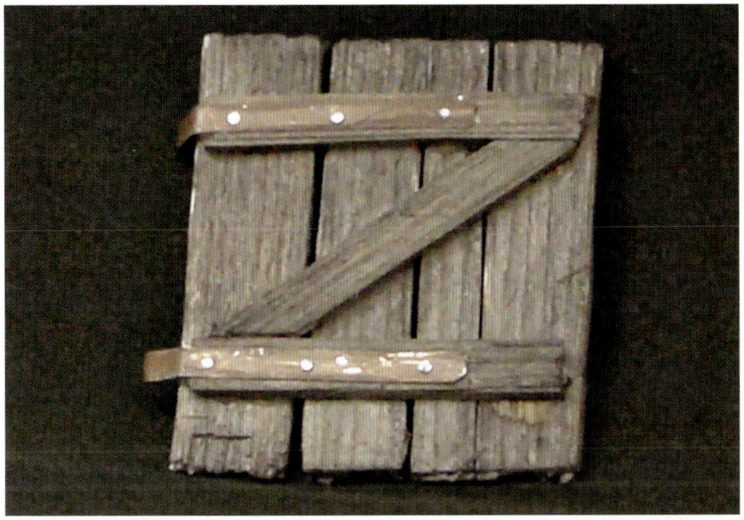

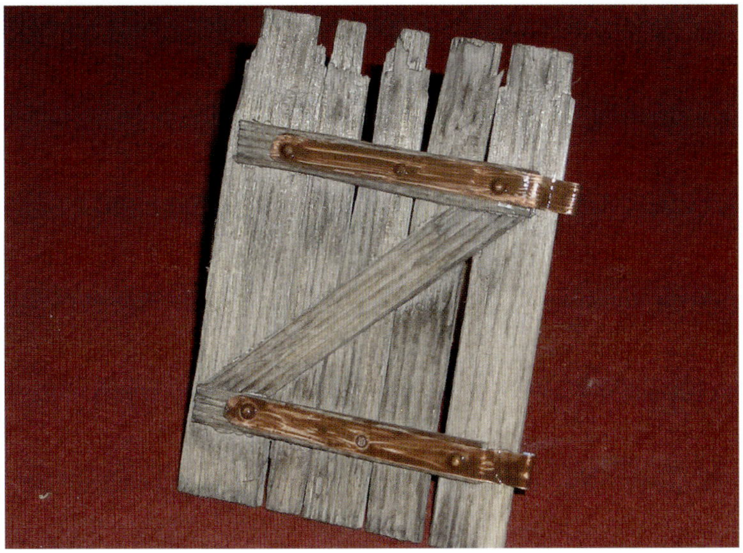

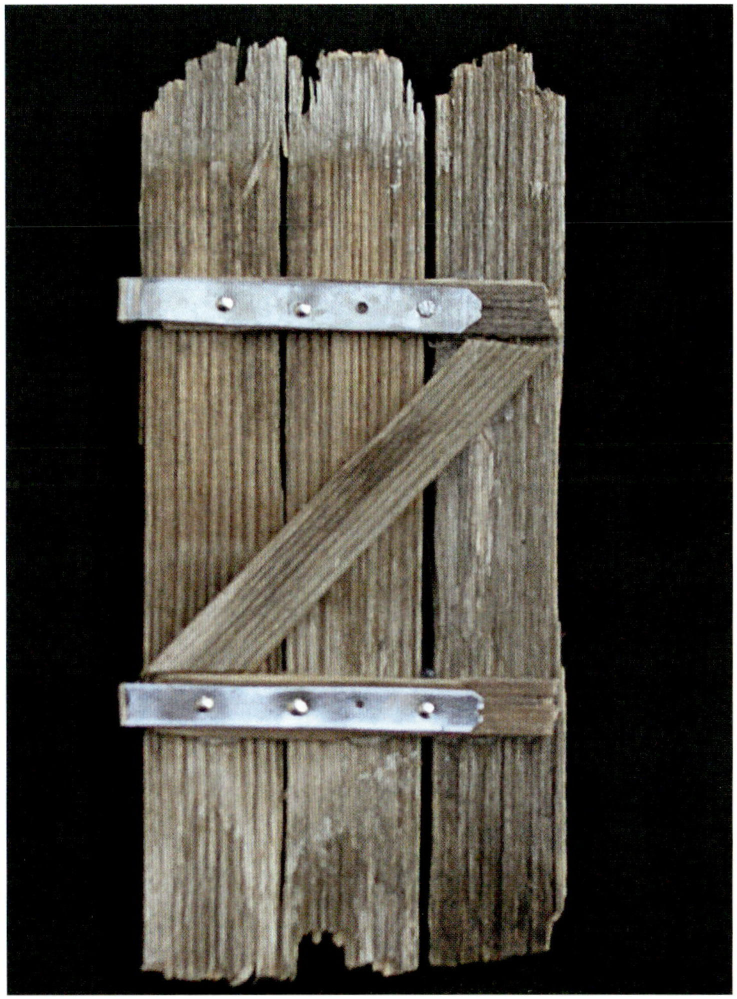

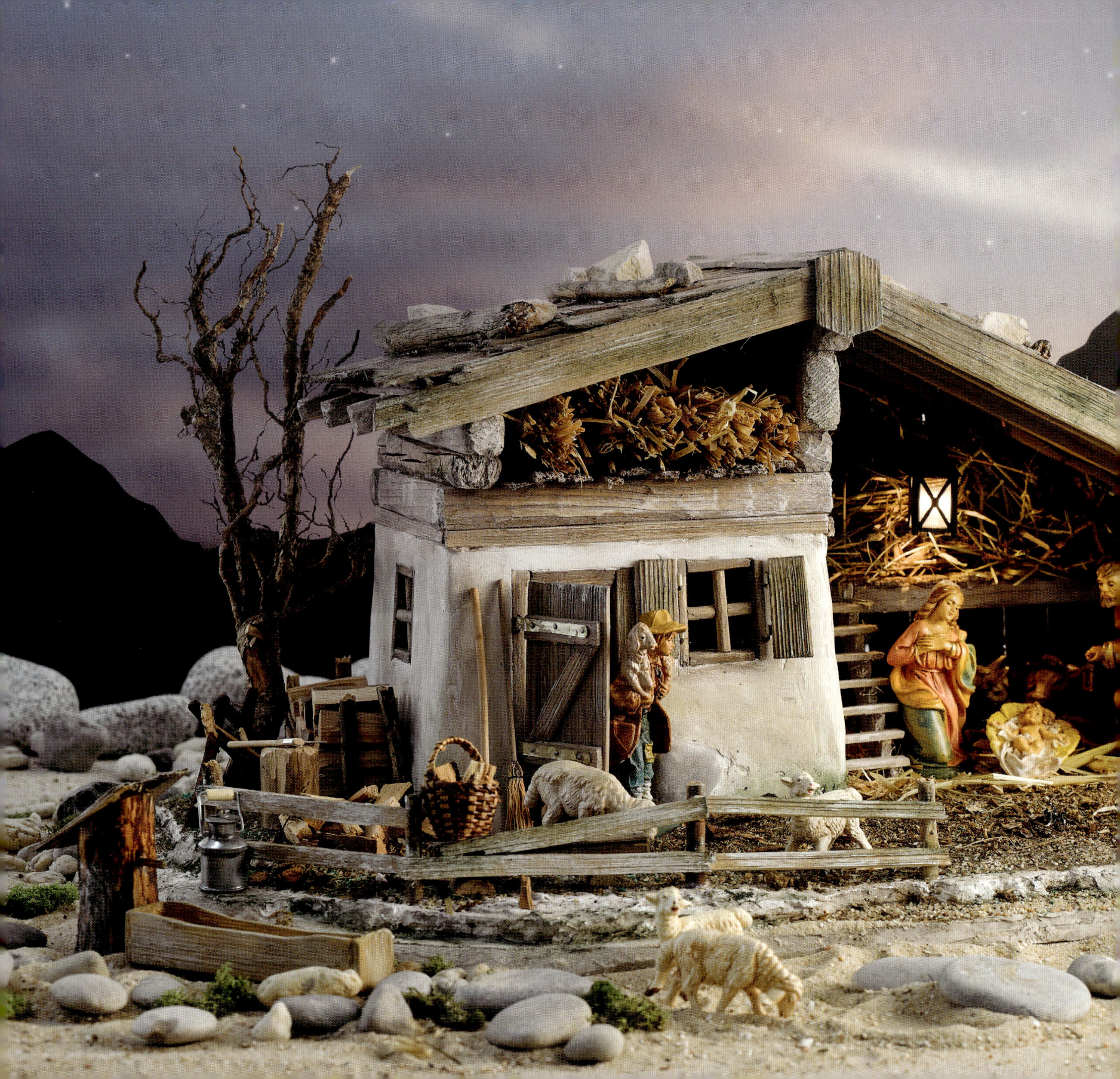

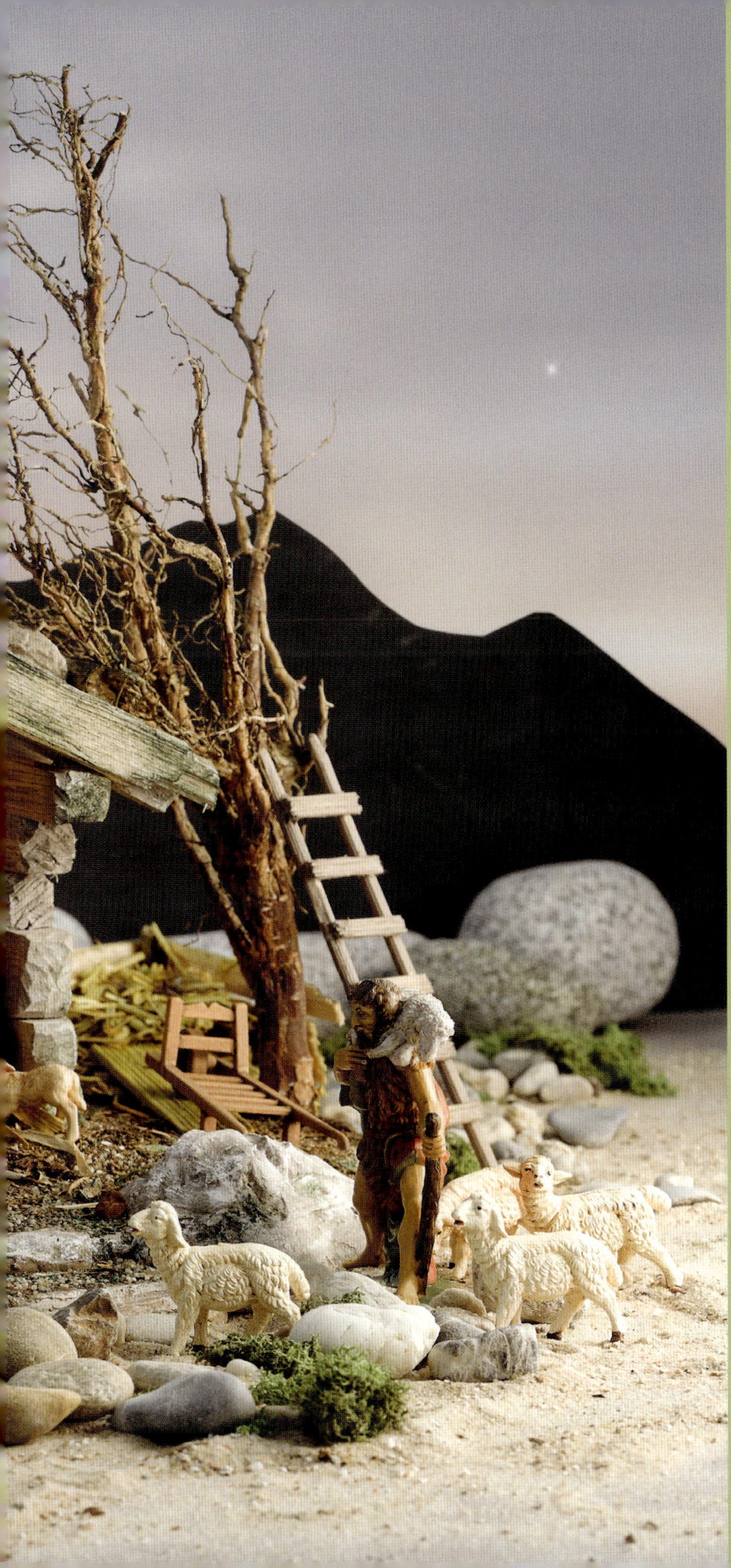

Krippe Grainau

Die Krippe besteht aus einem gemauerten Wohnbereich mit Stallteil und ist im alpenländischen Stil gestaltet.

SCHWIERIGKEITESGRAD

●●○

MOTIVGRÖSSE

51 cm x 27 cm

FIGURENGRÖSSE

8 cm bis max. 12 cm

MATERIAL

- Holz-/Pressplatte 70 x 45 cm, 10mm stark
- Gips (Moltofill)
- Leim
- ca. 50 Stück Senkkopfschrauben (30 x 3,5 mm)
- Grundplatten aus Styrodur oder Styropor (2 cm) und/ oder Styropor empfohlen
- kleine, verschieden lange etwa 2 bis 3 mm starke und 10 bis 40 mm breite Holzbrettchen (ca. 4 lfm), diese sind ggf. beim Schreiner erhältlich (siehe auch unter Hinweis). Alternativ können auch Salat- oder Obstkisten verwendet werden.
- ca. ¼ Liter Holzbeize in grauen oder braunem Farbton
- kleinere Mengen Wandfarben in verschiedenen Farben (weiß, gelb, braun, Abtönfarben aus dem Baumarkt)
- Akku-Schrauber
- Bohrer
- Stichsäge
- Heißklebepistole mit Klebesticks
- Spachtel
- scharfes stabiles Messer
- Drahtbürste
- Schleifpapier
- 2 bis 3 Pinsel in verschiedenen Größen
- Klebeband zum abkleben.

HINWEISE

Ihre Fähigkeiten: Der Zusammenbau ist nicht sehr schwierig, Bastelarbeiten mit Holz und dem entsprechendem Werkzeug sollten aber vertraut sein.
Zeitbedarf: Der zeitliche Aufwand für den Bau des Stalles beträgt je nach Können ca.14 bis 16 Stunden. Für den Außenbereich mit Formung eines Geländes, eines Misthaufens, für Zäune, Holzstöße, dem Fertigen von Tür und Fensterläden und dgl. sollte mindestens ebenso viel Zeit eingeplant werden (soweit das benötigte Material bereits vorhanden ist).

HINWEIS

Die Adresse zum Bestellen eines kompletten Bausatzes für diese Krippe finden Sie auf Seite 156.

Stückliste

Nr.	Bezeichnung	Profil/Material	Maße in cm	Anzahl
1	Zimmerwände vorne u. hinten	Styrodur	17 x 14 x 2	2
2	Zimmerwand li.	Styrodur	20 x 14 x 2	1
3	Zimmerwand re.	Styrodur	18 x 14 x 2	1
4	Mauerbalken vorne u. hinten	Vierkant	2 x 2 x 17,5	2
5	Mauerbalken links u. rechts	Vierkant	2 x 2 x 20,5	2
6	Tragebalken	Vierkant	2 x 2 x 14	2
7	Querholme	Vierkant	1,5 x 1,0 x 21	2
8	Kniestockbalken links	Vierkant	2 x 2 x 24	2
9	Firstbalken (Mitte)	Vierkant	2 x 2 x 24	2
10	Firstbalken (Mitte)	Vierkant	2 x 4 x 24	1
11	Wandbalken re.?	Vierkant	2 x 2 x 24	5
12	Wandbalken re.?	Vierkant	2 x 4 x 24	1
13	Dachsparren li.	Vierkant	1,5 x 1,0 x 24	4
14	Dachsparren re.	Vierkant	1,5 x 1,0 x 30	4
15	Bodenbalken f. Zwischenboden	Vierkant	1,5 x1,0 x 20,5	2
16	Tragebalken f. Zwischenboden	Vierkant	1,5 x 1,0 x 8	2
17	Rahmenholz f. Türe, Fenster, Treppe	Vierkant	2,5 x 0,5 x 28	5
18	Grundplatte	Pressspan	70 x 45 x 1	1

Montageskizze

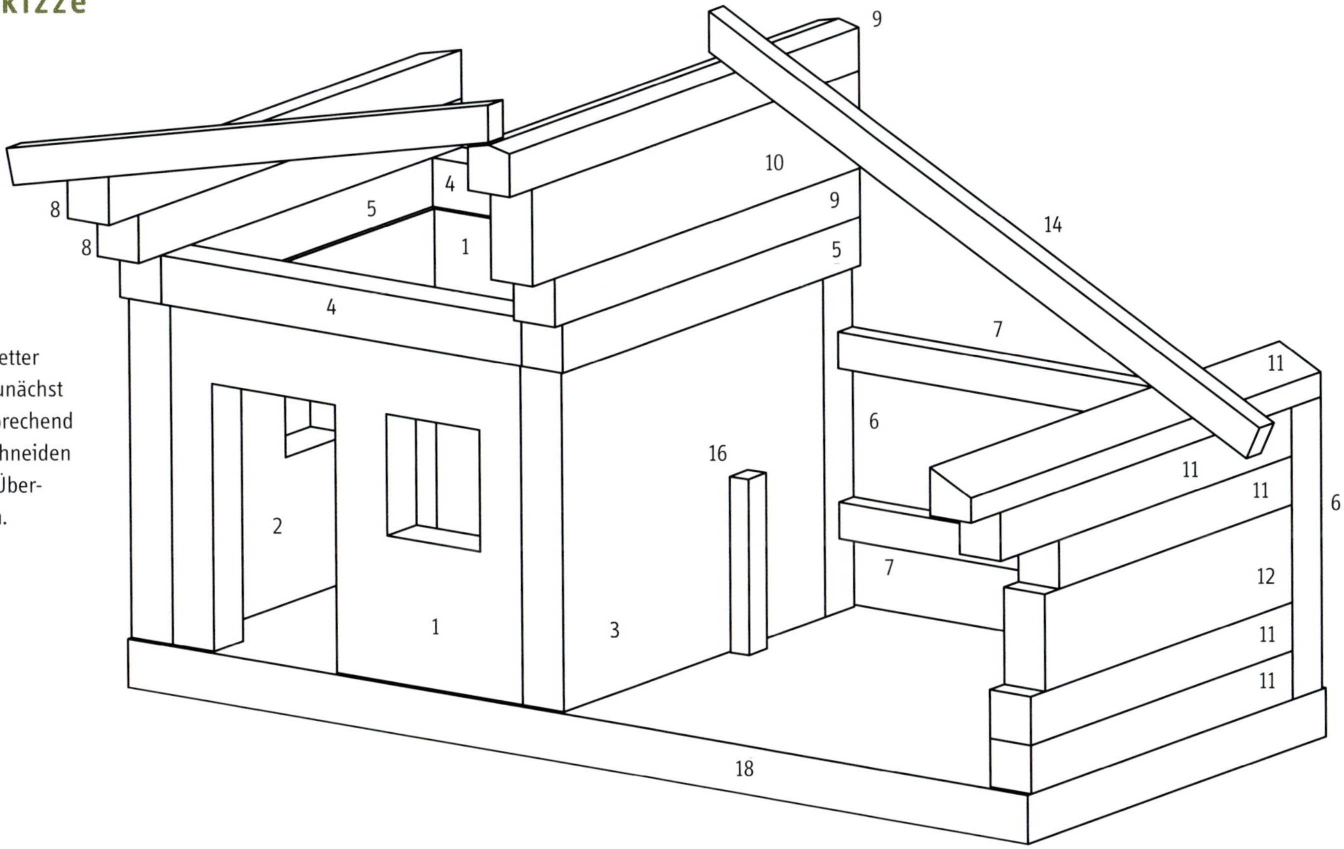

Soweit kein kompletter Bausatz vorliegt zunächst alle Bauteile entsprechend der Stückliste zuschneiden und zur besseren Übersicht nummerieren.

Zimmerwand vorne (Nr. 1)

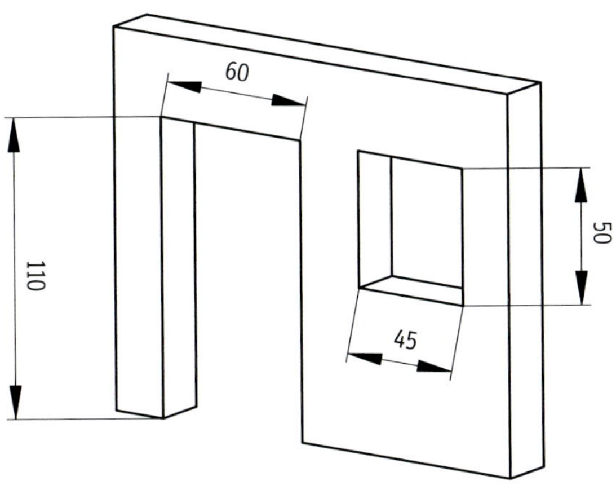

Alle Maße in mm

Montageschritte

Zimmerwände

1 Tür und Fenster auf den Styrodurteilen Nr. 1 u. 2 ausmessen, mit Stift aufzeichnen und mit einem scharfen Messer ausschneiden.

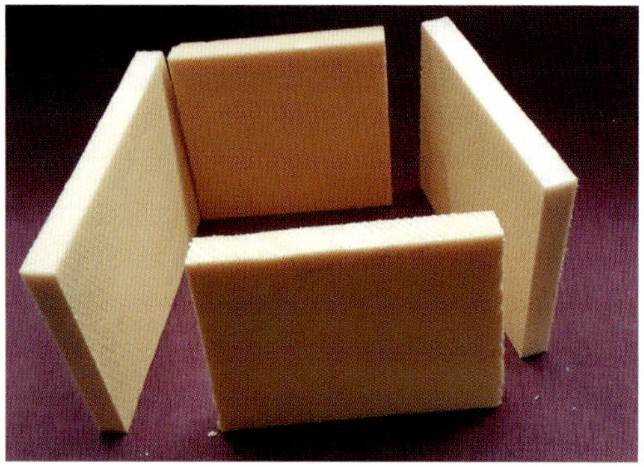

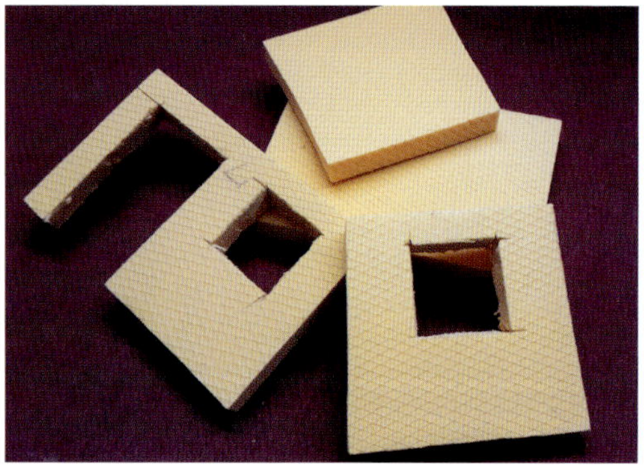

2 Aus Rahmenholz Nr. 17 Tür- und Fensterrahmen schneiden. Rahmen vor dem Schneiden mit Drahtbürste bürsten, damit die Holzmaserung hervortritt. Kanten mit Messer entfernen. Anschließend mit Schleifpapier bearbeiten und mit Heißkleber einkleben.

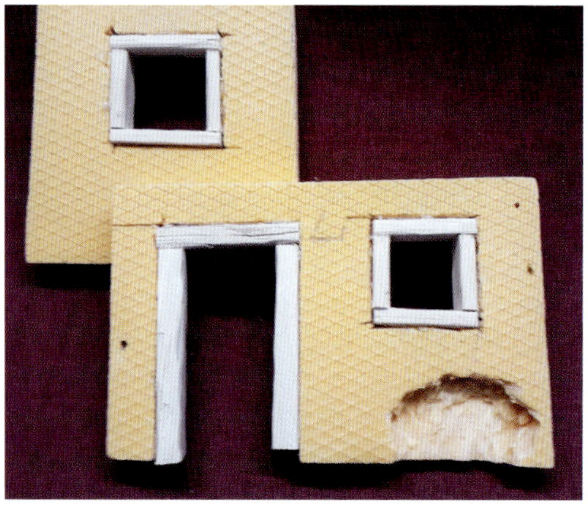

Zum Eingipsen den Rahmen außen überstehen lassen. Überstand soll etwa der Gipsschicht, die später aufgetragen wird, entsprechen (2 bis 3 mm).

3 Tür- und Fensterrahmen streichen (Farbgestaltung siehe Seite 11).

4 Für einen Stein, der nach dem Gipsen der Wände sichtbaren sein soll mit dem Messer eine „Kuhle“ aus vorderer oder/und seitlicher Wand „auskratzen“, in die der Stein eingeklebt werden kann.

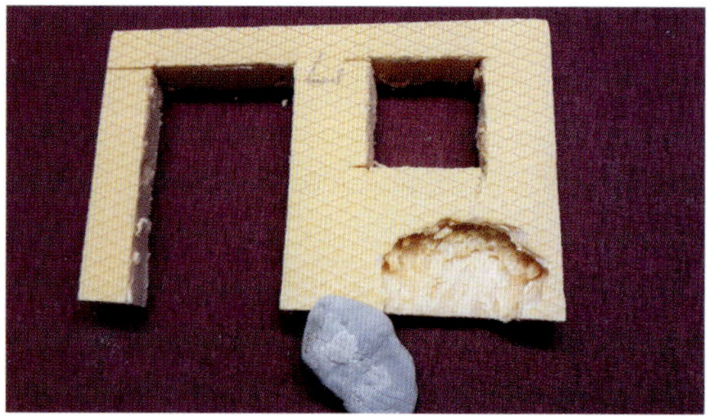

5 Einen der beiden Tragebalken Nr. 6 auf 12 cm kürzen. Die beiden Querholme und den gekürzten Tragebalken mit Drahtbürste, Messer und Schleifpapier bearbeiten.

6 Für die Rückseite der rechten Stallhälfte die beiden Tragebalken Nr. 6 mit Hilfe der beiden Querholme Nr. 7 (hochkant) links und rechts mit jeweils einer Senkkopfschraube zusammenfügen (Tragebalken vorbohren und ansenken).

Querholme und Tragebalken außen bündig, der Abstand der Querholme zur Grundplatte beträgt ca. 3 cm bzw. 10 cm.

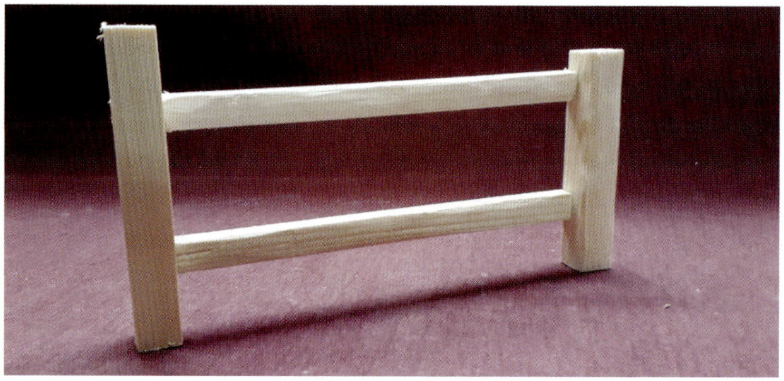

Zusammenbau der Wände

1 Befestigen Sie den längeren der beiden Tragebalken Nr. 6 mit Heißkleber und zwei Senkkopfschrauben an der Stirnseite und im rechten Winkel an der rechten Mauerseite Nr. 3 (Tragebalken vorbohren und ansenken).

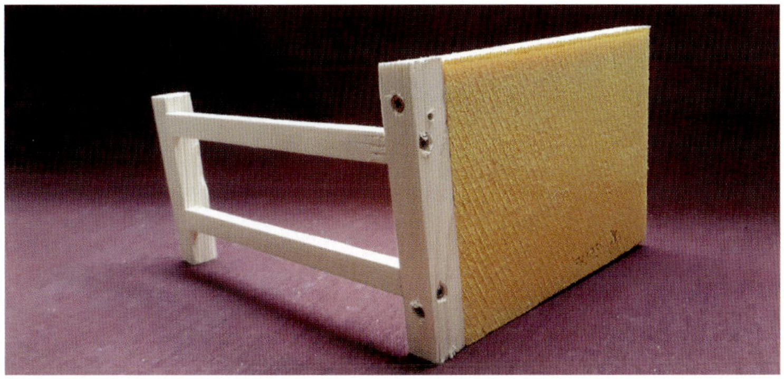

2 Die übrigen Mauerteile (Teile Nr.1 u. 2) ebenfalls mit Heißkleber und jeweils zwei Senkkopfschrauben im rechten Winkel zusammenbauen (Breite insgesamt vorne 21cm, Tiefe 20 cm).

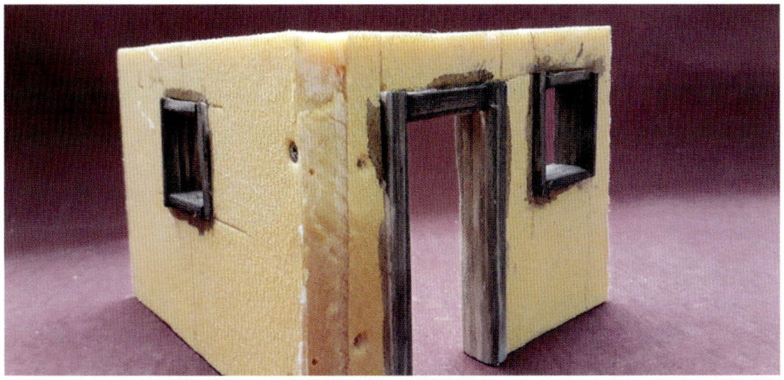

3 Anschließend die Wände vergipsen.

4 Linke und rechte Ecken vorne an den Mauern mit einem Messer rund schneiden, so dass abgerundete Ecken entstehen. Gegebenenfalls Kiesel- oder Schotterstein mit Heißkleber vorher in die vorgesehene „Kuhle" einkleben. Der Überstand des Steines in der Mauer beträgt 2 bis 3mm.

5 Vor dem Vergipsen der Wände Fenster- und Türrahmen mit Klebeband sorgfältig abkleben.

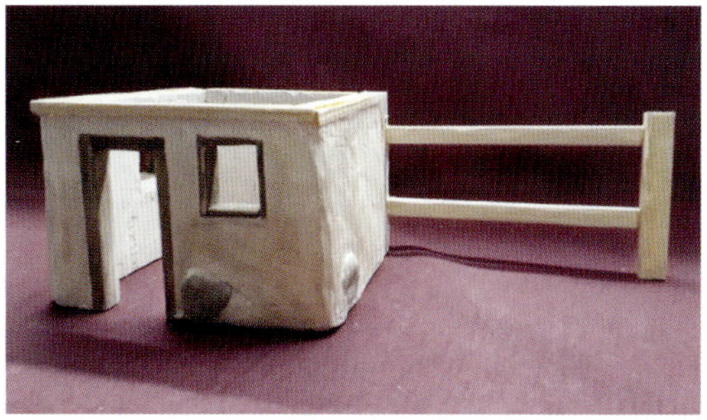

6 Den Gips in entsprechendem Gefäß nach Vorgaben anrühren und die Mauern mit Hilfe eines Spachtels innen und außen mit einer 2–3 mm dicken Gipsschicht überziehen. In die Gipsmasse etwas Holzleim und nach Wunsch etwas gelbe Abtönfarbe unterrühren.

Nach dem Trocknen der Gipsschicht Klebebänder entfernen, Mauern mit Schleifpapier nach eigenen Vorstellungen schleifen.

7 Bei den vier umlaufenden Mauerbalken Nr. 4 und 5 – die auf die Wände aufgesetzt werden - mit dem Messer die Kanten an den Stirnseiten und in der ganzen Länge entfernen (jedoch nicht runden) und mit der Drahtbürste bürsten, bis die Holzmaserung deutlich hervortritt. Abschließend mit Schleifpapier nochmals überarbeiten.

8 Einen der beiden Mauerbalken Nr. 4 (17,5 cm) vorne auf die Mauer setzen und mit Heißkleber (od. nach Belieben mit einer Senkkopfschraube) auf der Mauer befestigen. Mauerbalken nach vorne und an den beiden Enden jeweils 2 bis 3 mm überstehen lassen. Die weiteren drei Mauerbalken ebenso mit Überstand als Kranz auf den Mauern befestigen.

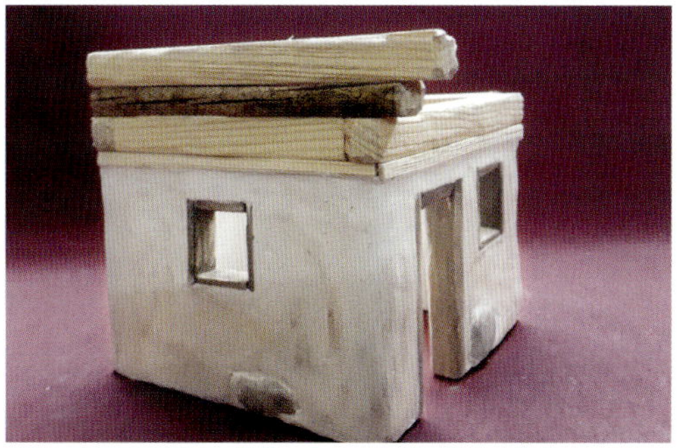

9 Unterhalb der Mauerbalken, bündig mit dem darüber liegenden Mauerbalken rundum an allen vier Seiten ein 2 bis 3 mm starkes und 8 bis 10 mm breites Holzbrettchen an die Mauer kleben.

10 Holzbrettchen und Mauerbalken wie Tür- und Fensterrahmen streichen.

Kniestockaufbau links

1 Einen der beiden Kniestockbalken Nr. 8 um 2 cm kürzen.

2 Die Kanten der beiden Balken, insbesondere an den Stirnseiten, mit einem scharfen Messer entfernen, Schnittflächen der Balken etwas mit Messer bearbeiten und kräftig mit Drahtbürste bürsten. Anschließend die Balken mit Schleifpapier überarbeiten.

3 Den kürzeren der beiden Balken auf dem Mauerbalken der linken Mauerseitlich und hinten bündig mit Heißkleber aufkleben (Überstand vorne etwa 1,5 cm), siehe Bild Seite 21 unten.

4 Den zweiten Balken Nr. 8 (zum Auflegen der Dachsparren) mit dem Messer auf die ganze Länge auf 10 bis 15 Grad anschrägen und auf den gekürzten Balken hinten und seitlich bündig aufkleben (Überstand vorne etwa 3,5 cm).

Aufbau Firstgiebel

1 Einen der beiden Firstbalken Nr. 9 auf ca. 20 cm kürzen und Firstbalken Nr. 10 auf 22 cm kürzen.

2 Die Firstbalken wie die Kniestockbalken mit Messer, Drahtbürste und Schleifpapier bearbeiten.

3 Den gekürzten Balken Nr. 9 auf den Mauerbalken der linken Mauerseite seitlich und hinten bündig aufkleben.

4 Zuerst Firstbalken Nr. 10 und darauf den zweiten Balken Nr. 9 aufkleben (Überstand 2 bzw. 4 cm). Vor dem Aufkleben Balken Nr. 9 auf der ganzen Länge auf zwei Seiten (zum Auflegen der linken und rechten Dachsparren) auf 10 bis 15 Grad anschrägen.

5 Nach Fertigstellung der Giebelwand den Heuboden über dem gemauerten Wohnbereich einbauen, dazu dünne Holzbrettchen von der hinteren zur vorderen Mauer legen und ankleben, Holzbrettchen vorne brechen und etwas überstehen lassen (1–2 cm), siehe dazu Bild Seite 23.

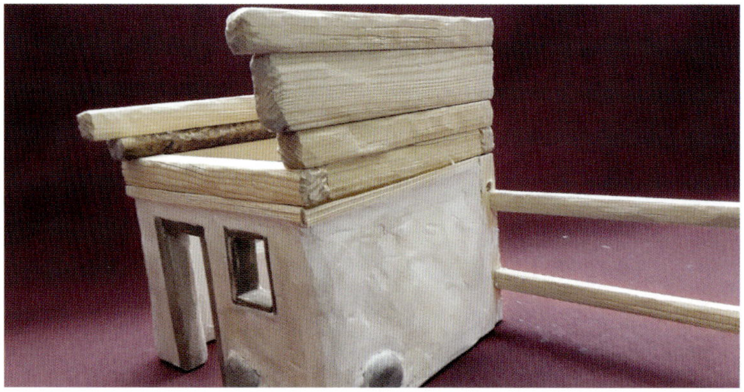

Grundplatte

1 Wenn Sie ein Gelände für Ihre Krippen formen wollen, befestigen Sie das Grundgestell auf einer ersten Grundplatte von mindestens 44 x 21 cm. Aus Gewichtsgründen wird eine 2 cm Styrodur- oder Styroporplatte empfohlen.

2 Wenn Sie **kein** Gelände formen möchten, befestigen Sie das Grundgestell auf der Grundplatte (empfohlen wird eine Pressspannplatte von mind. 70 x 45 cm Größe). Die Grundplatte vor der weiteren Bearbeitung mit Hilfe einer Stichsäge in die gewünschte Form schneiden. Gegebenenfalls die Ecken abrunden und die Kanten in eine 45 Grad Schräge schneiden.

3 Zunächst das Grundgestell auf der Grundplatte ausrichten, mit einem Stift anzeichnen und die Platte vorbohren. Das Grundgestell mit Heißkleber und 4 bis 5 Senkkopfschrauben von der Unterseite verschrauben.

Aufbau rechte Holzwand

1 Wandbalken Nr. 11 und 12 für Holzwand rechts im rechten Winkel zum Tragebalken Nr. 6 anbringen, Balken individuell auf verschiedene Längen kürzen (die beiden unterer Balken Nr. 11 auf 18 cm, Balken oben bleibt 24 cm).

2 Die Balken wieder wie Kniestockbalken und Giebelbalken mit Messer, Drahtbürste und Schleifpapier bearbeiten, den obersten Balken auf die ganze Länge wieder auf ca. 25 Grad anschrägen.

Balken mit Heißkleber aufeinander befestigen.

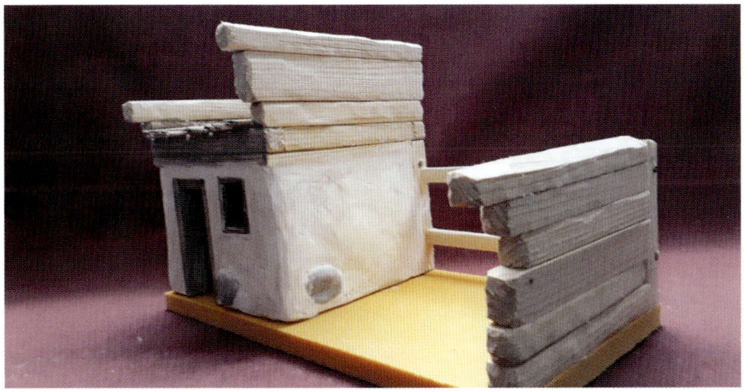

3 Vor Anbringung der rückwärtigen Holzverkleidung in den offenen Stallbereich einen Zwischenboden einbauen; dazu jeweils einen der Tragebalken Nr.16 mit der Breitseite rechts an die Balkenwand und links an die Stallmauer mit Heißkleber festkleben. (Ca. 10,5 cm Abstand zur Mauerkannte vorne)

4 Einen der beiden Bodenbalken Nr. 17 quer hochkant auf den beiden Tragebalken Nr. 16 festkleben. Den zweiten Bodenbalken Nr.17 erst nach der rückwärtigen Holzverkleidung anbringen.

Dach und Holzverkleidung

1 Dachsparren Nr. 13 und 14 anbringen.

2 Alle Dachsparren an einer Stirnseite schräg schneiden, damit sie am First bündig zusammenstoßen; Sparren am anderen Ende Kanten entfernen, bürsten und mit Schleifpapier bearbeiten.

3 Die Sparren Nr. 13 u. 14 hochkant und paarweise vom First zum Kniestockbalken links bzw. zum obersten Balken rechts legen; Sparren links und rechts 2 bis 3 cm überstehen lassen und mit Heißkleber festkleben. Das vordere Sparrenpaar ca. 3 mm von den Balkenenden einrücken, um Platz zum Anbringen eines Windbrettes zu lassen.

4 Das hintere Sparrenpaar bildet außen eine senkrechte Linie mit der (vergipsten) Wand und den Querholmen Nr. 7.

Die beiden restlichen Sparrenpaare mittig auf dem Dach verteilen; an einem der vorderen Sparren einen kleinen Hacken zum Aufhängen einer Lampe einschrauben.

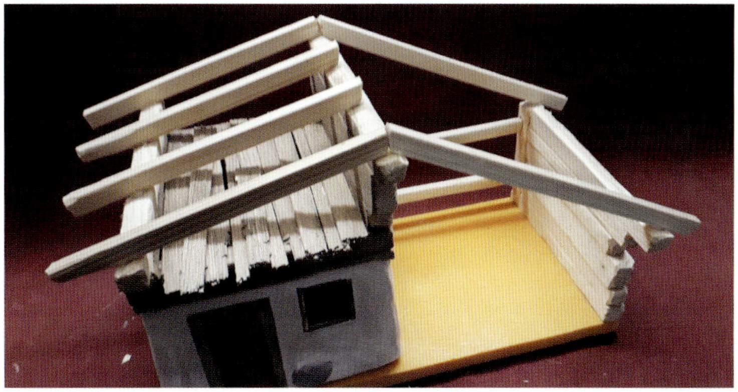

5 An den beiden vorderen Sparren Windbretter anbringen. Dafür ein ca. 2 cm breites Holzbrettchen auf die Balkenenden auflegen und außen an der ganzen Sparrenlänge festkleben. Für ein bündiges Zusammenstoßen beide Bretter am First anschrägen.

6 Die Dachsparren streichen. Farbgebung siehe nächster Bauschritt.

Anbringung der rückwärtigen Holzverkleidung

1 Für die rückwärtige Holzverkleidung Brettchen vom Schreiner oder Brettchen von Obst-oder Salatkisten verschiedener Längen (2 bis 3mm stark und 1 bis 4 cm breit) verwenden.

Für die Holzverkleidung die Brettchen über einer Tischkante in die entsprechenden Längen brechen und an den Sparren und der Mauer bzw. an den Querholmen mit Heißkleber befestigen.

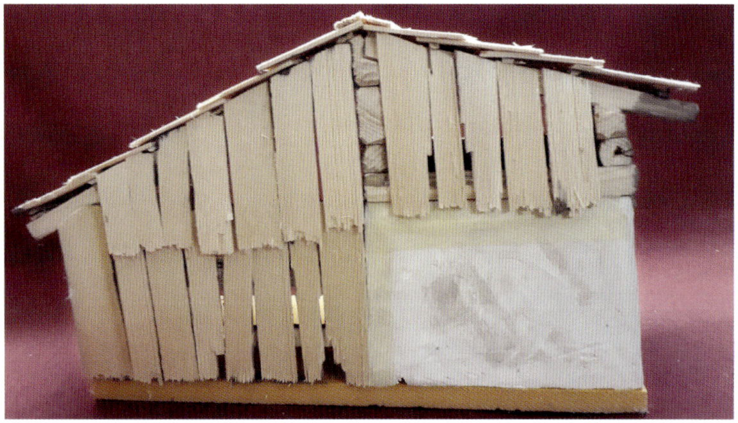

2 Nach Fertigstellung der rückwärtigen Holzverkleidung den zweiten Bodenbalken Nr. 17 mit seiner Breitseite ca. 5 mm unterhalb des Querholms Nr. 7 einkleben.

Den Zwischenboden mit kurzen Holzbretten über den beiden Bodenbalken fertigstellen.

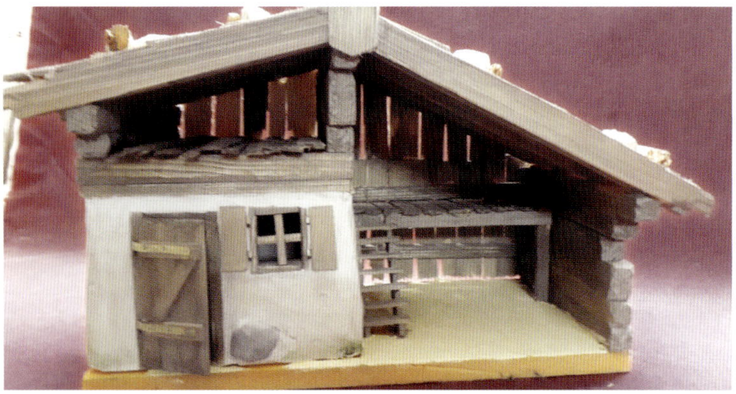

3 Die Mauer mit Klebeband abkleben, um sie vor abtropfender Farbe zu schützen. Dann Heuboden, Zwischenboden und Holzverkleidung innen und außen nach eigener Vorstellung mit brauner oder grauer Holzbeize streichen und trocknen lassen. Die angeschrägte Fläche zum Ankleben der Dachsparren nicht streichen. Vorher in jedem Falle eine Probebeizung durchführen und zur Beurteilung vollständig trocknen lassen.

Dacheindeckung

1 Für die Dacheindeckung zunächst die Dachlattung anbringen. Dazu dünne, schmale Holzbrettchen (oder Funierreste vom Schreiner) quer über die ganze Dachtiefe aufkleben. Zunächst links und rechts unten mit ca. 1cm Abstand vom Sparrenende und auf beiden Seiten oben, nahe am First. Dazwischen drei weitere Lattungen in gleichen Abstand anbringen. Die unteren Lattungen doppelt aufkleben, die Lattung vorne bis zum angebrachten Windbrett. Der Überstand hinten beträgt ab Sparren 1 bis 2 cm.

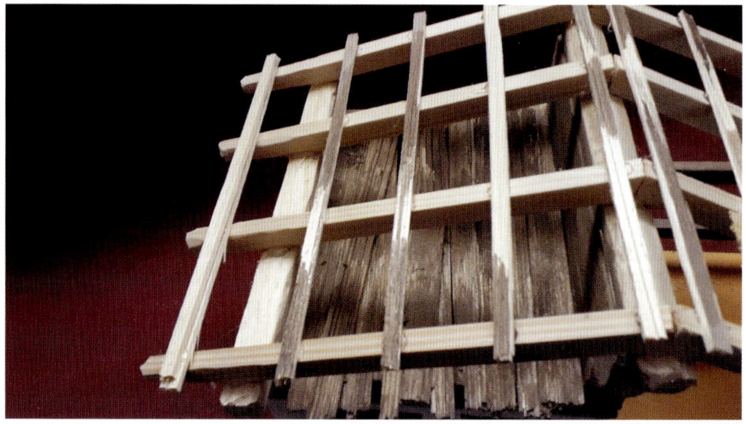

2 Für die Dachschindeln Holzbrettchen mit 3 bis 5 cm Breite und in der Länge entsprechend der Abstände der Dachlattung (5 bis 6 cm +1 cm zum Überlappen) schneiden oder über eine Tischkante brechen.

3 Die vorbereiteten Dachschindeln mit Heißkleber auf die Lattung aufkleben, dabei auf der rechten Dachseite unten beginnen. Die Schindeln müssen auf den beiden unteren Lattungen aufliegen, nach vorne an das Windbrett stoßen und unten bis zum Sparrenende reichen. Die unterste Reihe bis hinten durchlegen. Der Überstand hinten beträgt 1 bis 2 cm.

4 Um einen durchlaufenden Stoß der Schindeln zu vermeiden, die zweite Reihe mit einer halben Schindel beginnen, abwechselnd bis oben mit einer halben und einer ganzen Schindel eindecken, Schindeln sollten sich ca. 1 cm überlappen.

Auf diese Weise beide Dachhälften mit Schindeln eindecken; Schindeln sollen am First möglichst zusammenstoßen.

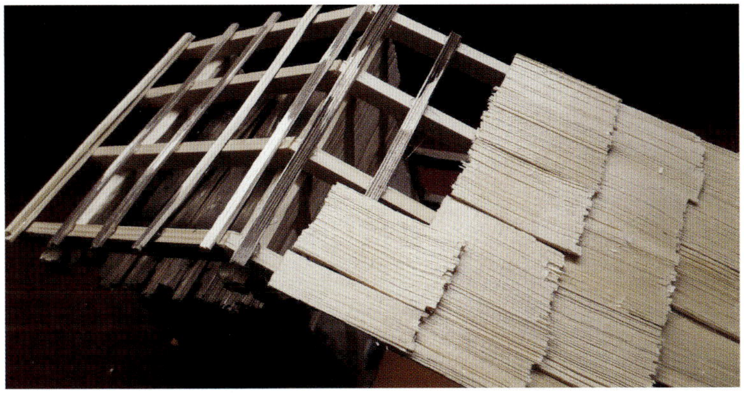

Als Firstkappe eignet sich ein halbierter Holunderast, der über die ganze Dachtiefe angeklebt wird und dem vorher das Mark entfernt wurde. Ersatzweise können auch zwei Holzbrettchen am First quer über das Dach geklebt werden.

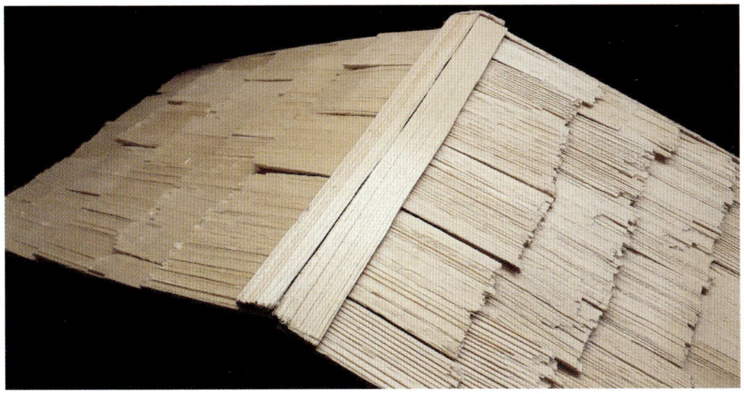

5 Nach der Fertigstellung kann auch das Dach gestrichen werde. Die Farbe gut trocknen lassen und nochmals wie alle anderen gestrichenen Holzflächen leicht mit Schleifpapier überarbeiten

6 Um ein altes Aussehen der Krippe zu erreichen, können alle Bauteile, insbesondere die von vorne sichtbaren, nochmals mit einem Pinsel und wenig weißer Mauerfarbe ganz leicht „angegraut" werden (vorher Versuch durchführen).

Ausgestaltung der Krippe

1 Auf dem Dach können mit etwas gebogenen, dürren Ästen „Schneefangbalken" und Steine aufgeklebt werden.

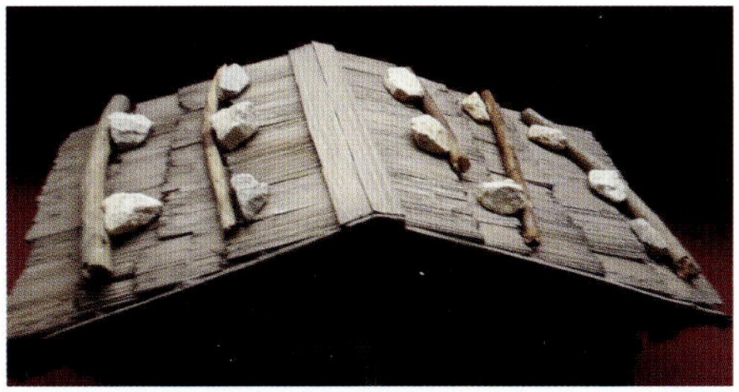

2 Zum Bau eines Geländes weitere Grundplatten von unten an die bereits vorhandene Platte aufschrauben. Grundplatten aus Styropor oder Pressspann vorher mit Stichsäge in Größe und Form schneiden.

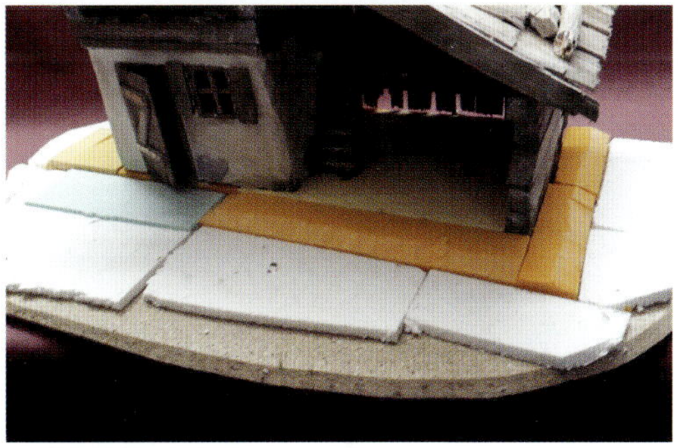

3 Gelände mit Hilfe Styroporreste Kleber und Gipsmasse nach eigenen Vorstellungen formen (siehe dazu auch Seite 11 bis 15).

4 Als Baum können Wurzeln von Wurzelstöcken umgestürzter Bäume verwendet werden; Bäume auf der Grundplatte von unten mit Senkkopfschrauben befestigen.

5 Der Boden im Stall kann mit Leim bestrichen werden und dann mit kurz geschnittenem Stroh eingestreut werden. Für den Außenbereich können – mit Holzlasur eingefärbt -Sägespäne als Streumaterial verwendet werden. Dazu Sägespäne mit wenig beliebiger Farbe in einem Behälter kräftig durchmischen und trocknen lassen, anschließend Grundplatte mit Leim bestreichen und Späne aufstreuen.

6 Bau von Zäunen, eines Misthaufens und weiterer Utensilien siehe Seite 11 bis 15.

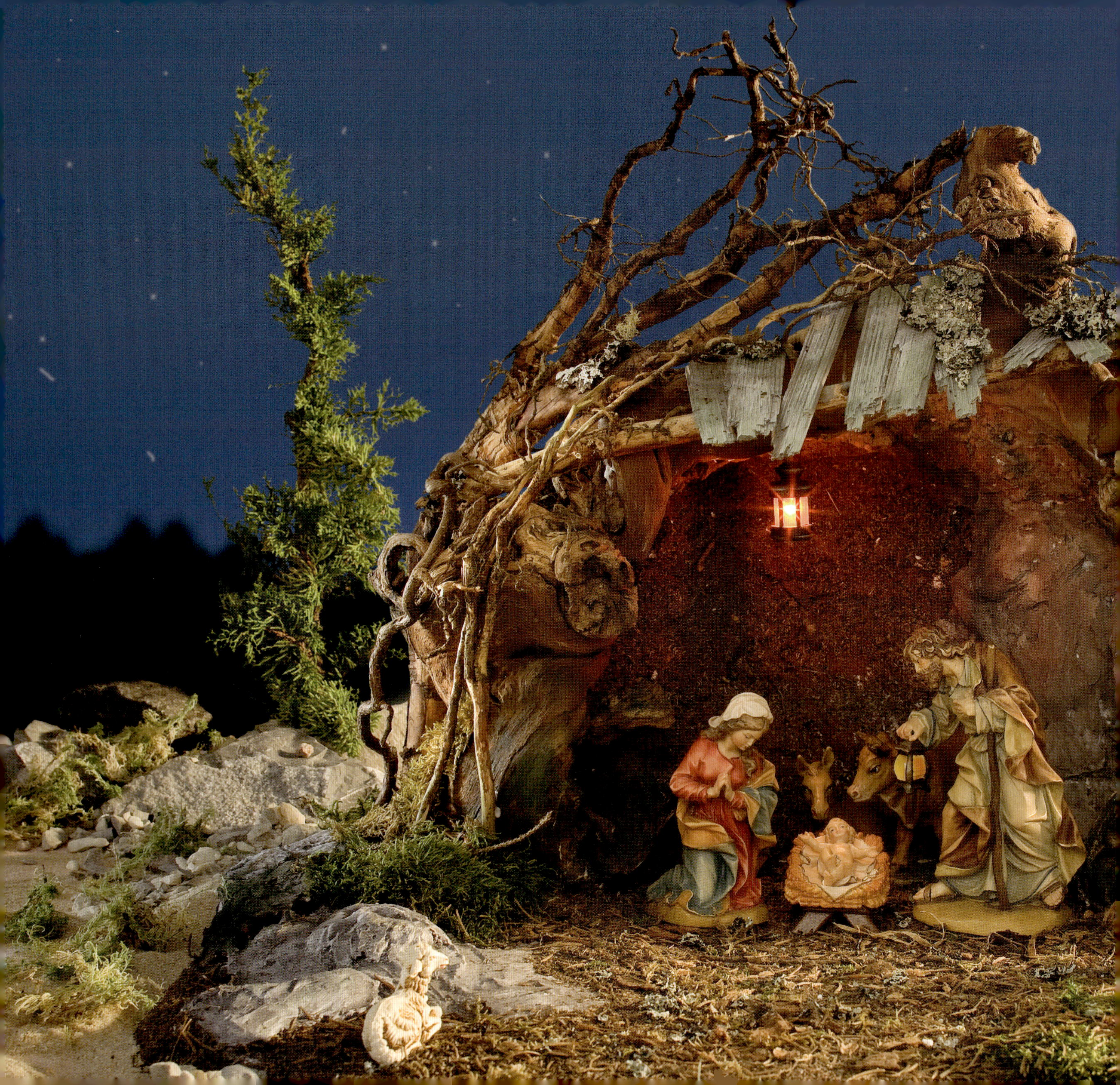

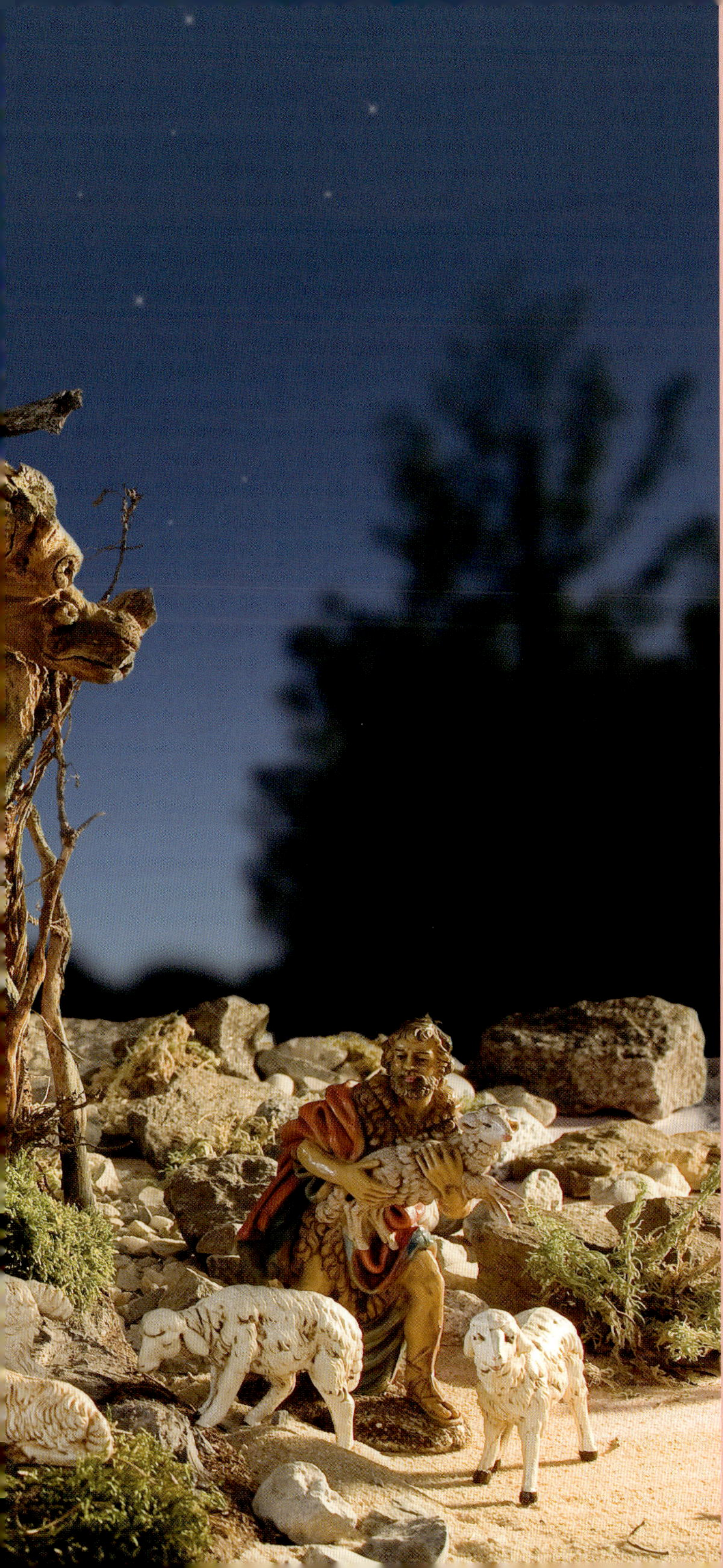

Wurzelkrippe

Seit alters her wird die Geburt Christi auch in Wurzelhöhlen dargestellt. Sie versinnbildlicht in besonderer Weise eine damals recht anspruchslose Zeit. Heute noch bilden Wurzelkrippen einen besonderen, natürlichen Blickfang unter dem Weihnachtsbaum. Mit wenig Aufwand und relativ einfach schaffen Sie sich damit für viele Jahre ein besonderes Schmuckstück für die Weihnachtszeit.

Die Wurzelkrippe lässt sich in der Größe leicht variieren und ist auch für größere Krippenfiguren sehr gut geeignet. Mit etwas Fantasie und bastlerischem Geschick wird der Bau dieser Krippe auch Ihnen viel Freude und Spaß bereiten.

SCHWIERIGKEITSGRAD
● ● ○

MOTIVGRÖSSE
individuell nach Wurzelgröße

FIGURENGRÖSSE
individuell nach Wurzelgröße

MATERIAL
- eine Ihren Krippenfiguren entsprechend große, möglichst zu einem U gebogene Wurzel
- Grundplatte aus Holz oder Pressspan, mindestens 40 cm x 40 cm
- Drahtpapier, ca. 35 cm x 35 cm
- Senkkopfschrauben (3,5 mm x 30 mm)
- Rest Tapetenkleister
- alte Zeitungen
- ggf. Styroporbruchstücke
- Gips, ca. 500 g, z. B. Motofil®
- Wandfarbe in Weiß, Braun und Grün
- Streumaterial zur Bodengestaltung (mit Farbe eingefärbte Sägespäne, vermischt mit zerriebener trockener Rinde und einigen Fichtennadeln)
- kleine Nägel
- kleine Haken (Beleuchtung)
- kleine Lampe
- Stromkabel und Batterie oder Trafo

Die Adresse zum Bestellen eines kompletten Bausatzes für diese Krippe finden Sie auf Seite 156.

Soweit Sie die Größe Ihrer Krippe festgelegt, eine entsprechende Wurzel gefunden und eine passende Grundplatte besorgt haben, kann mit dem Bau begonnen werden.

HINWEIS
Entsprechende Wurzeln lassen sich im Wald suchen und finden; leichter findet man sie in Zoofachhandlungen oder in größeren Baumärkten mit Kleintierbedarf. Dort werden Wurzeln in verschiedenen Holzarten und Größen angeboten, die zur Einrichtung von Aquarien verwendet werden. Möglich sind auch zwei Wurzeln mit Halbbogen – wie auch bei der hier gezeigten Krippe, die zur U-Form zusammengefügt werden.

Besteht die Wurzel aus zwei Teilen, diese mit zwei Senkkopfschrauben und etwas Leim zu einer U-Form zusammenfügen. Darauf achten, die Schrauben möglichst so anzubringen, dass sie an der fertigen Krippe unsichtbar bleiben.

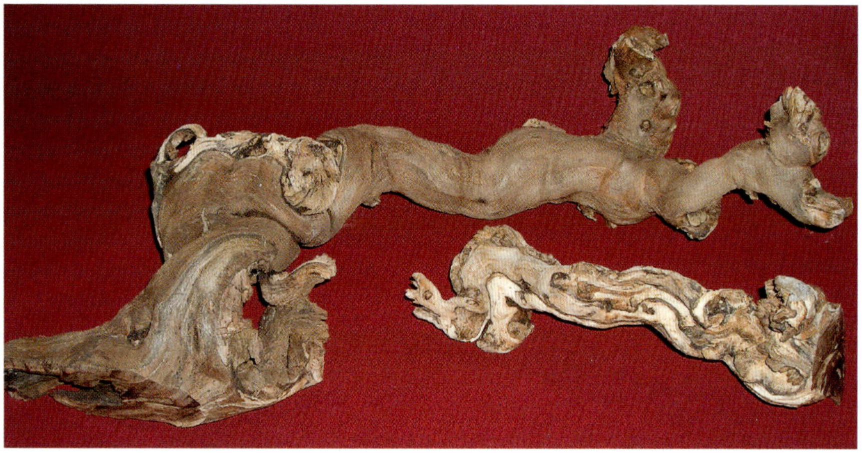

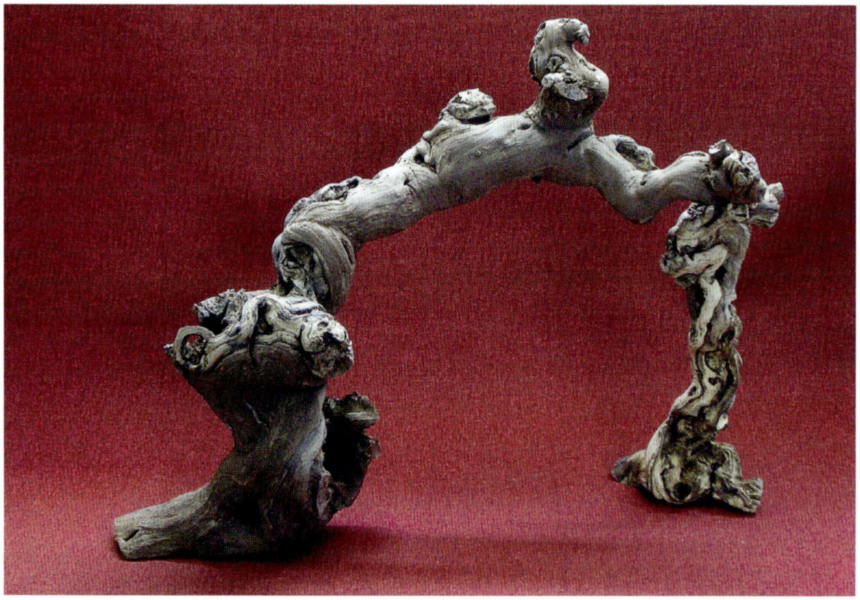

Grundplatte bearbeiten

1 Die Grundplatte (Pressspann oder auch Tischlerplatte) auf Maß schneiden; Größe nach vorhandenem Platz zum Aufstellen der Krippe; nicht kleiner als 40 cm x 40 cm.

2 Die Form der Grundplatte nach eigenen Vorstellungen mit der Stichsäge aussägen (vorher mit dem Stift aufzeichnen), die Ränder können Sie nach Belieben (mit der Stichsäge) anschrägen.

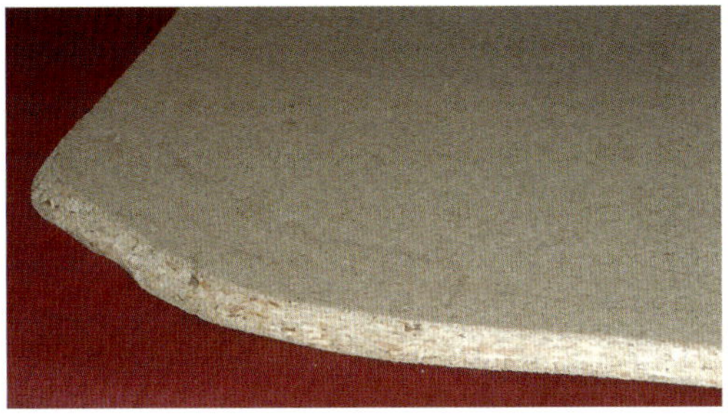

3 Zur Gestaltung eines Geländes mehrere Grundplatten in verschiedenen Größen aufeinanderlegen und verschrauben oder verkleben; vorher ggf. einen Baum (Wurzel aus einem Wurzelstock) von unten auf der Grundplatte an einer beliebigen Stelle anschrauben. Um Gewicht zu sparen, können Sie auch entsprechend zurechtgeschnittene Styroporplatten verwenden.

Standort der Wurzel festlegen

1 Achten Sie darauf, dass hinter der Wurzel die „Höhle" angebaut werden soll und daher ein Platzbedarf von 20 cm bis 25 cm zum hinteren Plattenrand notwendig ist.

2 Die Wurzel an den beiden unteren Enden etwas abflachen, ggf. etwas kürzen und von unten auf die Grundplatte schrauben; die Ränder der vorgebohrten Löcher von unten vorher ansenken.

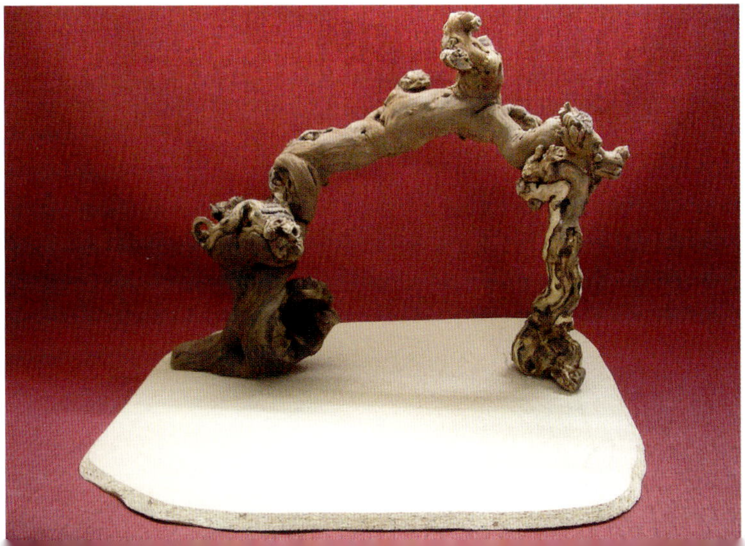

3 Die lichte Höhe des Eingangs sollte den Figuren, die später darunter Platz finden sollen, angepasst werden.

Gestaltung der Höhle

1 Das Drahtpapier, das zur Gestaltung der Höhle verwendet wird, mit einer Schere in die entsprechende Größe schneiden; die benötigte Größe richtet sich nach der Höhe und der lichten Weite der Wurzel. Die Länge ist so zu bemessen, dass das Drahtpapier von der einen Wurzelseite, halbkreisförmig zur anderen Wurzelseite geführt werden kann. Der Halbkreis stellt später die Höhle dar und ist 15 cm bis 20 cm tief. Die Höhe des Drahtpapiers sollte die Wurzel um 8 cm bis 10 cm überragen.

2 Das zurechtgeschnittene Drahtpapier nun hinten vom Halbkreis der einen Wurzelseite zur anderen Wurzelseite führen und mit Heißkleber oder einem Tacker auf der Grundplatte befestigen. Dazu das Papier am unteren Rand ca. 1 cm im rechten Winkel abkanten und mit dem Falz auf der Grundplatte ankleben bzw. festtackern. Den Falz öfter mit der Schere einschneiden – so lässt er sich leichter zum Halbkreis formen.

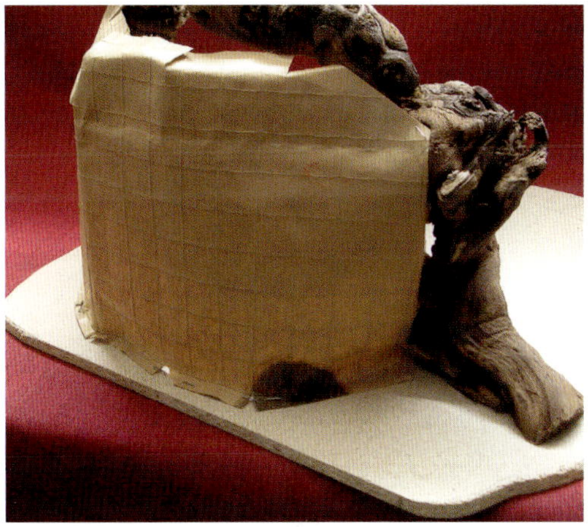

3 Das Drahtgeflecht möglichst nahe an die beiden Wurzelseiten heranbringen, ggf. das Drahtpapier etwas ausschneiden. Die Lücken am Übergang zur Wurzel werden später mit Pappmaché ausgefüllt.

4 An der oberen Kante das Drahtpapier nach Bedarf 4 cm bis 6 cm tief einschneiden und die „Höhle" zur Wurzel hin oben schließen. Anschließend das Drahtpapier wieder mit Heißkleber an der Wurzel befestigen.

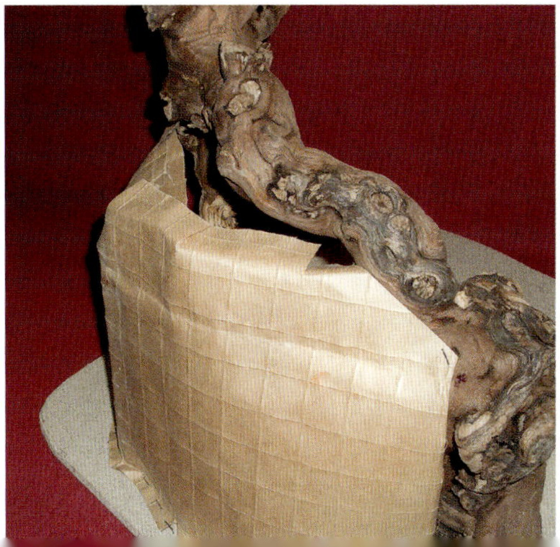

Lücken mit Pappmaché auffüllen

1 Für das Pappmaché entsprechend der Packungsanweisung je nach Bedarf 250 ml bis 500 ml Tapetenkleister in einem etwas größeren Gefäß ansetzen.

2 Klein gerissenes Zeitungspapier in den Tapetenkleister geben und so lange durchkneten, bis der Kleister aufgesaugt und eine formbare Masse entstanden ist.

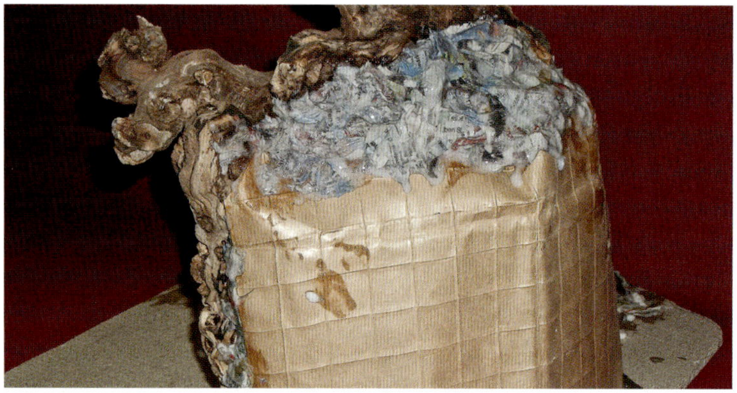

3 Mit dem so entstandenen Pappmaché nun die Lücken zwischen Drahtpapier und Wurzel ausfüllen.

4 Vor dem nächsten Arbeitsschritt das Pappmaché ein bis zwei Tage in einem warmen Raum trocknen lassen.

Die „Höhle" innen und außen verkleiden

1 Als erstes den Platz für die Beleuchtung der Höhle festlegen. Für einen Elektroanschluss eine kleine Öffnung im oberen Bereich schneiden und freilassen oder bereits jetzt eine geeignete Lampe anbringen.

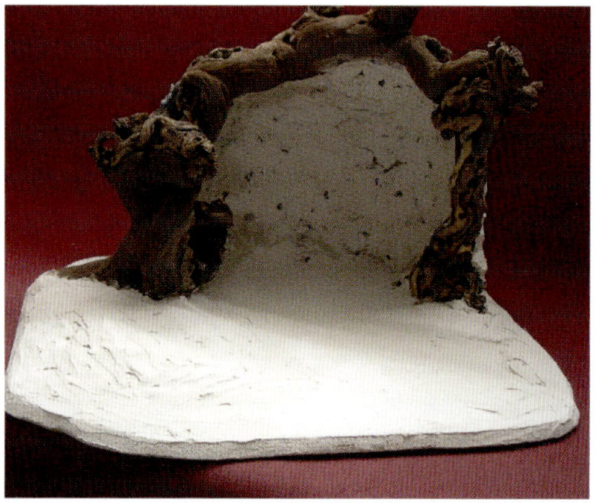

2 Zum Bestreichen eine entsprechende Menge Gipspulver zusammen mit etwas Leim zu einer cremigen Masse anrühren und mit einem Spachtel und/oder den Händen innen und außen auf der Höhle aufbringen (1 mm bis 3 mm stark).

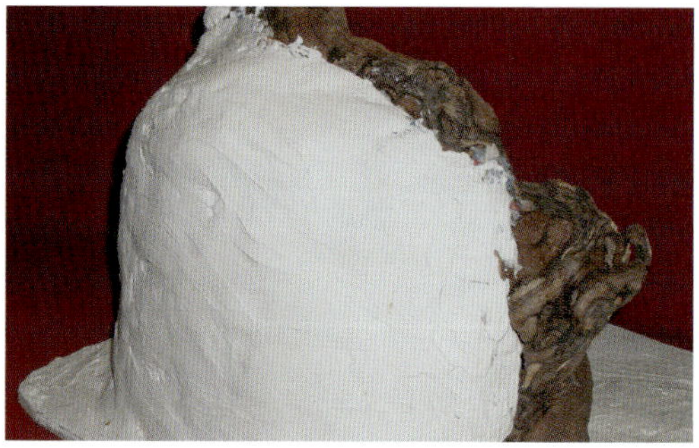

3 Für eine unregelmäßige Oberfläche, insbesondere außen, die Gipsmasse unterschiedlich dick auftragen und/oder Styroporteilchen mit einarbeiten.

4 Die Grundplatte ebenfalls mit Gipsmasse bestreichen und die Oberfläche beliebig gestalten. Um Steine oder auch Felsen darzustellen, können auch hier Styroporteilchen eingearbeitet werden. Die Oberfläche sollte uneben und unterschiedlich strukturiert sein.

Farbgestaltung

Um bei der späteren Ausgestaltung der Grundplatte mit entsprechendem Streumaterial und Moos das Durchschimmern des weißen Gipses zu vermeiden, sollten alle Flächen mit handelsüblicher Wandfarbe (Abtönproben) gestrichen werden. Verwenden Sie dort, wo später Waldboden dargestellt werden soll (z. B. Eingangsbereich zur Höhle) einen dunklen Braunton. Dort, wo Moosboden beabsichtigt ist, verwenden Sie einen Grünton.

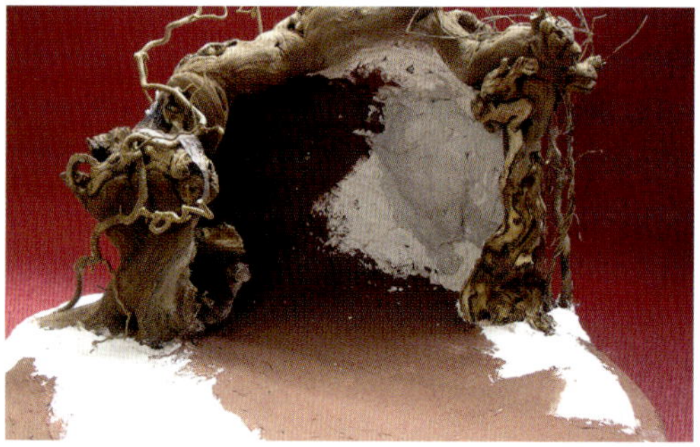

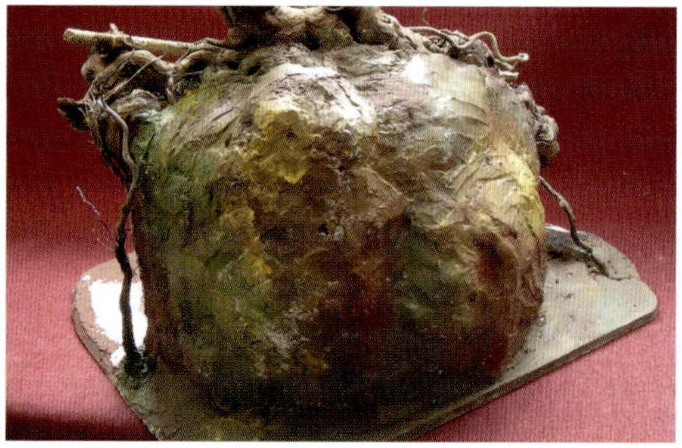

Anbringen eines Vordaches

1 Dazu können Sie 10 cm bis 15 cm vor dem Höhleneingang einen stehenden Tragebalken (dürrer Ast, ca. ø 2 cm), der etwas niedriger als der Höhleneingang sein sollte, von unten auf der Grundplatte befestigen (schrauben) .

2 Einen Querbalken (Ast/Zweig, ca. ø 1 cm) quer vom Tragebalken zur Wurzel legen und ggf. mit einer Schraube befestigen.

3 Über den Querbalken zur Wurzel hin kleine Brettchen als Vordach legen und mit Heißkleber befestigen.

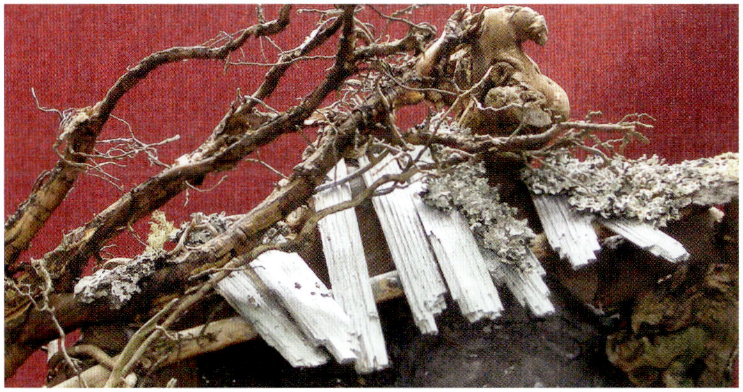

Abschließende Ausgestaltung

1 Bei der weiteren Ausgestaltung der Krippe können Sie Ihrer Fantasie freien Lauf lassen. Die Grundplatte sowie die Außenseite der „Höhle" können mit etwas Moos und sonstigem Streumaterial gestaltet werden.

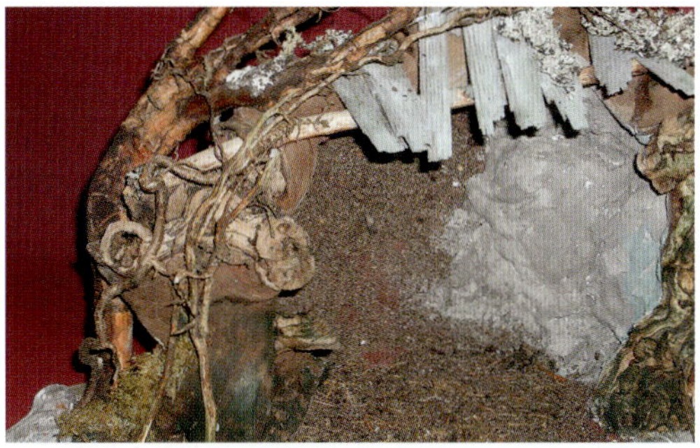

2 Moos aus dem Wald trocknen und dann mit Leim auf die Grundplatte aufkleben. Der Waldboden kann gut mit eingefärbten Sägespänen (Sägespäne mit etwas dunkelbrauner Holzfarbe vermengen und trocknen lassen), vermischt mit zerriebener trockener Rinde und dürren Fichtennadeln dargestellt werden.

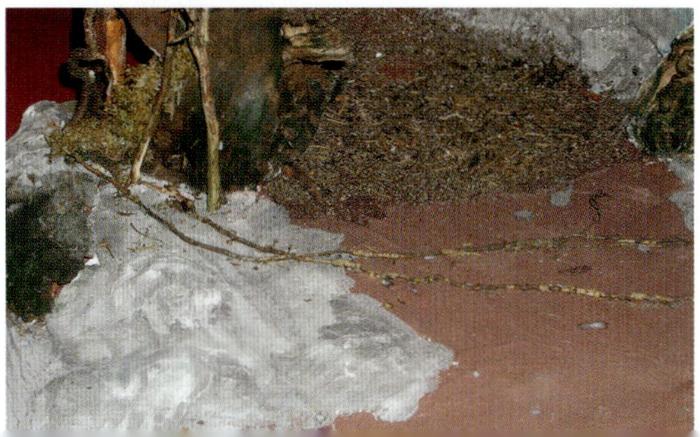

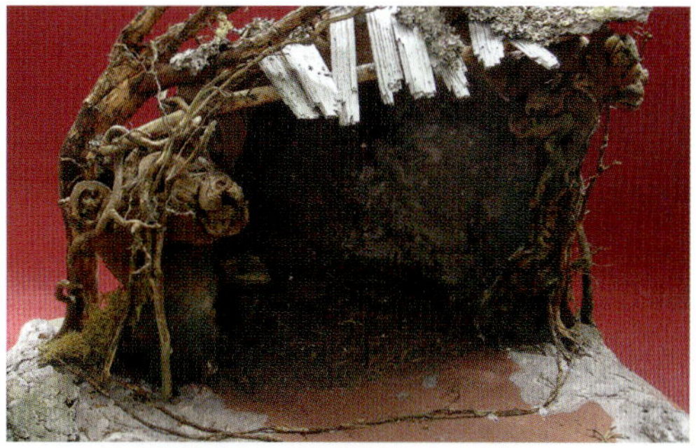

3 Der Untergrund der steinig und/oder felsig dargestellt wird, am besten in verschiedenen Schattierungen grau-braun streichen.

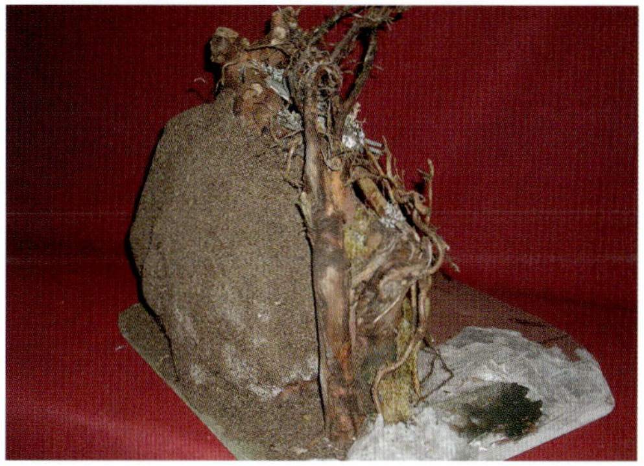

4 Dort wo Waldboden dargestellt werden soll, etwas Leim auf die Grundplatte auftragen und die eingefärbten Sägespäne darüber streuen, danach leicht andrücken.

5 Die Wurzel selbst kann mit dürren Zweigen, Ästen, langen dünnen Wurzeln (findet man an Wurzelstöcken), Moos und dergleichen verschönert werden.

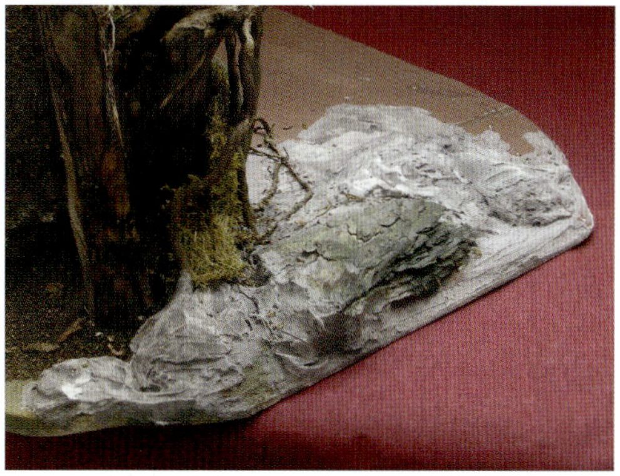

Tipp

Verschiedene Beleuchtungen mit Batterie oder Trafo finden Sie, wie alles andere Zubehör, auf Weihnachtsmärkten oder auch in größeren Baumärkten.

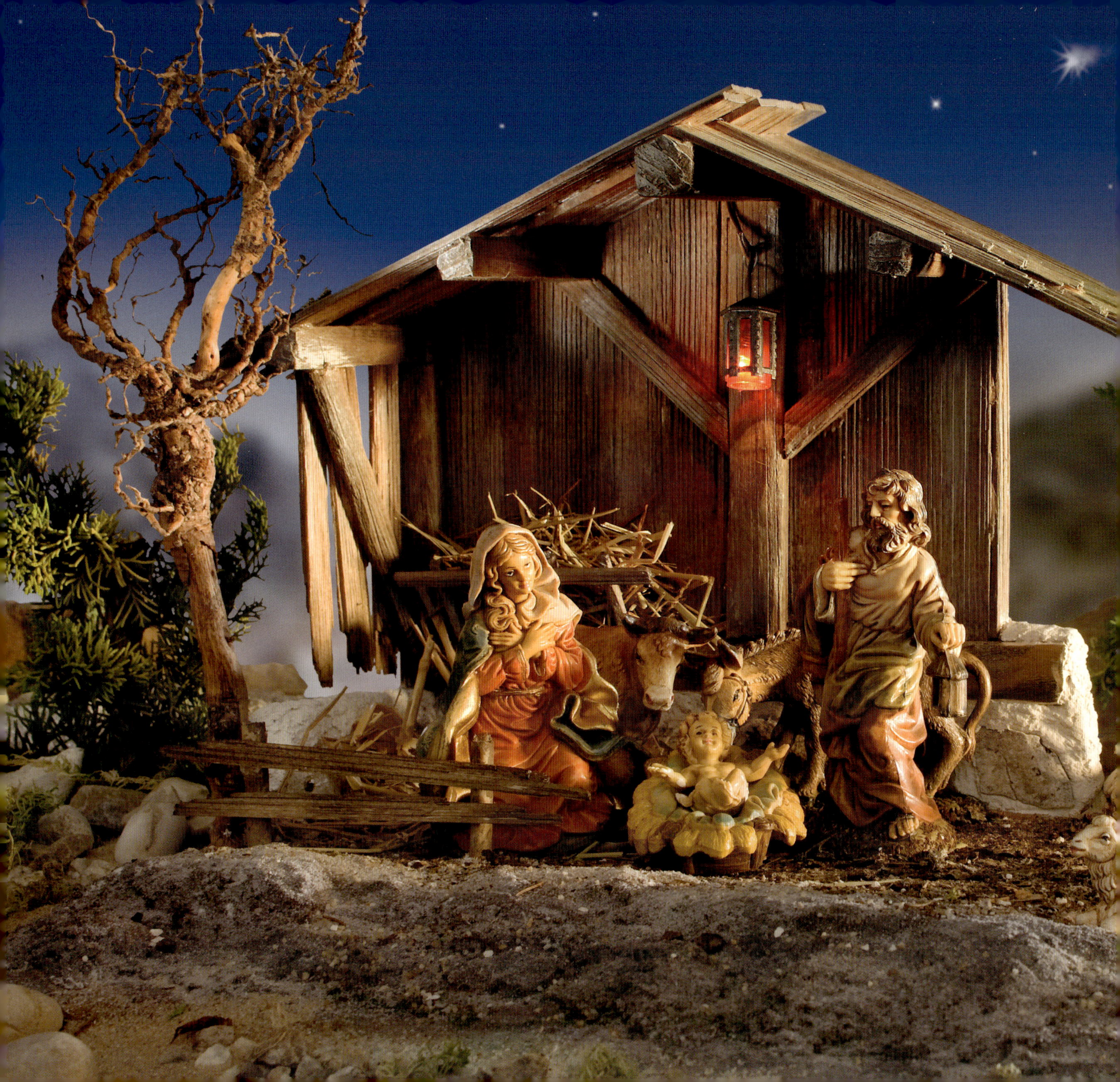

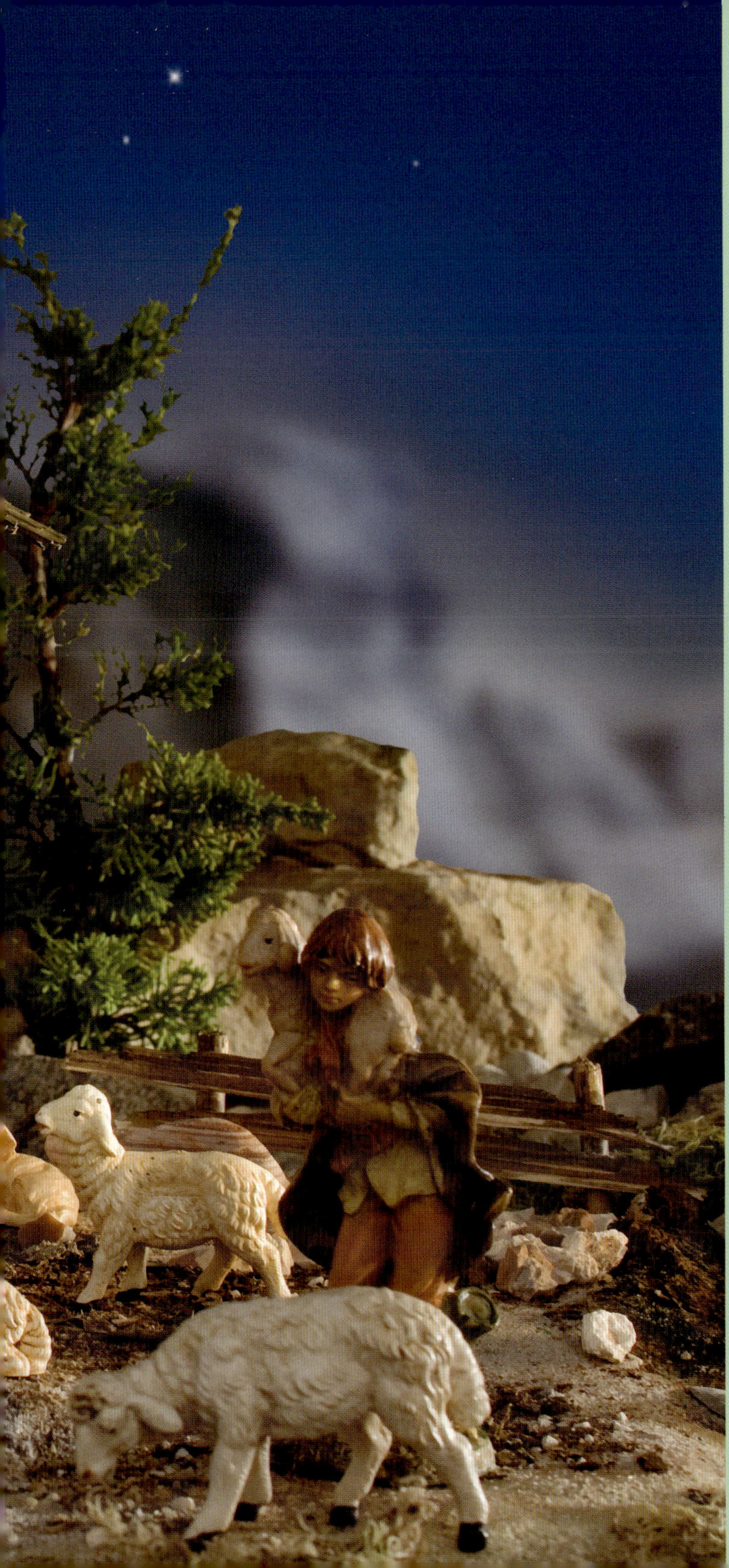

Krippe Erl

Mit wenig zeitlichem Aufwand und ohne großen Bedarf an Material und Werkzeug schaffen Sie sich mit dieser Krippe einen kleinen, individuellen Blickfang unter Ihrem Weihnachtsbaum.
Mit Liebe zum Detail, Fantasie, einer etwas größeren Grundplatte und etwas mehr Zeit können Sie zu dem Stall auch eine ganz persönliche Landschaft mit Zäunen, Bäumen und Steinen gestalten.

SCHWIERIGKEITSGRAD

● ○ ○

MOTIVGRÖSSE
26 cm x 12 cm, ca. 24 cm hoch (ohne Grundplatte)

FIGURENGRÖSSE
ca. 11 cm bis 13 cm

MATERIAL

- Pressspanplatten (siehe Stückliste)
- Fichtenholzleisten (siehe Stückliste)
- Vierkanthölzer aus Fichtenholz (siehe Stückliste)
- Rundholzstab aus Fichtenholz (siehe Stückliste)
- Holzbrettchen, 10 mm bis 33 mm breit, mindestens 18 cm lang (von Salatkiste o. Ä.), für Dacheindeckung, Seitenwand, Zaunleisten)
- Gips, ca. 200 g, z. B. Moltofil®
- evtl. etwas Zementpulver
- kleiner Haken (Beleuchtung)
- kleine Laterne
- Stromkabel und Batterie oder Trafo
- Streumaterial für die Grundplatte
- Steine, Wurzeln etc. zum Ausgestalten
- ca. 10 Senkkopfschrauben 3 mm x 30 mm
- 6 bis 7 kleinere Schottersteine
- Holzbeize in Grau oder Braun

Tipp

Bei größeren Figuren wird empfohlen, die Maße, insbesondere die Höhe der Krippe, etwas anzupassen (Höhe ca. 26 cm bis 28 cm).

Die Grundplatte (aus Pressspan) kann beliebig groß sein, sollte jedoch nicht kleiner als 35 cm x 25 cm sein. Wollen Sie auch ein Gelände gestalten (siehe Seite 13) sind eine oder zwei weitere Grundplatten in unterschiedlichen Größen notwendig. Um Gewicht zu sparen kann die mittlere Platte auch aus Styropor sein.

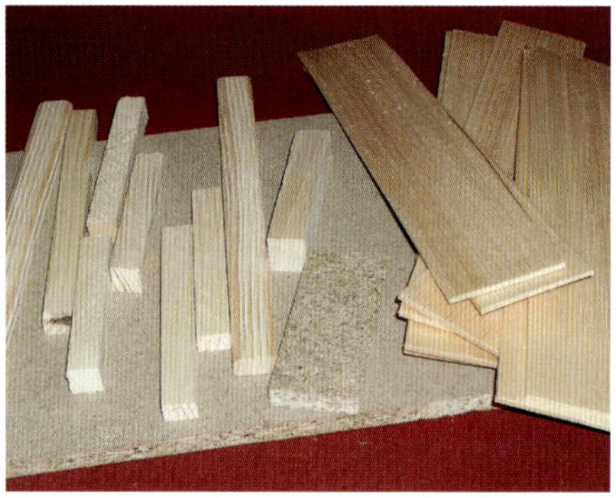

HINWEIS
Die Adresse zum Bestellen eines kompletten Bausatzes für diese Krippe finden Sie auf Seite 156.

Stückliste

Nr.	Bezeichnung	Profil/Material	Maße in cm	Anzahl
1	Rückwand	Brett	24 x 26 x 1 Höhe x Breite x Stärke	1
2	Sockel links	Brett	12 x 4 x 1 Höhe x Breite x Stärke	1
3	Querbalken	Leiste	2 x 1 x 24,5	1
4	Steher (Mitte)	Leiste	2 x 1 x 16	1
5	Firstbalken	Vierkant 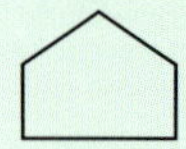 ca. 30°	2 x 2 x 10	1
6	Pfette	Vierkant 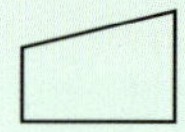 ca. 30°	1,5 x 1,5 x 10	3
7	Steher (links)	Leiste	1,5 x 1 x 12,5	1
8	Stütze (links)	Leiste	1,5 x 1,5 x 17	1
9	Streben	Leiste	1,5 x 1 x 12	2
10	Grundplatte	Brett	35 x 25 x 1 Höhe x Breite x Stärke	1
11	Futterkrippe Querlatten	Vierkant	1,5 x 1 x 10	2
12	Futterkrippe Streben	Rundholz	ø 8 mm, 5 cm lang	8
13	Zaunpfähle	Rundholz	ø 5 mm	4

Montageskizze

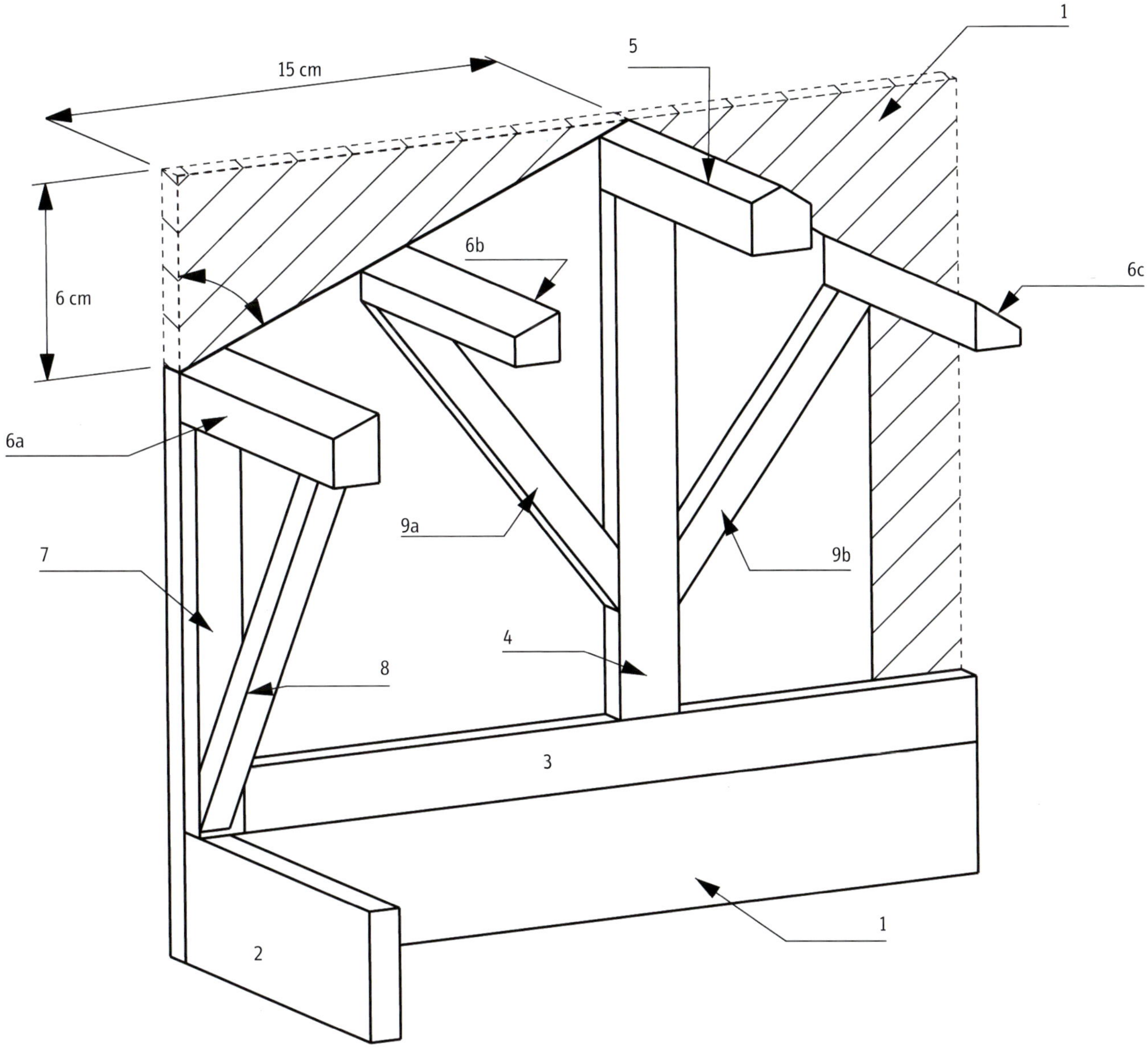

Rückwand verschrauben

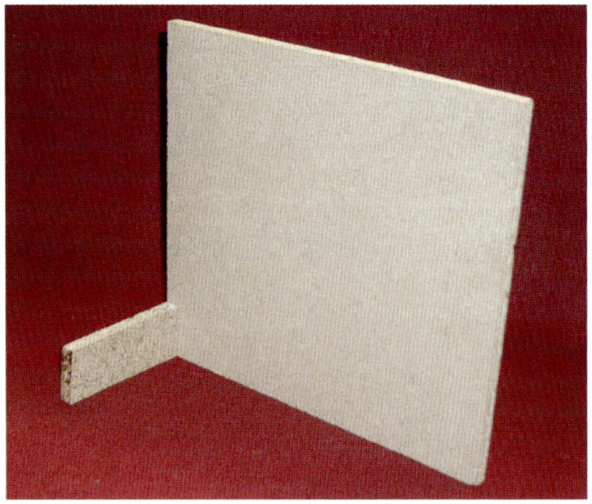

Das Teil Nr. 2 mit der Stirnseite hochkant, links unten bündig, mit der Rückwand Nr. 1 verschrauben. Die Löcher von der Rückseite der Rückwand vorbohren und die Holzteile mit zwei Senkkopfschrauben verbinden.

Querbalken befestigen

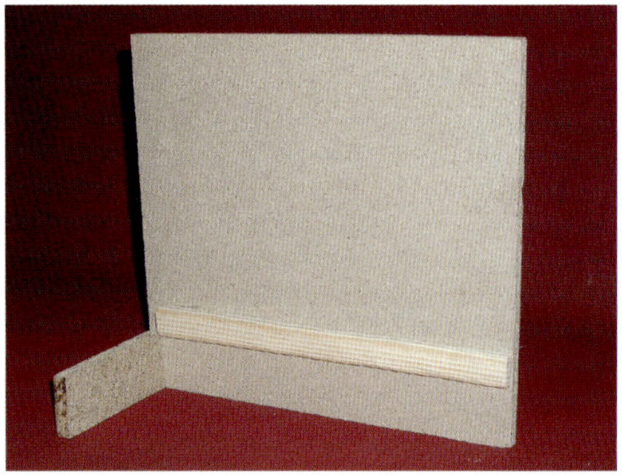

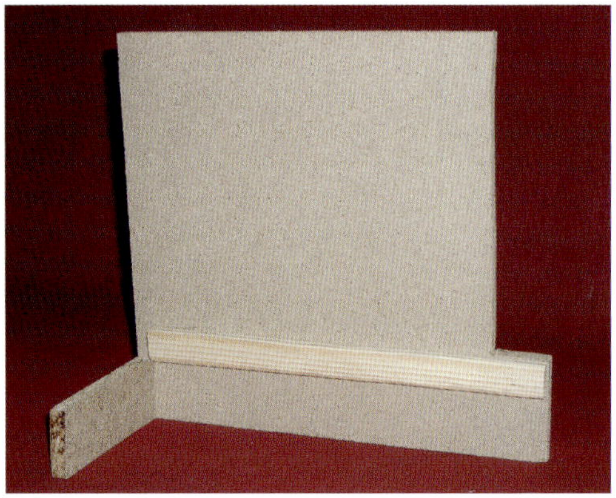

1 Der Querbalken Nr. 3 bleibt sichtbar und sollte so bearbeitet werden, dass er ein möglichst altes Aussehen erhält. Dazu sind die Kanten und die geraden Schnittflächen mit einem scharfen stabilen Messer unregelmäßig zu brechen bzw. etwas zu beschnitzen. Anschließend diese Seiten mit einer Drahtbürste bearbeiten, bis die Maserung des Holzes hervortritt. Die gebürsteten Flächen mit Schleifpapier wieder etwas glätten.

2 Den Querbalken mit Heißkleber oder Leim rechtsbündig und im Abstand von 4 cm von der Unterkante befestigen. Danach mit der Stichsäge einen 3 cm breiten Streifen bis zum Querbalken absägen (vorher mit Bleistift anzeichnen).

Verkleidung der Rückwand

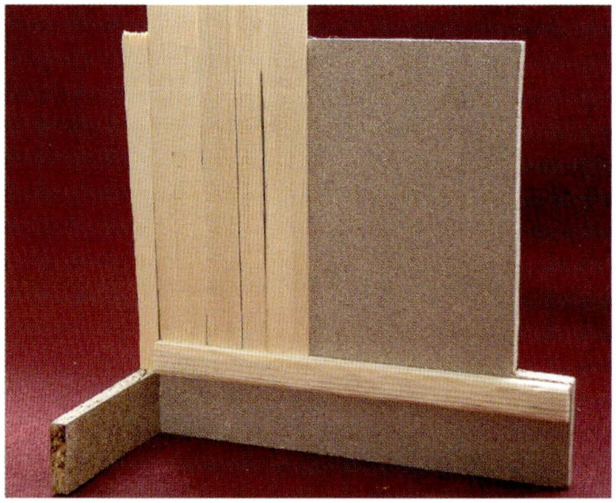

1 Als Holzbrettchen können Salat- oder Obstkistchenleisten verwendet werden oder man versucht beim Schreiner entsprechende Holzreste zu erhalten. Die Holzbrettchen sollen 2 mm bis 3 mm stark, unterschiedlich breit (10 mm bis 35 mm) und mindestens 18 cm lang sein.

2 Die Holzbrettchen so aufkleben, dass sie gerade auf dem Querbalken Nr. 3 aufstehen.

3 Die Holzbrettchen an der linken Schnittkante der Rückwand auf dem Sockel aufstehen lassen. Die linke und rechte Schnittkante der Rückwand ebenfalls verkleiden.

Dachschräge

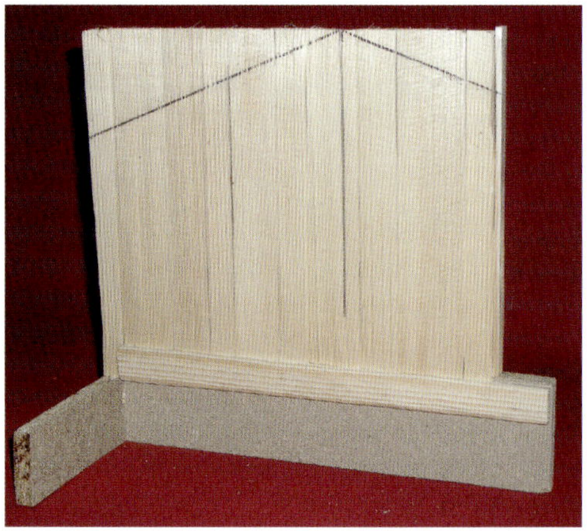

Der Dachfirst (Dachmitte) befindet sich an der oberen Schnittkante der Rückwand 15 cm von der linken Schnittkante. Die Dachschräge entspricht ca. 18° oder beginnt 6 cm unter der oberen Schnittkante auf der linken Seite und 2,6 cm auf der rechten Seite. Die Schräge anzeichnen und mit der Stichsäge schneiden.

Firstbalken

1 Die Firstbalken und Pfetten auf eine Länge von ca. 10 cm zuschneiden und mit einem scharfen stabilen Messer die Schrägen von ca. 18° anbringen (Vorsicht Verletzungsgefahr). Den Firstbalken Nr. 5 beidseitig auf ca. 18°, die drei Pfetten Nr. 6 nur einseitig anschrägen. Ein Vorzeichnen des Profils an der Stirnseite erleichtert das Anschrägen.

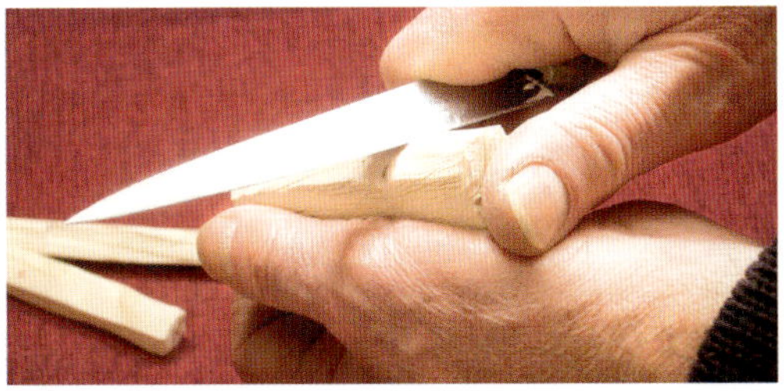

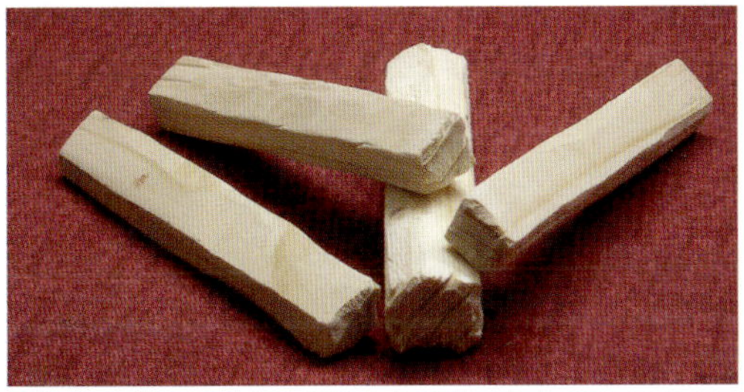

2 Die Firstbalken und Pfetten bleiben sichtbar, sie sollten sorgfältig mit Messer und Drahtbürste bearbeitet werden (siehe Seite 20, Schritt 1). Pfetten und Firstbalken wie abgebildet anzeichnen und an der Rückwand von hinten mit Schrauben und etwas Leim befestigen.

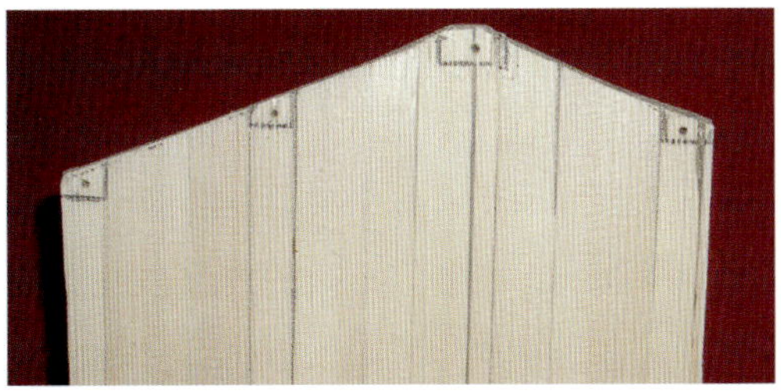

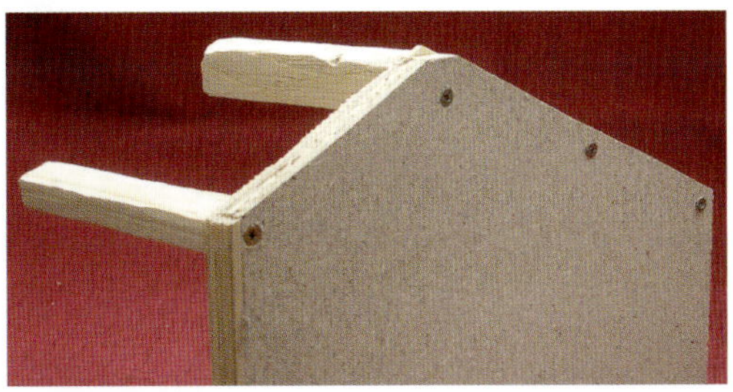

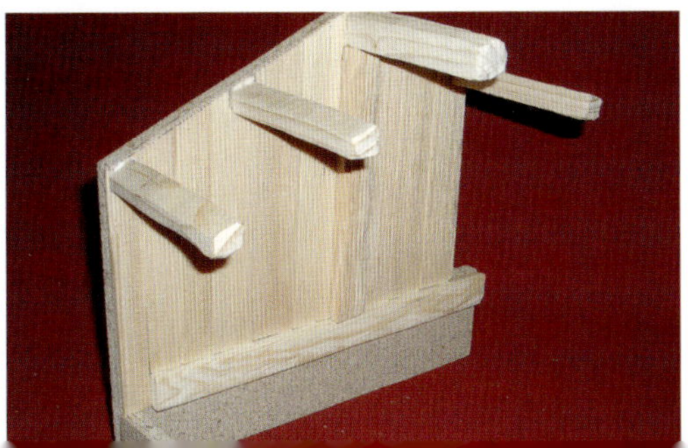

Stehende Balken einpassen

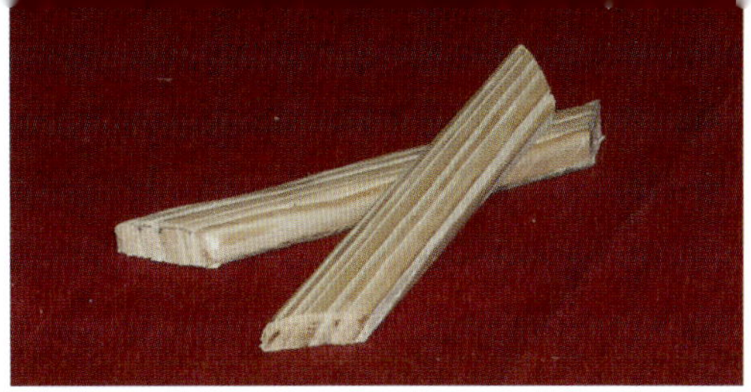

1 Die Balken wie auf Seite 2 bei Schritt 1 beschrieben mit Messer, Drahtbürste und Schleifpapier bearbeiten. Zunächst stehende Balken Nr. 4 (Mitte) und Nr. 7 ablängen und einpassen; mit Heißkleber oder Leim befestigen.

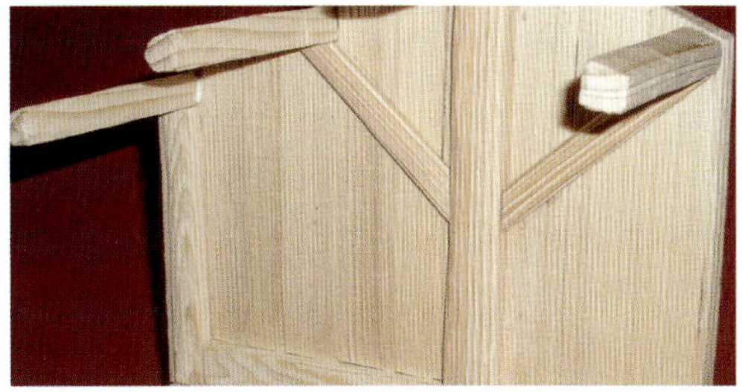

2 Anschließend die beiden schrägen Stützen Nr. 9 bearbeiten und einpassen; wieder mit Heißkleber oder Leim befestigen.

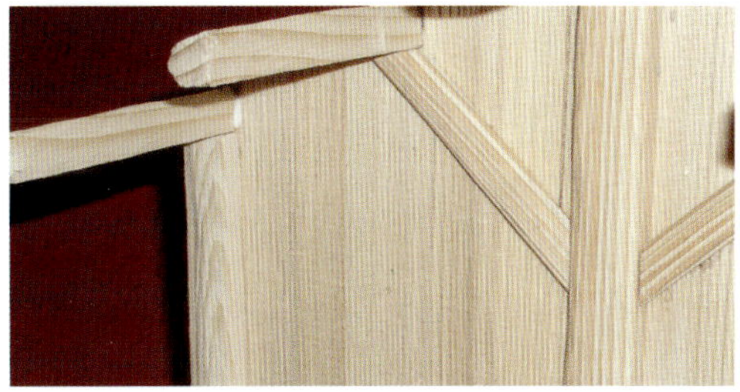

Gemauerten Sockel herstellen

1 Ca. 200 g Gips mit etwas Leim (ca. ein Suppenlöffel), Sägespänen (kleine Tasse) und etwas Zement – soweit vorhanden – mit Wasser zu einer cremigen Masse vermengen und auf der Vorderseite des unteren Sockels ca. 1 cm dick auftragen. Den Sockel vorher mit etwas Leim einstreichen (Querbalken Nr. 3 mit Klebestreifen abkleben).

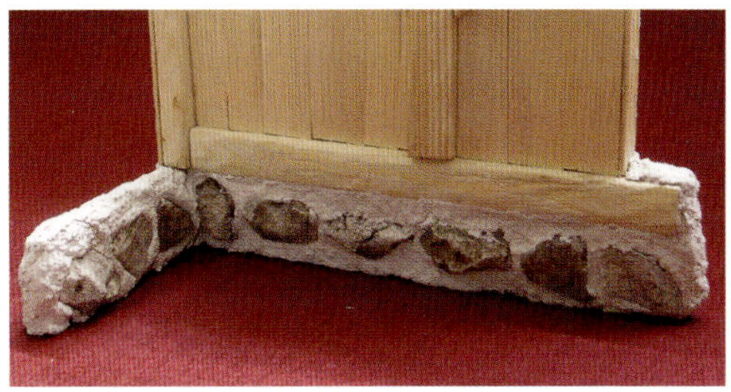

2 Nach Belieben möglichst flache Schottersteine in die aufgetragene Gipsmasse eindrücken. Anschließend die herausquellende Gipsmasse ggf. entfernen. Mit der restlichen Gipsmasse die hintere Rückwand bedecken und trocknen lassen.

Seitlichen Stützbalken einpassen und befestigen

Beim Stützbalken Nr. 8 die Oberfläche mit dem Messer bearbeiten, bürsten, auf Länge schneiden und zwischen Pfette Nr. 6a und Steher Nr. 7 einpassen und wieder mit Heißkleber befestigen.

Dach aufkleben

Die Holzbrettchen in verschiedenen Breiten mit Heißkleber auf die Firstbalken und Pfetten rechts aufkleben. Das Brettchen auf einer Seite etwas „ausfransen" und unregelmäßig anbringen.

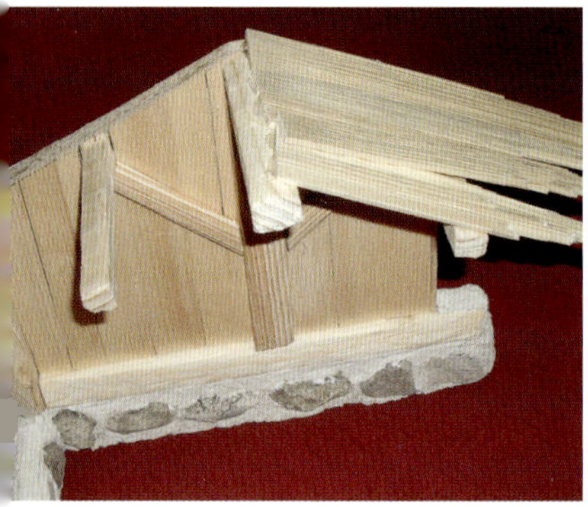

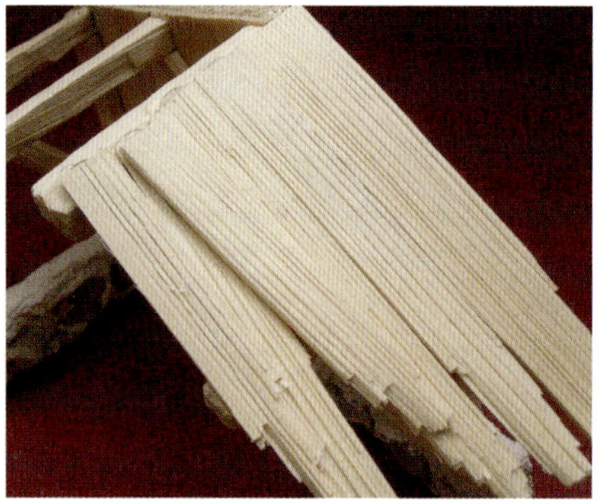

Beleuchtung

Zum Befestigen einer Lampe ca. 2 cm unter dem Firstbalken einen kleinen Haken o. Ä. anbringen. Bei vorhandener Lampe kann diese vor dem Aufkleben der linken Dachseite bereits installiert werden. Soweit kein Lämpchen vorhanden ist, kann dieses durch das Lösen eines Dachbrettchen auch angebracht werden. Das Brettchen danach wieder ankleben.

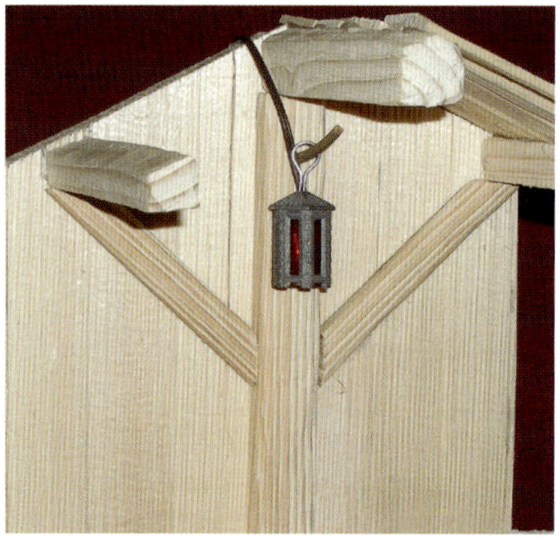

Eindecken linke Dachseite

Die linke Dachhälfte wie die rechte Dachhälfte eindecken, die Brettchen ca. 2 cm oben überstehen lassen.

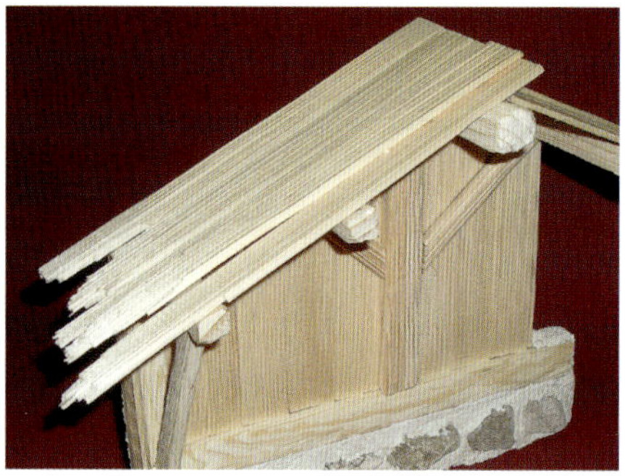

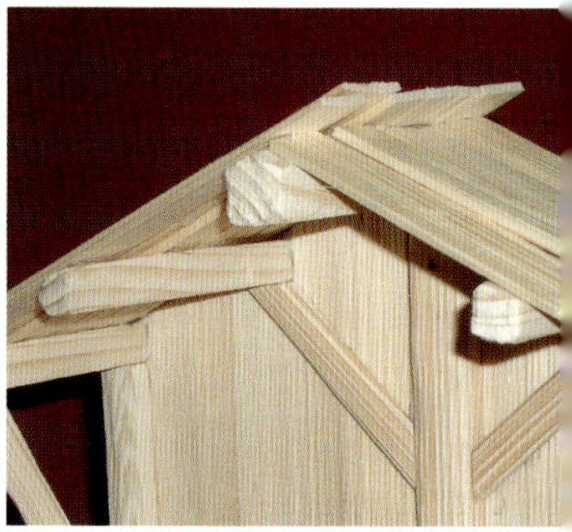

Linke Stallseite verkleiden

Auch hier entsprechende Holzbrettchen verwenden und diese oben an der Pfette und an der seitlichen Stütze ankleben.

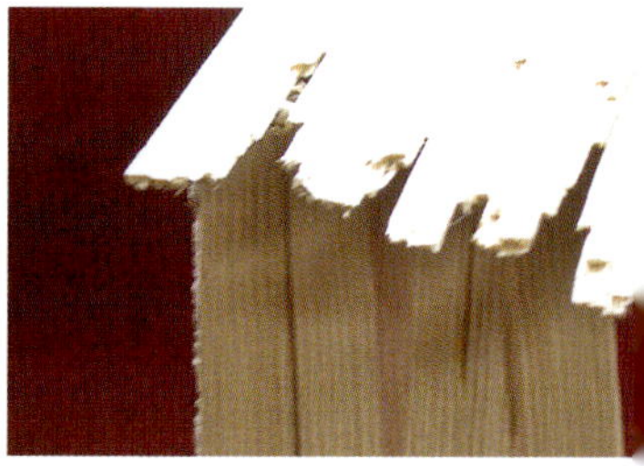

Anstrich

1 Das Mauerwerk und die Fläche, an der später eventuell eine Futterkrippe angebracht werden soll, mit Klebeband abkleben (siehe Foto unten).

2 Zum Streichen der Krippe wird eine Beize empfohlen. Als Farbton kann je nach Vorstellung ein heller Braunton bis ein dunkles Grau verwendet werden (vorher unbedingt Probebeizung durchführen und ganz trocknen lassen). Wenn Sie die wasserlösliche Beize mit Wasser verdünnen, können verschiedene Schattierungen erreicht werden (verwittertes Holz).

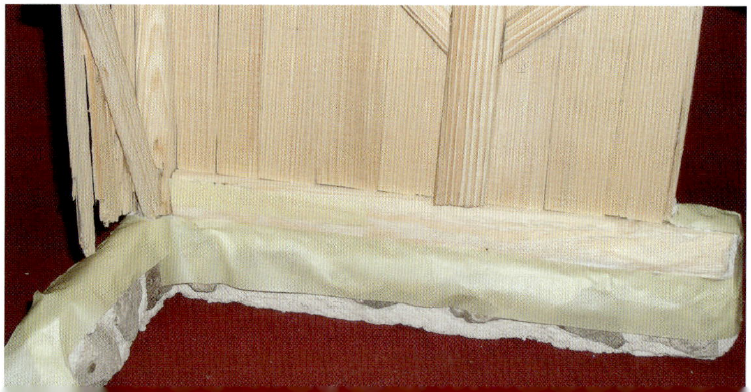

Grundplatte

1 Die fertiggestellte Krippe nach dem Trocknen mit vier bis fünf Senkkopfschrauben von unten auf der Grundplatte festschrauben. Hier wurde sie mit der Stichsäge an Vorder- und Seitenkante unregelmäßig zugesägt. Die Schraubenlöcher vorher auf der Grundplatte anzeichnen und mit einem 3 mm Bohrer vorbohren und von unten ansenken. Die Grundplatte kann beliebig groß sein und richtet sich nach dem Platz, an dem die Krippe später aufgestellt werden soll. Sie sollte jedoch nicht kleiner als 35 cm x 25 cm sein.

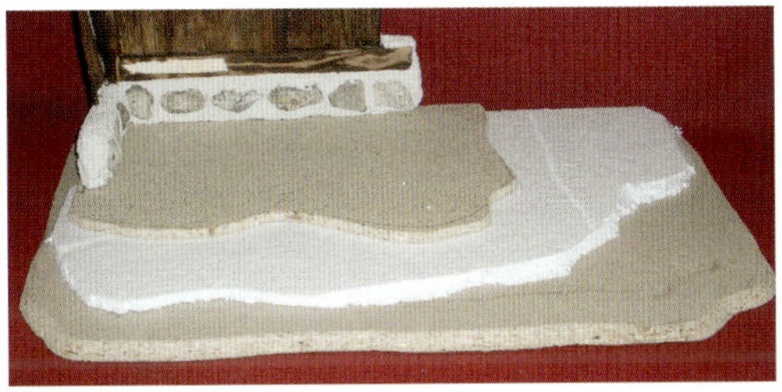

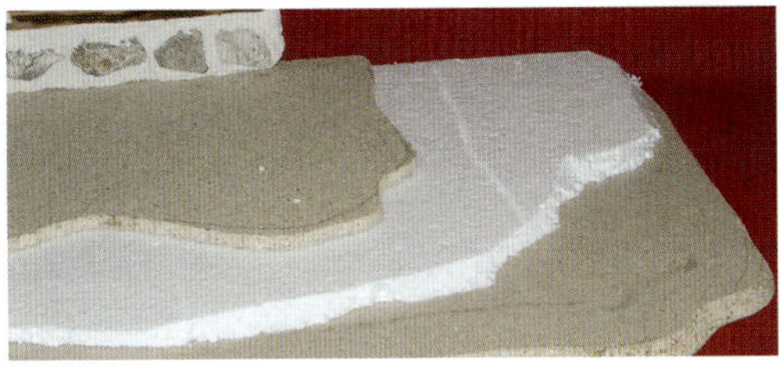

2 Zur Gestaltung eines Geländes können auch mehrere Grundplatten in verschiedenen Größen aufeinandergelegt und verschraubt oder verklebt werden. Um Gewicht zu sparen, können auch entsprechend zurechtgeschnittene Styroporplatten als Zwischenlage verwendet werden. Vorher ggf. einen Baum (Wurzel aus einem Wurzelstock) von unten auf der Grundplatte an beliebiger Stelle anschrauben.

3 Abschließend die unterste Grundplatte mit einer Stichsäge in Form schneiden.

Ausgestaltung der Grundfläche

1 Bevor Sie mit dem Ausgestalten der Krippe beginnen, wird der Untergrund gestaltet. Den Gips mit Wasser und etwas Leim zur cremigen Masse anrühren und die gesamte Grundplatte mit einer dünnen Schicht überziehen, zur besseren Haftung die Grundplatte vorher mit Leimwasser bestreichen. In die Gipsmasse können Rindenstücke von Bäumen (Kiefer, Birke usw.) als Steine oder Felsen eingedrückt werden. Den getrockneten Gipsauftrag mit Wandfarbe in Braun- und Grautönen bestreichen.

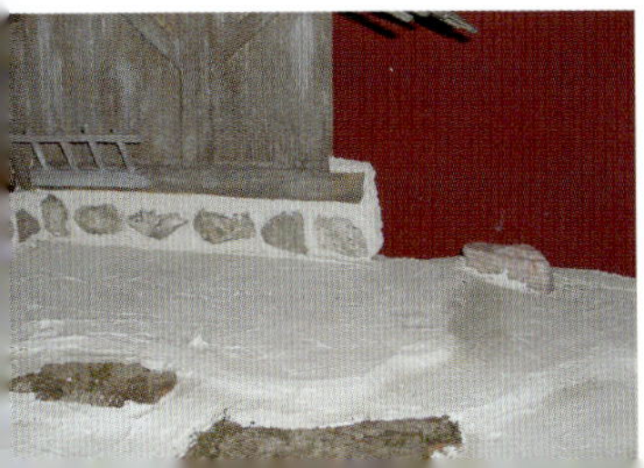

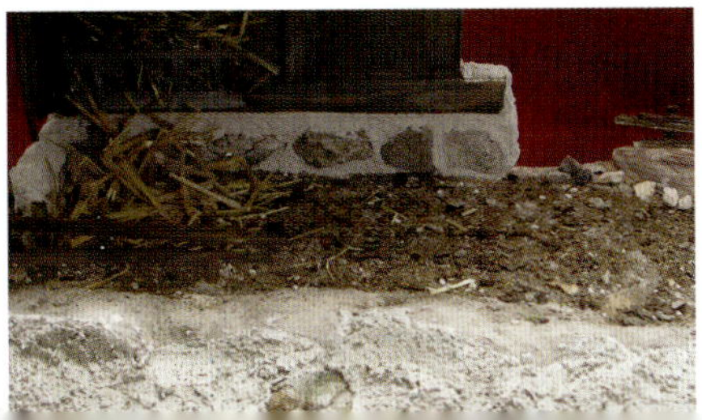

2 Bei der weiteren Ausgestaltung der Grundplatte sollten Sie Ihre Fantasie einfließen lassen. Die Grundplatte kann mit etwas Moos und sonstigem Streumaterial gestaltet werden. Dafür Moos aus dem Wald trocknen und dann mit Leim auf die Grundplatte aufkleben. Der Waldboden kann gut mit eingefärbten Sägespänen, vermischt mit zerriebener trockener Rinde und dürren Fichtennadeln dargestellt werden (dafür die Sägespäne mit etwas dunkelbrauner Holzfarbe vermengen und trocknen lassen). Leim auf die Grundplatte auftragen und die eingefärbten Sägespäne darüber streuen und etwas andrücken.

3 Nach dem Trocknen können weitere Verzierungen, wie Büsche, Felsformationen aus Steinen oder Zäune, angebracht werden.

Futterkrippe und Zäune bauen

1 Für die Futterkrippe in die Vierkanthölzer Nr. 11 45°-Winkel vier Löcher (ø 5 mm) bohren. Die Hölzchen Nr. 12 einkleben. Zur Stabilisierung oben noch ein kleines Querholz ankleben.

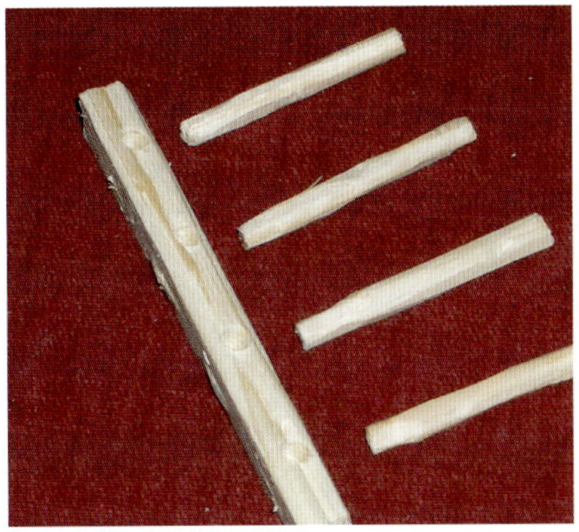

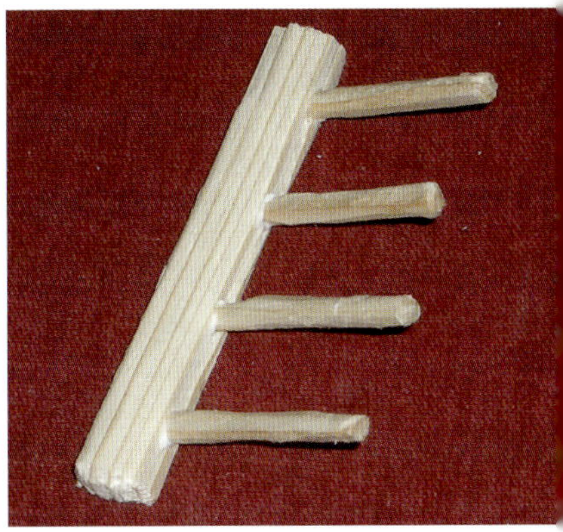

2 Die fertige Futterkrippe auf der vorgesehenen Stelle mit Heißkleber befestigen und streichen.

3 Für einen Zaun an einer beliebiger Stelle im Abstand von ca. 15 cm Löcher bohren (ø 5 mm), die Pfosten Nr. 13 einkleben und mit schmalen Obstkistenleisten verbinden. Mit Holzbeize gestalten.

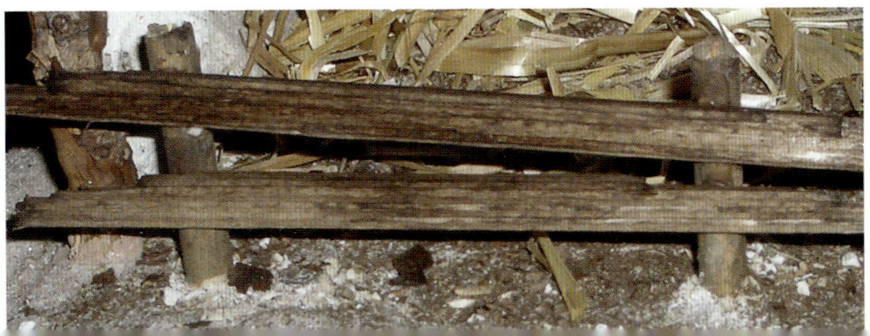

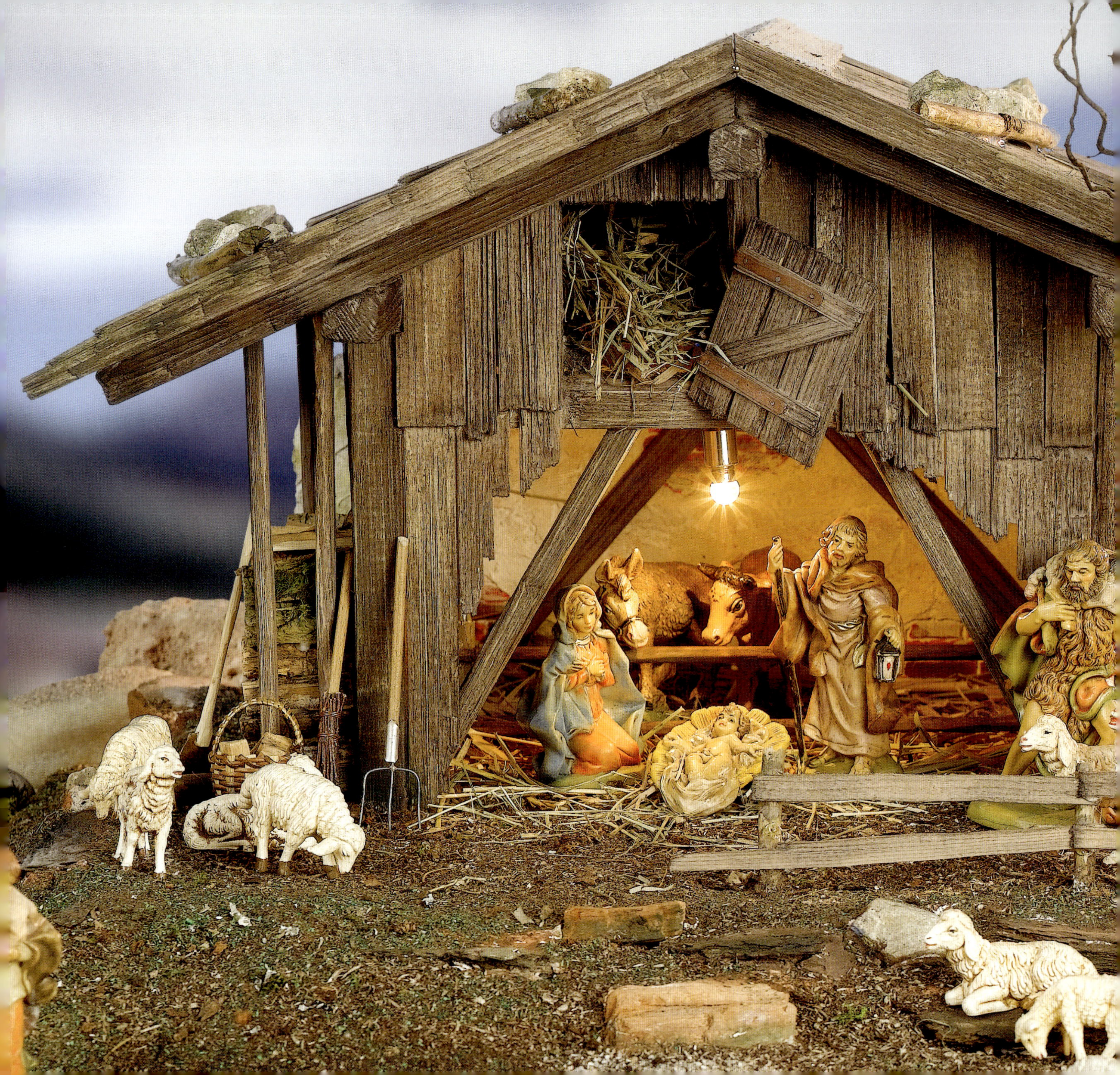

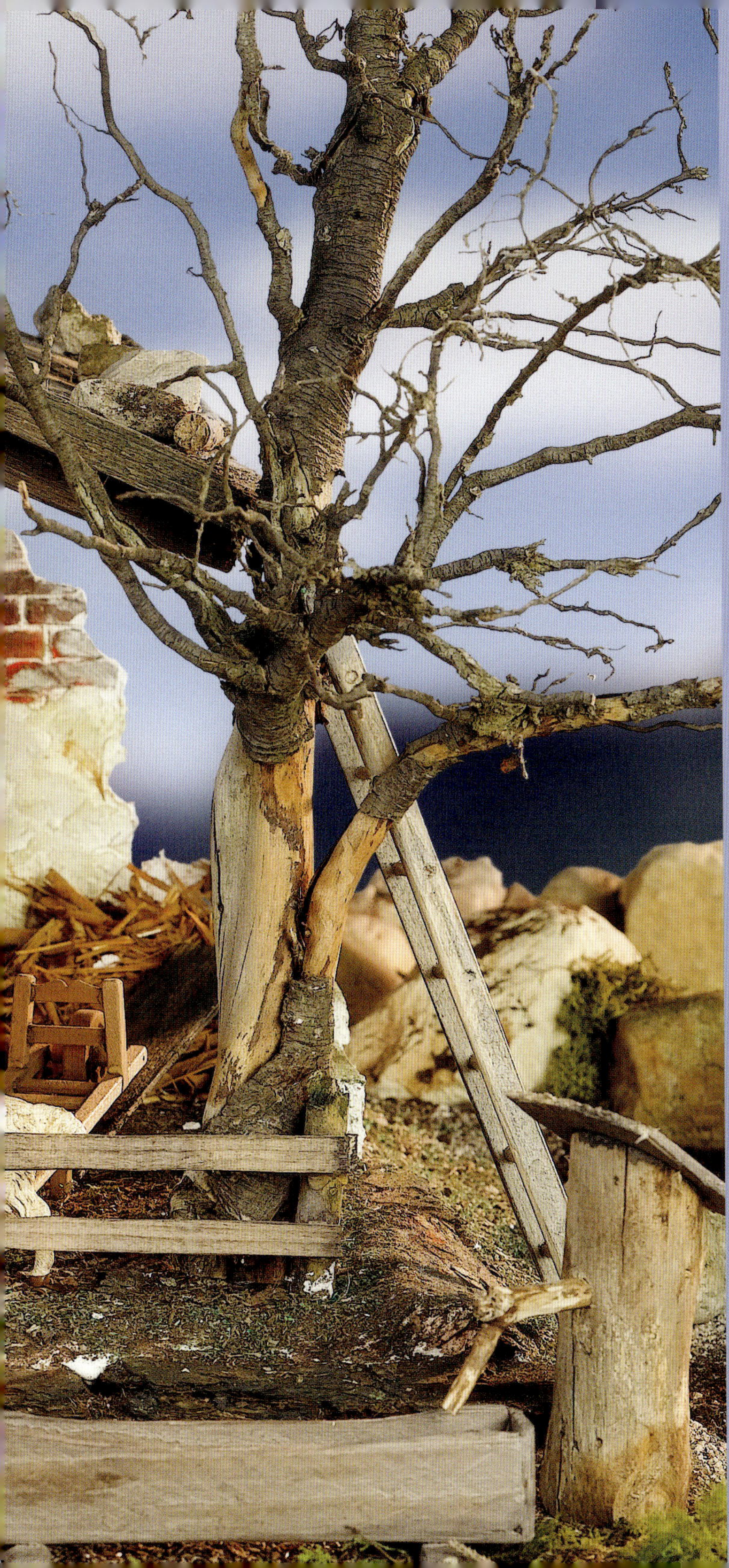

Alpen-ländischer Holzstall

Die dargestellte Krippe besteht aus einem einfachen Holzstall für die Haustiere, wie er im bayerischen Oberland aber auch im gesamten Alpenraum sehr häufig anzutreffen ist. Besonders typisch für den Alpenraum ist das flache, mit Steinen beschwerte Dach.

SCHWIERIGKEITESGRAD

● ● ●

MOTIVGRÖSSE

65 cm x 55 cm, ca. 25 cm hoch

FIGURENGRÖSSE

ca. 10 cm

MATERIAL

- Pressspanplatten (siehe Stückliste)
- Vierkanthölzer aus Fichtenholz (siehe Stückliste)
- Leisten (siehe Stückliste)
- Furnierreste, ca. 1 mm bis 3 mm stark, ca. 10 mm breit, insgesamt ca. 2,5 m lang (Dacheindeckung)
- 3 bis 4 Obstkisten oder Brettchen, 2 mm bis 3 mm stark, 20 mm bis 50 mm breit (Heuboden, Bretterverkleidung, Dacheindeckung)
- Holunderast, ø ca. 20 mm, ca. 30 cm lang (Firstkappe)
- Gips, ca. 250 g, z. B. Moltofil®
- kleine Steine (Dach)
- ggf. 2 Lederstreifen, 5 mm x 30 mm (Scharniere)
- ggf. dünnes Weißblech, z. B. Konservendose, 2 x 4 mm x 60 mm (Scharniere)
- Holzbeize in Grau und Braun, ca. 200 ml
- Acrylfarbe in Rot
- ca. 50 Senkkopfschrauben, 35 mm x 3 mm
- kleine Nägel
- kleiner Haken (Beleuchtung)
- kleine Lampe
- Stromkabel und Batterie oder Trafo
- Holzbohrer, ø 1 mm, 3 mm, 8 mm und 10 mm

HINWEISE

Neben den Vierkanthölzern und den in der Stückliste aufgeführten Leisten werden für die Grundplatte und die beiden Seitenwänden Nr. 10 Pressspanplatten in den vorgegebenen Maßen benötigt.

Beachten Sie auch die Materialangaben für Holzstoß und Misthaufen auf Seite 39.

Tipp

Zur Dacheindeckung werden dünne Dachlatten benötigt. Gut geeignet sind dafür Furnierreste, die man vom Schreiner bekommt. Sie können jedoch auch entsprechend schmale Brettchen, wie für die Holzverkleidung, verwenden.

HINWEIS

Die Adresse zum Bestellen eines kompletten Bausatzes für diese Krippe finden Sie auf Seite 156.

Stückliste

Nr.	Bezeichnung	Profil/Material	Maße in cm	Anzahl
1	Tragebalken	Vierkant	2 x 2 x 14,5	4
2	Querbalken	Vierkant	2 x 2 x 29	2
3	Längsbalken	Vierkant	2 x 2 x 24	2
4	Pfette	Vierkant 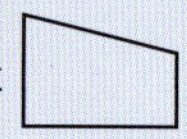	2 x 2 x 32	2
5	Firstbalken	Vierkant 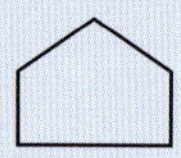	2 x 2 x 32	1
6	Firstträger	Vierkant	1,5 x 1,5 x 8	2
7	Sparren	Vierkant	1,5 x 1 x 24	10
8	Stützen	Vierkant	1,5 x 1,5 x 20	4
9	Rückwand	Styrodur	29 x 44 x 2 Höhe x Breite x Stärke	1
10	Seitenwand	Styrodur	5 x 20 x 2 Höhe x Länge x Stärke	2
11	Querholm (Variante)	Vierkant	1,5 x 1 x 20	2
12	Querholm (Variante)	Vierkant	1,5 x 1 x 25	1
13	Balken für Heuboden	Leiste	1 x 1 x 24	4
14	Rahmenholz	Leiste	1,5 x 1 x 20	1
15	Grundplatte	Brett	48 x 42 x 1 Breite x Tiefe x Stärke	1
16	Grundplatte	Brett	65 x 52 x 1 Breite x Tiefe x Stärke	1
17	Leisten für Grundplatte	Leiste	65 x 1,5 x 0,5	4

Montageskizze

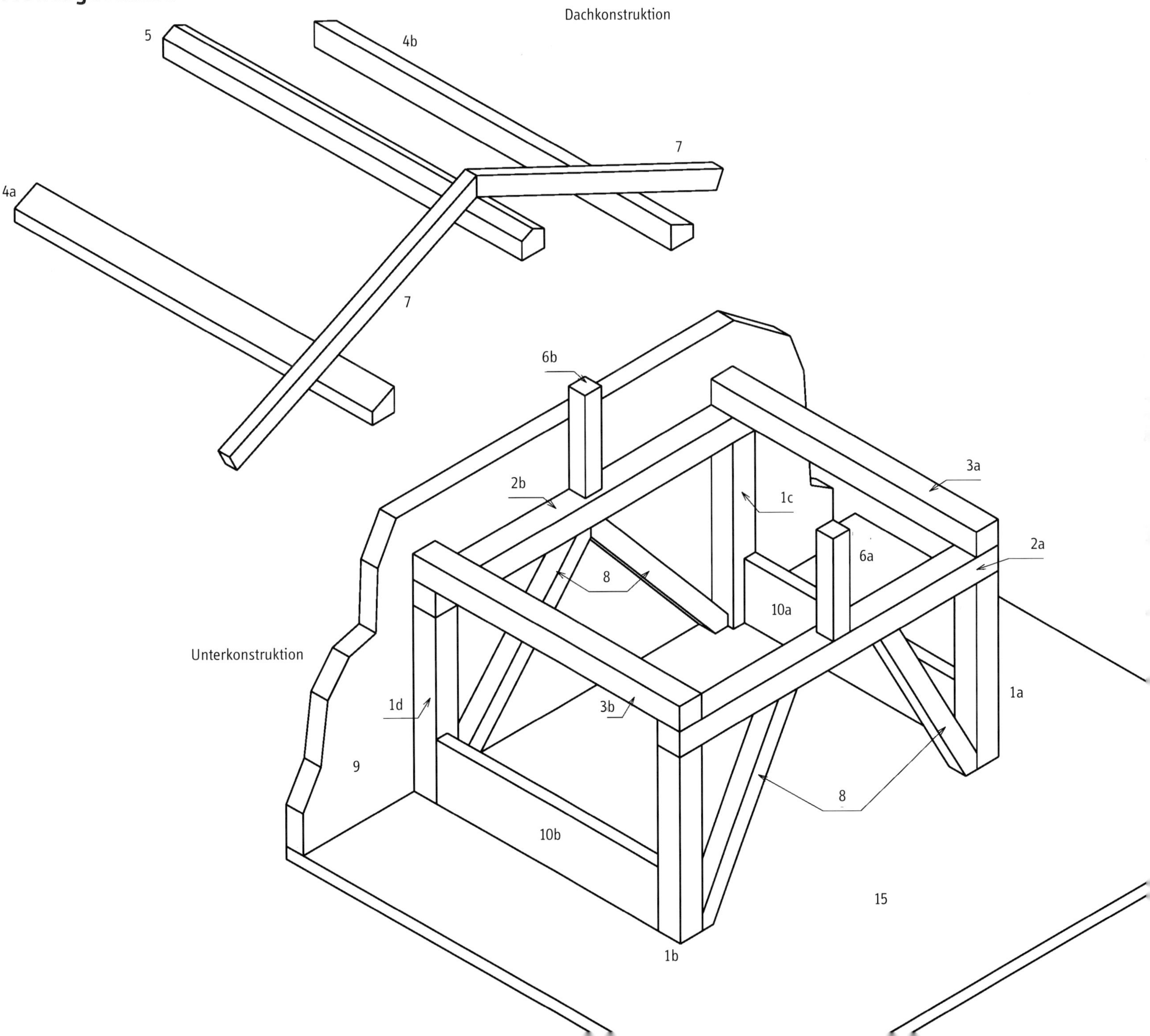

Ablängen und Beschriften

Mit dem Ablängen (siehe Glossar) aller Kanthölzer und Leisten anfangen. Um das Auffinden der Teile beim Zusammenbau zu erleichtern, entsprechend der Montageskizze mit Bleistift nummerieren (z. B. Tragebalken in 1a, 1b, 1c, 1d oder die Längsbalken in 3a und 3b usw.).

Mauern

Bei diesem Krippenstall sind die beiden seitlichen Sockel (Nr. 10) und die Rückwand des Stalls (Nr. 9) als Mauer dargestellt. Die Herstellung dieser Mauern erfordert etwas Geduld und Liebe zum Detail.

1 Zur Gestaltung der Mauer wird zunächst die Rückwand (Nr. 9) an den beiden kurzen Schnittkanten (29 cm) mit einer Stichsäge so beschnitten, dass der Eindruck einer eingefallenen, abgebrochenen Mauer entsteht. Den Schnitt vorher mit Bleistift auf der Rückwand aufzeichnen. Größe und Form der rückwärtigen Mauer können nach Belieben gestaltet werden.

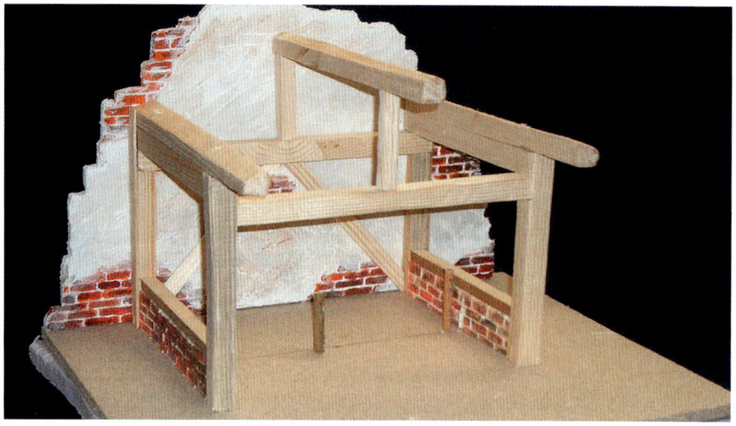

2 Leim mit etwas Wasser verdünnen und damit die Flächen mit dem Pinsel bestreichen. So haftet der Gips besser auf dem Holz.

3 Eine Seite der Rückwand und die beiden Sockel (Nr. 10) mit einer 1 mm bis 2 mm starken Gipsschicht bestreichen. Den Gips mit Wasser und einem Esslöffel Leim cremig verrühren und mit einem Spachtel möglichst gleichmäßig auftragen.

4 Nach dem Antrocknen des Gipses zur Darstellung von Mauersteinen mit einem Nagel Mörtelfugen in die Gipsschicht ritzen. Die „Mauersteine“ sollten ca. 6 mm bis 8 mm hoch und 25 mm bis 30 mm lang sein. Die Steine versetzt, also nicht Fuge auf Fuge, darstellen. Um gerade Fugen zu erhalten, eine gerade Leiste auf die vergipste Fläche legen. Der Gips sollte so weit trocken sein. Die „Mauersteine“ bzw. die Mörtelfugen nur dort nachzeichnen, wo später ein abgefallener Verputz dargestellt werden soll; also an der Rückwand im Inneren des Stalls, an den beiden Sockeln außen und/oder innen.

5 „Mauersteine“ und Mörtelfugen nach dem vollständigen Antrocknen des Gipses nochmals nachziehen und bröselige Teile mit einem Spachtel oder mit Schleifpapier entfernen.

6 Abschließend nochmals eine 1 mm bis 2 mm dicke Gipsschicht aufziehen. Dabei die Stellen frei lassen, an denen Mauersteine sichtbar bleiben sollen.

7 Nach dem Trocknen die sichtbaren Mauersteine in verschiedenen Rottönen sorgfältig einzeln bemalen. Nach der Fertigstellung der Mauern mit dem Zusammenbau des Grundgerüsts beginnen.

Variante

Sollten Sie etwas weniger Zeit zum Bau einer Mauer haben, können Rückwand und Seitenteile auch als vollständiger Bretterverschlag ausgebildet werden. In diesem Fall kann die Beschreibung zur Herstellung der Mauern unbeachtet bleiben. In diesem Fall die Querholme Nr. 11 entsprechend dem Arbeitsschritt 3 und Querholm Nr. 12 nach Arbeitsschritt 14 verwenden.

Grundgerüst

1 Zunächst die Seitenwand Nr. 10a mit dem Tragebalken Nr. 1a außen bündig mit zwei Senkkopfschrauben verbinden. Die Tragebalken vorbohren (ø 3 mm) und für den Schraubenkopf etwas ansenken (siehe Glossar). Wer die Seitenwände nicht verwendet (siehe Hinweis Variante), nimmt an ihrer Stelle nur den Querholm Nr. 11a. Der Abstand von der Grundplatte beträgt ca. 40 mm.

2 An der anderen Stirnseite der Stallwand Nr. 10a Tragebalken 1c auf die gleiche Art verschrauben.

3 Dann die Seitenwand Nr. 10b mit den beiden Tragebalken 1b und 1d verschrauben (bzw. wieder einen Querholm Nr. 11 nehmen).

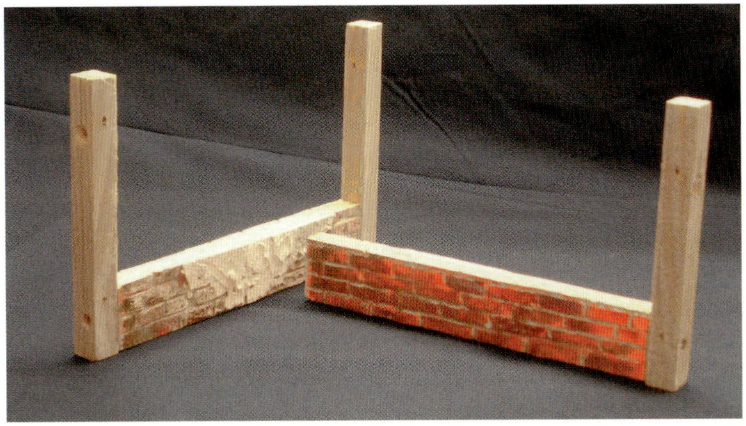

4 Mit Senkkopfschrauben je einen Firstträger Nr. 6 mittig auf die beiden Querholme Nr. 2a und 2b verschrauben.

5 Querbalken Nr. 2a mit Firstträger quer auf die oberen Stirnflächen der beiden Tragebalken 1b und 1a legen und an allen Seiten bündig mit einer Senkkopfschraube von oben verschrauben.

6 Den hinteren Querbalken Nr. 2b auf die gleiche Art mit Tragebalken Nr. 1c und 1d verschrauben.

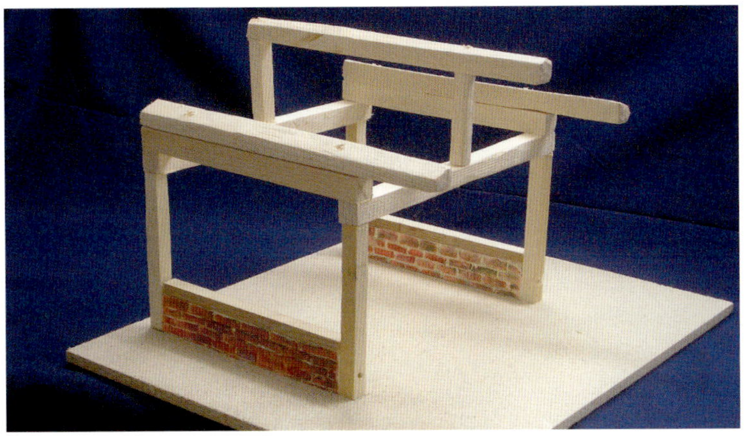

7 Das Grundgerüst auf der Grundplatte Nr. 15 ausrichten und an den vier Tragebalken von unten mit Senkkopfschrauben verschrauben. Die Grundplatte mit ø 3 mm vorbohren und eine größere Bohrung ansenken (siehe Glossar). Das Maß zur hinteren Schnittkante der Grundplatte beträgt ca. 1,5 cm (Platz für die Rückwand Nr. 9 lassen), das Grundgerüst in der Breite der Grundplatte (48 cm) etwa mittig anbringen.

8 Beide Längsbalken Nr. 3 im rechten Winkel auf die Querbalken Nr. 2a bzw. 2b legen und mit den Tragebalken bündig von oben verschrauben.

9 Für ein späteres Gatter im Inneren des Stalles zwei Bohrungen, ø 8 mm bis 10 mm, links und rechts innen neben den Seitenwänden in die Grundplatte bohren und als Pfahl jeweils ein 40 mm bis 50 mm langes Rundholz oder einen dürren Ast darin befestigen. Der Abstand zum hinteren Rand der Grundplatte beträgt ca. 13 cm.

10 An beiden Pfetten Nr. 4 (siehe Montageskizze Dachkonstruktion) mit Hobel oder scharfem Messer auf der ganzen Länge die in der Stückliste dargestellte Schräge anbringen (ca. 25°). An den später nach vorne überstehenden und sichtbaren Pfettenenden (ca. 7 cm) mit einem Messer die Schnittkante brechen, mit einer Drahtbürste die Maserung des Holzes herausarbeiten und nochmal mit Schleifpapier glätten.

11 Am Firstbalken Nr. 5 ebenfalls mit Hobel oder Messer auf der vollen Länge die dargestellten Schrägen anbringen (2 x ca. 25°). Das vordere Ende des Firstbalkens wie vorher bei den Pfetten so bearbeiten, dass die Maserung herauskommt.

12 Beide Pfetten (siehe Glossar) Nr. 4 der Länge nach so auf den Längsbalken Nr. 3a bzw. 3b verschrauben, dass die Schräge zur Dachmitte verläuft. Nach vorne beträgt der Überstand ca. 7 cm, nach hinten sind die Pfetten bündig.

13 Den Firstbalken Nr. 5 hinten bündig von oben auf die beiden Firstträger Nr. 6 verschrauben. Wer auf die Rückwand verzichtet, sollte die beiden Pfetten und den Firstbalken nach hinten ca. 1 cm überstehen lassen.

14 Rückwand Nr. 9 an der Rückseite des Grundgerüstes bündig mit der hinteren Schnittkante der Grundplatte von unten und mit den beiden Tragebalken und dem Querbalken verschrauben. Die Bohrungen jeweils ansen-

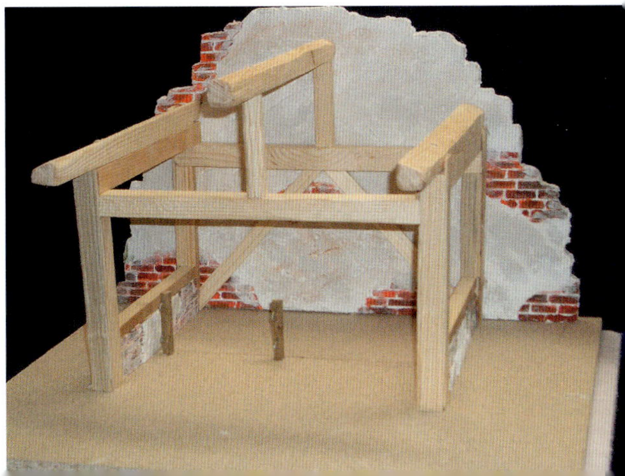

ken. Soweit keine Rückwand vorhanden ist, den Querholm Nr. 12 zwischen den Tragebalken 1c und 1d einsetzen.

15 Im Inneren des Stalles an der Rückwand jeweils eine Stütze Nr. 8 vom Tragebalken Nr. 1c bzw. 1d von unten schräg nach oben zur Mitte des Querbalkens 2b anbringen und mit Heißkleber an der Rückwand befestigen. Beim eingebauten Querholm Nr. 12 Stützen über dem Holm einsetzen.

16 Wird um das Krippengebäude später ein Gelände geformt (siehe Seite 12 „Ausgestaltung der Grundplatte"), eine 1 cm bis 1,5 cm starke Styroporplatte zurechtschneiden, die vorne und seitlich etwa 2 cm größer ist als das Grundgerüst samt Grundplatte.

17 Die Grundplatte Nr. 16 von unten mit Senkkopfschrauben mit der Grundplatte Nr. 15 und der Styroporplatte verschrauben. Die Bohrungen ansenken (siehe Glossar).

Anbringen der Dachsparren

1 Die Vorderseite und die Überstände der vorderen beiden Sparrenpaare (siehe Glossar) wie im Abschnitt Grundgerüst, Schritt 10, beschrieben mit Stahlbürste und Schleifpapier bearbeiten.

2 Für das Dach zunächst das vordere Sparrenpaar anbringen. Dazu Sparren Nr. 7 hochkant und paarweise vom Firstbalken Nr. 5 zur Pfette Nr. 4a bzw. 4b legen und mit Heißkleber befestigen. Die Sparren an der Stirnseite mit einem Messer schräg schneiden, damit sie auf dem Firstbalken bündig zusammenstoßen.

3 Das vordere, erste Sparrenpaar ca. 1,5 cm vom vorderen Pfettenende einrücken. Das zweite Pfettenpaar ca. 3 mm nach vorne versetzt zur Senkrechten des Querbalkens Nr. 2a mit Heißkleber befestigen.

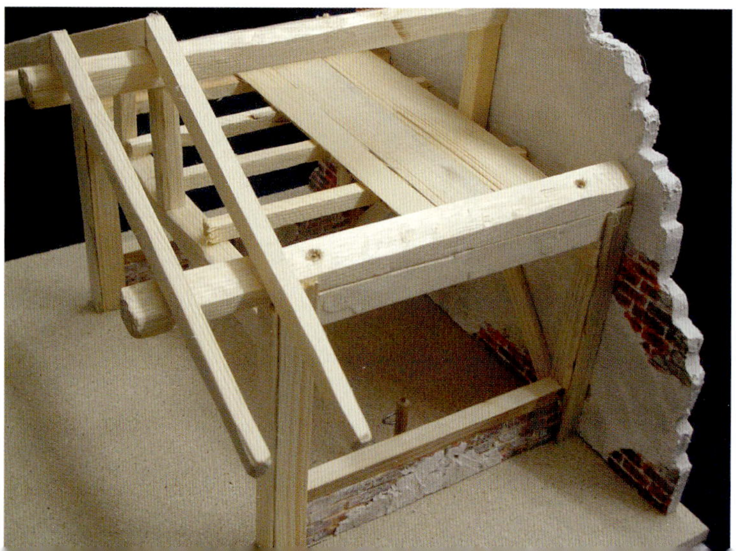

4 Die weiteren drei Sparrenpaare werden später, nach dem Einbau des Heubodens, gleichmäßig auf dem Dach verteilt angebracht (siehe nächstes Bild).

Heuboden

1 Zuerst den Rahmen für die Luke zum Heuboden fertigen. Dazu aus Rahmenholz Nr. 14 links vom vorderen Firstträger zwischen diesem, dem zweiten Sparren und dem vorderen Querbalken einen 60 mm x 60 mm (Innenmaß) großen Rahmen für die Luke einbauen.

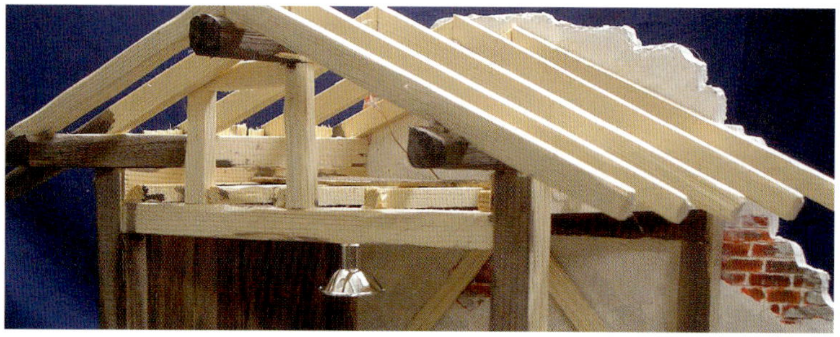

2 Die Balken Nr. 13 für den Heuboden einbauen. Jeweils einen Balken links und rechts parallel der Längsbalken Nr. 3 auf den Querbalken vorne und hinten mit Heißkleber befestigen. Die beiden anderen Balken innerhalb der Luke links und rechts einbauen.

3 Quer über die Bodenbalken zwischen den Längsbalken die Bretter für den Heuboden verlegen. Empfehlenswert ist, an dem Brett, unter dem später die Beleuchtung hängen soll, bereits jetzt einen kleinen Haken einzuschrauben.

4 Als Heubodenbretter Brettchen von alten Obstkisten verwenden. Sie sollten nicht mehr als 3 mm stark und zwischen 20 mm und 40 mm breit sein. Die Länge beträgt etwa 300 mm, sie können nach Bedarf über eine Kante abgebrochen werden.

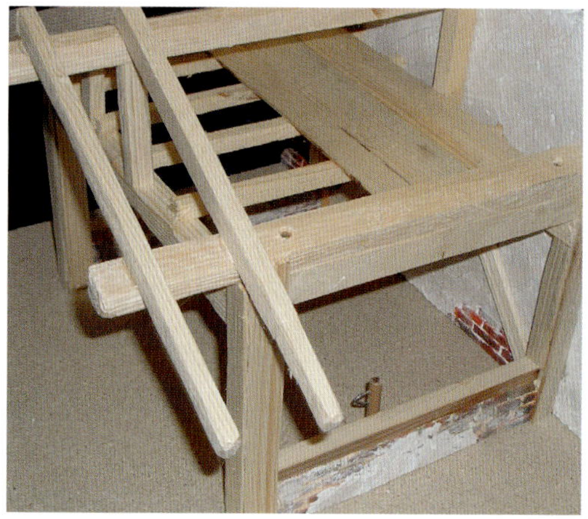

5 Nach dem Einbau des Heubodens die restlichen Dachsparren Nr. 7 anbringen.

Tipp

Statt Brettchen von Obst- oder Salatkisten zu verwenden ist es auch möglich, sich vom Schreiner entsprechende Brettchen schneiden zu lassen. Die Brettchen können Sie dann auf der Seite, die später sichtbar ist, mit der Drahtbürste bearbeiten, um die Maserung hervorzuheben.

Bretterverschlag

1 Für den Bretterverschlag die beschriebenen Holzbrettchen (z. B. von Obstkisten) verwenden. Auf die verschiedenen Breiten der Bretter achten und nach Bedarf auf die notwendige Länge brechen. Die Länge der Bretter an den Seiten reicht von der Oberkante der Sparren bis knapp über die Mauerkante der Seitenwände bzw. wenn keine Seitenwände gemauert wurden bis auf die Grundplatte.

2 Die Bretter an den Pfetten und den Seitenwänden ggf. an den Querholmen mit Heißkleber befestigen. Die Tragebalken ebenfalls mit den Brettern verkleiden.

3 Die Vorderseite erst nach der Fertigstellung des Daches verkleiden (siehe Dacheindeckung).

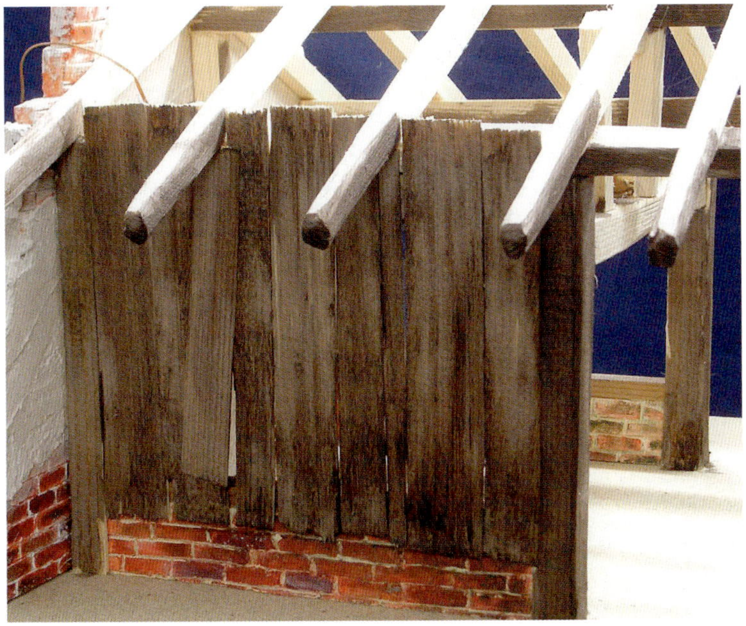

Anstrich

1 Zur Farbgebung Holzbeizen in Grau eventuell mit etwas Braun vermischen. Vor dem Anstrich in jedem Fall eine Probebeizung mit einer Trocknungszeit von mindestens einem Tag durchführen.

2 Die Beize mit einem Pinsel gut verteilt auf alle erreichbaren Holzflächen auftragen.

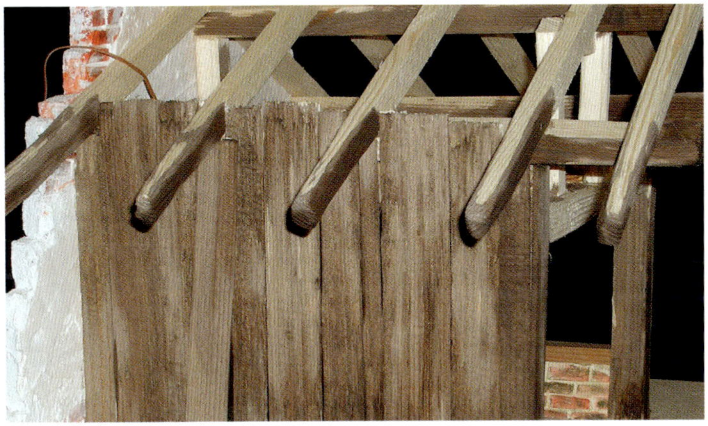

3 Die Flächen an der Vorderfront, an denen später die Holzverkleidung abgeklebt wird, also die Vorderseiten des zweiten Sparrenpaares, des Querbalkens Nr. 2 und der Tragebalken 1a und 1c sowie die obere Seite der Dachsparren möglichst nicht bestreichen.

4 Nach dem Anstrich die vorderen Stützbalken Nr. 8 einpassen und einbauen. Die Stützbalken von schräg unten nach oben unter den Querbalken verlaufen lassen. Die Stützbalken sind am Querbalken ca. 100 mm voneinander entfernt.

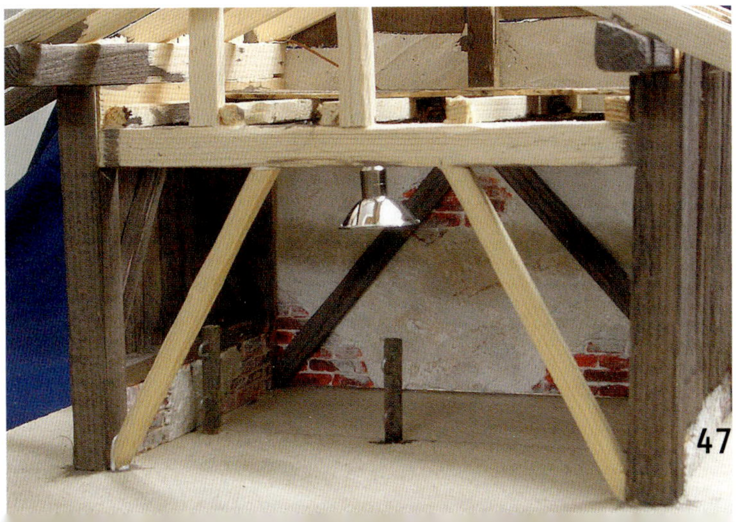

Dacheindeckung

1 Zur Dacheindeckung werden dünne Dachlatten (Furnierreste) benötigt. Es können jedoch auch entsprechend schmale Brettchen wie bei der Holzverkleidung verwendet werden.

2 Jeweils eine „Dachlatte" am unteren Ende der Dachsparren über die ganze Tiefe des Daches aufkleben. Beide Dachseiten bekleben. Der Überstand vorne entspricht dem Überstand der Dachpfette.

3 Eine weitere Dachlatte am First auf jeder Dachseite anbringen.

4 Auf jede Dachseite noch zwei weitere Lattungen gleichmäßig ausgemittelt aufkleben.

5 Als Dachschindeln (siehe Glossar) werden die gleichen Brettchen wie für den Bretterverschlag verwendet. Sie sollen 30 mm bis 60 mm breit sein und ca. 2 cm länger als der Abstand zweier Dachlatten.

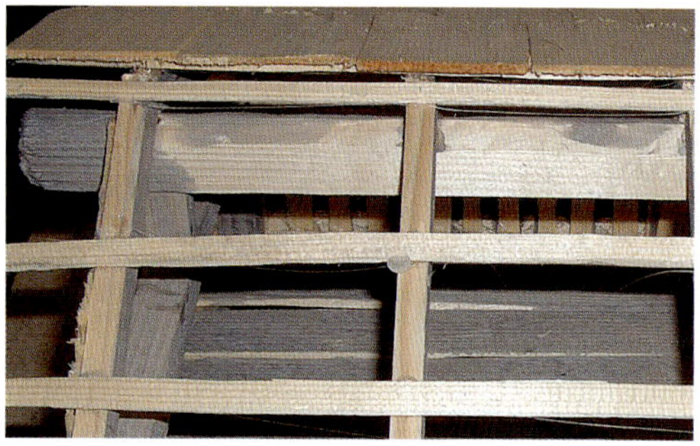

6 Die Dachschindeln in der Länge zurechtschneiden oder über eine stabile Kante legen (Tisch) und mit einem kurzen, festen Druck abbrechen. Das erweckt einen etwas rustikaleren Eindruck.

7 Die Dacheindeckung in der unteren Schindelreihe beginnen. Die Schindeln über die beiden unteren Dachlatten legen und mit Heißkleber festkleben. Darauf achten, dass die äußeren Schindeln seitlich mit den Dachsparren abschließen.

8 Um einen durchlaufenden Stoß zu vermeiden, die Schindelreihen abwechselnd mit einer schmalen und einer breiten Schindel beginnen.

9 Die oben liegende Schindelreihe sollte die darunter liegende Reihe jeweils um 1 cm bis 2 cm überlappen.

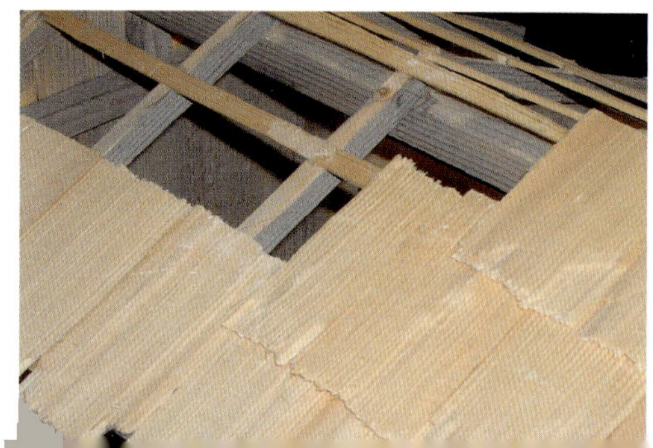

10 Die obersten Schindelreihen der beiden Dachhälften stoßen am First zusammen. Als Firstkappe den Holunderast mit einer Stichsäge in der Länge mittig durchschneiden, das innere Mark entfernen und über die gesamte Dachtiefe aufleimen.

11 Vor dem Anbringen des vorderen Bretterverschlages kann das Dach gebeizt werden.

12 Wenn die ganze Krippe fertig ist, das Dach noch mit einigen groben, flachen Steinen beschweren.

Vorderer Bretterverschlag

1 Der Bretterverschlag vorne ist in einen oberen und einen unteren Teil unterteilt. Mit den Brettern vom Querbalken Nr. 2 nach unten beginnen. Die Bretter an den Streben und dem Querbalken festkleben. Die Öffnung des Stalles nach vorne beliebig gestalten. Die Tragebalken mitverkleiden.

2 Den oberen Teil des Bretterverschlages an den beiden Sparren (links und rechts) und auf dem unteren Bretterverschlag festkleben. Die Öffnung der Luke, ca. 60 mm x 60 mm, bleibt frei.

3 Anschließend die Vorderfront ebenfalls beizen oder streichen.

Tipp

Vor dem Beizen das Holz gründlich entstauben. Beizen macht das Holz unempfindlicher und schützt gegen Schimmel. Die Maserung und Färbung des Holzes werden durch die Beize betont.

Lukentüre

1 Für die Lukentüre kleine Brettchen auf einer ebenen Unterlage bis zu einer Breite von 60 mm nebeneinander legen und gerade ausrichten. Die Länge der Brettchen je nach Belieben so wählen, dass die Türe genau in die Luke passt (etwas weniger als 60 mm) oder oben und unten etwas über die Luke übersteht.

2 Nach dem Ausrichten der Brettchen oben und unten quer über die gesamte Breite ein wei-

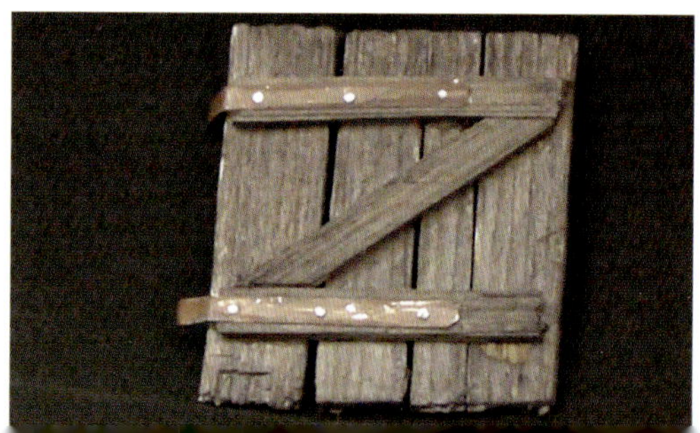

teres Brettchen kleben. Diagonal zwischen den beiden Querbrettern zur Versteifung ein weiteres Brettchen kleben.

3 Zur Befestigung der Türe am Rahmen können dünne Lederstreifen verwendet werden, die mit kleinen Nägeln an Türe und Rahmen befestigt werden. Die Scharniere können alternativ auch aus dünnem Weißblech (z. B. von einer Konservendose) hergestellt werden. Dazu mit einer Schere zwei 4 mm bis 5 mm breite und ca. 6 cm lange Streifen schneiden. An einem Ende des Streifens ein kleines Scharnier biegen. Das Scharnier mit zwei bis drei kleinen Nägeln auf dem waagrechten Brettchen der Türe festnageln. Zu lange Nägel auf der Rückseite kürzen und mit etwas Heißkleber „versiegeln".

4 Als Angel für die Scharniere ebenfalls kleine Nägel verwenden. Die kleinen Nägel im rechten Winkel biegen und den Nagelkopf mit der Beißzange entfernen.

5 Die genaue Lage der Angeln durch Anpassen der Türe festlegen und entsprechend kennzeichnen. Mit einem kleinen Bohrer, ca. ø 1 mm, vorbohren und die Angeln mit der Nagelspitze mit Hilfe einer Flachzange in das Rahmenholz eindrücken.

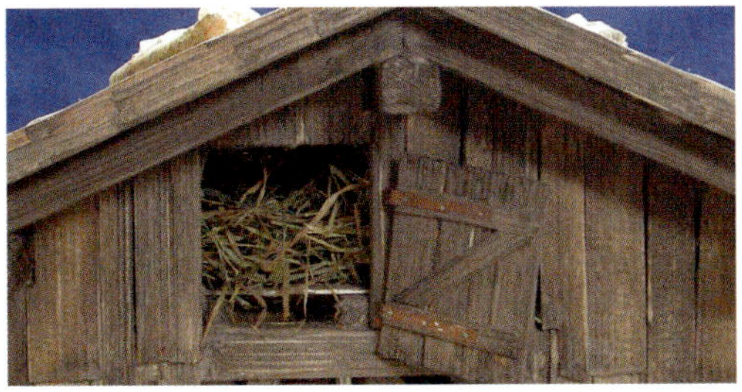

6 Die Lukentüre vor dem Einhängen beizen.

Holzstoß

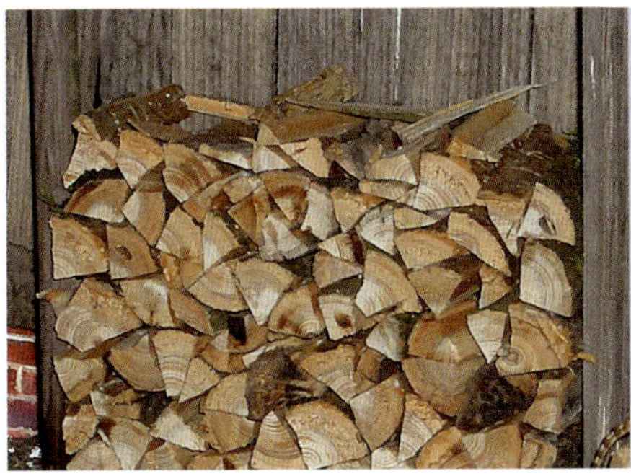

MATERIAL

- Rundhölzer, ø 5 mm bis 6 mm, ca. 30 mm lang
- Holzscheite: Rundhölzer, die mit einem Messer zu kleinen Scheiten gespalten werden

1 An der linken Außenwand an der Bretterwand einen Holzstoß aufrichten.

2 Den Holzstoß zwischen zwei Pflöcken (Rundhölzer, ø 5 mm bis 6 mm), die am Sparrenüberstand und der Grundplatte befestigt wurden, aufrichten.

3 Holzscheite dazwischen stapeln und zusammenleimen.

Misthaufen

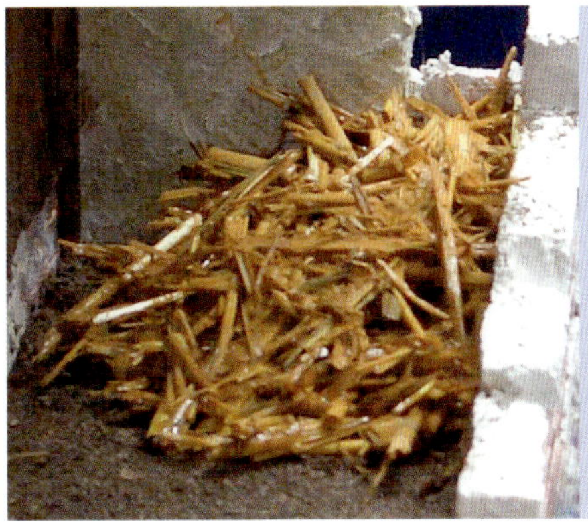

MATERIAL

- Tapetenkleister
- Acrylfarbe in Braun oder Gelb
- Stroh

1 An der rechten Außenwand einen Misthaufen gestalten. Dazu etwas Tapetenkleister anrühren und etwas gelbe oder braune Acrylfarbe dazugeben.

2 Stroh mit der Schere kurz schneiden, mit dem eingefärbten Kleister tränken und als Misthaufen auf die Grundplatte geben.

HINWEIS

Zur Gestaltung des Stallbodens, des Daches und des Außenbereiches siehe Seite 11 bis 15. Sie können sich aber auch nur an der Abbildung orientieren.

Tipp

Im Fachhandel für Bastelbedarf finden Sie Pflanzen, Bäume und vieles mehr, mit denen Sie die Umgebung der Krippe gestalten können. Auch Wurzeln, dürre Zweige und Steine, die Sie auf einem Spaziergang sammeln können, eignen sich gut zur Gestaltung einer Landschaft.

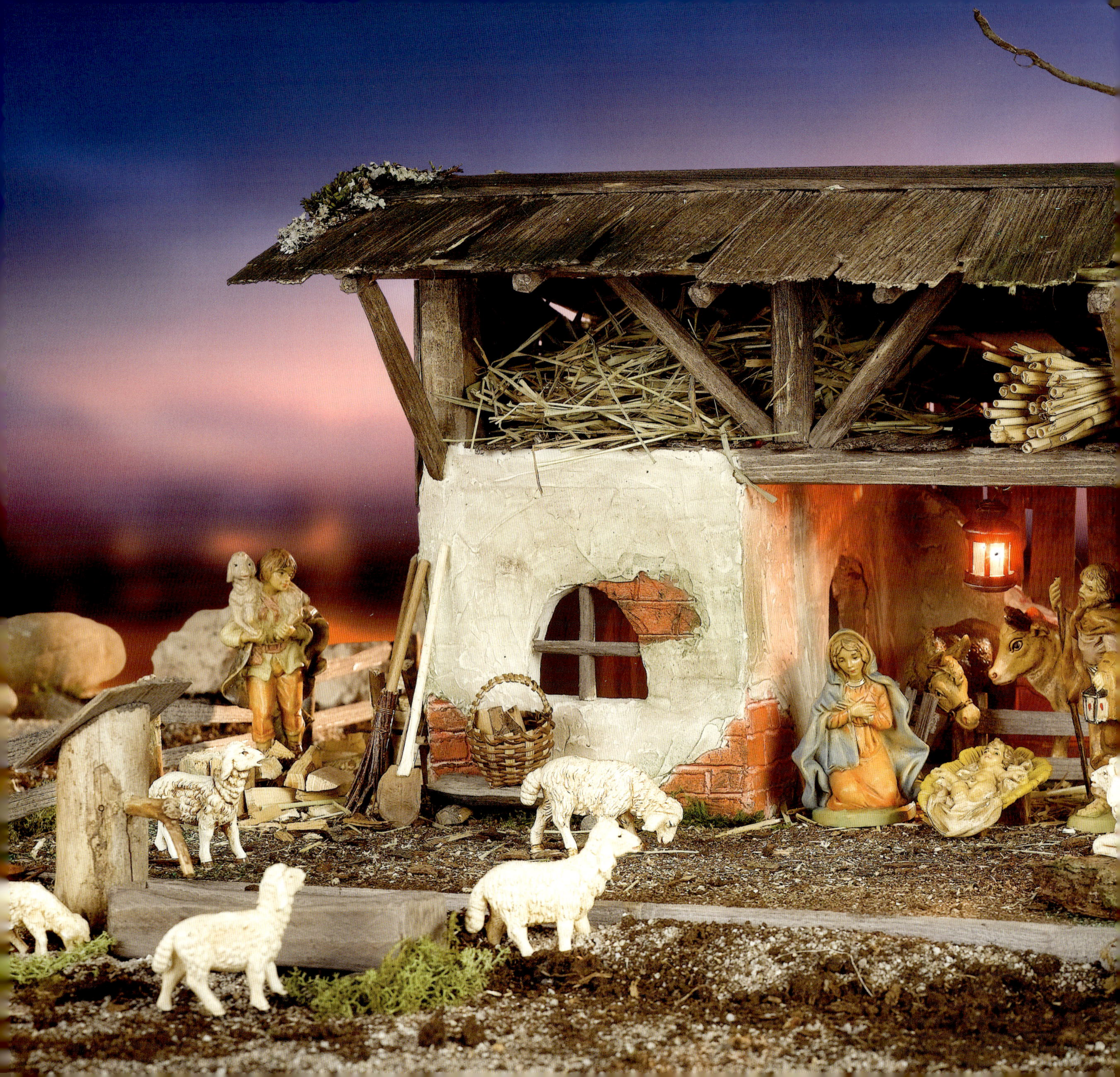

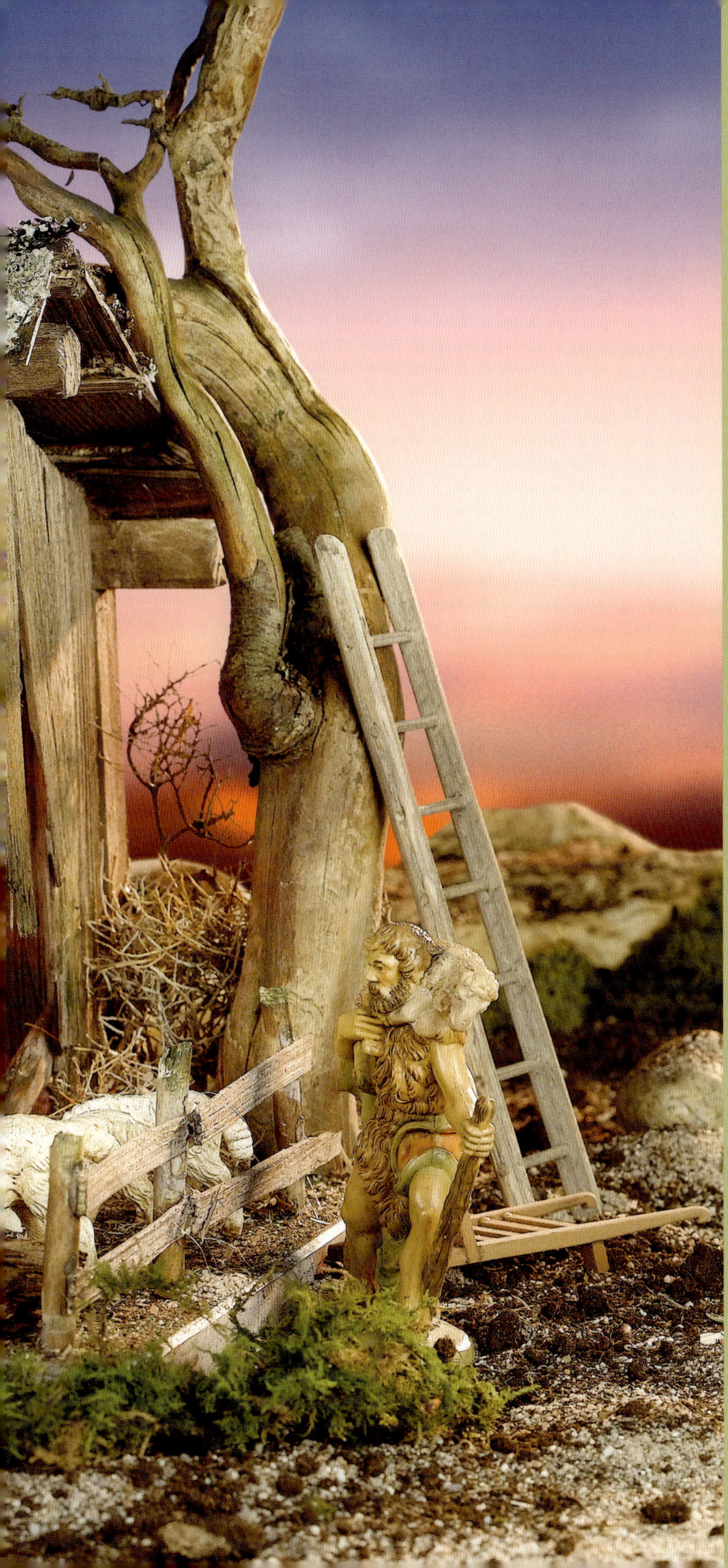

Viehstall mit Heuschober

Ein bescheidener Viehstall ist besonders im bayerischen Oberland häufig anzutreffen. Hinter der Heiligen Familie, direkt beim Jesuskind, liegen Ochs und Esel. Der Ochse symbolisiert Güte und Ruhe, der Esel galt zu Lebzeiten Christi als klug und geduldig.

SCHWIERIGKEITESGRAD

● ● ○

MOTIVGRÖSSE

55 cm x 40 cm, ca. 25 cm hoch

FIGURENGRÖSSE

8 cm bis 10 cm

MATERIAL

- Vierkanthölzer aus Fichtenholz (siehe Stückliste)
- 3 bis 4 Obstkistenstücken, 2 mm bis 3 mm stark, 20 mm bis 50 mm breit (Holzverkleidung, Dachschindeln)
- Gips, ca. 200 g, z. B. Moltofil®
- Holunderast, ø ca. 2 cm, ca. 40 cm lang (Firstkappe)
- etwas Heu und Stroh
- Holzbrettchen, 1 mm bis 2 mm stark, 10 mm breit (Dachlatten)
- kleiner Haken (für Laterne)
- Holzbeize in Grau oder Braun
- Holzwachs in Dunkelbraun
- ca. 30 Senkkopfschrauben, 3 mm x 35 mm
- ggf. Acrylfarbe in Rot
- ggf. kleine, dünne Äste (Schneefang)
- Laterne
- Trafo oder Batterie
- Streumaterial für die Grundplatte (siehe Seite 12)
- Steine (Dachgestaltung)
- Moos (Dachgestaltung)
- Holzbohrer, ø 3 mm und 10 mm

Die Adresse zum Bestellen eines kompletten Bausatzes für diese Krippe finden Sie auf Seite 156.

Tipp

Die meisten Materialien finden Sie im Baumarkt. Spezielles Krippenzubehör wie Laternen, Werkzeuge etc. erhalten Sie auf Weihnachtsmärkten oder im Internetversand.

Stückliste

Nr.	Bezeichnung	Profil/Material	Maße in cm	Anzahl
1	Tragebalken	Vierkant	2 x 2 x 22	2
2	Tragebalken	Vierkant	2 x 2 x 16	2
3	Stallwand	Styrodur	14,25 x 14 x 2 Höhe x Breite x Stärke	2
4	Stallwand	Styrodur	13,5 x 12 x 2 Höhe x Breite x Stärke	1
5	Stallwand	Styrodur	13,5 x 29 x 2 Höhe x Breite x Stärke	1
6	Querbalken	Vierkant	1,5 x 1,5 x 29	2
7	Pfette	Profil 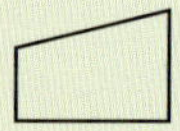	2 x 2 x 40	1
8	Firstbalken	Profil 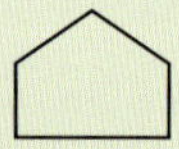	2 x 2 x 40	1
9	Sparren	Vierkant	1,5 x 1 x 10	5
10	Sparren	Vierkant	1,5 x 1 x 26	5
11	Querholm	Vierkant	1,5 x 1 x 14,0	2
12	Balken für Heuboden	Vierkant	0,75 x 0,75 x 32	2
13	Stützbalken	Vierkant	1,5 x 1,5 x 6,5	1
14	Strebe	Vierkant	1 x 1 x 12	4
15	Grundplatte	Pressspan	55 x 40 x 1,5	1

Montageskizze

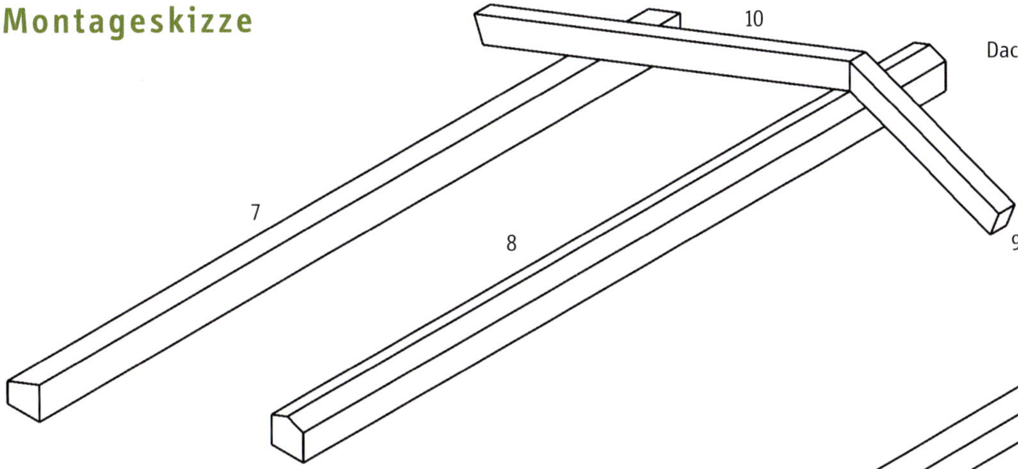

Dachkonstruktion

Unterkonstruktion

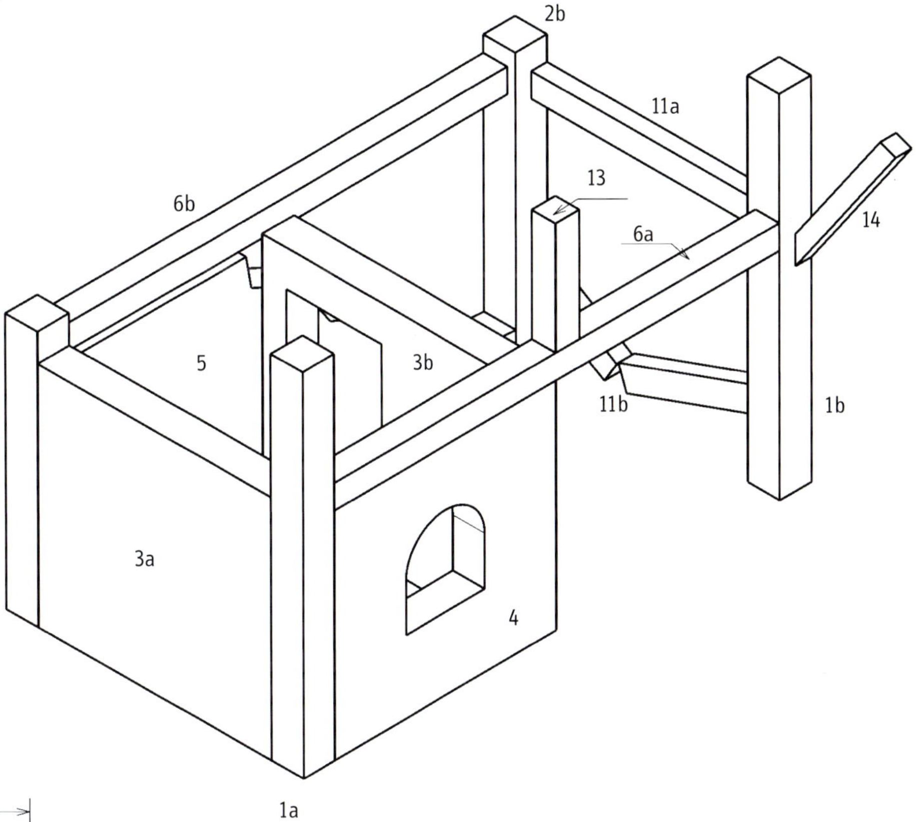

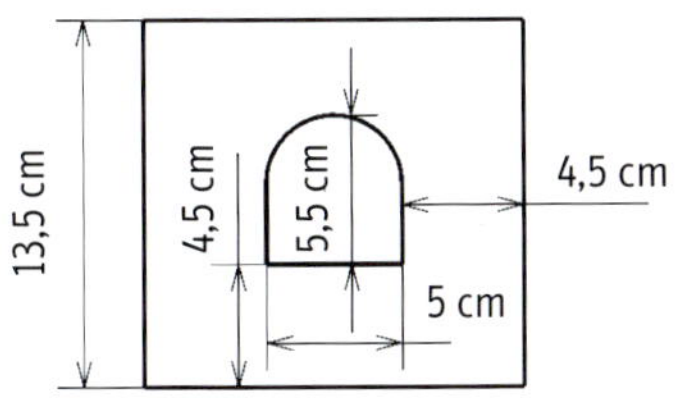

Fensterausschnitt
Stallwand 4

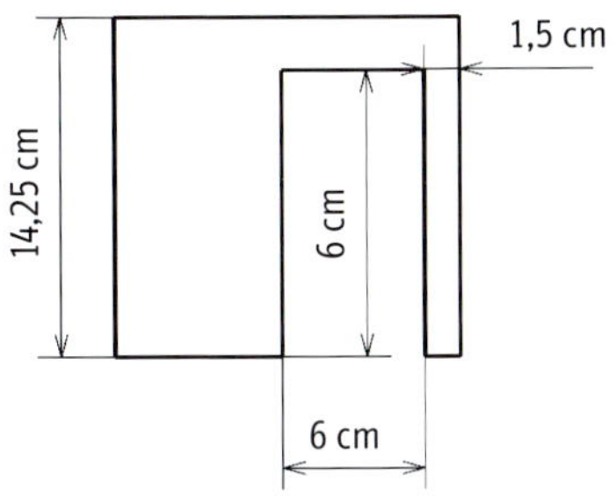

Türe
Stallwand 3b

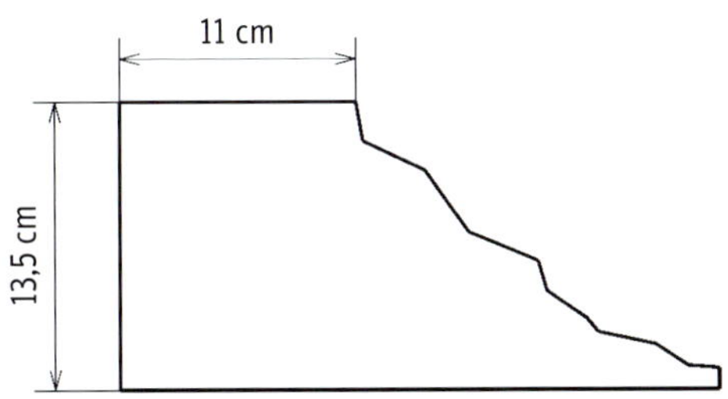

Stallwand 5

Ablängen und Beschriften

Bevor mit dem Zusammenbau begonnen wird, sollten zum leichteren Auffinden alle Teile aus der Stückliste mit Bleistift nummeriert werden (z. B. Tragebalken 1a und 1b). Weiter sollten an den am Ende sichtbaren Bauteilen (Tragebalken 1b und 2b, Querbalken 6a, Querholm 11a und 11b sowie die Überstände der Pfetten und Sparren) vor dem Einbauen die Kanten mit einem scharfen Messer entfernt und mit einer Drahtbürste der Maserung entlang gebürstet werden. Abschließend nochmals mit Schleifpapier (240er Körnung) überarbeiten.

HINWEIS

Richten Sie sich zum Aussägen der Stallwände an der bemaßten Skizze auf Seite 53.

Unterkonstruktion

1 Tragebalken 1a und 2a nach der Montageskizze auf Seite 37 mit Stallwand 3a (hochkant) von außen bündig mit zwei Senkkopfschrauben verschrauben. Die Tragebalken vorbohren.

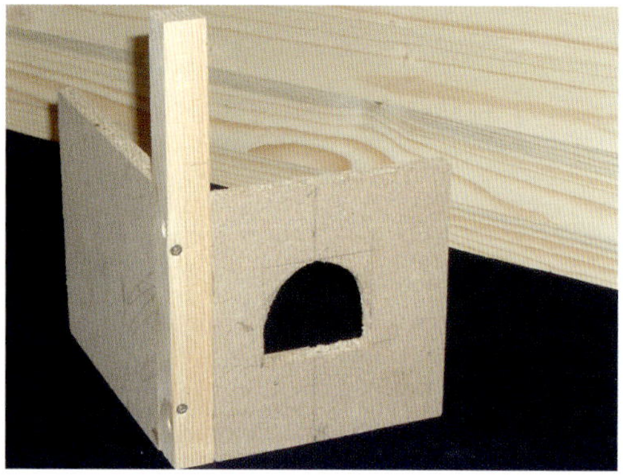

2 Stallwände 4 und 5 entsprechend der Montageskizze auf Seite 37 mit der Stichsäge aussägen, anschließend die Wände 4 und 5 mit Tragebalken 1a bzw. mit Tragebalken 2a von außen bündig verschrauben.

3 Stallwand 3b zwischen die Stallwände 4 und 5 hochkant einsetzen. Mit der Schnittkante der Wand 4 bündig verschrauben.

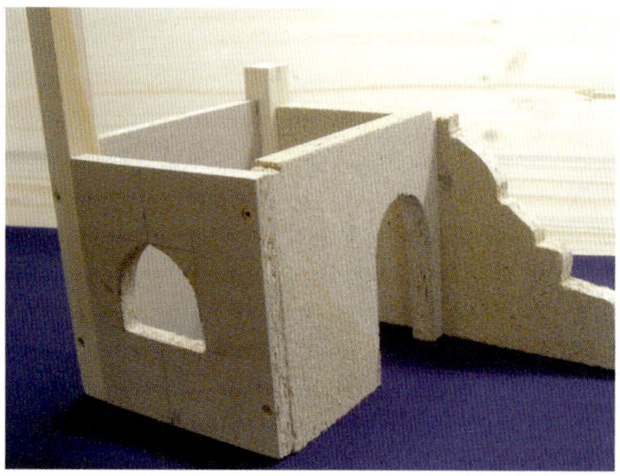

4 Die beiden Querbalken 6a und 6b auf die obere Schnittkante der Stallwände 4 und 5 außen bündig auflegen und mit diesen sowie den beiden Tragebalken 1a und 2a verschrauben.

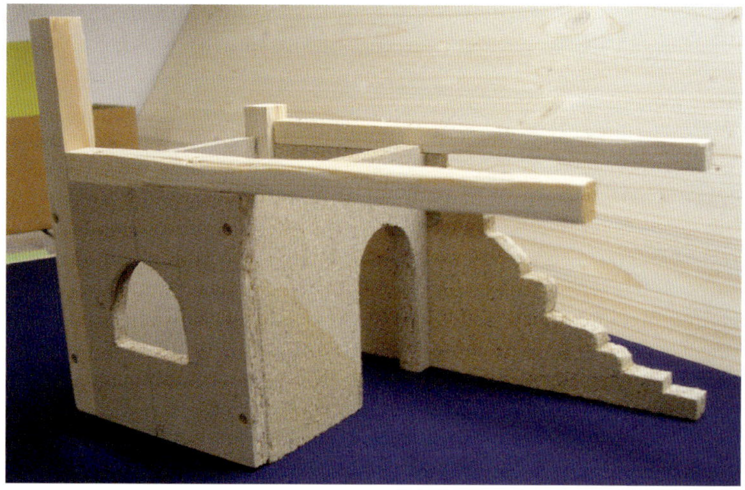

Verputzen der Stallwände

1 Um eine bessere Haftung der Gipsmasse zu erreichen, sollten die Wände vor dem Auftragen mit ein wenig mit Wasser verdünntem Holzleim eingestrichen werden.

2 Zum Verputzen der Stallwände werden ca. 300 g Spachtelmasse benötigt (z. B. Modelliergips oder Moltofil®, da länger verarbeitbar). Den Gips mit Wasser und ca. einem Esslöffel Holzleim zu einer cremigen Masse anrühren und diese mithilfe eines Spachtel innen und außen gleichmäßig auf die Stallwände auftragen (ca. 1 mm bis 2 mm dick).

Tipp

Einen etwas raueren Verputz erreicht man, wenn in die Gipsmasse einige Sägespäne eingerührt werden.

3 Sollen Teile der Stallwände mit abgefallenem Verputz und sichtbarem Mauerwerk dargestellt werden, muss man auf diese Bereiche eine doppelte

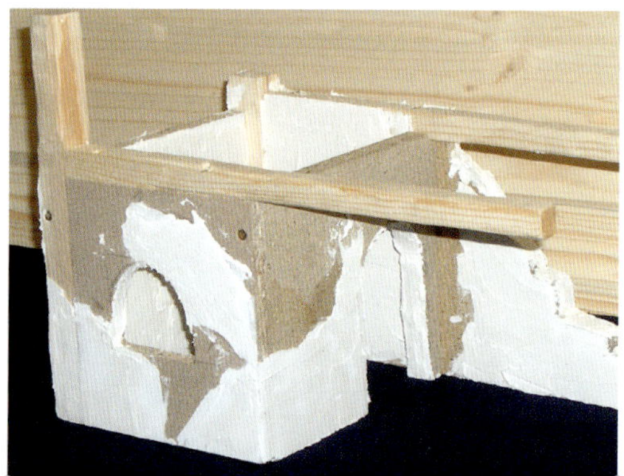

Gipsschicht auftragen: Zunächst an den Bereichen, an denen später Ziegelsteine sichtbar sein sollen, eine 1 mm bis 2 mm dicke Gipsschicht auftragen. Die Gipsschicht kann entweder jetzt in der Farbe der Mauerziegel rot eingefärbt werden oder die Gipsschicht bleibt zunächst weiß und die Ziegelsteine werden später einzeln mit ziegelroter Abtönfarbe gestrichen.

4 Nach dem Antrocknen der ersten Gipsschicht nach ca. einer Stunde mit einem festen spitzen Gegenstand (z. B. Nagel) die Form der Ziegelsteine in die Gipsschicht ritzen.

5 Nach dem vollständigen Trocknen der aufgetragenen Gipsschicht können die „Ziegelsteine“ nochmals mit Spachtel und Nagel nachgearbeitet werden.

6 Anschließend die Mauern vollständig verputzen (Stärke 1 mm bis 3 mm). Die dargestellten Ziegelsteine soweit mit überputzen, dass nur die gewünschten Stellen mit abgefallenem Verputz sichtbar bleiben.

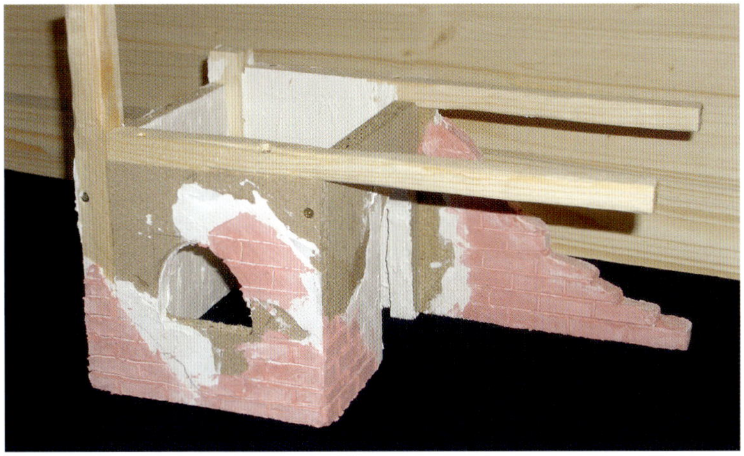

7 Soweit die Ziegelsteine nicht bereits mit rotem Gips gefertigt wurden, diese anschließend mit Abtön- oder Acrylfarbe in möglichst verschiedenen Rotschattierungen einzeln bemalen.

Tipp

Machen Sie zunächst eine Probe, ob der von Ihnen verwendete Rotton die Farbe von Ziegeln hat. Mischen Sie ggf. ganz wenig gelbe Farbe dazu.

Unterkonstruktion auf der Grundplatte befestigen

1 Zuerst die Schnittkanten der Grundplatte mit 3 mm bis 4 mm starken Leisten verkleiden. Die Leisten mit kleinen Nägeln befestigen und anschließend mit Schleifpapier bearbeiten.

2 Die fertige Unterkonstruktion von unten auf die Grundplatte Nr. 15 schrauben. Die beiden Tragebalken sowie die Stallwände 4 und 5 mit Senkkopfschrauben befestigen. Die Ausrichtung auf der Grundplatte sollte so erfolgen, dass zum linken und hinteren Rand der Grundplatte ein Abstand von 2 cm bis 3 cm verbleibt.

3 Die beiden Tragebalken 1b und 2b mit den Querbalken 6a und 6b verschrauben. Da der Tragebalken 1b sichtbar bleibt, die Senkkopfschraube so weit versenken, dass sie mit etwas Holzkitt zugestrichen werden kann. Anschließend die beiden Tragebalken von unten mit der Grundplatte verschrauben.

4 Den Tragebalken 1b sorgfältig mit Messer, Drahtbürste und Schleifpapier bearbeiten.

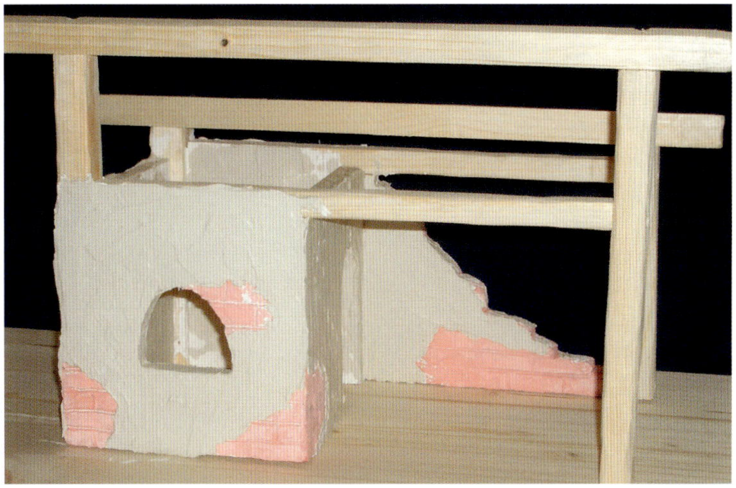

5 Die Querholme 11a und 11b passgenau hochkant und außen bündig zwischen die beiden Tragebalken einleimen. Da der Tragebalken 2b auf der

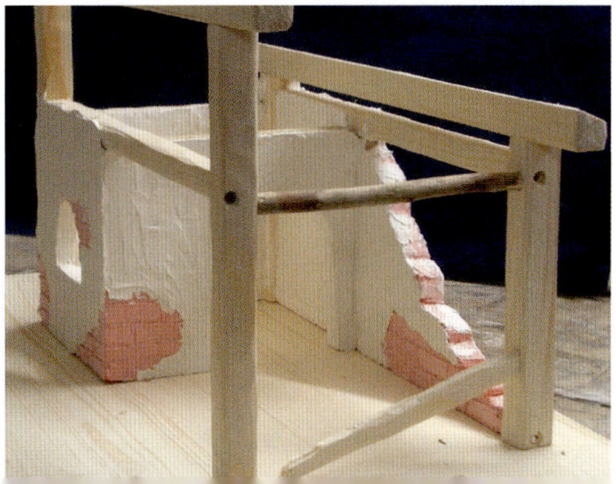

Außenseite verkleidet wird, kann auch von dort aus eine Verschraubung erfolgen. Die Oberkante des oberen Querholms muss einen Abstand von ca. 14,7 cm zur Grundplatte haben. Der untere Querholm kann auch abgebrochen dargestellt werden.

6 Die Schräge (siehe Profil in der Stückliste) an Pfette Nr. 7 mit einem scharfen Messer oder mit dem Hobel anbringen.

7 Pfette Nr. 7 von oben auf Tragebalken 2a und 2b aufschrauben. Der Überstand sollte auf beiden Seiten gleichmäßig sein.

8 Firstbalken Nr. 8 mit einem Messer oder Hobel anschrägen (siehe Profil in der Stückliste) und von oben auf Tragebalken 1a und 1b aufschrauben.

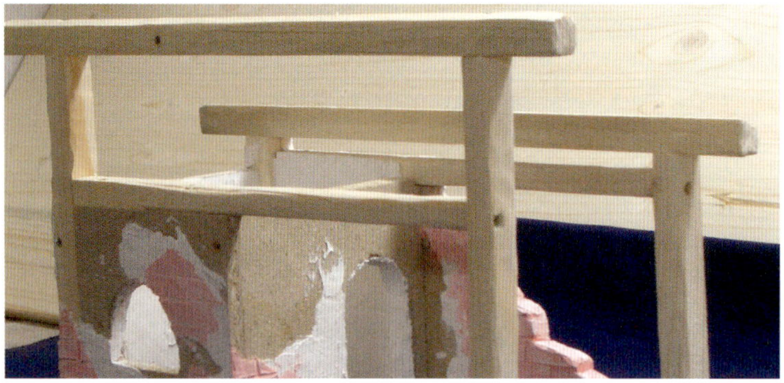

Heuboden

1 Die beiden Balken für den Heuboden (Nr. 12) der Länge nach von der Stallwand Nr. 3a zum oberen Querholm Nr. 11a legen und dort mit Heißkleber befestigen.

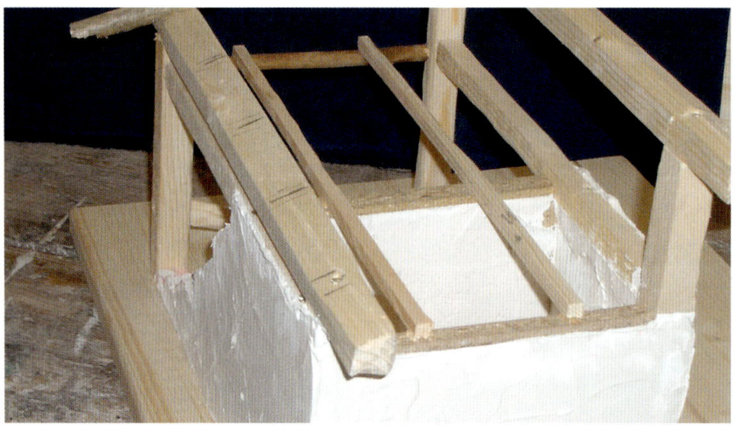

2 Zuerst einen Haken für die Beleuchtung in das entsprechende Brett eindrehen. Als Belagbretter für den Heuboden werden Holzbrettchen wie bei der Holzverkleidung verwendet. Dann sämtliche Belagbretter quer über die Balken legen und mit Heißkleber befestigen (siehe Holzverkleidung).

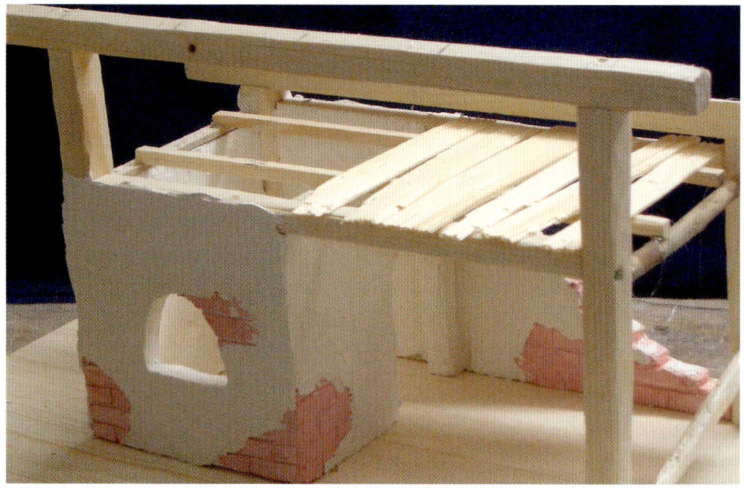

Dachkonstruktion

1 Zwischen Firstbalken und Querbalken 6a den sorgfältig angepassten Stützbalken 13 einpassen und festkleben. Dachsparren Nr. 9 und 10 jeweils an einem Ende schräg anschneiden, sodass sie auf dem Dach stirnseitig hochkant zusammengefügt werden können.

2 Sparren 9 und 10 paarweise und hochkant, wie auf der Montageskizze auf Seite 53 dargestellt, mit Heißkleber auf Pfette und Firstbalken befestigen. Das rechte Sparrenpaar bildet mit den beiden Querholmen 11a und 11b außen eine senkrechte Linie. Das Sparrenpaar auf der linken Stallseite bildet mit der Stallwand Nr. 3a außen eine senkrechte Linie. Die restlichen Sparrenpaare werden im gleichen Abstand über das Dach verteilt und festgeklebt.

3 Bei den beiden äußeren Sparren Nr. 9 wird zwischen Sparren und Tragebalken 1a und 1b jeweils eine schräg eingepasste Strebe Nr. 14 mit Heißkleber angebracht.

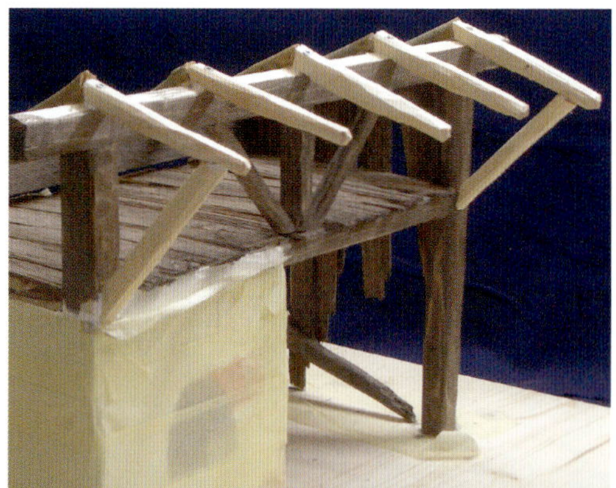

Holzverkleidung

Für die Holzverkleidung 20 mm bis 50 mm breite und 2 mm bis 3 mm starke Holzbrettchen verwenden (siehe Materialliste). Die Holzbrettchen in verschiedenen Breiten entsprechend ablängen. Die Holzbrettchen werden in unterschiedlichen Breiten mit Heißkleber an den äußeren Sparren, an den Mauern und/oder an den Querholmen befestigt. Die Holzverkleidung möglichst unregelmäßig anbringen.

Tipp

Holzbrettchen erhalten Sie als Restholz vom Schreiner. Sie können auch Bretter von Obst- oder Salatkisten verwenden.

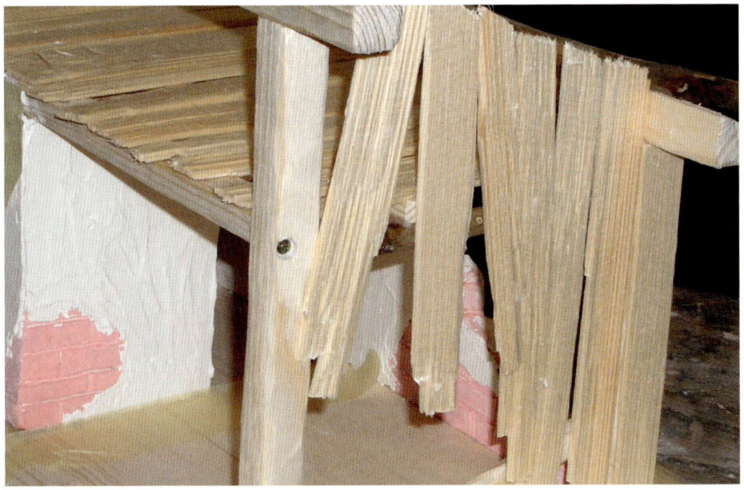

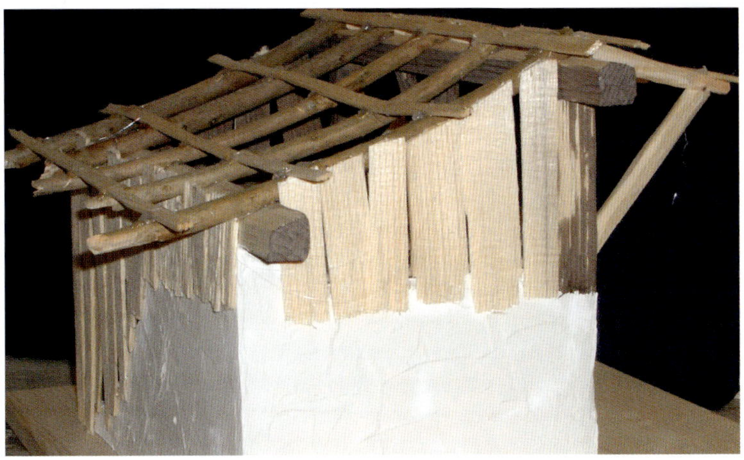

Farbanstrich

1 Für den Farbanstrich werden ca. 250 ml Holzbeize benötigt. Geeignet sind graue oder braune Farbtöne, ggf. beides mischen. In jedem Fall sollte vorher aber eine Probebeizung durchgeführt werden. Erst nach dem vollständigen Trocknen der Beize ist eine Beurteilung möglich. Die Mauerteile vor dem Anstrich unbedingt mit Zeitungspapier und Klebeband sorgfältig abkleben.

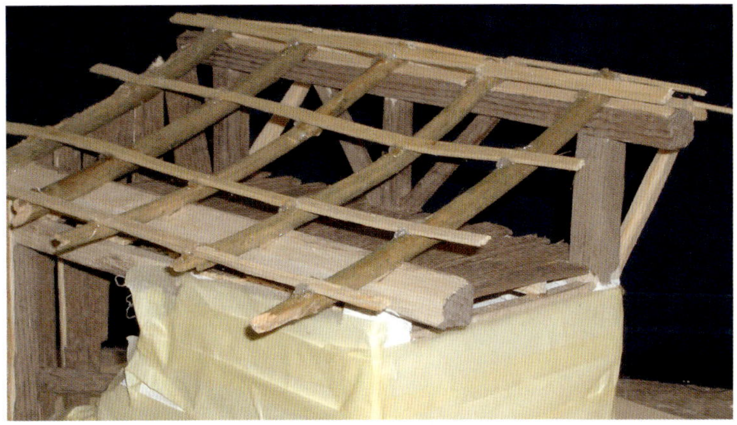

2 Die Beize mit einem Pinsel innen und außen gut verteilt aufbringen. Die Maserung des Holzes kommt gut zur Geltung, wenn die gestrichenen Flächen nach dem vollständigen Trocknen nochmal mit einem fusselfreien Lappen abgerieben oder mit Holzwachs eingerieben werden.

Tipp

Holzbeize ist im Fachmarkt, in Bastelfachgeschäften oder auch in Baumärkten erhältlich.

Dacheindeckung und -gestaltung

1 Zunächst auf der größeren Dachseite eine Dachlatte am unteren Ende der Sparren (Nr. 10) quer über alle Sparren legen und aufkleben (Länge der Dachlatte entspricht etwa der Länge der Pfette Nr. 7).

2 Eine weitere Dachlatte am oberen Dachende beim Firstbalken quer über das gesamte Dach aufkleben. Zwei weitere Dachlatten in gleichen Abständen zwischen der oberen und unteren Lattung anbringen.

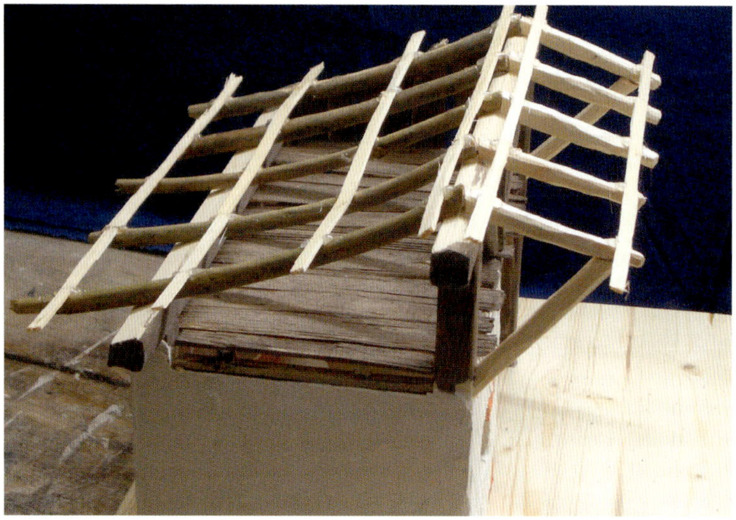

3 Bei der kleineren, vorderen Dachseite (Sparren Nr. 9) eine Lattung am unteren Ende und eine am Firstbalken anbringen.

4 Als Dachschindeln die gleichen Brettchen wie für den Bretterverschlag verwendet. Sie sollen in der Länge ca. 3 cm über zwei Dachlatten hinausragen. Die Brettchen der Länge nach über eine stabile Tischkante legen und mit einem kurzen, festen Druck mit der Hand abbrechen. Die Schindeln können auch mit einer Säge zurechtgesägt werden.

5 Bei der Dacheindeckung mit der unteren Schindelreihe beginnen. Die Schindeln nebeneinander über die unteren beiden Dachlatten legen und mit Heißkleber fixieren.

6 Die zweite Schindelreihe überlappt die darunter liegende Reihe um ca. 2 cm. Die Schindelreihen abwechselnd mit einer ganzen und einer halben Schindel beginnen, um einen durchlaufenden Stoß zu vermeiden.

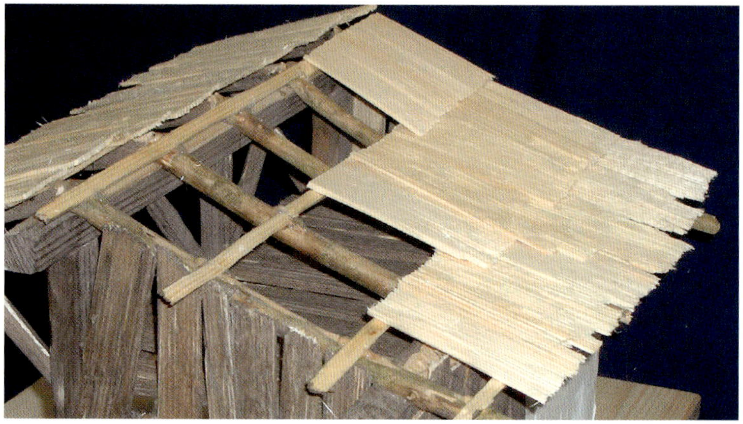

7 Nach Fertigstellung der größeren Dachfläche die vordere Dachhälfte auf die gleiche Weise eindecken. Die obersten Schindelreihen jeder Dachseite stoßen am First zusammen. Als Firstkappe kann man einen halbierten Holunderzweig verwenden: Zuerst das weiche Innenteil entfernen und den Zweig dann über die gesamte Dachtiefe aufleimen. Zum Abschluss das Dach und den Bretterverschlag beizen.

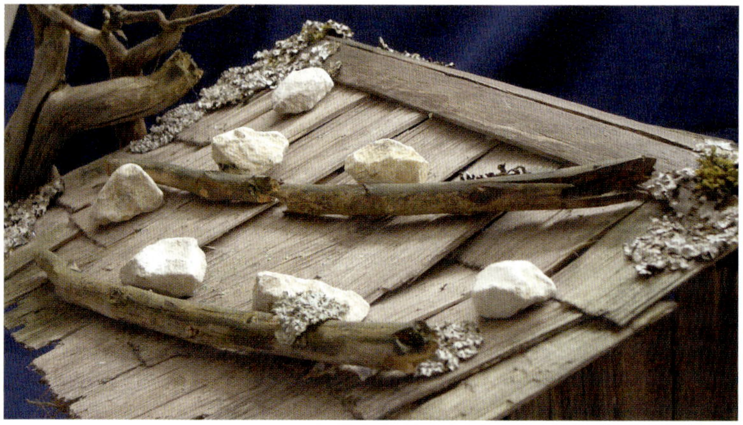

8 Auf das Dach zum Beschweren der Dachschindeln Steine mit Heißkleber befestigen. Als Schneefang ggf. am Ende der beiden Dachhälften ca. 1 cm starke, runde Äste aufkleben. Zur weiteren Ausgestaltung des Daches außerdem etwas Baummoos aufkleben.

Stallboden

Für den Stallboden mit einer Schere kurz geschnittenes Stroh verwenden. Dieses auf den Stallboden, der vorher satt mit Leim eingestrichen wurde, aufstreuen und mit der flachen Hand etwas festdrücken.

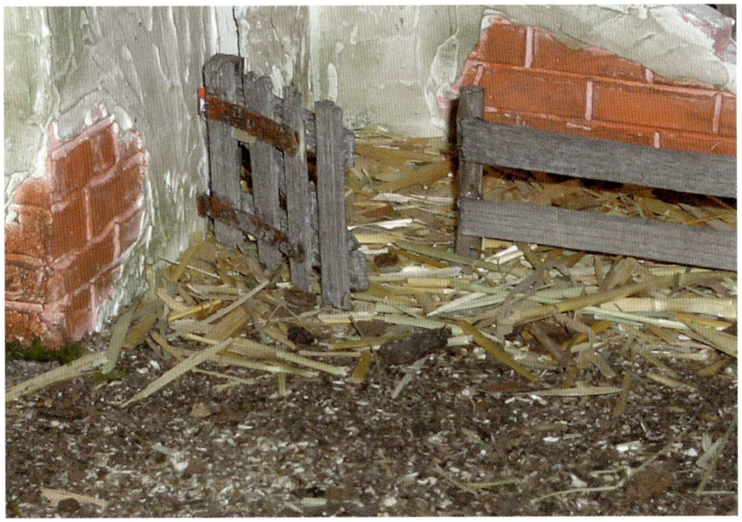

In den offenen Stallbereich nach Belieben ein Gatter nach Abbildung und Anleitung „Zäune“ auf Seite 9 erstellen.

Variation

Weitere Anregungen zur Gestaltung des Stallbodens, der Grundplatte, des Außenbereichs und des Daches finden Sie auf Seite 11 bis 15. Viele Inspirationen bekommt man auch durch Naturmaterialien, die man bei einem Waldspaziergang sammeln kann.

Elektrische Beleuchtung

Zum Aufhängen einer Stalllaterne in den Heuboden einen kleinen Haken eindrehen. Das Stromkabel durch die rückwärtige Stallwand führen (evtl. nochmals ein Brett entfernen und dann neu ankleben) und dort eine Batterie oder einen Trafo anschließen. Eine Laterne anschließen und aufhängen.

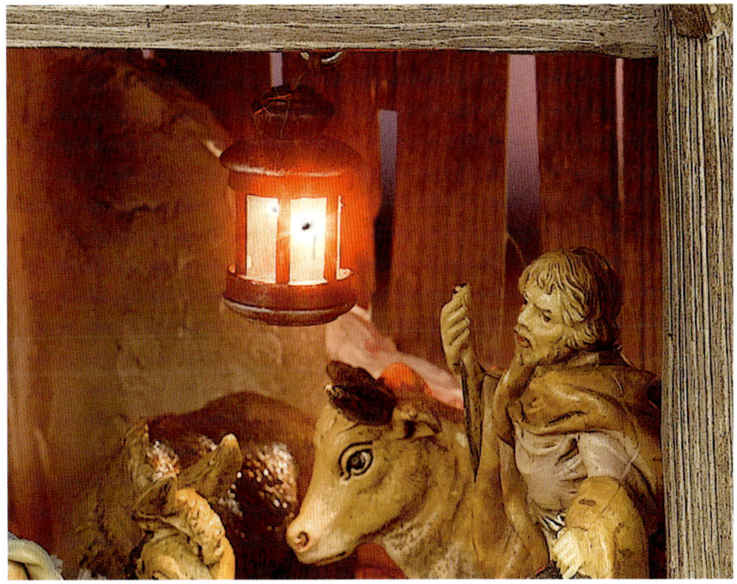

Tipp

Laternen und Trafos sind auf Weihnachts- oder auch in Baumärkten erhältlich. Im Internet finden Sie ebenfalls Zubehör für Ihre Krippe.

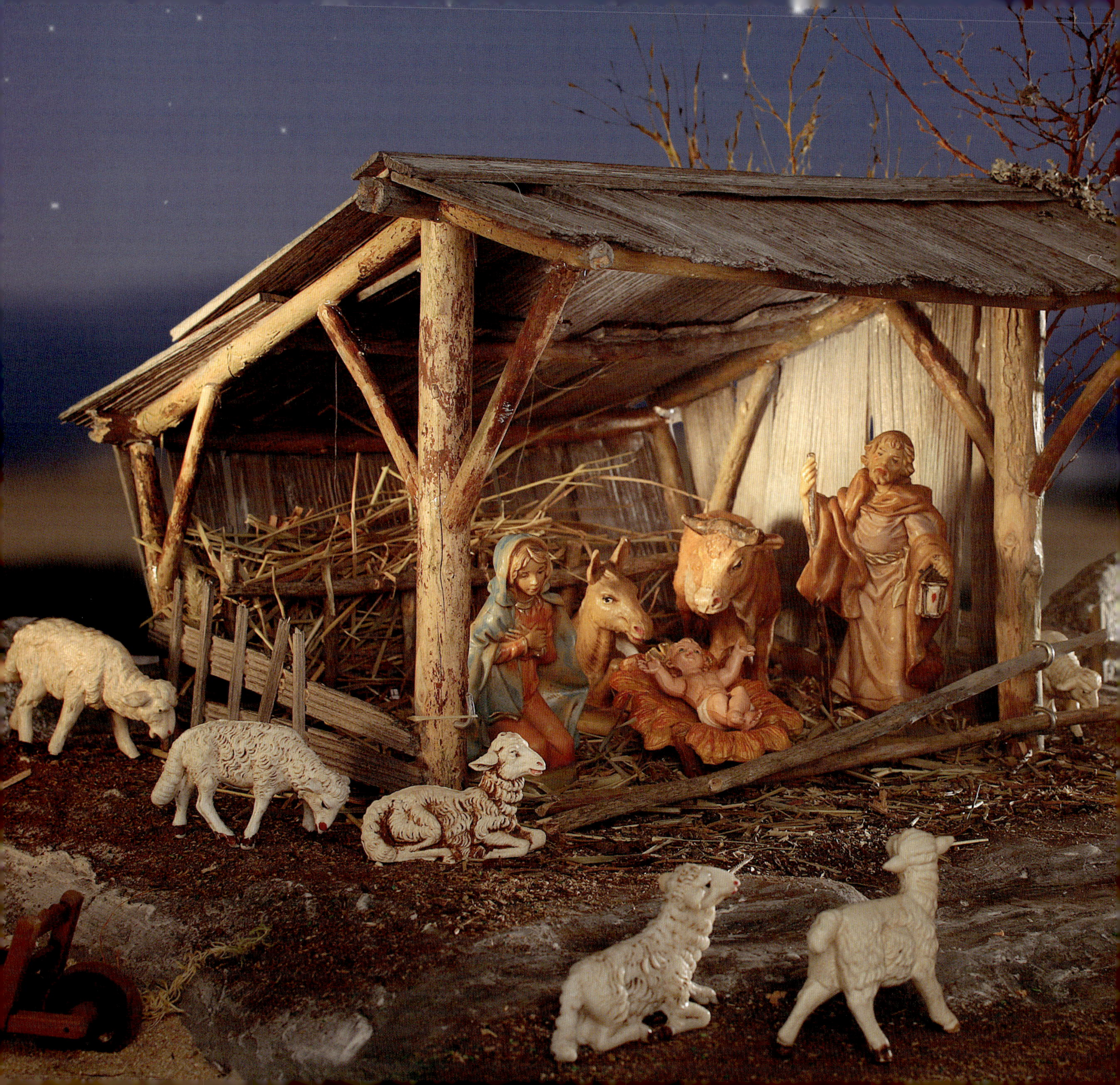

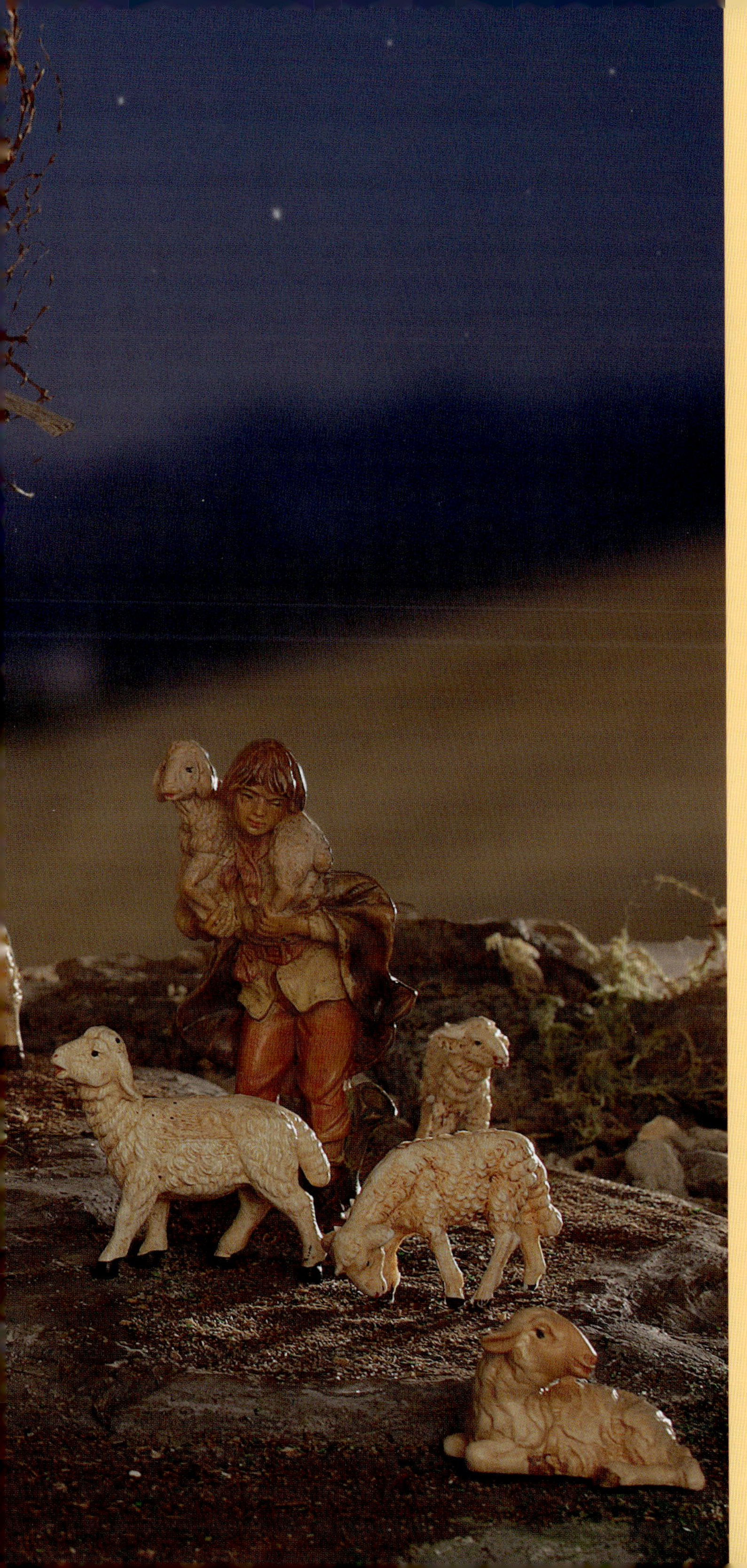

Krippe Wallberg

Diese Krippe symbolisiert einen einfachen Viehunterstand, der in vielen ähnlichen Arten im gesamten Alpenbereich zu finden ist.
Der zeitliche Aufwand für den Bau ist recht gering und die notwendigen Rundhölzer aus alten dürren Zweigen können bei einem Waldspaziergang ohne großen Aufwand gesammelt werden.

SCHWIERIGKEITESGRAD

●●○

MOTIVGRÖSSE
30 cm x 30 cm, ca. 20 cm hoch

FIGURENGRÖSSE
bis 10 cm

MATERIAL
- Äste und Zweige (siehe Stückliste)
- Brettchen, z. B. von Obstkistchen (Dach- und Bretterverkleidung)
- Gips, ca. 250 g, z. B. Moltofil® (zur Gestaltung eines Geländes)
- Holzbeize in Grau oder Braun, ca. 125 ml (vor dem Streichen unbedingt Probebeizung durchführen!)
- kleine Nägel oder Schrauben
- Bohrer, ø 8 mm bis 12 mm)
- Laterne
- Stromkabel, Trafo und Batterie
- ggf. Styroporteile
- Streumaterial für die Grundplatte (siehe Seite 12)

Die Adresse zum Bestellen eines kompletten Bausatzes für diese Krippe finden Sie auf Seite 156.

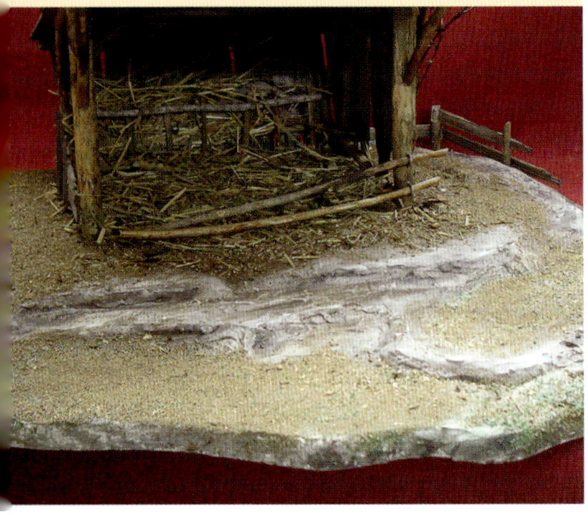

HINWEIS
Die in der Stückliste genannten dürren Äste oder Zweige können Sie gut bei einem Waldspaziergang finden. Bevorzugen Sie Zweige oder Äste, die schon länger dort gelegen haben und bereits ein wenig „Patina" angesetzt haben. Suchen Sie nach möglichst geraden Zweigen und/oder Ästen in den benötigten Stärken. Bringen Sie diese durch einen möglichst glatten Bruch in die gewünschte Länge.

Tipp

Am besten im Baumarkt eine entsprechende Grundplatte (Pressspan) besorgen. Soweit Sie beabsichtigen später auch ein Gelände zu gestalten (siehe Seite 11 bis 15), ist zumindest eine zweite, größere Grundplatte notwendig. Die Größe der zweiten Grundplatte sollte sich nach dem Platz ausrichten, der zum Aufstellen der Krippe vorgesehen ist. Die kleine Grundplatte sollte die in der Stückliste genannten Maße nicht unterschreiten. Zur Gestaltung eines Geländes kann dazwischen auch eine weitere Styroporplatte (ca. 1 cm stark) verwendet werden.

Stückliste

(Material aus dürren Ästen und Zweigen)

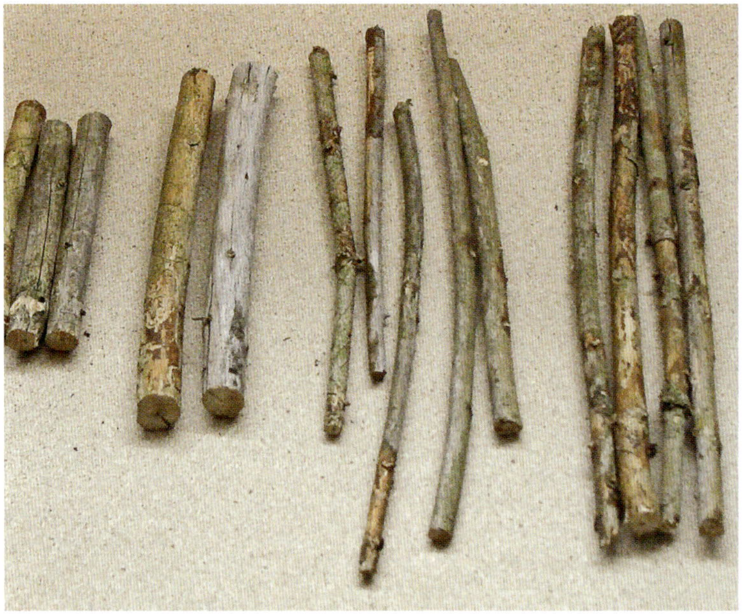

Nr.	Bezeichnung	ø in mm	Länge in cm	Anzahl
1	Rundhölzer hinten	ca. 10	11	3
2	Rundhölzer vorne	ca. 15	19	2
3	Querbalken	ca. 8	25	4
4	Dachholm	ca. 8	18	2
5	Dachholm Vordach	ca. 8	5	2
6	Querholm unten	ca. 8	21	2
7	Stützen	ca. 8	11	6
8	Grundplatte	mind. 35 x 32 x 1 (in cm)		1

Montageskizze

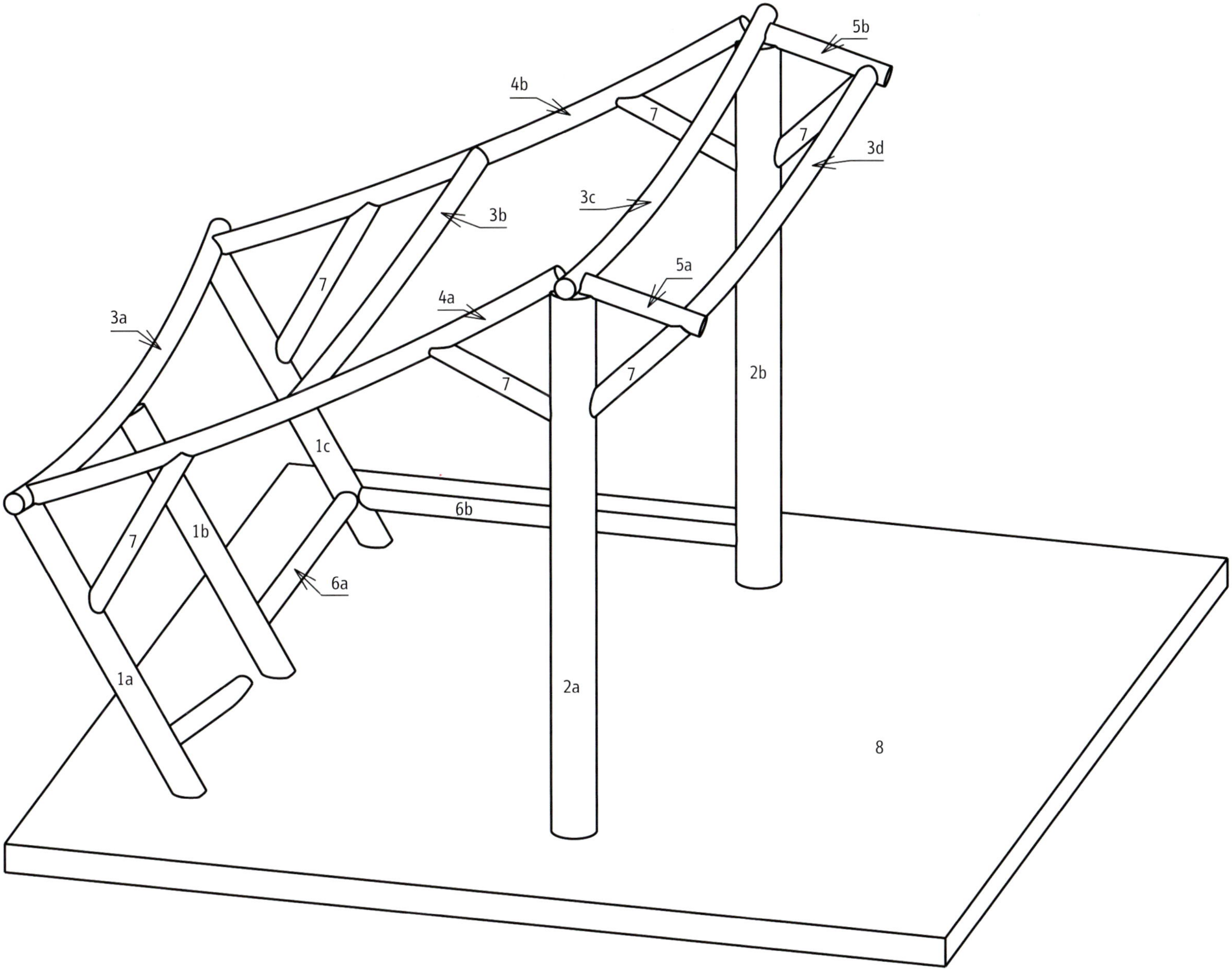

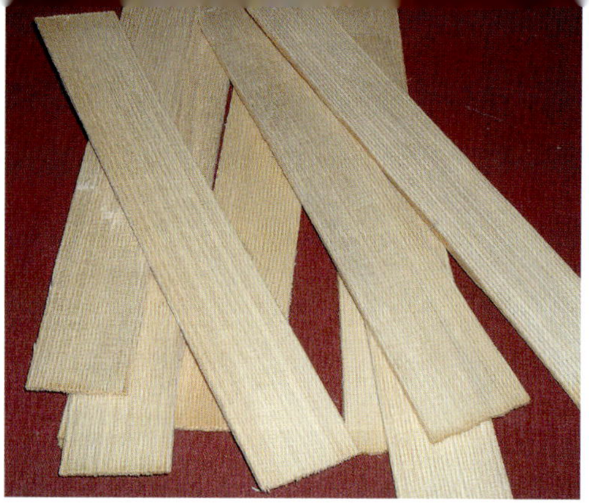

HINWEIS
Für das Dach und die Bretterverkleidung benötigen Sie kleine Brettchen. Dazu kann eine Obst- oder auch eine Salatkiste verwendet werden oder Sie lassen sich vom Schreiner entsprechende Brettchen schneiden. Die Brettchen sollten 2 mm bis 3 mm stark sein und eine unterschiedliche Breite von 20 mm bis 40 mm haben. Die erforderliche Länge sollte 20 cm betragen. Durch Bürsten der Oberfläche mit einer Stahlbürste erreichen Sie, dass die Maserung des Holzes hervorgehoben wird, was den Brettchen ein „altes", verwittertes Aussehen verleiht.

Hintere Rundhölzer einbohren

1 Den Platz für die drei Rundhölzer festlegen: ca. 4 cm vom rückwärtigen Rand der Grundplatte, Abstand der beiden äußeren Rundhölzer zueinander 21 cm (mittig).

2 Den Bohrer entsprechend dem Durchmesser der rückwärtigen Rundhölzer auswählen und Bohrungen von ca. 70° bis 75° Schräge (nach außen) in die Grundplatte bohren.

3 Die drei rückwärtigen Rundhölzer (Nr. 1) schräg in die Bohrungen einpassen und festkleben, vorher ggf. etwas anspitzen (Höhe von der Grundplatte aus 10 cm).

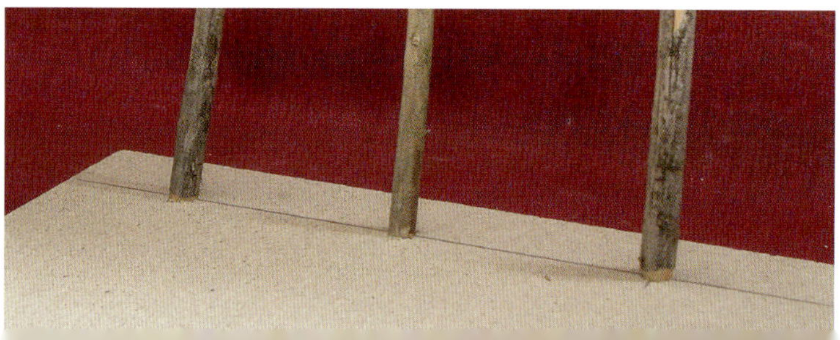

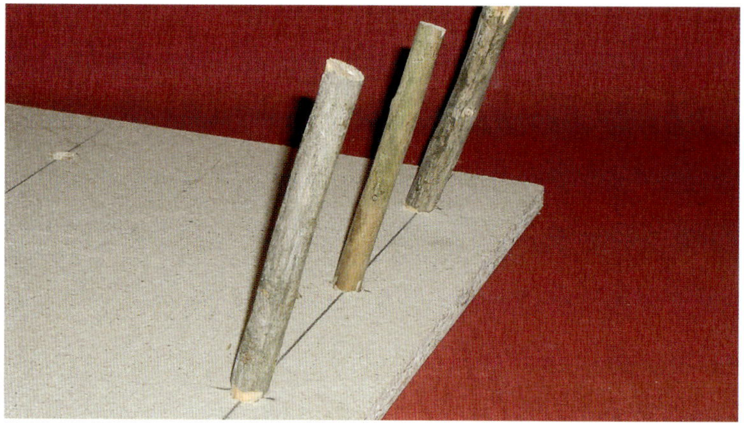

4 Oben über die drei Rundhölzer einen der Querbalken Nr. 3 befestigen (mit Heißkleber oder Leim und ggf. mit kleinen Nägeln oder Schrauben zusätzlich von oben befestigen).

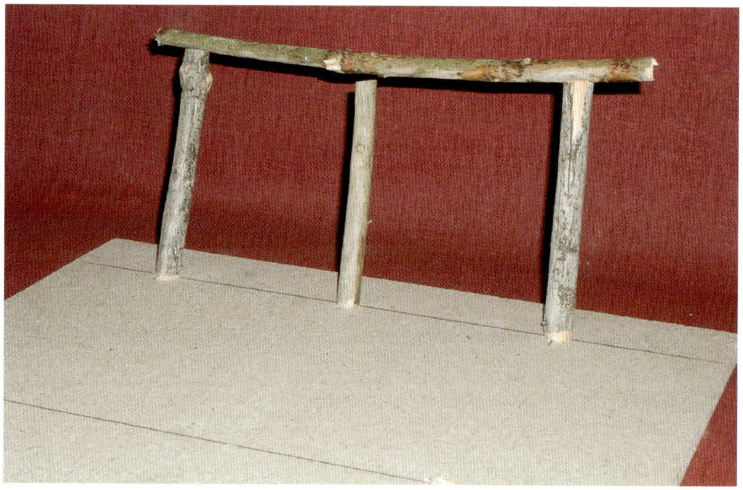

Anbringen der beiden vorderen Rundhölzer

1 Die Lage der beiden vorderen Rundhölzer (Nr. 2) festlegen, der Abstand zu den hinteren Rundhölzern beträgt ca. 16 cm.

2 Die beiden Löcher in die Grundplatte bohren und die Rundhölzer einpassen und festkleben. Die Höhe der Hölzer ab der Grundplatte beträgt 18 cm.

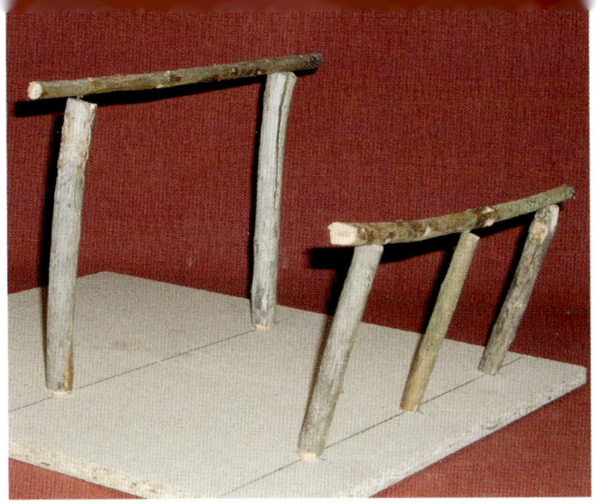

3 Einen der Querbalken Nr. 3 über die beiden Rundhölzer legen und wieder mit Kleber und/oder Nägeln von oben befestigen. Überstand an beiden Tragebalken von außen ca. 1 cm.

Einbau der verschiedenen Holme und Streben

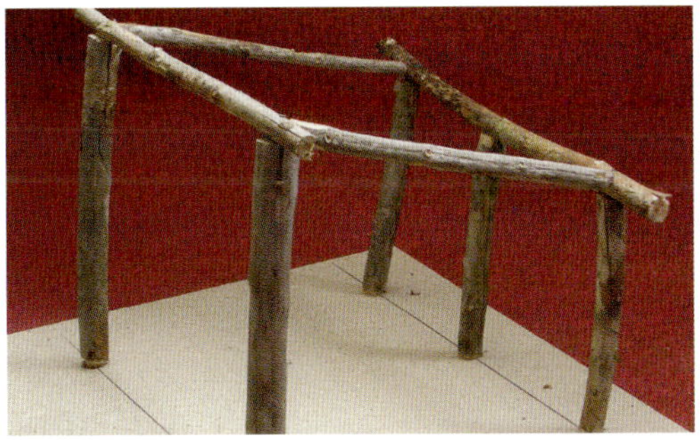

1 Zunächst die beiden Dachholme Nr. 4 zwischen den Querbalken Nr. 3 einpassen und festkleben. Die Dachholme bilden eine Linie mit den beiden Querbalken.

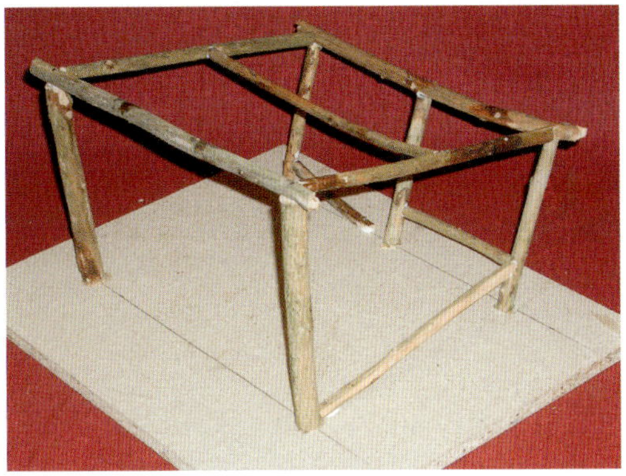

2 Zwischen den beiden Dachholmen Nr. 4 im rechten Winkel mittig einen Querbalken Nr. 3 einpassen und festkleben.

3 Dann die Querholme Nr. 6 gemäß Montageskizze im Abstand von ca. 2 cm zur Grundplatte einpassen und festkleben.

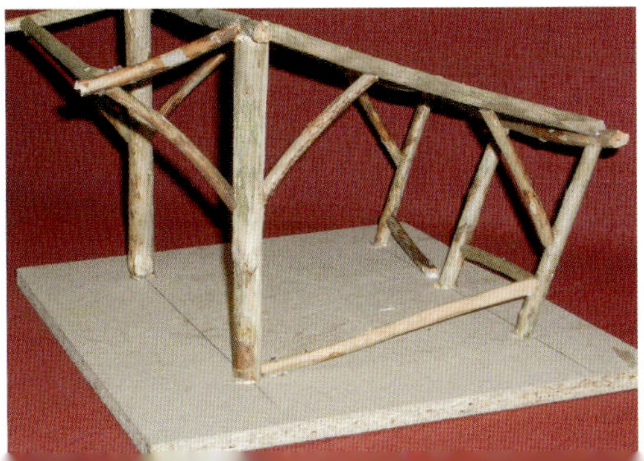

4 An den beiden vorderen Rundhölzern vorne etwas schräg nach unten die Dachholme Nr. 5 für das Vordach ankleben und diese mit einem weiteren Querbalken (Nr. 3) im vorderen Bereich verbinden. Den Querbalken zwischen die beiden Dachholme einpassen und dort festkleben.

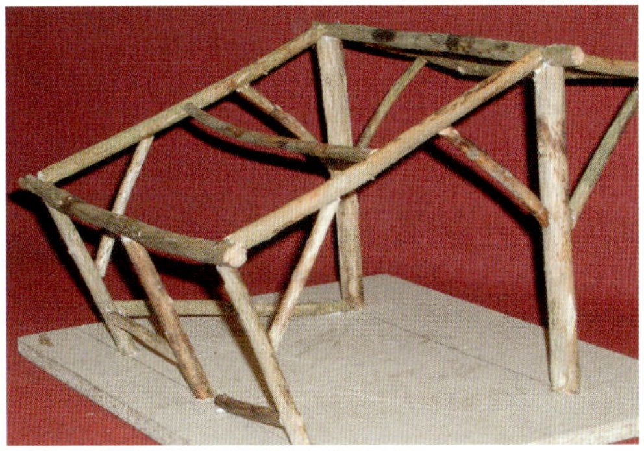

5 Zuletzt die schräge Stützen Nr. 7 einpassen und ankleben.

Anbringen der seitlicher Verkleidung

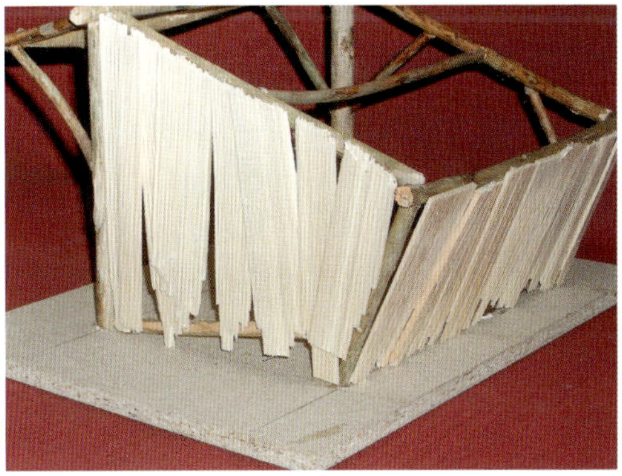

1 Zur Verkleidung unterschiedlich breite Holzbrettchen in entsprechender Länge abbrechen und an den Querholmen sowie an den Dachholmen bzw. hinten am oberen Querbalken ankleben. Die Verkleidung sollte keinesfalls über die Dachholme bzw. über den hinteren Querbalken hinausragen; auch sollten Sie scharfe Kanten vermeiden.

2 Vor der Dacheindeckung kann die Bretterverkleidung bereits gestrichen werden.

Dacheindeckung

1 Für das Dach wieder Holzbrettchen in unterschiedlicher Breite und Länge verwenden.

2 Mit der Dacheindeckung an der Rückseite der Krippe beginnen und die Brettchen vom mittleren Querbalken über den hinteren Querbalken legen und festkleben. Die Brettchen hinten 2 cm bis 3 cm überstehen lassen, ebenso an den Seiten.

3 Die zweite Reihe Dachbrettchen vom oberen Querbalken aus auflegen und festkleben. Sie überlappen unten 1 cm bis 3 cm und werden am oberen Querbalken etwa mittig angeklebt.

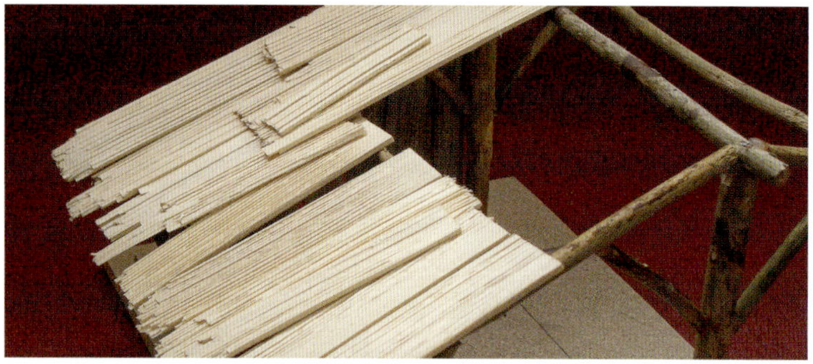

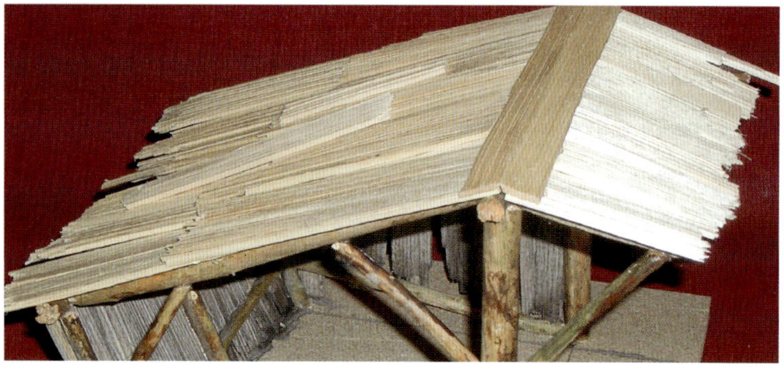

4 Das Vordach wie das übrige Dach mit den Holzbrettchen eindecken, diese vom oberen Querbalken zum vorderen Querbalken legen und festkleben. Am First möglichst keinen Spalt zum hinteren Dachteil lassen. Das Vordach ist 5 cm bis 6 cm tief.

5 Am First, quer über beide Dachhälften, Brettchen aufkleben, deren Kanten möglichst ohne Spalt zusammenstoßen.

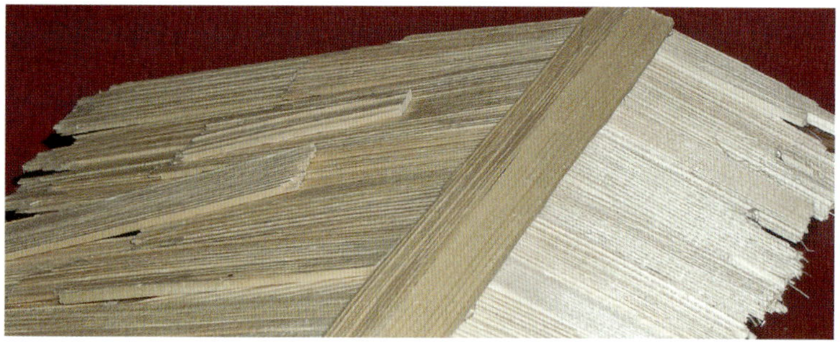

6 Das fertiges Dach beizen.

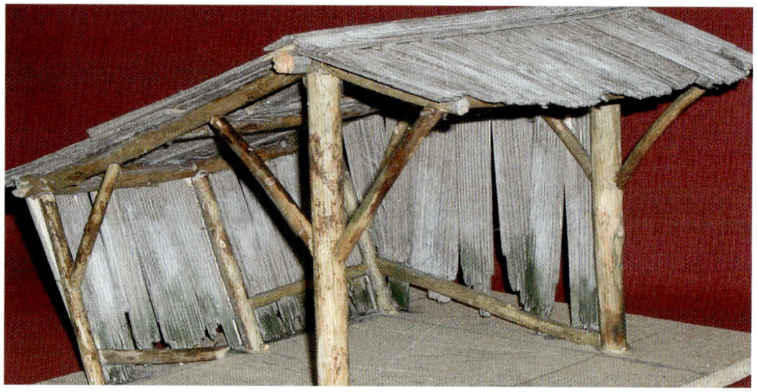

Ausgestaltung

Beleuchtung

Für eine Beleuchtung im Stall kann in der Mitte des mittleren Querbalkens ein kleiner Haken eingedreht werden, an dem eine Lampe gehängt wird. Hinter dem Stall können Sie einen passenden Trafo oder eine Batterie anbringen.

Baum

Als Baum können eine entsprechend aussehende Wurzel aus einem Wurzelstock oder auch Zweige, Äste von verschiedenen Sträuchern verwendet werden. Zum Anbringen Löcher in die Grundplatte bohren und die Begrünung festkleben.

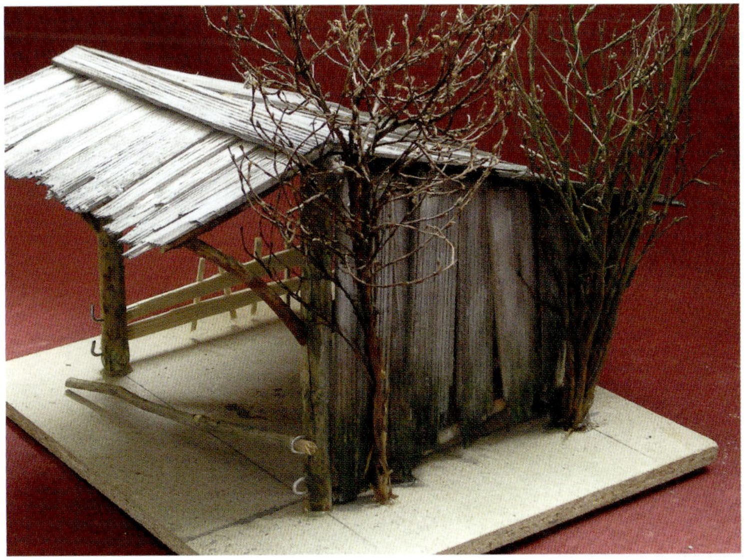

Zäune

Zäune können nach eigenen Vorstellungen überall angebracht werden. Für einen Zaun Löcher mit einem Durchmesser von ca. 6 mm im Abstand von ca. 15 cm in die Grundplatte bohren. In diese Löcher ca. 5 cm lange, dürre Zweige einkleben (Reste von Querholm oder Stützen) und diese dann mit schmalen, dünnen Brettchen verbinden.

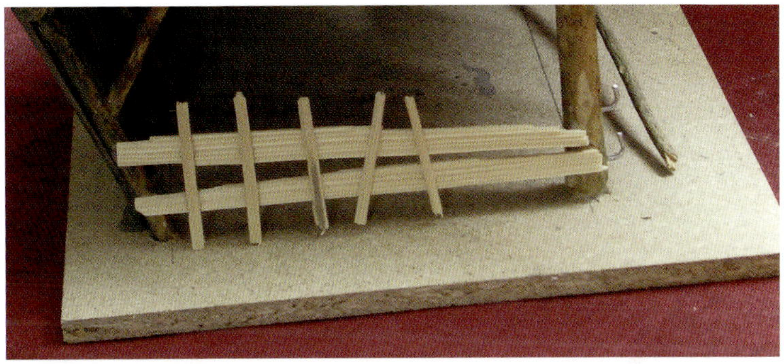

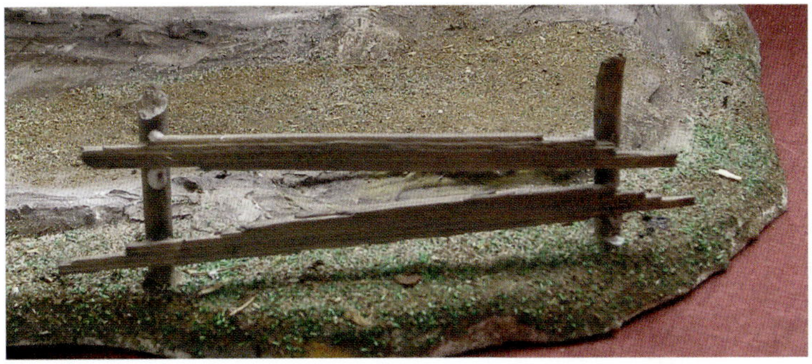

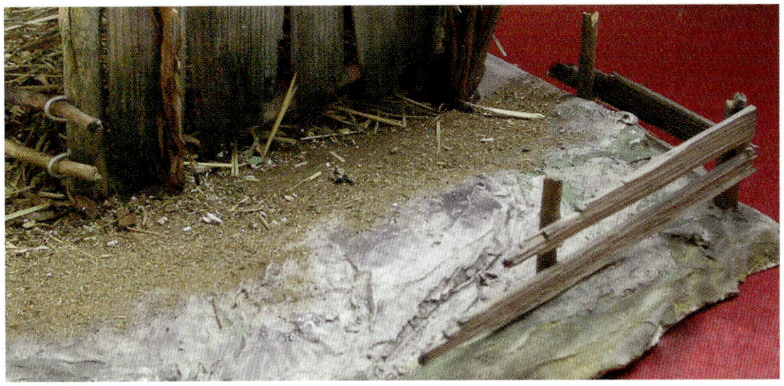

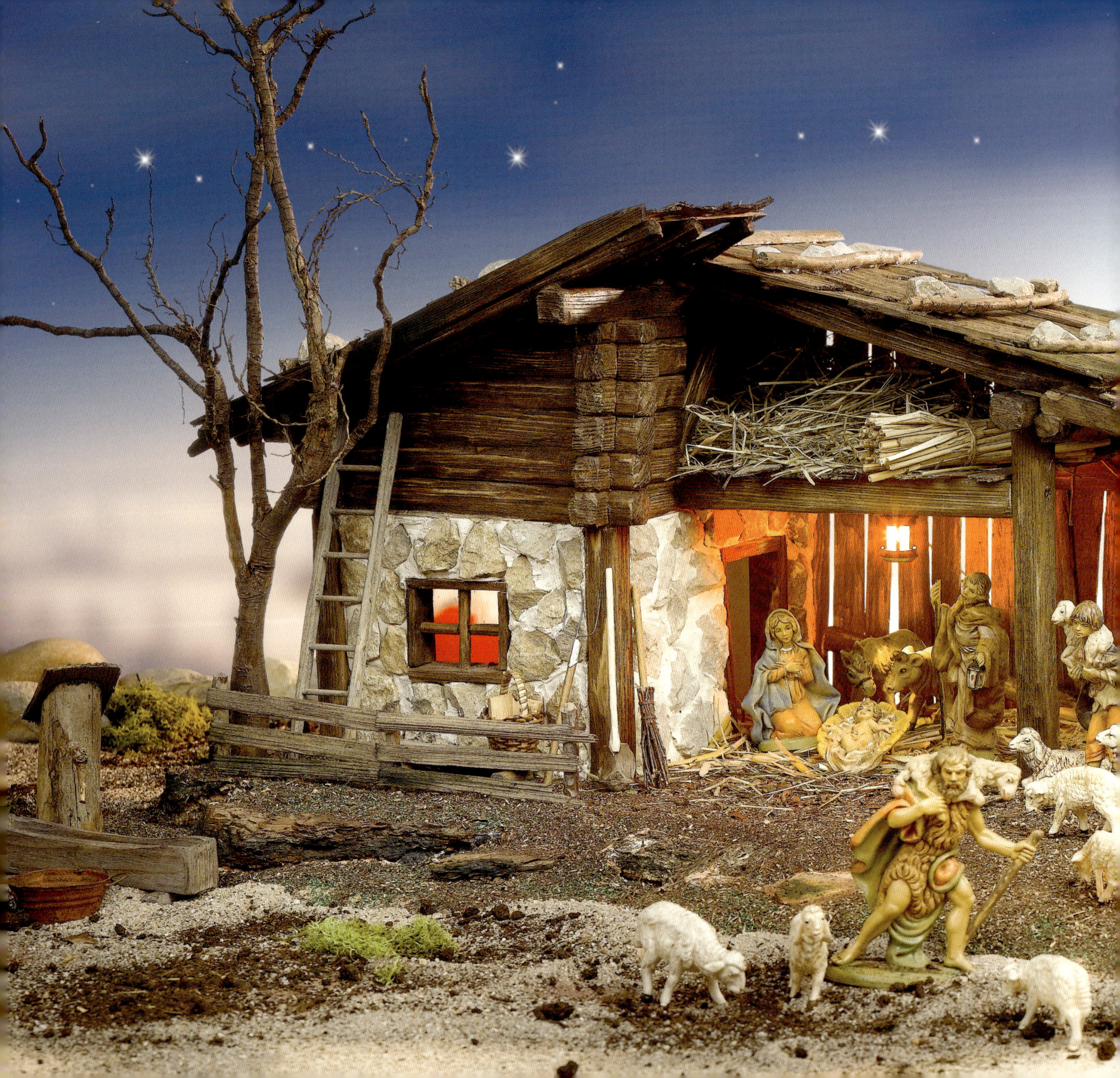

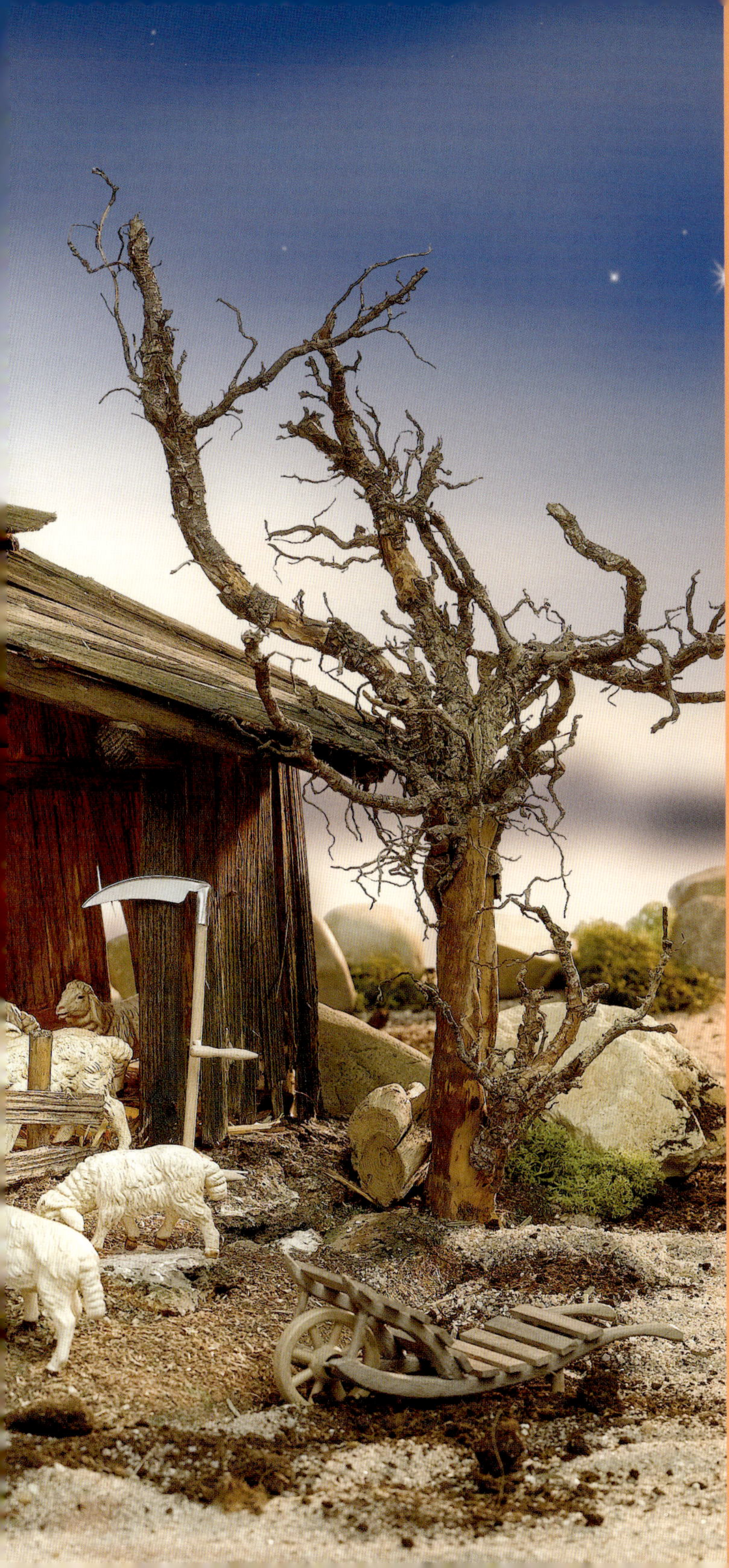

Große alpenländische Krippe

Die Krippe besteht aus einem mit Felsstücken gemauerten Stall, einer Scheune mit Heuboden und seitlichem Anbau. Der Giebel ist mit eingezapften Balken gestaltet.

SCHWIERIGKEITES-GRAD

● ● ●

MOTIVGRÖSSE

70 cm x 50 cm, ca. 30 cm hoch

FIGURENGRÖSSE

9 cm bis 11 cm

MATERIAL

- Vierkanthölzer aus Fichtenholz (siehe Stückliste):
  20 mm x 20 mm, 7 lfm
  15 mm x 15 mm, 1,2 lfm
  15 mm x 10 mm, 4,2 lfm
- Pressspanplatte (siehe Stückliste) für Mauer und Grundplatte
- je 1 Holzklotz, Fenster: 5 cm x 5 cm x 2 cm, Tür: 12 cm x 7,5 cm x 2 cm
- Furnierreste, 1 mm bis 2 mm stark, ca. 1 cm breit (Dachlatten)
- Gips, ca. 250 g, z. B. Moltofil®
- Holunderast, ø ca. 2 cm, ca. 30 cm lang (Firstkappe)
- kleine Schottersteine (für die Mauern)
- engmaschiges Drahtgeflecht, ca. 30 cm x 30 cm
- Rahmenhölzer, ca. 2 cm x 2 cm, ca. 2 lfm
- ca. 50 Senkkopfschrauben, 35 mm x 3 mm
- Holzbeize in Erdbraun oder Grau, ca. 250 ml
- etwas Heu und Stroh
- etwas Streumaterial für die Grundplatte, ggf. Kiefernrinde (für die Dacheindeckung und zur Gestaltung der Grundplatte)
- 3 bis 4 Obstkisten oder Holzbretter, 2 mm bis 3 mm stark, 20 mm bis 40 mm breit, ca. 3 lfm (Heuboden, Bretterverschlag, Dachschindeln)
- 3 bis 5 Holzbrettchen, 3 mm stark, 10 mm bis 20 mm breit, ca. 20 cm - 25 cm lang (Dacheindeckung)
- Tapetenkleister
- Klebefilm
- Plastikfolie, z. B. Plastiktüte
- kleiner Haken (für Laterne)
- Stalllaterne
- kleine Nägel
- ggf. Holzwachs in Dunkelbraun
- Holzbohrer, ø 3 mm und 10 mm

Die Adresse zum Bestellen eines kompletten Bausatzes für diese Krippe finden Sie auf Seite 156.

Stückliste

Nr.	Bezeichnung	Profil/Material	Maße in cm	Anzahl
1	Stallwand	Mauer	16 x 14	2
2	Stallwand	Mauer	21 x 14	2
3	Tragebalken	Vierkant	2 x 2 x 14	4
4	Tragebalken	Vierkant	2 x 2 x 19	2
5	Längsbalken	Vierkant	2 x 2 x 37	2
6	Querbalken	Vierkant	2 x 2 x 14	1
7	Pfette	Vierkant 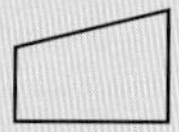	2 x 2 x 32	1
8	Pfette	Vierkant 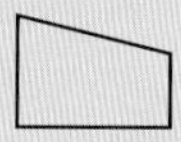	2 x 2 x 24	1
9	Firstbalken	Vierkant 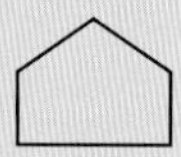	2 x 2 x 32	1
10	Firstträger	Vierkant	1,5 x 1,5 x 8	1
11	Sparren	Vierkant	1,5 x 1 x 28	3
12	Sparren	Vierkant	1,5 x 1 x 32	3
13	Sparren	Vierkant	1,5 x 1 x 25	3
14	Querholm	Vierkant	1,5 x 1 x 25	1
15	Balken für Giebel	Vierkant	2 x 2 x 8,5	6
16	Balken für Giebel	Vierkant	2 x 2 x 23	12
17	Balken für Giebel	Vierkant	2 x 2 x 26,5	2
18	Stützbalken	Vierkant	1,5 x 1,5 x 25	1

Anbau rechts

Nr.	Bezeichnung	Profil/Material	Maße in cm	Anzahl
19	Tragebalken	Vierkant	1,5 x 1,5 x 16	2
20	Pfette	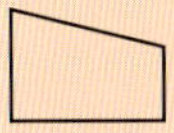	1,5 x 1,5 x 19	2
21	Sparren	Vierkant	1,5 x 1 x 19	4
22	Querholm	Vierkant	1,5 x 1 x 14	3
23	Grundplatte	Pressspan	57 x 34 x 1	1
24	Grundplatte	Pressspan	65 x 45 x 1	1
25	Abstandsleiste	Brett/Pressspan	43 x 4 x 1	2
26	Abstandsleiste	Brett/Pressspan	25 x 4 x 1	2
27	Rahmenleisten	Leiste	2 x 0,5 x 32	2
28	Randleisten für Grundplatte	Leiste	65 x 1 x 0,4	4

Dachkonstruktion

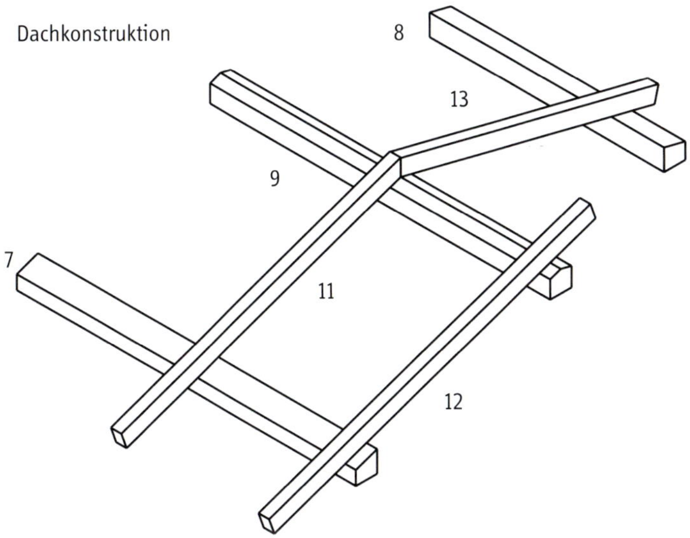

Montageskizze

1a Stallwand mit Fenster

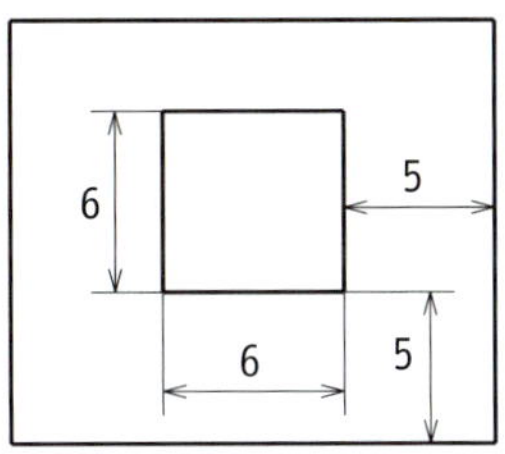

2b Stallwand mit Türe

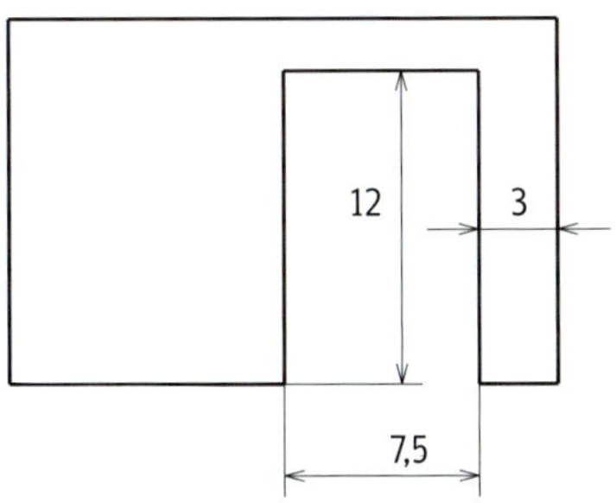

Unterkonstruktion

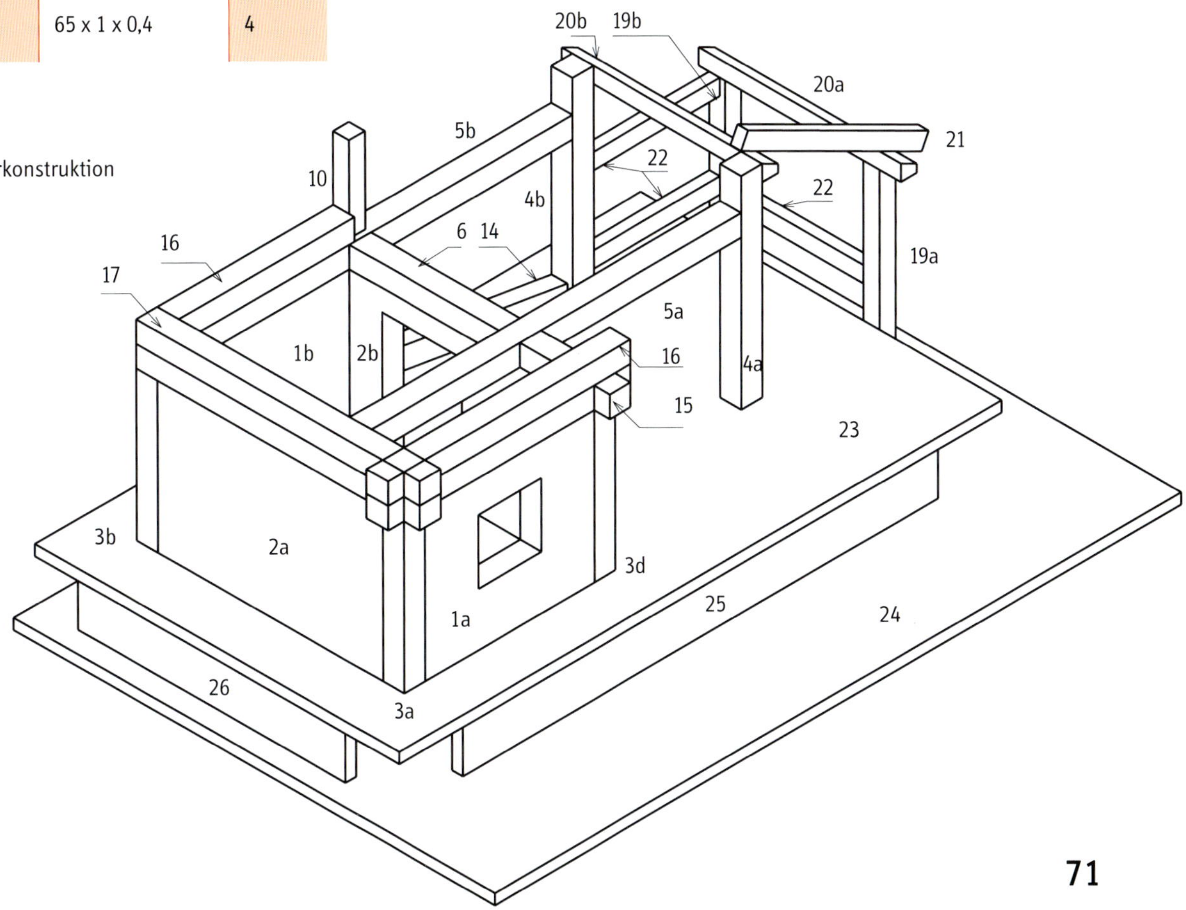

Ablängen und Nummerieren

Alle Teile maßgenau zuschneiden und nach Angaben in der Stückliste nummerieren, z. B. in 3a, 3b oder 4a, 4b, 4c usw. Dies erleichtert das Auffinden beim Zusammenbau der Teile. Die Nummern finden Sie auch in den Anleitungen und der Montageskizze wieder.

Tipp

Sie können die einzelnen Bestandteile im Baumarkt oder beim Schreiner auf die richtigen Maße schneiden lassen.

Mauern

Die Stallwände der Krippe können als Steinmauer (Foto Seite 68) oder als verputzte Mauer (Montageskizze Seite 71) dargestellt werden. Für verputzte Stallwände werden 15 mm starke Pressspanbrettchen verwendet (Stückliste Teile 1 und 2, sie werden beim Bau einer Steinmauer nicht benötigt). Die Herstellung von verputzten Mauern wird auf Seite 28, Schritt 1 bis 7 beschrieben. Vor dem „Verputzen" die Fenster (55 mm x 55 mm) und Türen (120 mm x 75 mm) mit einer Stichsäge aussägen. Nach dem Austrocknen des „Putzes" werden die Mauern wie die Steinmauern zwischen den Tragebalken eingepasst und befestigt. Beim Bau von Steinmauern folgendermaßen vorgehen:

1 Auf einer ausreichend großen und ebenen Unterlage (ca. 45 cm x 35 cm) mit geeigneten Holzleisten (in der Materialliste als Rahmenholz bezeichnet) Rahmen in Größe der Stallwände Nr. 1 und Nr. 2 bauen.

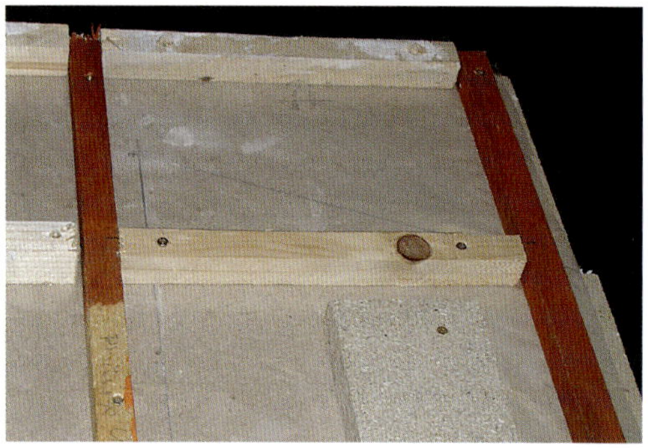

2 Die Leisten in die entsprechenden Längen schneiden und mit Schrauben so auf der Unterlage befestigen, dass die Innenmaße des Rahmens den Maßen der Mauer entsprechen (16 cm x 14 cm und 21 cm x 14 cm, jeweils zweimal). Um ein „Anhaften" der „Mauer" nach dem Gipsen auf der Unterlage zu verhindern, die Unterlage vor dem Befestigen der Rahmenhölzer mit einer Plastikfolie versehen (z. B. Plastiktüte).

3 Für das Fenster in der Stallwand Nr. 1a und für die Türe der Stallwand Nr. 2 in den Rahmen entsprechend große Holzklötze einsetzen, die dann später wieder entfernt werden (siehe Materialliste). Um ein „Anhaften" des Gipses an den Holzklötzen zu verhindern, diese vorher an den Rändern mit Klebefilm umwickeln.

4 Für jeden Rahmen engmaschiges Drahtgitter so schneiden, dass es locker in den Rahmen passt. Fenster und Türe ausschneiden.

5 Jede Mauer einzeln nacheinander herstellen; Schottersteine bereitlegen.

6 Gips mit Wasser zu einer weichen, cremigen Masse anrühren. Ca. einen Esslöffel Leim unterrühren. Um ein grelles Weiß der Mauer zu vermeiden, etwas graue Acrylfarbe oder Zement unterrühren.

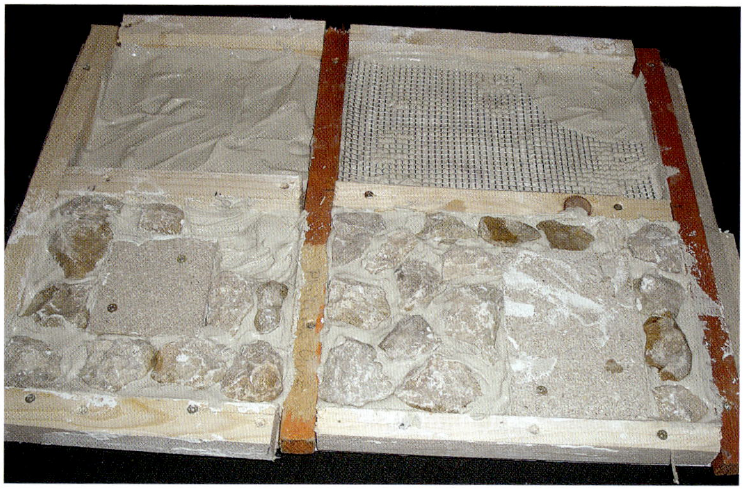

7 Den Rahmen mit ca. 5 mm Gipsmasse auffüllen. Das Drahtgeflecht leicht in die Masse eindrücken, nochmals 5 mm bis 1 cm Gipsmasse in den Rahmen füllen. Die Schottersteine bis knapp zur Hälfte ihrer Größe in die Gipsmasse eindrücken. Die Steine möglichst eng aneinandersetzen, überquellende Gipsmasse vorsichtig mit einem Spachtel entfernen.

8 Nach dem Trocknen der Mauern, nach ein bis zwei Tagen, vorsichtig den Rahmen und die Holzklötze (Türe und Fenster) entfernen. Die Mauern nochmals zwei bis drei Tage trocknen lassen.

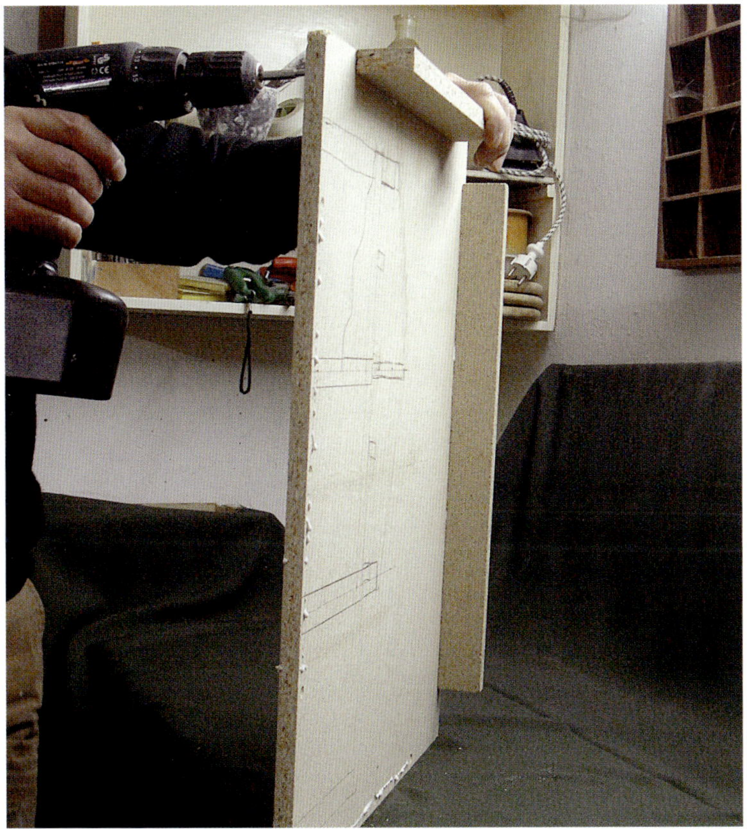

Grundplatten und Gelände

1 Zur späteren Gestaltung eines Geländes die Abstandsleisten Nr. 25 und 26 mit Senkkopfschrauben hochkant an den Rändern der Grundplatte Nr. 23 befestigen.

2 Wer auf die Gestaltung eines Geländes verzichten möchte, verwendet für den nun folgenden Aufbau des Stalles anstelle der Grundplatte Nr. 23 die größere Platte Nr. 24 ohne die Abstandsleisten.

Bau des Stalles

1 Die trockene Stallwand Nr. 2a zwischen den beiden Tragebalken Nr. 3a und 3b auf der Grundplatte 23 bzw. Nr. 24 befestigen.

2 Die Tragebalken mit Senkkopfschrauben von unten auf der Grundplatte festschrauben; die Bohrung unten ansenken (siehe Glossar). Die Stallwände dazwischen setzen und mit Heißkleber innen an der Grundplatte und an den Tragebalken befestigen.

3 Da die Tragebalken später sichtbar bleiben, bei diesen vorher mit einem scharfen Messer die Kanten entfernen. Mit einer Drahtbürste etwas bürsten, um die Maserung des Holzes hervorzuheben. Anschließend nochmals mit etwas Schleifpapier bearbeiten.

4 Den Stall so auf der Grundplatte platzieren, dass zum hinteren und zum linken Rand jeweils ca. 3 cm Platz bleiben.

5 Die weiteren Stallwände entsprechend der Montageskizze auf die gleiche Art zusammenbauen.

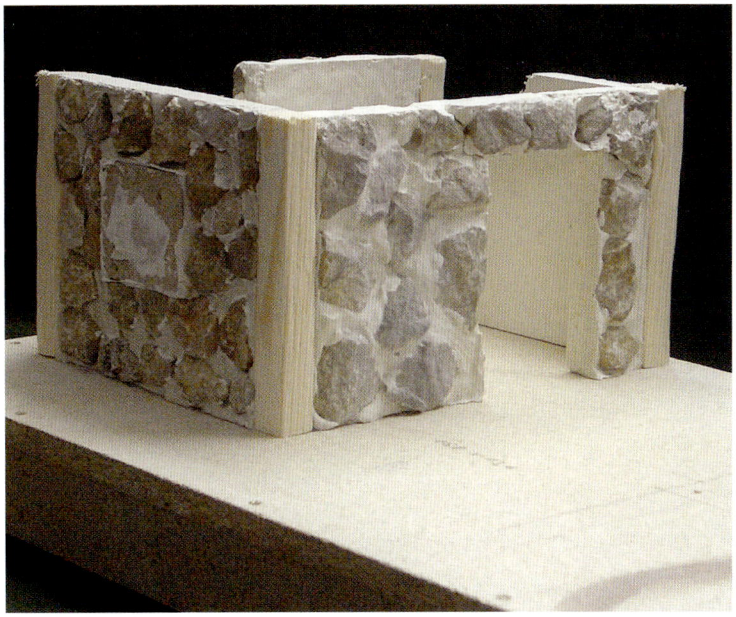

Montage der Längsbalken

1 An beiden Längsbalken Nr. 5 mit einem scharfen Messer die Kanten entfernen und mit der Drahtbürste bearbeiten.

2 Die Längsbalken stirnseitig im rechten Winkel mit den beiden Tragebalken 4a bzw. 4b verschrauben. Der Abstand von der unteren Stirnseite des Tragebalkens bis zur Unterkante des Längsbalkens beträgt 14 cm.

3 Firstträger Nr. 10 auf Längsbalken Nr. 5b von unten mit der Senkkopfschraube befestigen. Der Abstand zum Tragebalken 4b beträgt 19,2 cm.

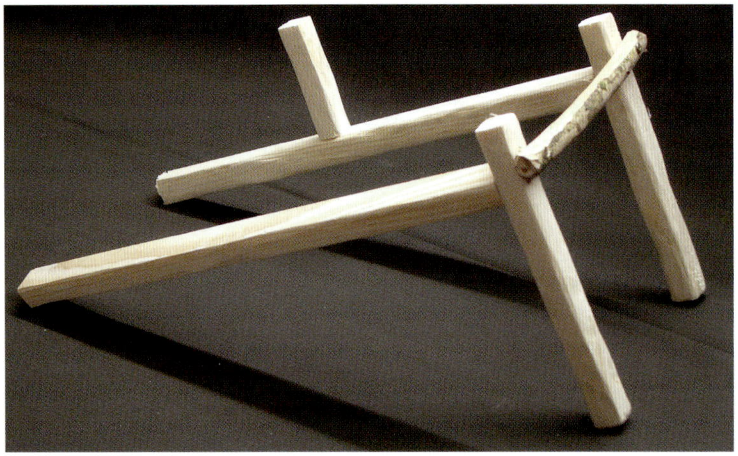

4 Beide Pfetten Nr. 20 mit Messer oder Hobel auf der ganzen Länge anschrägen (siehe Profil Stückliste). Die Kanten brechen und das vordere Ende mit Drahtbürste und Schleifpapier bearbeiten.

5 Pfette Nr. 20b auf der Rückseite der beiden Tragebalken Nr. 4 verschrauben. Die Pfette etwas unter der oberen Stirnseite der beiden Tragebalken verschrauben. Der Abstand der Tragebalken innen beträgt 14 cm; der Pfettenüberstand nach hinten ca. 1 cm.

6 Das Grundgestell mit den beiden Längs- und Tragebalken so auf der Grundplatte verschrauben, dass der Längsbalken Nr. 5b auf der Oberseite der Stallwand Nr. 1b aufliegt. Der Längsbalken Nr. 5a liegt auf der Stallwand Nr. 2b auf. Beide Längsbalken reichen bis zur Stallwand Nr. 2a, liegen dort jedoch nicht auf.

7 Beide Tragebalken Nr. 4 von unten auf der Grundplatte verschrauben.

8 Den Längsbalken Nr. 5b auf der Stallwand mit Leim oder im Inneren des Stalles mit Heißkleber an der Stallwand befestigen.

9 Den Querbalken Nr. 6 zwischen die beiden Längsbalken einpassen und auf der Stallwand Nr. 2b mit Leim oder Heißkleber befestigen.

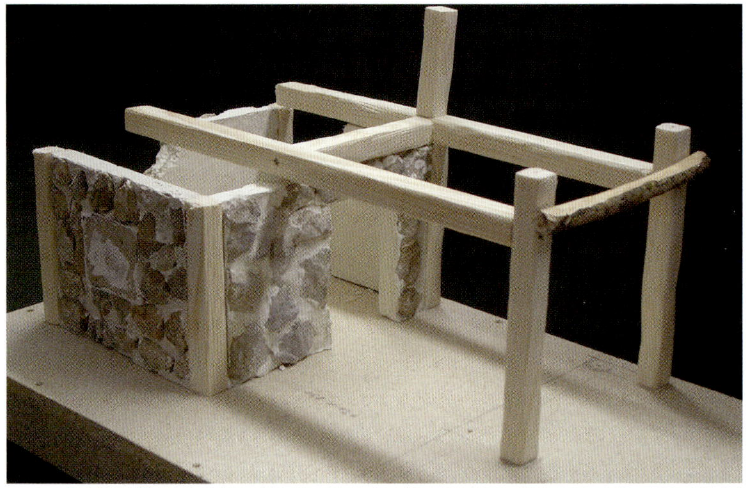

Aufbau Stallgiebel

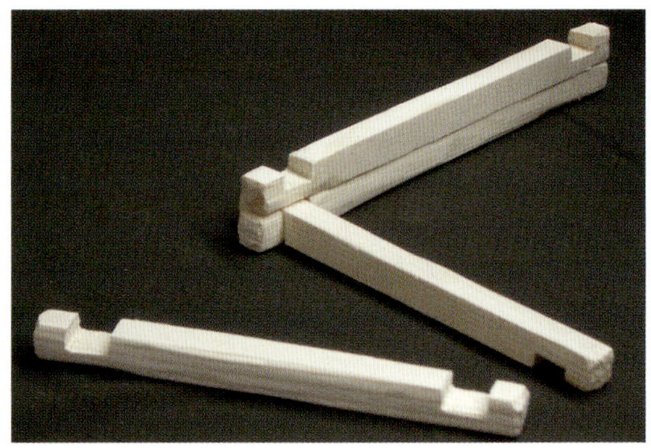

Der Stallgiebel wird aus den Vierkanthölzern Nr. 15, 16 und 17 gebaut. Die Giebelbalken bleiben sichtbar und sollen daher vor dem Zusammenbau an ihren äußeren Seiten sorgfältig mit Messer, Drahtbürste und Schleifpapier bearbeitet werden. Alle Kanten und geraden Flächen mit dem Messer bearbeiten und anschließend bürsten.

1 Die Giebelbalken Nr. 17 der Länge nach auf die Stallwand Nr. 2a auflegen. Der Überstand beträgt vorne 1,5 cm und ist hinten bündig mit Stallwand 1b.

2 Vorher den Giebelbalken auf Höhe des Tragebalken Nr. 3a und 3b bis zur halben Stärke so einzapfen (siehe Tipp), dass er mit dem dann ebenfalls eingezapften Giebelbalken Nr. 16, der im rechten Winkel auf die Stallwand Nr. 1a aufgelegt wird, eine ebene Fläche bildet.

3 Giebelbalken Nr. 16 auf beiden Enden jeweils wieder bis zur Hälfte einzapfen. Der Überstand beträgt auf beiden Seiten 1,5 cm. Die Einzapfung wieder bündig über den beiden Tragebalken gestalten.

4 Den hinteren Giebelbalken Nr. 16 nur an einem Ende entsprechend einzapfen. Das andere Ende so ablängen, dass der Balken bis zum Firstträger Nr. 10 reicht. Auf der Montageskizze wurde auf die Einzapfung der hinteren Giebelzapfen Nr. 16 vollständig verzichtet.

5 Giebelbalken Nr. 15 auf einer Seite einzapfen. Der Überstand nach vorne beträgt 1,5 cm. Im rechten Winkel mit Giebelbalken Nr. 16 verzapfen und auf die Stallwand Nr. 2b auflegen.

6 Eine weitere Reihe Giebelbalken beginnend mit Nr. 17 über Stallwand Nr. 2a bzw. Stallwand 1a auf die gleiche Art zusammensetzen. Danach beide Reihen mit vier bis fünf Schrauben miteinander verschrauben.

7 Die Pfette Nr. 7 und den Firstbalken Nr. 9 entsprechend dem Profil in der Stückliste mit Messer oder Hobel auf die ganze Länge anschrägen.

8 Die Pfette Nr. 7 mit der Schräge nach oben auf dem obersten Giebelbalken Nr. 17 auflegen und festschrauben. Der Überstand nach hinten beträgt ca. 1 cm. Den Überstand vorne wieder mit Messer, Drahtbürste und Schleifpapier bearbeiten.

9 Die vorderen Giebelbalken Nr. 16 auf der rechten Seite so einzapfen, dass sich rechts ein Überstand von 1,5 cm ergibt. Links den Balken so weit kürzen und anschrägen, dass die Schräge mit der Schräge der Pfette Nr. 7 eine Linie bildet (siehe dazu auch Punkt 12 „Anschrägen des Giebelbalkens“).

Tipp

Beim Einzapfen werden zwei Hölzer durch eine Steckverbindung miteinander verbunden. Hier haben die Giebelbalken eine Kantenlänge von 2 cm x 2 cm. An der Stelle, an der sie zusammengefügt werden, also auf einer Breite von 2 cm, mit einer Säge und einem Stemmeisen 1 cm tief wegnehmen.

10 Einen weiteren Giebelbalken Nr. 15 einzapfen (Überstand 1,5 cm) und rechtwinkelig mit dem Giebelbalken Nr. 16 verzapfen.

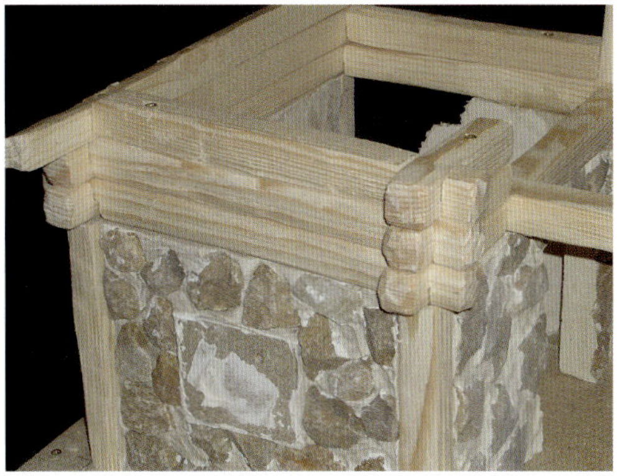

11 Auf diese Weise den Giebel vorne und die kurze Innenseite mit Balken Nr. 16 bzw. Nr. 15 so weit aufbauen, bis die Höhe des Stützbalkens Nr. 10 auch vorne erreicht ist.

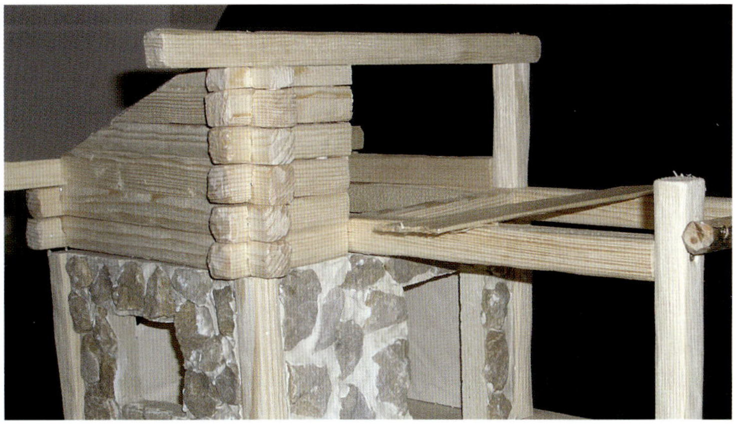

12 Anschrägen des Giebelbalkens: Genau eingepasste Giebelbalken erreicht man, wenn man auf das Anschrägen der Balken zunächst verzichtet. Einfach die Giebelwand vollständig bis zur Höhe des Stützbalkens Nr. 10 aufbauen und leicht ankleben. Den bereits angeschrägten Firstbalken Nr. 9 über den Stützbalken und den Giebel legen und, wie in der Montageskizze zu sehen, einen Sparren vor Pfette Nr. 7 zum Firstbalken legen. Den Sparren als Lineal benutzen und die genaue Schräge mit Bleistift an den Giebelbalken Nr. 16 markieren. Anschließend den Giebel nochmals auseinandernehmen, die Schrägen einzeln schneiden und wieder zusammensetzen.

13 Den Firstbalken dann von oben auf Firstträger und Giebel festschrauben.

14 Den hinteren Giebel auf die gleiche Art bis zur Höhe des Stützbalkens Nr. 10 aufbauen. Auf eine Einzapfung kann im rückwärtigen Bereich auch verzichtet werden. Die Giebelbalken entsprechend ablängen und wie beim vorderen Giebel beschrieben zwischen Pfette Nr. 7 und Firstträger Nr. 10 einpassen.

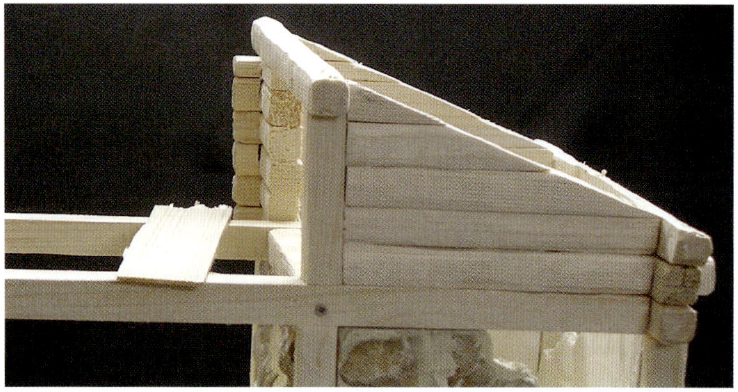

15 Die rechte Pfette Nr. 8 anschrägen, Überstände bearbeiten und auf Tragebalken Nr. 4a und 4b von oben aufschrauben, der Überstand hinten beträgt 1 cm.

Heuboden

Die Brettchen zum Ablängen schneiden oder – etwas rustikaler – über eine stabile Kante mit einem kurzen, festen Druck mit der Hand brechen.

1 Für den Heuboden Brettchen quer über die Längsbalken Nr. 5a und 5b legen und mit Heißkleber befestigen – je nach Geschmack etwas nach vorne überstehen lassen. Dort, wo später die Laterne in dem offenen Stall hängen soll, bereits jetzt einen kleinen Haken in das entsprechende Brett drehen.

2 Als Auflage der Bretter über dem gemauerten Teil des Stalles am untersten Giebelbalken Nr. 16 der Länge nach noch eine kleine Leiste kleben.

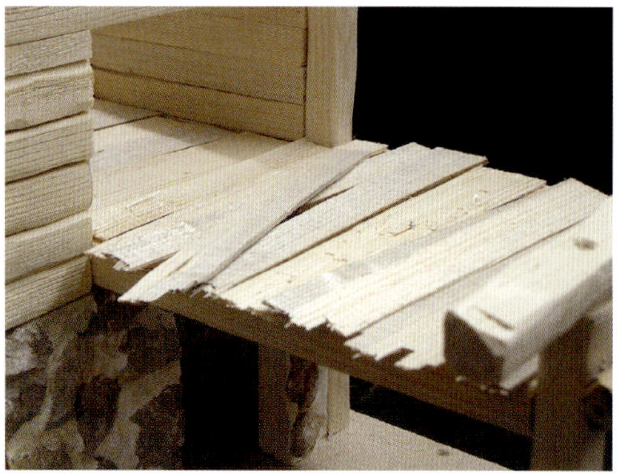

3 Zwischen Querbalken Nr. 6 (Heuboden) und der Unterseite des Firstbalkens zwei schräg stehende Stützbalken Nr. 18 einpassen und festkleben. Die Stützbalken vorher mit Messer und Drahtbürste bearbeiten.

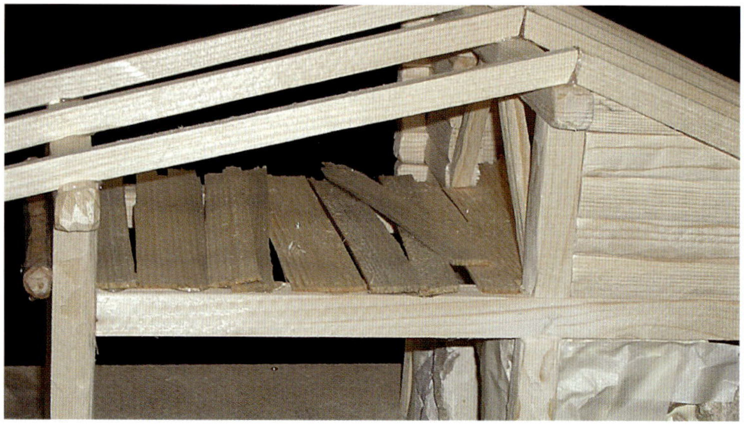

Heuboden mit Stützbalken zwischen Heuboden und Firstbalken

4 Den Querholm Nr. 14 zwischen den Tragebalken Nr. 3c und 4b einpassen und festkleben. Er soll außen bündig sein, mit 4 cm Abstand zur Grundplatte. Der Querholm Nr. 14 ist in der Montageskizze nicht dargestellt.

Dachaufbau

1 Die vorderen Sparrenpaare vor dem Befestigen mit Messer und Bürste bearbeiten.

2 Zunächst die drei Sparren Nr. 12 hochkant vorne über die Pfette Nr. 7 und den Firstbalken Nr. 9 legen und mit Heißkleber festkleben. Den vorderen Sparren an den Pfettenenden anbringen. Der Überstand links beträgt 3 cm bis 4 cm, der Überstand rechts oben 4 cm bis 5 cm.

3 Den zweiten Sparren Nr. 12 hochkant über die angeschrägten vorderen Giebelbalken Nr. 16 legen und festkleben.

4 Den dritten Sparren Nr. 12 etwas vor dem Längsbalken Nr. 5a anbringen.

5 Die Sparren Nr. 11 und Nr. 13 werden paarweise und hochkant von Pfette Nr. 7 über Firstbalken Nr. 9 bzw. vom Firstbalken zur Pfette Nr. 8 gelegt und mit Heißkleber befestigt. Die Sparren an einer Stirnseite mit dem Messer so anschrägen, dass sie bündig zusammenstoßen. Der Überstand ist links wie bei Sparren Nr. 12 und rechts nach Belieben.

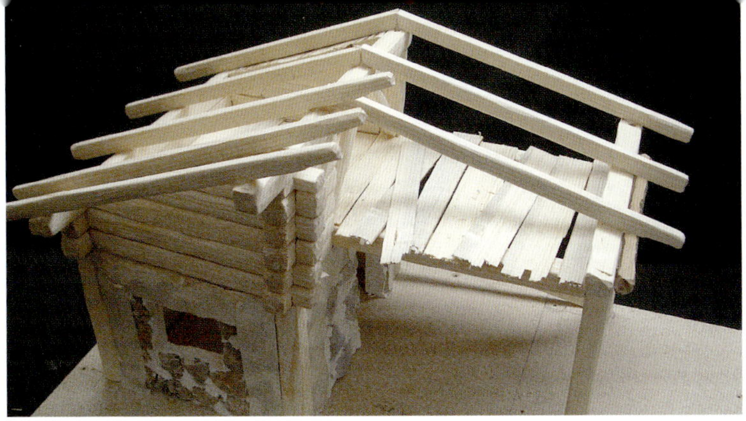

6 Das hintere Sparrenpaar in einer senkrechten Linie zum Längsbalken Nr. 5 und dem Querholm Nr. 14 anbringen.

Farbanstrich

1 Nachdem der Rohbau soweit fertiggestellt ist, kann er nun mit brauner Holzbeize gestrichen werden. Vorher die Rahmenteile für das Fenster und die Türe aus den Rahmenleisten Nr. 27 zuschneiden und einpassen. Vor dem Einkleben die Rahmenleisten beizen.

2 Damit der braune Anstrich des Stalles nicht zu kräftig wird, die Beize mit etwas Wasser verdünnen. Für das Dach etwas graue Beize zum Braunton hinzufügen. In jedem Fall einen Probeanstrich durchführen.

3 Alle Klebeflächen, an denen die Holzverkleidung angebracht wird, die äußeren Flächen der Querholme und die oberen Seiten der Sparren nicht beizen.

4 Um unbeabsichtigte Farbe an der Stallmauer zu vermeiden, diese vorher etwas abkleben.

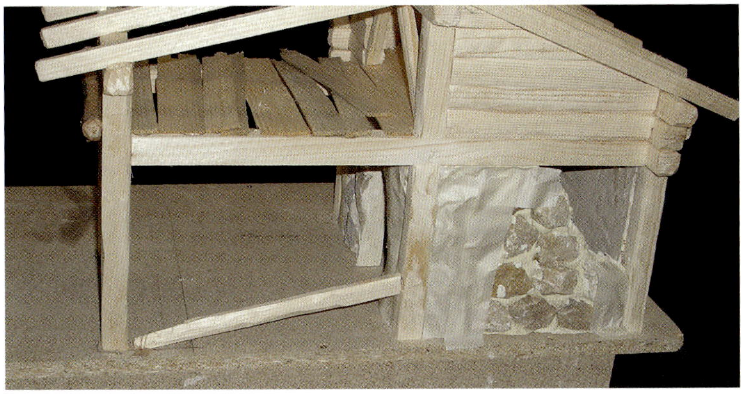

Abdecken der Steinmauer

5 Nach dem Trocknen der Beize können die Flächen – insbesondere die nach vorne sichtbaren Teile und später das Dach – mit einem fusselfreien Lappen und dunklem Holzwachs nochmals behandelt werden.

Tipp

Sie können die Stallmauer beim Beizen der umliegenden Balken auch mit Kreppklebeband abkleben.

Bretterverschlag

1 Im hinteren Bereich neben der Steinmauer Nr. 1b den Bretterverschlag anbringen. Die Holzbrettchen in verschiedenen Breiten, ablängen. Die Bretter durchgehend vom Dach bis zur Grundplatte an den jeweils äußeren Sparren, Längsbalken und dem Querholm mit Heißkleber befestigen. Ein unregelmäßiger Verschlag mit Lücken und bereits beschädigten Verschlagbrettern verstärkt den Eindruck eines alten Stalles.

2 Anschließend den Verschlag in Erdbraun beizen.

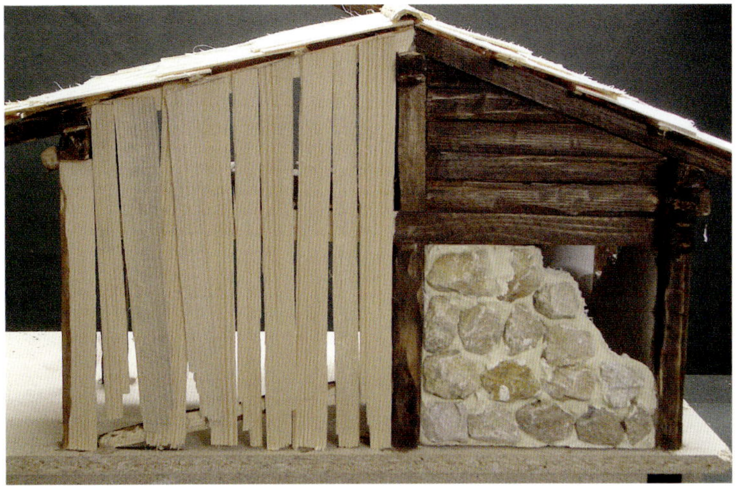

Dachschindeln

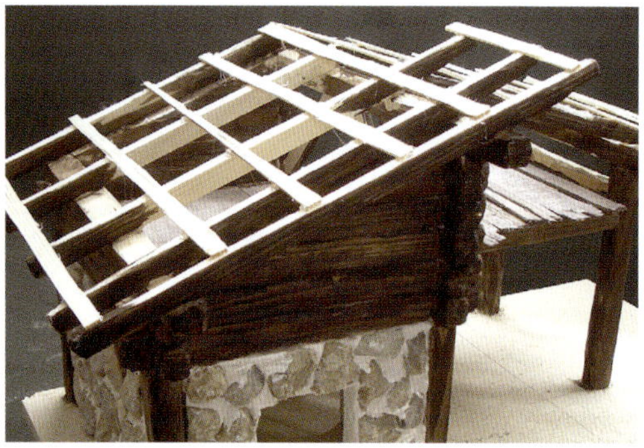

1 Für die Dacheindeckung mit Schindeln Dachlatten auf die Sparren kleben. Eine Lattung immer am äußeren Ende der Sparren und eine durchgehende Lattung am oberen Ende der Sparren beim Giebel anbringen. Jeweils drei weitere Dachlatten gleichmäßig auf jede Dachhälfte und den Anbau verteilen.

2 Als Dachschindeln Holzbrettchen verwenden. Die Schindeln sollen in der Länge über etwas mehr als zwei Dachlatten reichen. Sie können in der Länge entweder geschnitten oder – etwas rustikaler – auch gebrochen werden.

3 Bei der Dacheindeckung mit der untersten Schindelreihe beginnen. Die nächste Schindelreihe mit Heißkleber etwas überlappend auf die untere Reihe kleben.

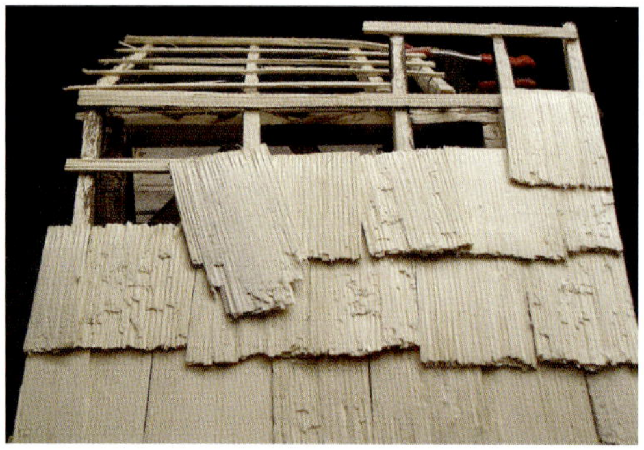

4 Um einen durchgehenden Stoß über das ganze Dach zu vermeiden, die Reihen abwechselnd mit einer schmalen und einer breiten Schindel beginnen. Am First (siehe Glossar) die Schindeln zusammenstoßen lassen.

5 Als Firstkappe einen Holunderast mit einer Stichsäge längs halbieren. Das weiche Innere des Astes entfernen und den Ast über die gesamte Tiefe des Daches aufkleben.

6 Das Dach nach Fertigstellung braun beizen. Die Beize mit etwas Grau mischen, vorher eine Probebeizung durchführen.

Grundplatte

1 Zur Gestaltung eines Geländes die Grundplatte Nr. 23 mit Stall und Abstandsleisten auf der Grundplatte Nr. 24 mit Senkkopfschrauben befestigen. Die Platten sind an der Rückseite bündig, der Überstand beträgt links 4 cm bis 5 cm.

2 Vorher die Schnittkanten der Grundplatte Nr. 24 mit den Randleisten Nr. 28 verkleiden. Die Randleisten in Länge schneiden, mit kleinen Nägeln und Leim befestigen, mit Schleifpapier bearbeiten und braun beizen.

Anbau rechts

1 Die Tragebalken mit Messer und Drahtbürste bearbeiten. Beide Tragebalken Nr. 19 von unten auf der Grundplatte Nr. 24 festschrauben. Die Entfernung zum Tragebalken Nr. 4b beträgt ca. 13 cm, der Abstand untereinander ebenfalls ca. 13 cm.

2 Die Pfette Nr. 20a mit scharfem Messer oder Hobel anschrägen (Profil siehe Stückliste) und von oben auf den beiden Tragebalken Nr. 19 festschrauben. Der Überstand hinten beträgt ca. 1 cm, den Überstand vorne bearbeiten.

3 Zwischen den beiden Tragebalken Nr. 19 sowie zwischen den Tragebalken Nr. 4b und 19b Querholme Nr. 22 in Länge schneiden. Die Querholme passgenau einkleben: Sie sind nach außen bündig, der Abstand zur Grundfläche beträgt ca. 4 cm.

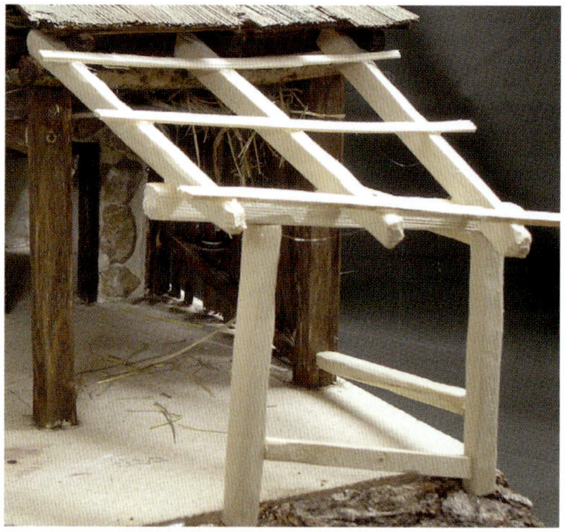

Anbau mit den Querholmen Nr. 22

4 Den Dachsparren Nr. 21 hochkant auf Pfette 20b und 20a aufkleben. Den hinteren Sparren senkrecht über dem Querholm Nr. 22 befestigen. Den vorderen Sparren bearbeiten und an den vorderen Pfettenenden befestigen. Die restlichen Sparren Nr. 21 gleichmäßig auf dem Dach verteilen, der Dachüberstand ist beliebig.

5 Anschließend die Dachlattung und die Dachschindeln wie auf dem Stalldach anbringen und festkleben.

6 Den Bretterverschlag wie auf Seite 61 beschrieben anbringen.

7 Den Anbau rechts beizen. Der Krippenstall ist damit fertig.

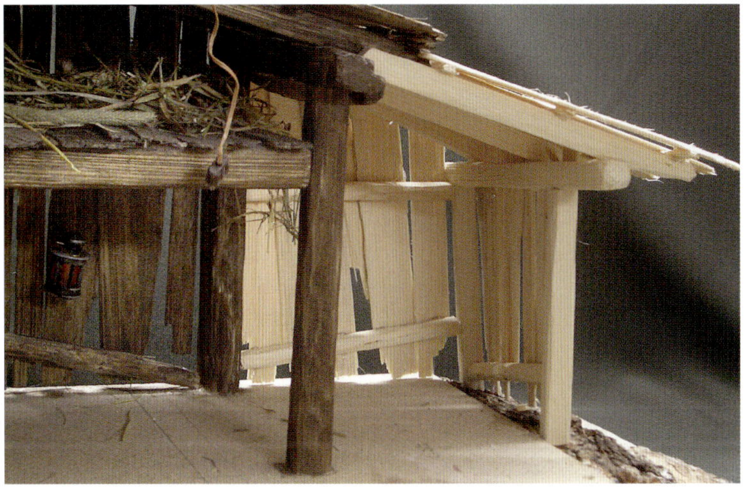

Dachgestaltung

Auf das Dach können zum Beschweren der Dachschindeln Steine mit Heißkleber aufgeklebt werden. Als Schneefang am Ende der beiden Dachhälften ca. 1 cm starke, runde Äste aufkleben. Zur weiteren Ausgestaltung des Daches etwas Baummoos aufkleben.

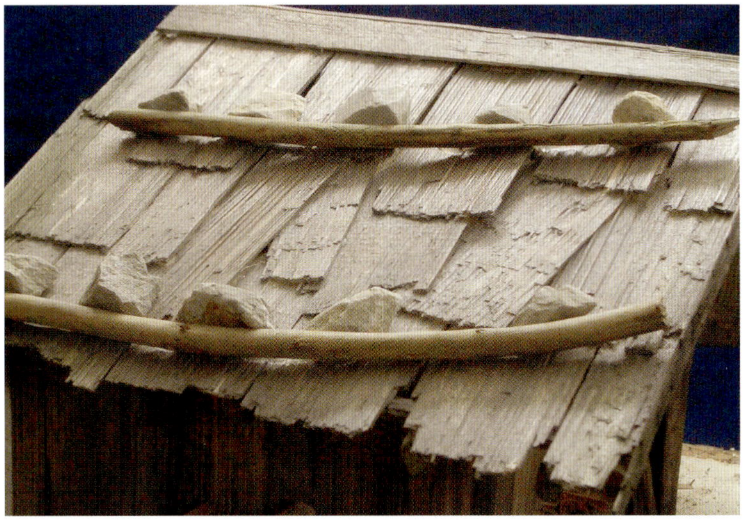

Elektrische Beleuchtung

Zum Aufhängen einer Stalllaterne in den Heuboden einen kleinen Haken drehen. Das Stromkabel durch die rückwärtige Stallwand führen, dazu evtl. nochmals ein Brett entfernen und neu aufkleben. Dort eine Batterie oder einen Trafo anschließen.

HINWEIS
Die weitere Ausgestaltung des Stallbodens, der Grundplatte, des Daches, eines Geländes, das Anbringen von Zäunen und Bäumen entnehmen Sie bitte der Beschreibung auf den Seiten 11 bis 15.

Tipp

Laternen und Trafos sowie Tröge, Brunnen, Karren, Besen, Gabeln etc. sind auf Weihnachtsmärkten oder im Baumarkt erhältlich.

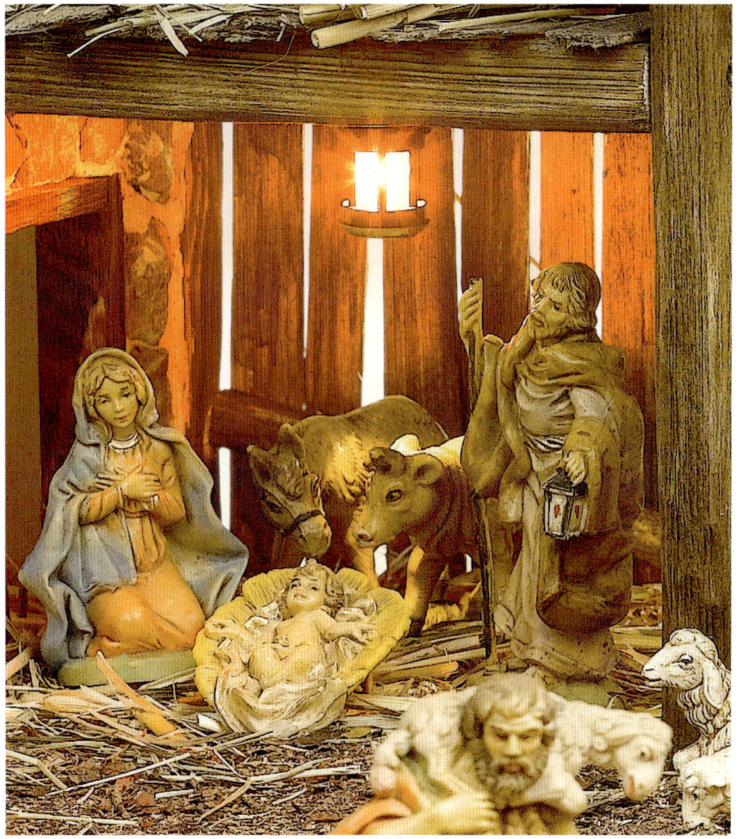

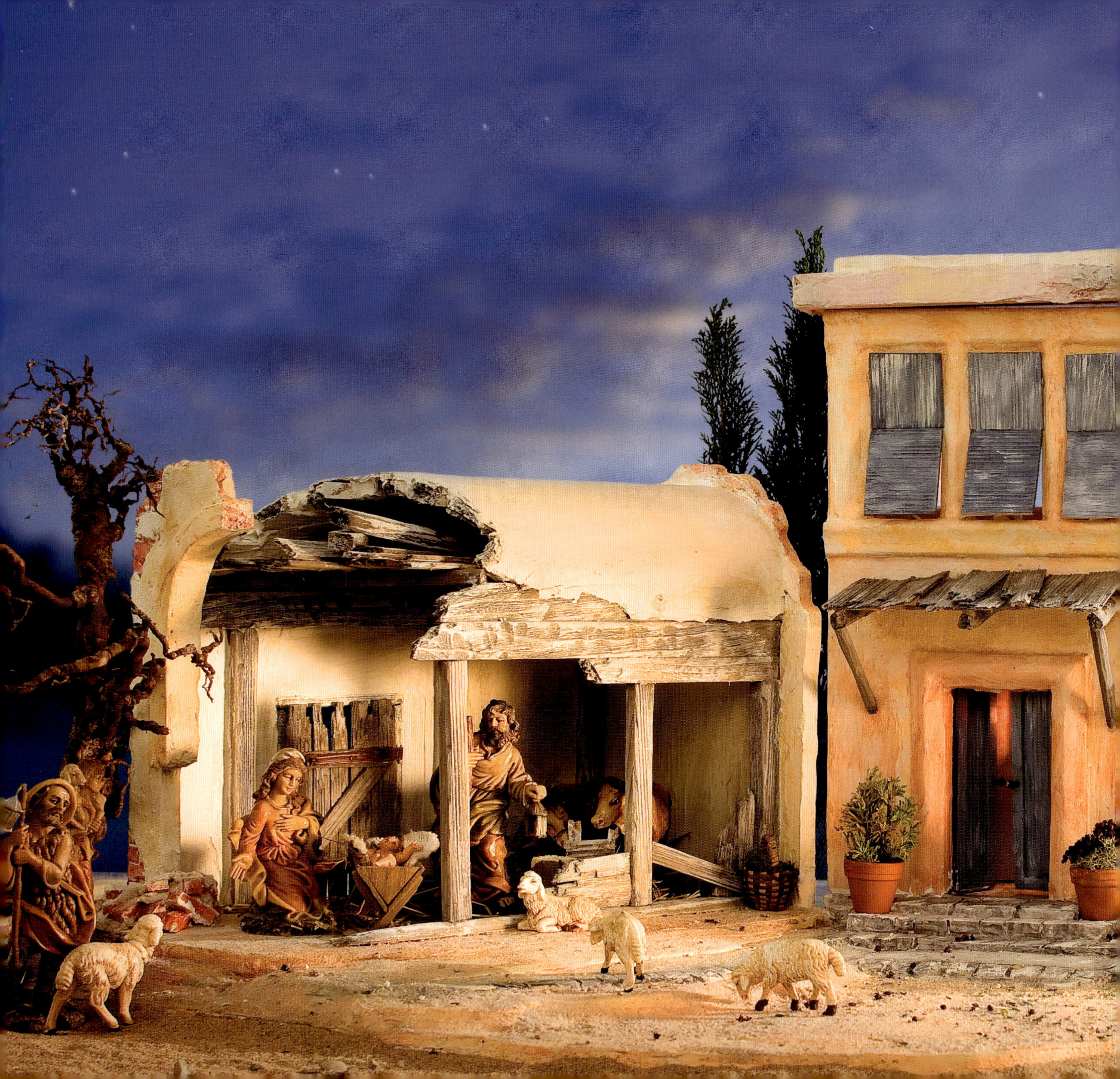

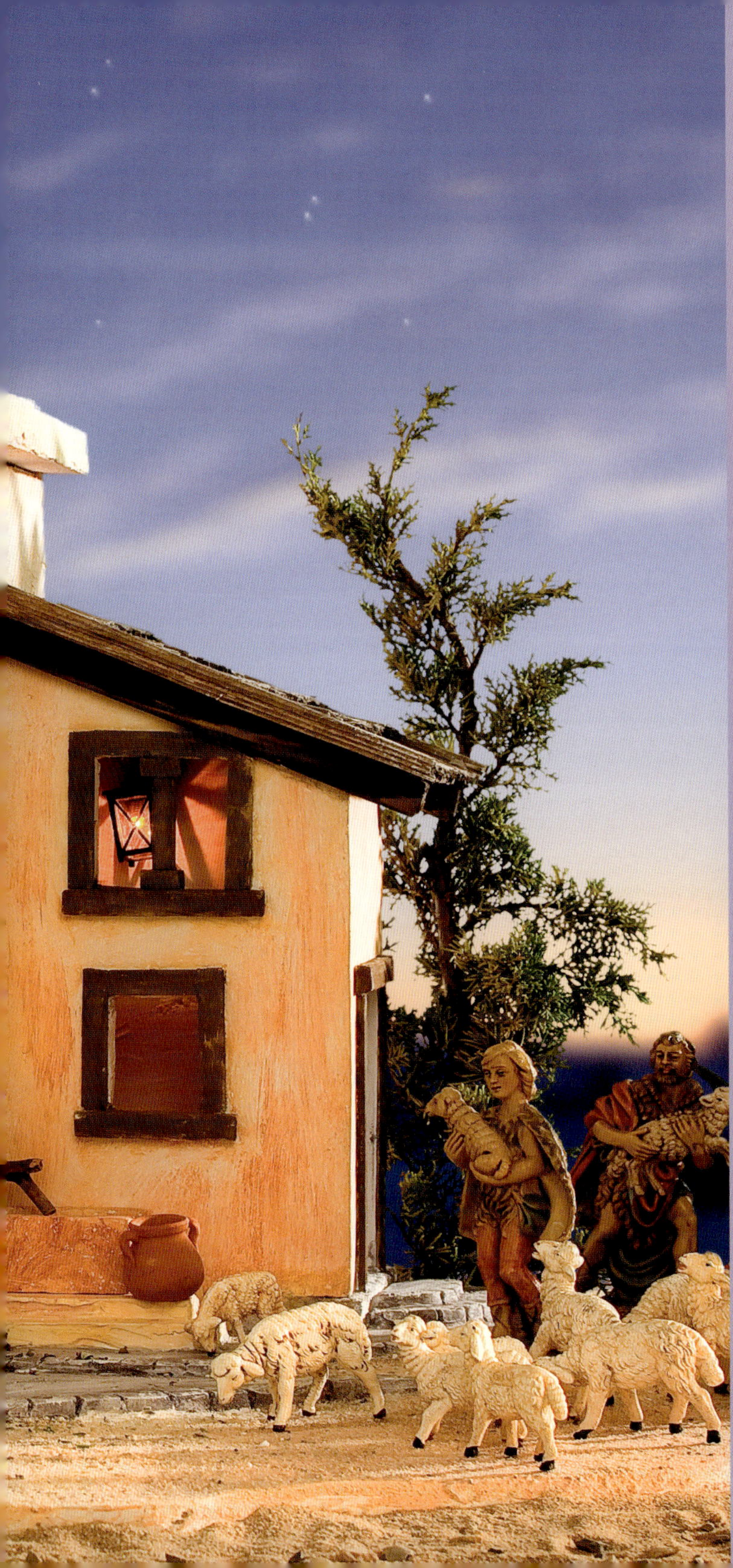

Krippe Bethlehem

Diese orientalische Krippe – die aus einer Herberge und einem Stall besteht – ist mit weiteren Gebäuden und viel Landschaft auch ganzjährig in einer oberbayerischen Klosterkirche zu bewundern.

SCHWIERIGKEITESGRAD

● ● ●

MOTIVGRÖSSE
100 cm x 80 cm, ca. 40 cm hoch

FIGURENGRÖSSE
ca. 10 cm bis 14 cm

MATERIAL

- Pressspanplatten (siehe Stückliste)
- diverse Holzleisten (siehe Stückliste)
- Styroporplatten, 1 cm, 2 cm und 3 cm stark
- etwas Drahtpapier oder Fliegengitter, 35 cm x 35 cm
- Gips, ca. 1 kg, z. B. Moltofil®
- Rest Leim
- ca. 25 Senkkopfschrauben, 25 mm x 3 mm
- Holzbohrer, ø 1 mm und 3 mm
- Wandfarbe in Weiß
- Abtönfarbe in Rot, Gelb, Blau, Grau und Braun
- Holzbeize in Braun und Grau
- Acrylfarbe in Braun (Scharniere streichen)
- dünnes Weißblech, z. B. Konservendose, 2 x 4 mm x 60 mm (Scharniere)
- 2 Lederstreifen, 5 mm x 30 mm (Scharniere)
- 3 bis 4 Obstkisten oder Brettchen, 2 mm bis 3 mm stark, 20 mm bis 50 mm breit (Dächer, Tür, Verzierungen)
- kleine Nägel
- Rundzange
- Vogelsand
- kleine Dekoartikel wie Blumentöpfe, Krüge, Körbe, Laterne etc. (Bastelladen/Baumarkt)
- Heu, Stroh, Wurzeln und Äste zum Ausschmücken

Tipp

Alle Materialien erhalten Sie in Baumärkten. Drahtpapier wird für den Geländebau beim Modeleisenbahnbau verwendet, Sie erhalten es in entsprechenden Fachgeschäften.

HINWEISE
Der Bau der Krippe erfordert etwas Zeit, Sorgfalt und bastlerische Erfahrung. Die Krippe besteht aus zwei Teilen, einer Herberge mit Anbau und einem Stall. Da die Krippe zum Aufstellen relativ viel Platz benötigt, sind die Herberge und der Stall nur lose auf die Grundplatte aufgestellt und können zum Aufbewahren von dieser entfernt werden.

Die Adresse zum Bestellen eines kompletten Bausatzes für diese Krippe finden Sie auf Seite 156.

Stückliste

Nr.	Bezeichnung	Profil/Material	Maße in cm	Anzahl
1	Rippenleisten	Vierkant	2 x 1 x 32	11
2	Stallrückwand	Pressspan	28 x 20 x 1	1
3	Stallwand links	Pressspan	32 x 17 x 1	1
4	Wandsegment vorne	Pressspan	28 x 12 x 1	1
5	Grundplatte	Pressspan	38 x 23 x 1	1
6	Grundplatte	Styropor	38 x 23 x 1	1
7	Stützbalken	Vierkant	1,5 x 1 x 17	6
8	Rippenleiste	Vierkant	1,5 x 1 x 17	1
9	Türrahmen	Vierkant	1,5 x 0,5 x 40	1

Herberge mit Anbau

Nr.	Bezeichnung	Profil/Material	Maße in cm	Anzahl
10	Vorderseite	Pressspan	35 x 22 x 1	1
11	Rückseite	Pressspan	35 x 22 x 1	1
12	Seitenteile	Pressspan	35 x 20 x 1	2
13	Leisten Türrahmen	Holzprofil	40 cm lang	1
14	Querleisten	Holzprofil	22 cm lang	2
15	Fensterleisten	Halbrund	14 cm lang	4
16	Seitenteile Anbau	Pressspan	29 x 14 x 1	2
17	Stirnseite Anbau	Pressspan	23 x 11 x 1	1
18	Dachleisten	Vierkant	1,5 x 1 x 20	2
19	Bretter für Dach, Türen- und Fensterrahmen	Holzbrettchen	versch. Breiten bis 3 cm, 2-3 mm stark	ca. 1,5 m
20	Boden Herberge	Styrodur	40 x 30 x 2	1
21	Dach Herberge	Styrodur	26 x 24 x 2	1

22	Dach Herberge	Styropor	23 x 21 x 1	1
23	Sparren, Vordach	Vierkant	1 x 1 x 12	3
24	Grundplatte	Pressspan	95 x 75 x 1	1
25	Weitere, kleine Styroporteile, 1 cm bis 2 cm stark, zur Gestaltung der Grundplatte			

Montageskizze 1

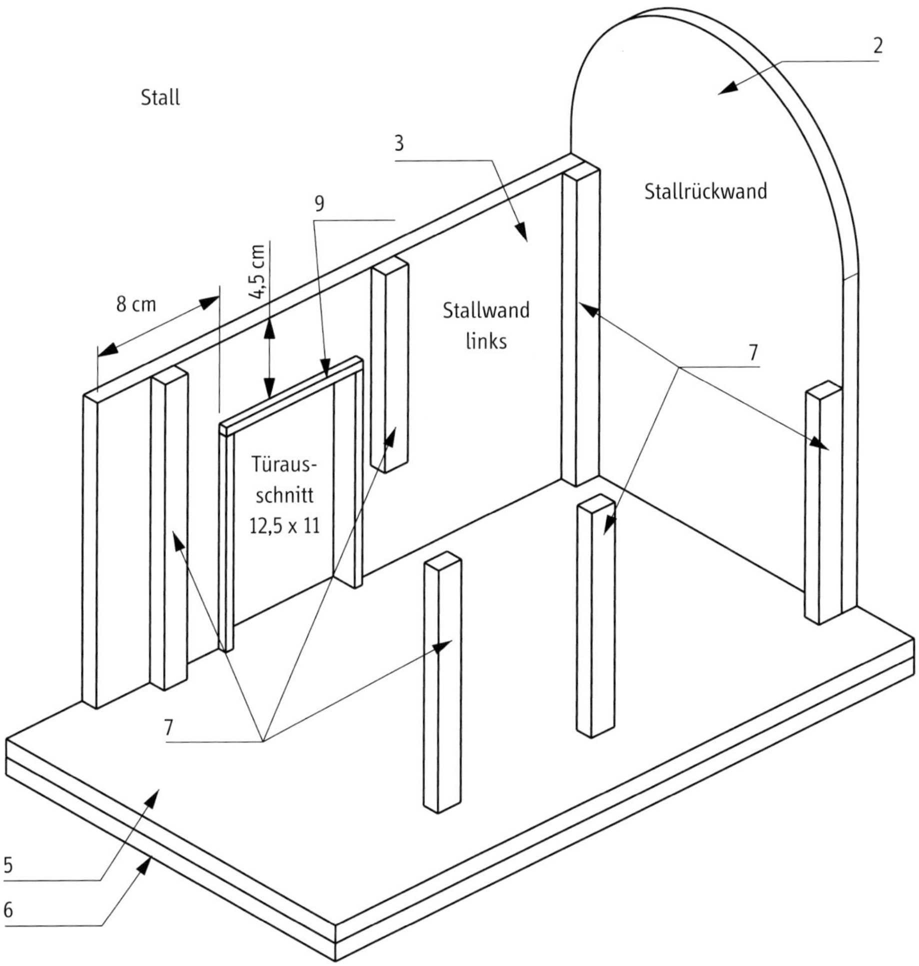

Anbau Vorderfront

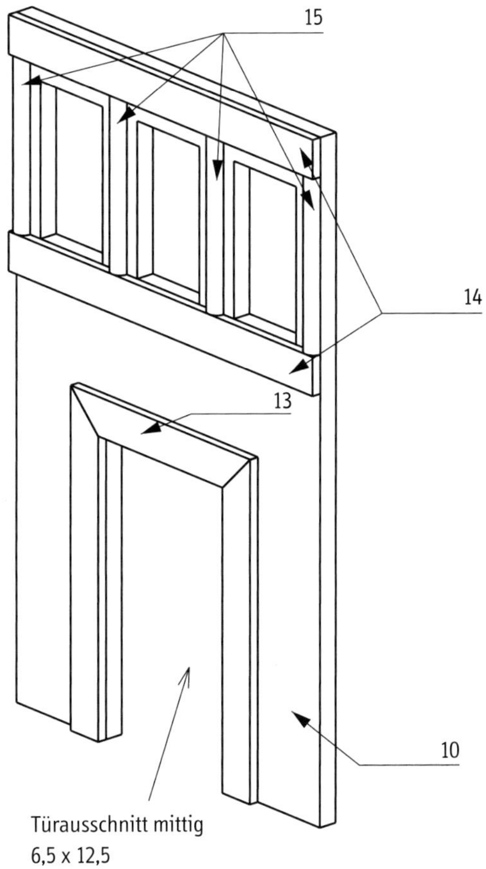

Montageskizze 2

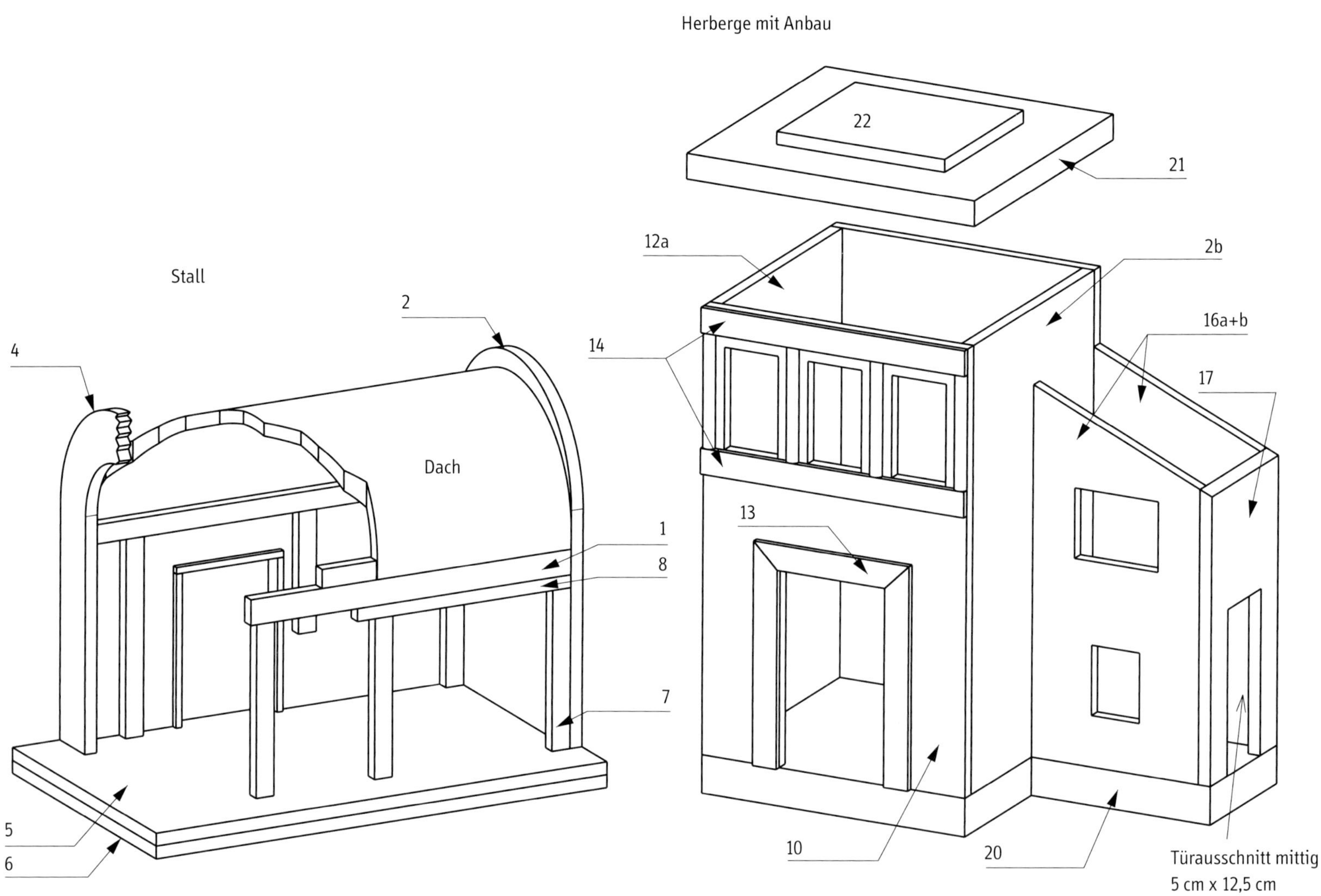

Stallbau

Allgemeines: Alle Schraubenlöcher vorbohren und für die Verwendung von Senkkopfschrauben die Bohrungen ansenken.

Stalldach

1 Schneiden Sie das Drahtpapier auf ein Rechteck von 32 x 26 cm. Für das Dachgerippe ordnen Sie die Rippenleisten (Nr. 1) in gleichen Abständen auf dem Drahtpapier an und markieren die Lage mit einem Stift.

2 Die Rippenleisten in verschiedene Längen brechen. Die kürzeste Leiste rechts sollte ca. 2/3 der längsten Leiste links betragen. Die am rechten Rand liegende Rippenleiste ca. 2 cm bis 3 cm länger belassen als die vorher liegende Leiste (siehe Bilder). Markieren Sie die beabsichtigte Bruchstelle der Leiste mit einem Stift. Die Leisten können über eine stabile Kante mit einem kräftigen Schlag oder mit Hilfe eines Schraubstockes an der vorher markierten Stelle gebrochen werden.

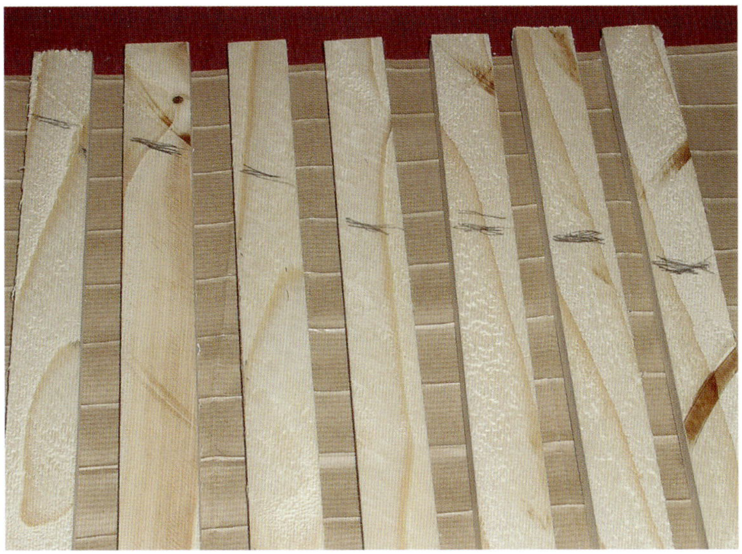

3 Die längste nicht gebrochene Rippenleiste am linken Rand des Drahtpapiers mit Hilfe eines Tackers oder Reißzwecken befestigen.

4 Danach die gebrochenen Leisten in der richtigen Reihenfolge mit Heißkleber auf das vorher markierte Drahtgeflecht aufkleben und dann mit einem Tacker drei bis vier Mal festtackern.

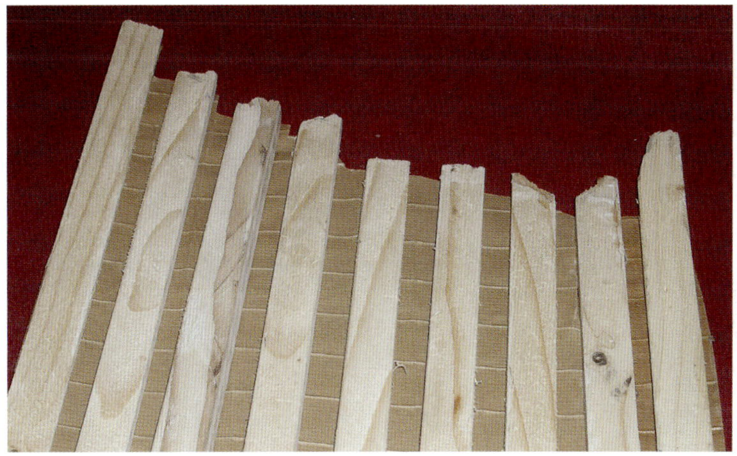

5 Das über die abgebrochenen Rippenleisten hinausgehende Drahtpapier mit einer Schere bis zu den Bruchstellen abschneiden. Die Bruchstellen sollen deutlich sichtbar sein. An der rechts liegenden Rippenleiste das Drahtpapier im vorderen Bereich auf einer Länge von ca. 10 cm entfernen.

6 Das Drahtpapier mit den befestigten Rippenleisten kann nun zu einem halbrunden Dach gebogen werden. Das Innenmaß des Halbrunds soll ca. 17 cm betragen. Die Rippenleisten liegen innen.

7 Zur Fixierung dieses Halbrundes an die beiden äußeren Rippenleisten zwei bis drei Leisten schrauben (diese werden später wieder abgenommen), die den Abstand von 17 cm der beiden Rippenleisten fixieren (nicht abgebildet). Alternativ kann auch mithilfe einer Holzplatte, auf die zwei Leisten im Abstand von 17 cm aufschraubt werden, eine kleine Vorrichtung gebaut werden, mit der das Halbrund des Daches fixiert wird (siehe Fotos).

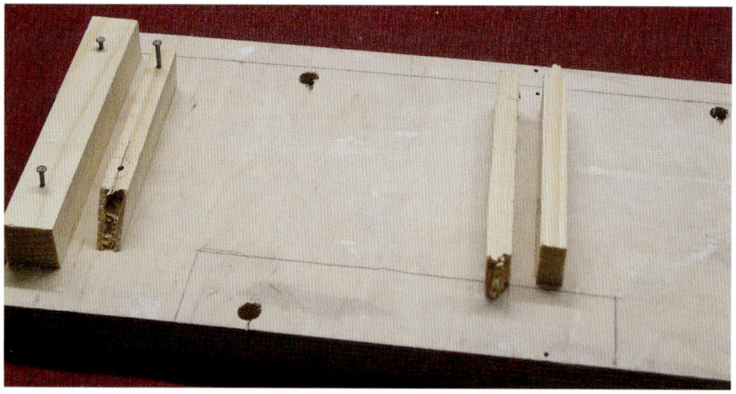

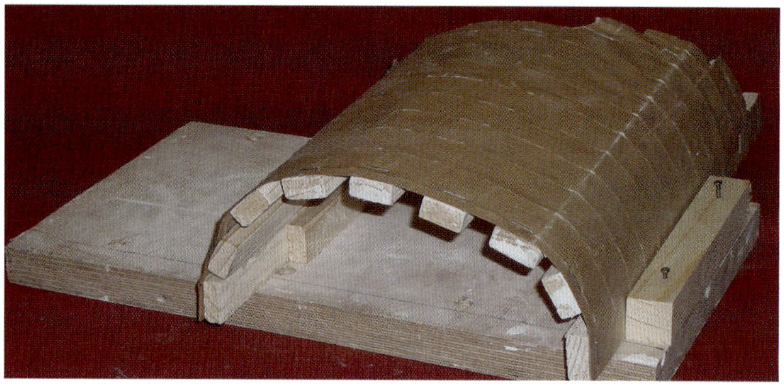

8 Zur Formgebung und Gestaltung des halbrunden Daches die Zwischenräume zwischen den Rippenleisten im nicht gebogenen Zustand mit Gipsmasse ausfüllen. Für die Gipsmasse Gips, Moltofil o. Ä. mit Wasser und etwas Leim zu einer cremigen Masse verrühren. Damit die Fläche nicht in grellem Weiß erstrahlt, etwas Zementpulver oder graue Farbe dazugeben. Überquellende Gipsmasse nach dem Runden der Form entfernen.

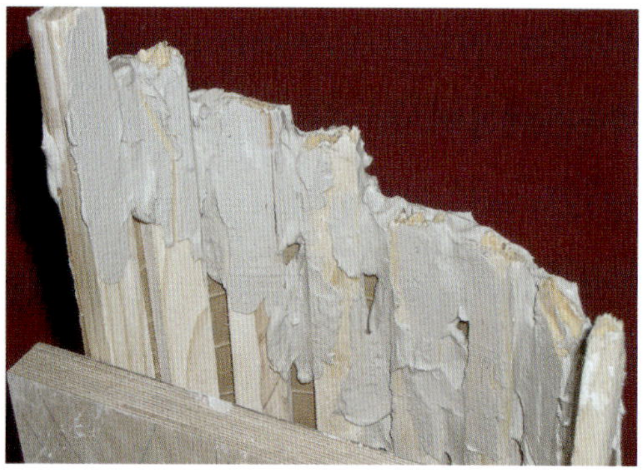

9 Bis zum Trocknen der Gipsmasse das halbrunde Dach, wie vorher beschrieben, mit einem Innenmaß von 17 cm fixieren.

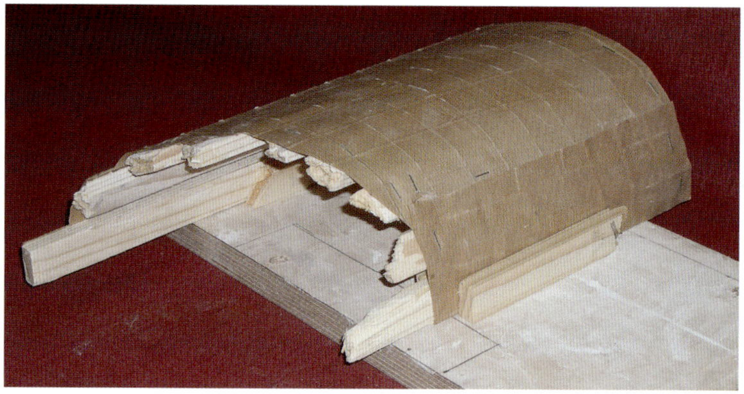

10 Nach dem Trocknen der Gipsmasse auf der Außenseite des Daches mit einem Spachtel eine dünne Gipsschicht auftragen. Nach dem Antrocknen den Gips mit nassen Händen leicht nachformen und glätten.

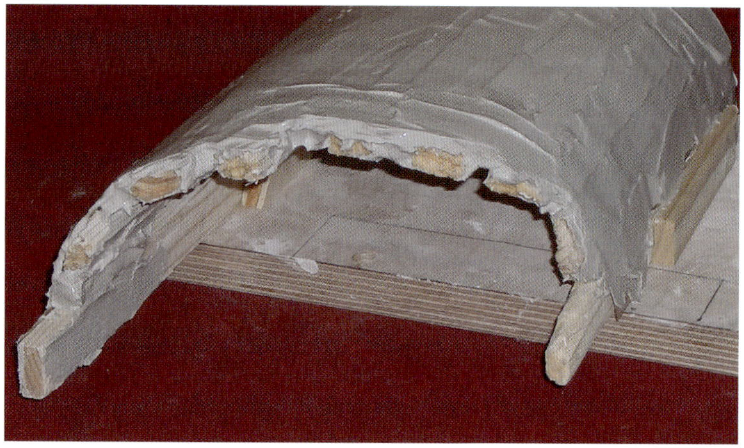

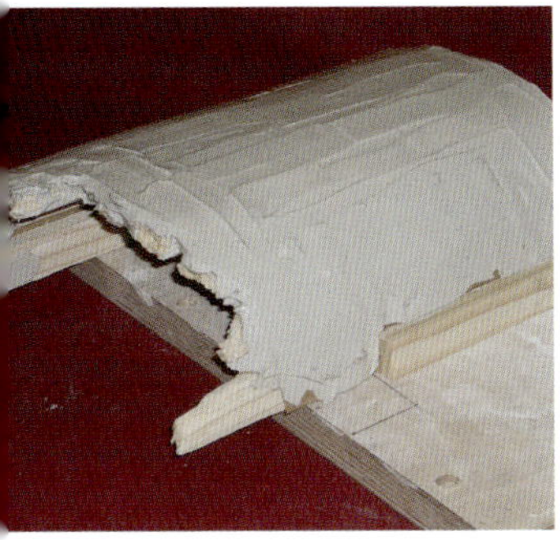

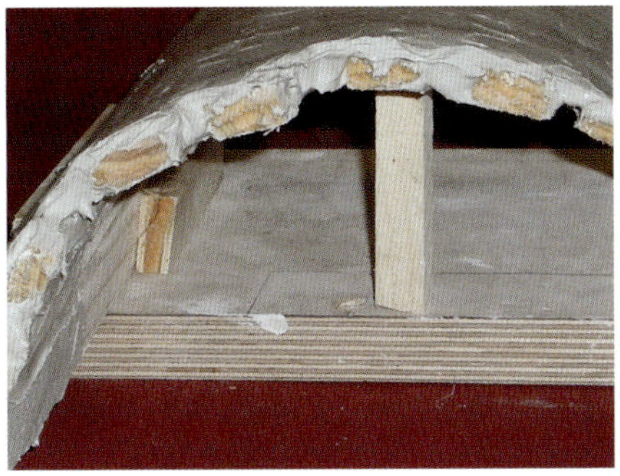

11 Nach dem Trocknen des Daches wird die Fixierung entfernt und der Stall angefertigt.

Stallwand links fertigen (Bauteil Nr. 3)

1 Die Stallwand Nr. 3 auf Maß schneiden (siehe Stückliste).

2 Die Stalltür und die stehenden Balken entsprechend der vorgegebenen Maße auf der Stallwand aufzeichnen.

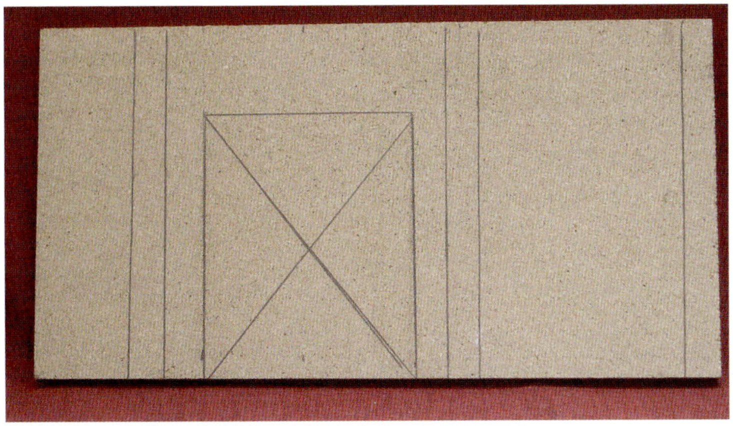

3 Anschließend die Stalltür mit der Stichsäge ausschneiden.

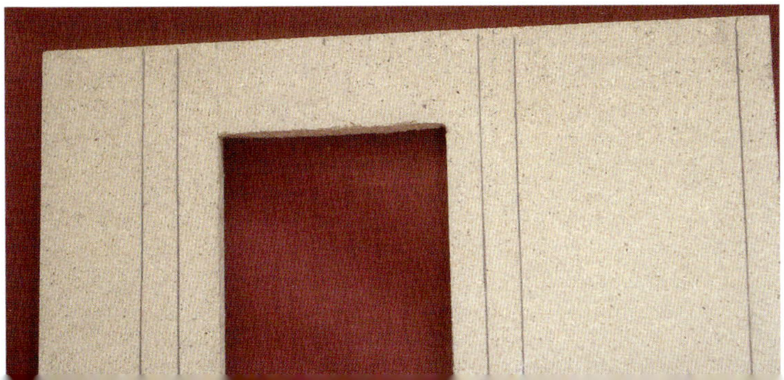

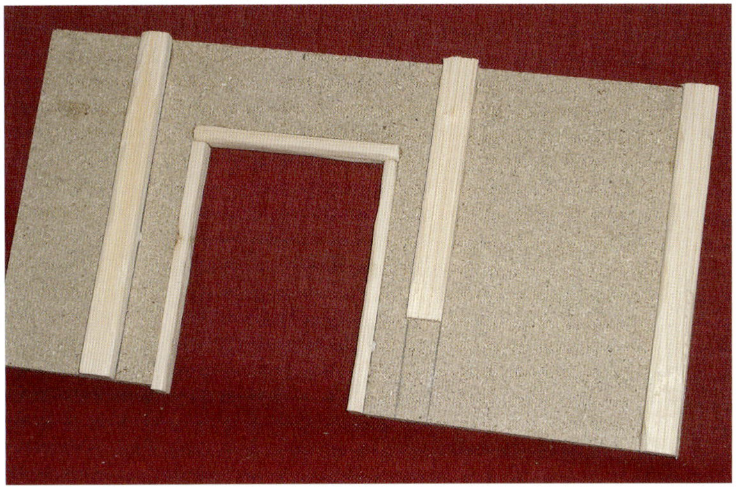

4 Die Balken mit Leim oder Heißkleber aufkleben. Die Balken bleiben sichtbar und sollten vorher, wie alle anderen sichtbaren Balken, mit einem scharfen Messer, einer Drahtbürste und abschließend mit Schleifpapier etwas bearbeitet werden. Der mittlere Balken bleibt etwas kürzer, damit dort später eine Steinmauer aus Styropor eingesetzt werden kann (siehe Detailfoto von fertiger Krippe).

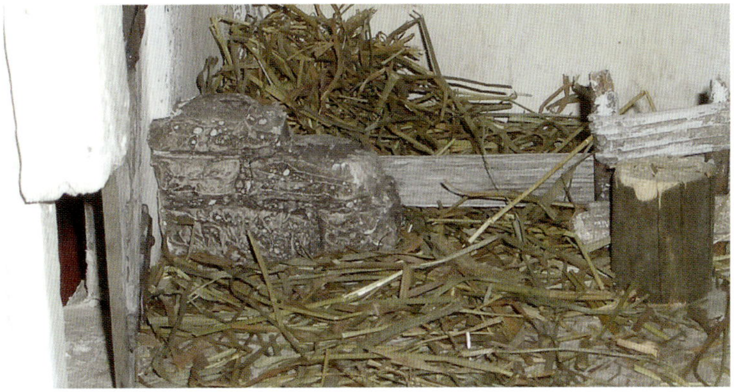

5 Um den Türrahmen einzusetzen (Rahmenholzteil Nr. 9), schneiden Sie das Rahmenholz auf Maß und kleben es mit Leim oder Heißkleber fest.

Stallrückwand fertigen

1 Die Rückwand (Nr. 2) auf Maß schneiden.

2 Als Nächstes die Lage des halbrunden Daches auf der Rückwand festlegen. Das Dach vom linken Rand der Rückwand 1 cm, vom oberen Rand der Schnittkante 1,5 cm einrücken und die Umrisslinien des Daches mit aufzeichnen.

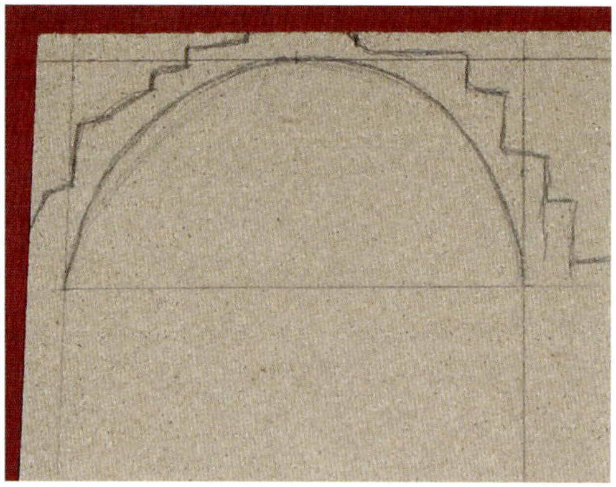

3 Anschließend die obere Schnittkante der Rückwand als Halbbogen unregelmäßig mit der Stichsäge aussägen.

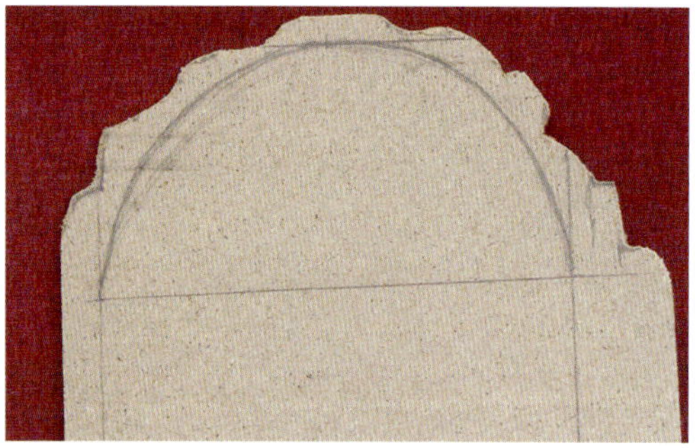

Vorderes Wandsegment fertigen

1 Aus einem Pressspanbrett (Nr. 4) mit der Stichsäge ein Segment entsprechend der angegebenen Maße ausschneiden.

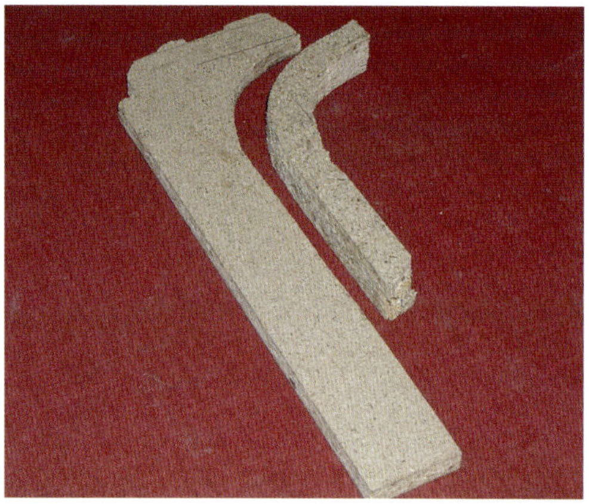

2 Nach Belieben kann ein weiteres schmales, kurzes Segment (ca. 1,5 cm breit) aus einer 2 cm starken Pressspanplatte ausgeschnitten werden, um es in die innere Schnittkante des vorderen Segments einzuleimen. Die Einzelteile während des Trocknens in eine Schraubzwinge spannen.

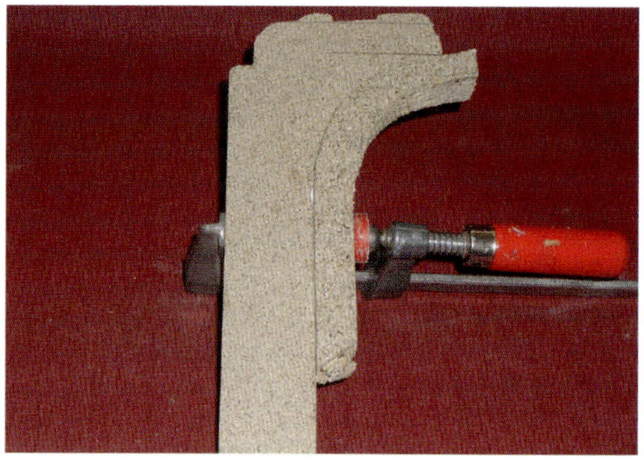

3 Nach dem Trocknen das Segment mit Leimwasser bestreichen, kurz antrocknen lassen und auf beiden Seiten mit einer dünnen Schicht Gipsmasse überziehen. Die cremige Gipsmasse mit etwas Holzleim anrühren und mit dem Spachtel auftragen. Nach dem Antrocknen das Segment mit Schleifpapier bearbeiten.

Stallbauteile zusammenbauen

1 Die Stallrückwand bündig mit der hinteren Schnittkante der Grundplatte von unten mit zwei Senkkopfschrauben auf der Grundplatte befestigen (Schraubenlöcher an der Unterseite ansenken). Von der linken Schnittkante der Grundplatte 1 cm einrücken, rechts bleiben ca. 2 cm übrig.

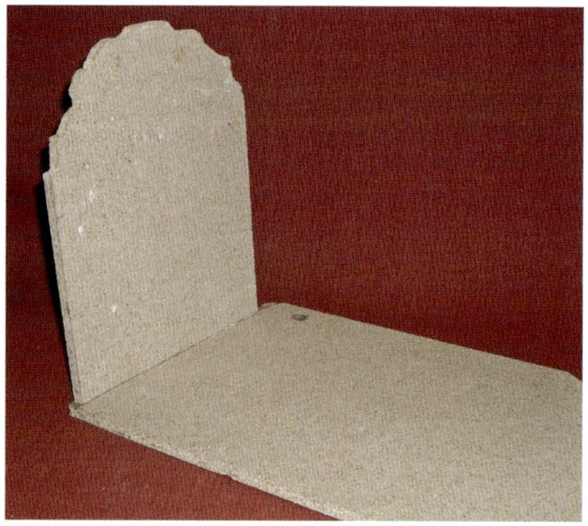

2 Die bearbeitete Stallwand links auf die Grundplatte aufsetzen und mit dieser von unten sowie mit der Stallrückwand verschrauben (siehe Foto Seite 73 oben).

3 Die Grundplatte, die Seitenwand und die Rückwand innen, wie auf Seite 88 beschrieben, mit Gipsmasse überziehen.

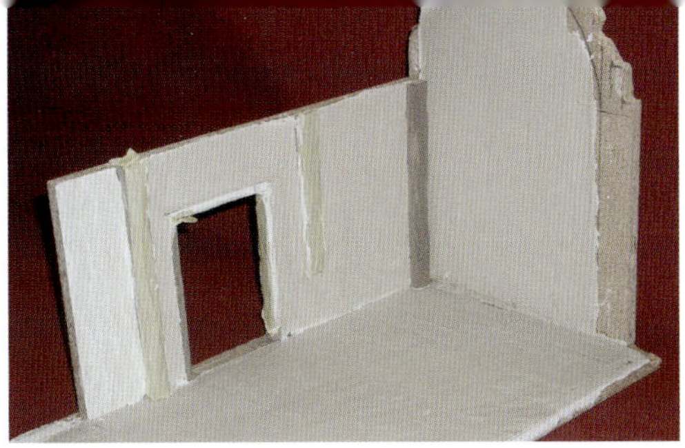

Stalltür und Scharniere anfertigen

1 Für die Stalltüre verschieden breite Brettchen (ca. 3 mm stark) in Höhe und Breite der Türe mithilfe von Querbrettchen und Heißkleber zusammenfügen.

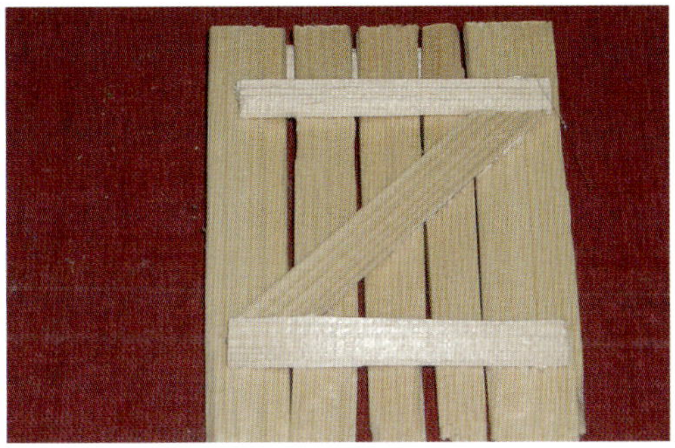

2 Für die Scharniere aus Konservendosen mit der Schere ca. 5 mm breite und ca. 7 cm lange Streifen schneiden und auf einer Seite mit einer kleinen Rundzange ein Scharnier biegen.

3 Anschließend die Scharniere mit brauner Acrylfarbe streichen.

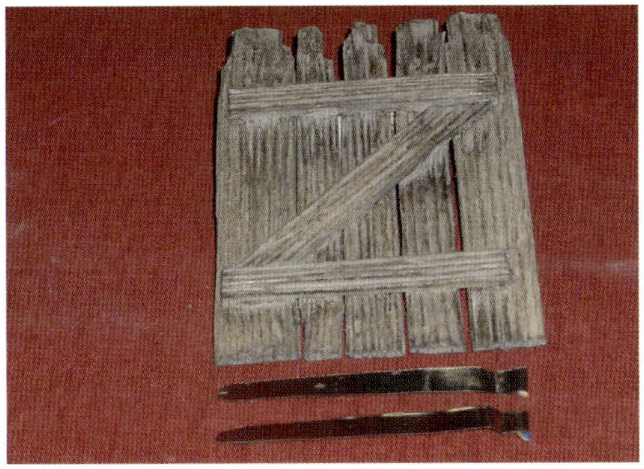

4 Die Scharniere mit zwei bis drei kleinen Nägeln auf dem Querbrett der Tür befestigen. Die Löcher für die Nägel vorbohren (1 mm) und diese auf der Rückseite nach dem Aufnageln mit dem Seitenschneider kürzen.

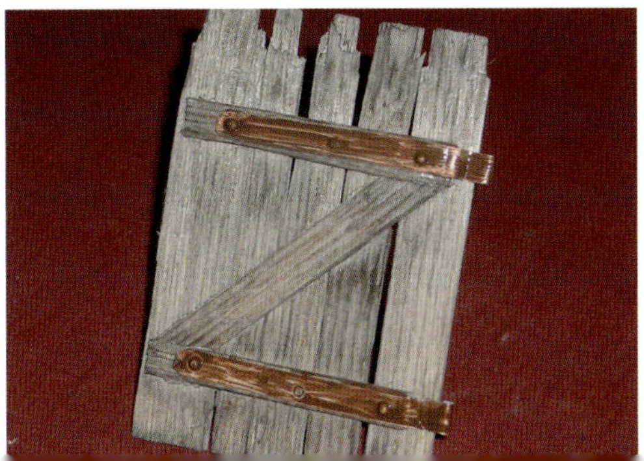

5 Mithilfe der fertigen Türe die Lage der Türangeln festlegen und markieren.

6 Die Türangeln aus kleinen, im rechten Winkel gebogenen Nägeln herstellen; den Nagelkopf mit dem Seitenschneider entfernen.

7 An den für die Türangeln markierten Stellen kleine Löcher bohren und in diesen die Angeln mit Schnellkleber befestigen.

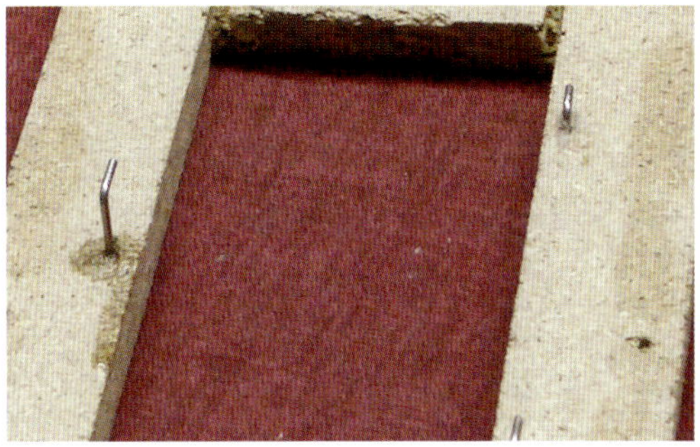

8 Die Stalltüre streichen.

Fertigstellung des Daches

1 Auf der Innenseite des Daches auf die längste Rippenleiste (linke Seite) breitseitig eine weitere Rippenleiste mit Heißkleber aufkleben (= doppelte Rippenleiste).

2 Auf der kurzen Dachseite (kürzeste Rippenleiste) zwei weitere Rippenleisten hochkant aufleimen; dazu eine weitere Rippenleiste Nr. 1 so brechen, dass sie ca. 2 cm kürzer ist als die kurze Rippenleiste.

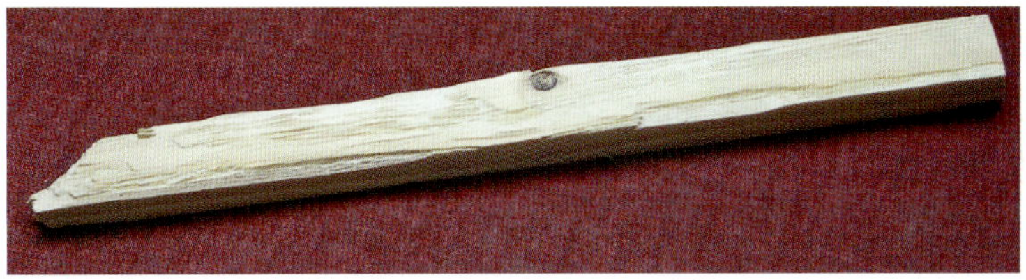

3 Eine weitere schmalere, halb so lange Leiste (Stützbalken Nr. 8) hochkant hinten bündig mit dieser zusammenleimen. Da beide Hölzer sichtbar bleiben, beide vorher mit Messer, Drahtbürste und Schleifpapier bearbeiten.

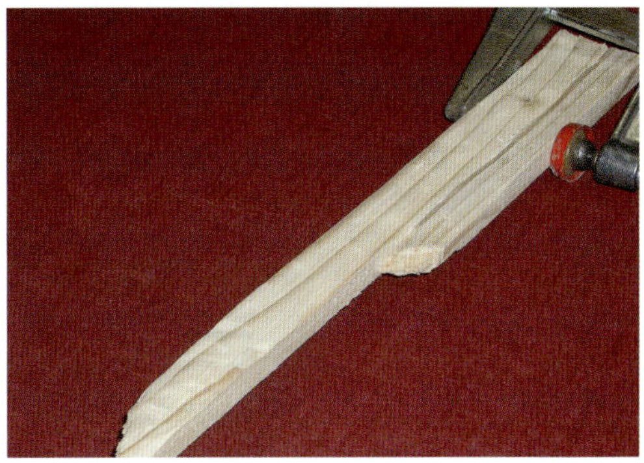

4 Nach Fertigstellung die beiden zusammengeleimten Hölzer hochkant hinten bündig auf die kürzeste Rippenleiste des Daches (rechte Seite) aufkleben und mit grauer Holzbeize streichen.

Aufsetzen des Daches

Das halbrunde Dach mit seiner langen Seite auf die linke Stallwand aufsetzen, die Dachrundung entsprechend der Markierung an der Rückwand ausrichten und von hinten mit zwei bis drei Senkkopfschrauben an den Rippenleisten anschrauben. Vorher das Dach so ausrichten, dass die Oberkante der linken Rippenleiste und die Oberkante der neunten Rippenleiste rechts waagrecht auf gleicher Höhe liegt. Das Dach auf der seitlichen Stallwand der Länge nach mit Leim befestigen.

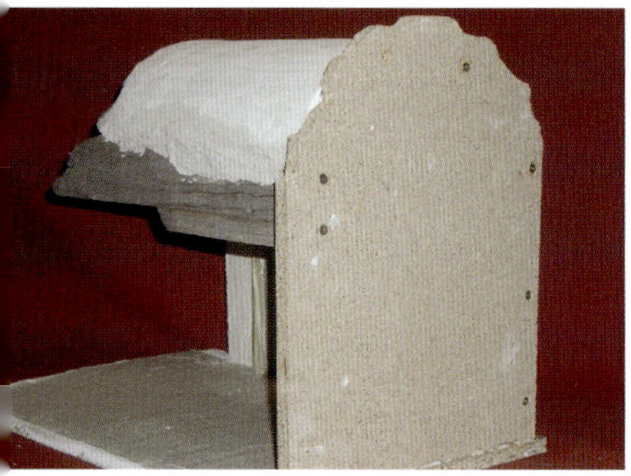

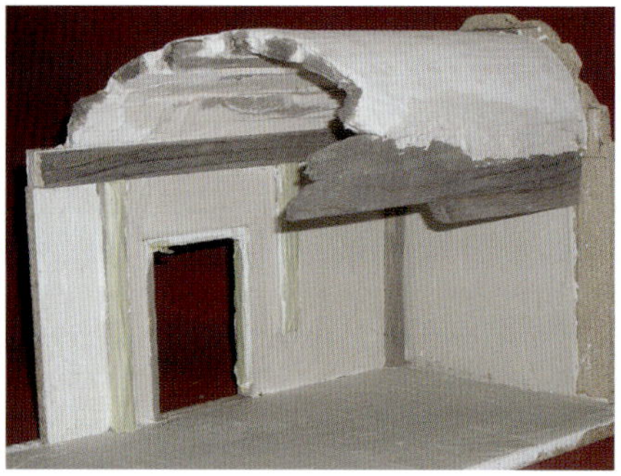

Vorderes Segment anbringen

1 Das Segment von vorne an der Stallwand und am Dach mit ca. drei Senkkopfschrauben befestigen. Schraubenköpfe einsenken und mit Gips überstreichen.

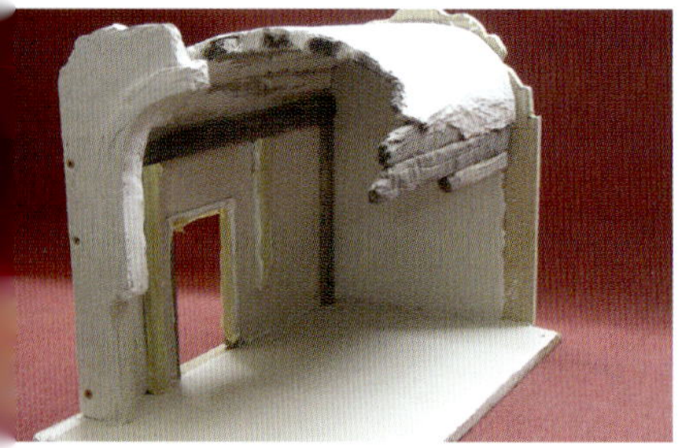

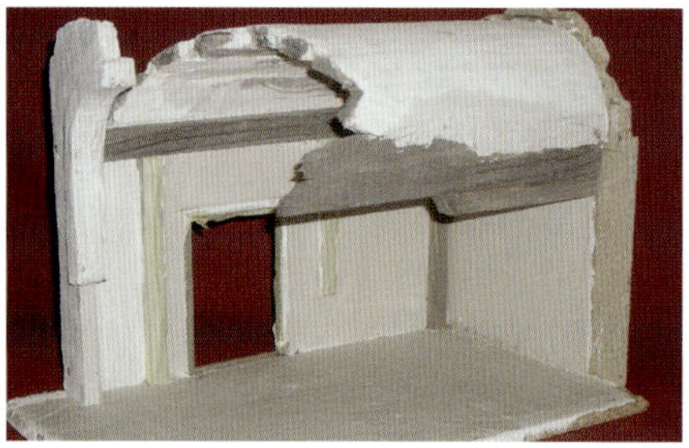

2 Die Stallwände an der Außenseite mit Gipsmasse überziehen.

3 Auf der rechten Stallseite drei Stützbalken (Nr. 8) einpassen und mit Leim befestigen (einen der Stützbalken an der Rückwand befestigen, die beiden weiteren in beliebigen Abständen).

4 Zwischen den Stützbalken kleine Bretter einleimen. Die Stützbalken und Bretter streichen.

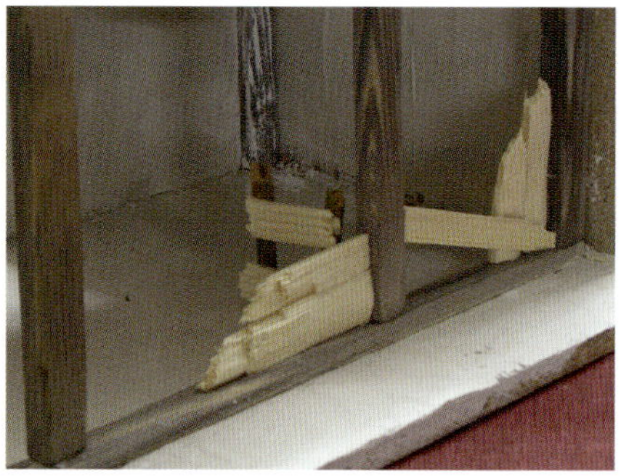

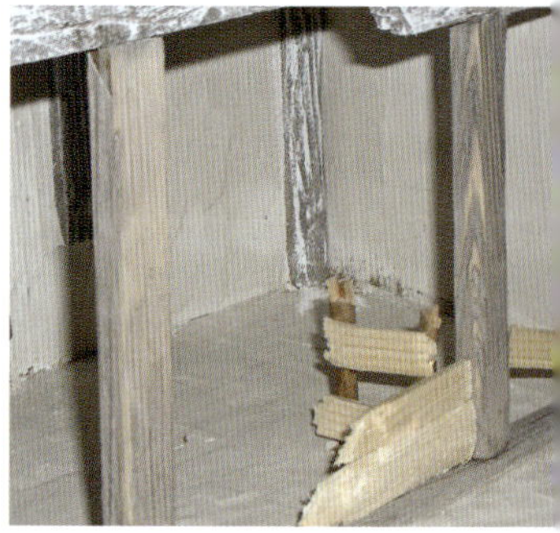

Dachboden einbauen

1 Im vorderen und im hinteren Bereiches des Daches jeweils einen kleinen Balken quer von der linken zur rechten Rippenleiste legen und mit kleinen Brettern auslegen.

2 Anschließend den Dachboden streichen.

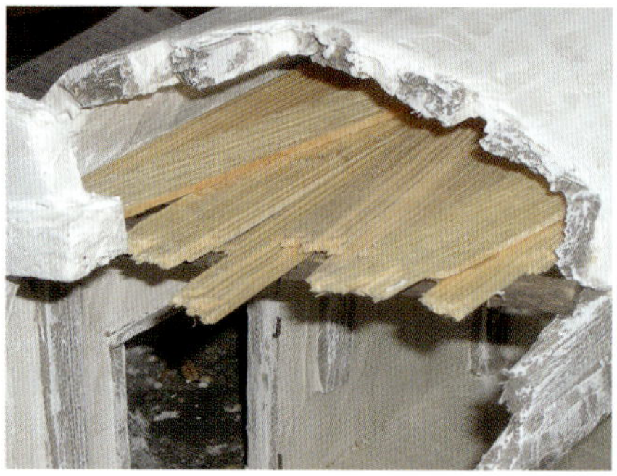

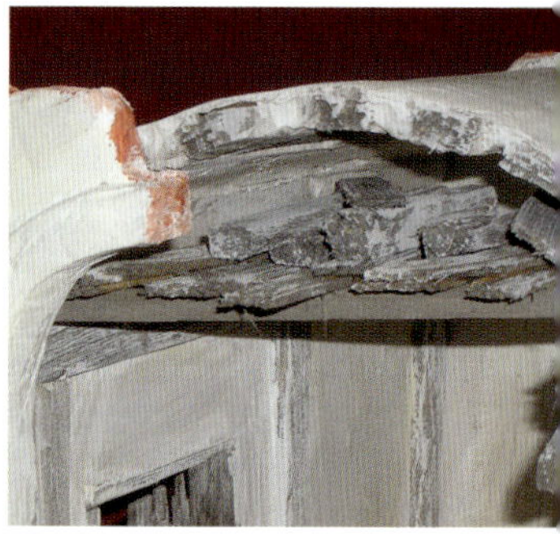

Tipps

Zur Ausgestaltung im Inneren des Stalls können Sie an den kurzen Stützbalken eine „Steinmauer" aus Styropor anbringen. Diese vorher mit Gipsmasse überziehen und grau anstreichen (siehe Seite 86).

Sie können auch unter dem Segmentbogen einen Steinhaufen platzieren. Steine können Sie aus Gips herstellen und rot anstreichen.

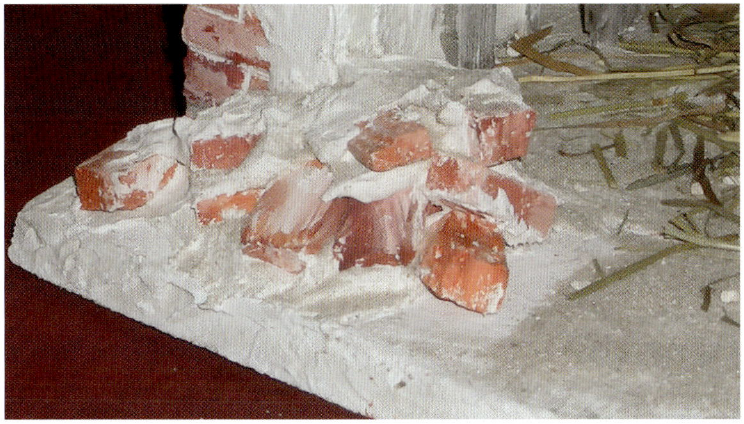

Bau der Herberge

1 Zunächst die Vorderfront erstellen (Nr. 10). Die Vorderfront aus einem Pressspannbrett entsprechend der Maße in der Stückliste schneiden.

2 Die Fenster- und Türausschnitte entsprechend der angegebenen Maße in der Montageskizze aufzeichnen und mit der Stichsäge ausschneiden (ggf. mit Holzraspel nacharbeiten).

3 Die Leisten für die Tür und die Fenster zuschneiden und aufkleben. (Bauteile Nr. 13, 14 und 15). Die Zierleisten aus Holz können Sie im Baumarkt besorgen (Leisten/ Zierleisten für Tür nach Belieben, für die Fenster Halbrundleisten)

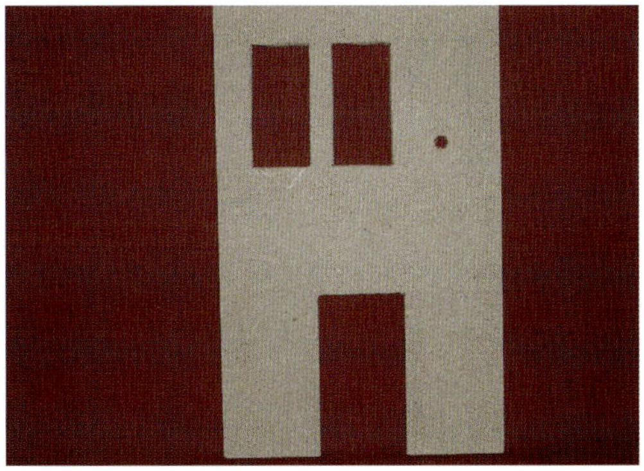

4 Die Türumrahmung (Nr. 13) auf Gehrung schneiden und um die Tür mit Leim befestigen.

5 Die Querleisten Nr. 14 an der oberen Schnittkante und in der Mitte (siehe Maßangabe) schneiden und mit Leim befestigen.

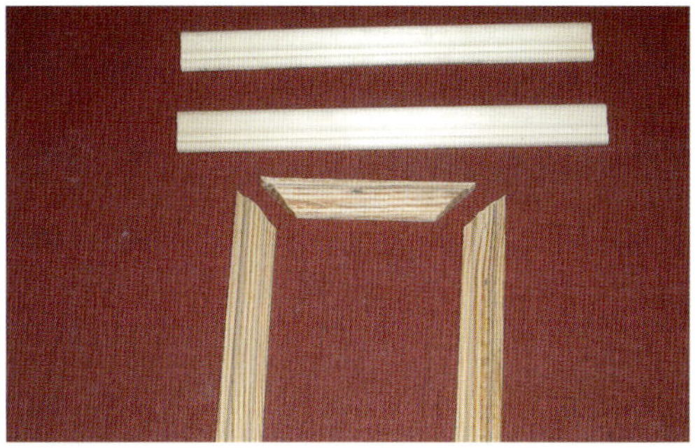

6 Die Halbrundleisten (Nr. 15) zwischen den Fenstern und am jeweils äußeren Fensterrand anbringen.

7 Die Löcher für das Vordach in die Vorderfront bohren. Dafür drei Löcher, ca. ø 10 mm, über der Eingangstüre schräg nach unten in die Vorderfront bohren.

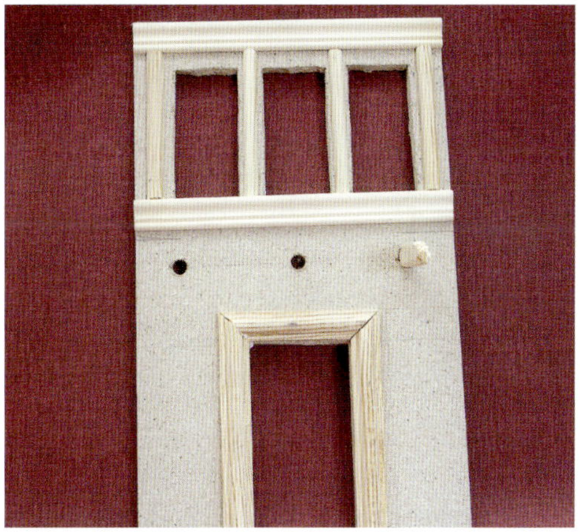

Tür für die Vorderfront

Sie können die Tür zweiflügelig oder als einfache Türe arbeiten.

1 Tür, Scharniere und Türangeln wie auf Seite 89 beschrieben erstellen.

2 Die Türangeln am Türausschnitt auf der Rückseite anbringen.

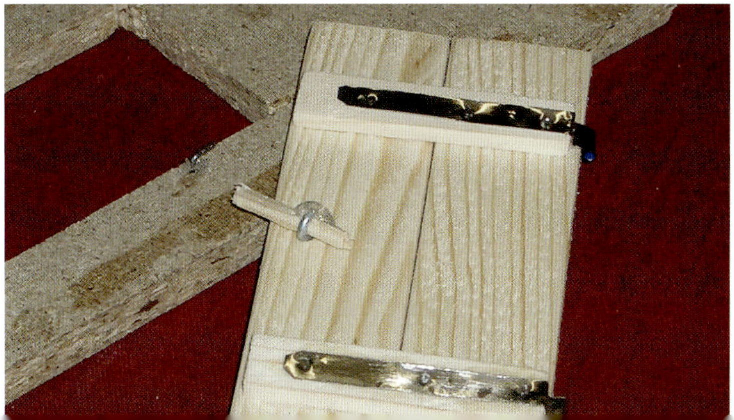

Seitlicher Herbergsanbau

1 Das vordere und hintere Seitenteil des Anbaues (Teil Nr. 16 a und 16 b) entsprechend der angegebenen Maße in der Stückliste zuschneiden.

2 Am vorderen Seitenteil mit einer Stichsäge die beiden Fenster ausschneiden; vorher aufzeichnen und ggf. mit der Holzraspel nacharbeiten. Lage und Größe der Fenster können Sie nach Belieben wählen (siehe Bild).

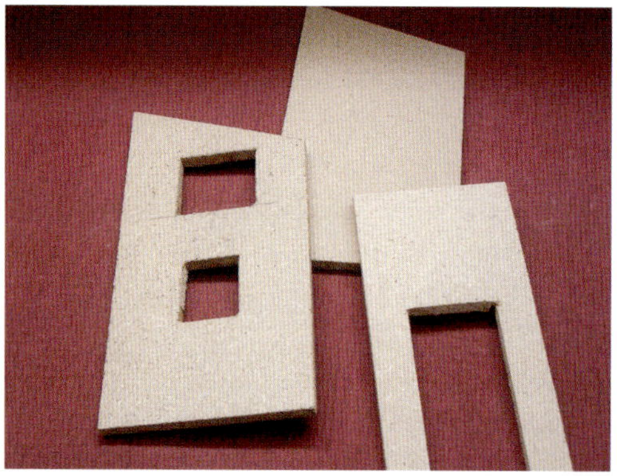

3 Die Tür an der Vorderfront des Anbaus (Nr. 17) aufzeichnen und ausschneiden.

4 Danach die Tür für den Anbau erstellen (siehe Seite 73). Die Türangeln innen anbringen.

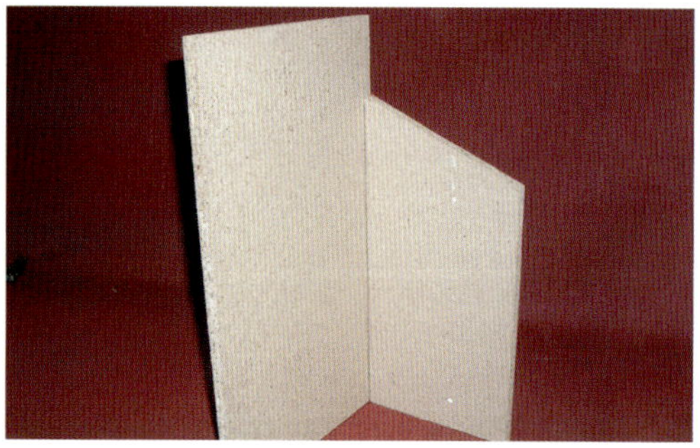

5 Das hintere Seitenteil (16 b) an der rechten seitlichen Wand der Herberge (Nr. 12) mit zwei bis drei Senkkopfschrauben hinten bündig mit der Schnittkante der seitlichen Wand befestigen.

6 Das vordere Seitenteil (16 a) mit dem Fenster ebenfalls an der rechten Seitenwand der Herberge befestigen; lichte Weite innen 9 cm.

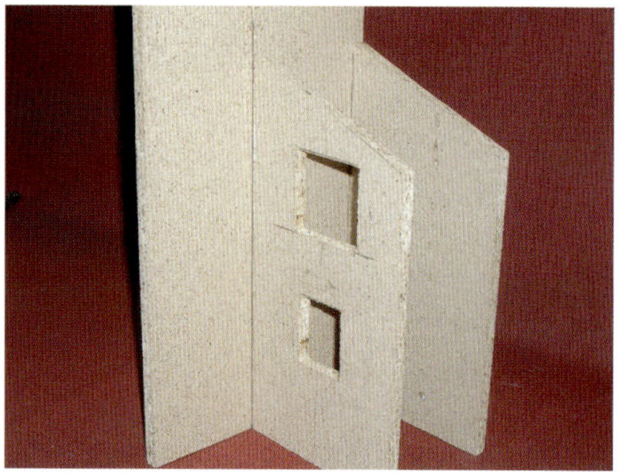

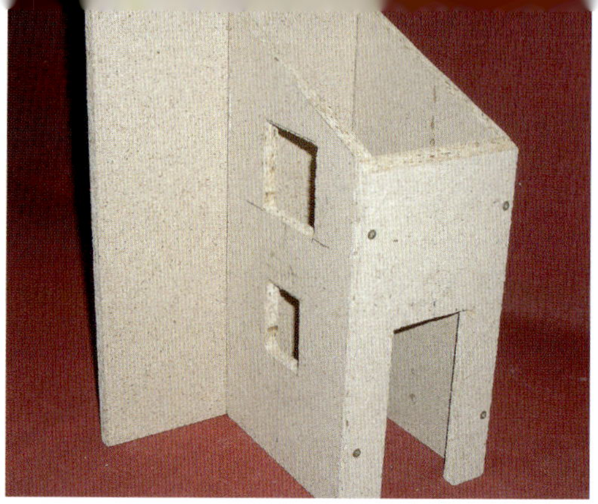

7 Die Vorderfront des Anbaus mit der Tür (Nr. 17) vorne auf die beiden Seitenteile mit Senkkopfschrauben befestigen.

8 Die Teile innen und außen wie vorher beschrieben mit Gipsmasse bestreichen und trocknen lassen. Ggf. mit Schleifpapier nachbearbeiten.

Dach für den seitlichen Anbau erstellen
(Dach zum Abnehmen)

1 Am seitlichen Anbau, außen entlang der Schnittkanten der Dachschrägen vorne und hinten, eine Leiste hilfsweise leicht ankleben (Nr. 18). Quer über diese beiden Leisten dünne Bretter oder Leisten befestigen (Heißkleber) und so die ganze schräge Dachfläche verschalen. Die seitlichen Überstände sind vorne und hinten ca. 1,5 cm lang. Der Überstand über der Tür beträgt 3 cm bis 4 cm.

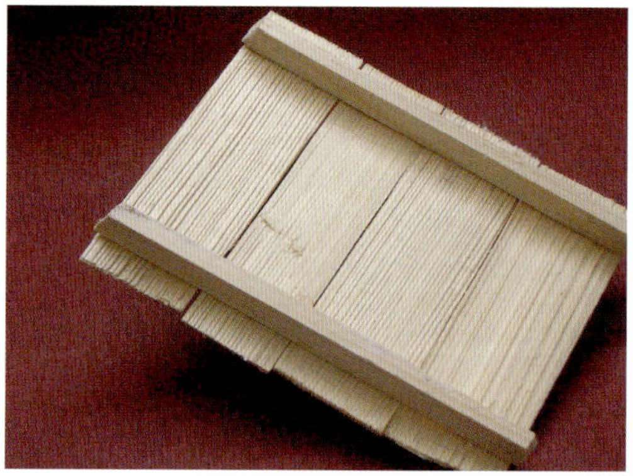

2 Das verschalte Dach abnehmen und mit den aus dünnen Brettchen zurechtgeschnittenen Schindeln von unten nach oben eindecken.
Die Schindeln leicht überlappend aufkleben.

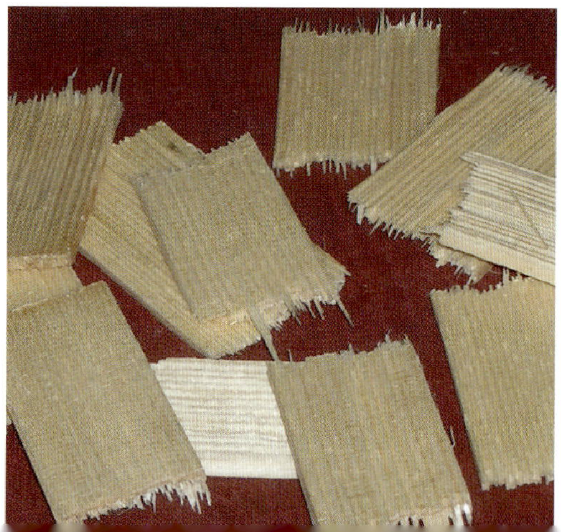

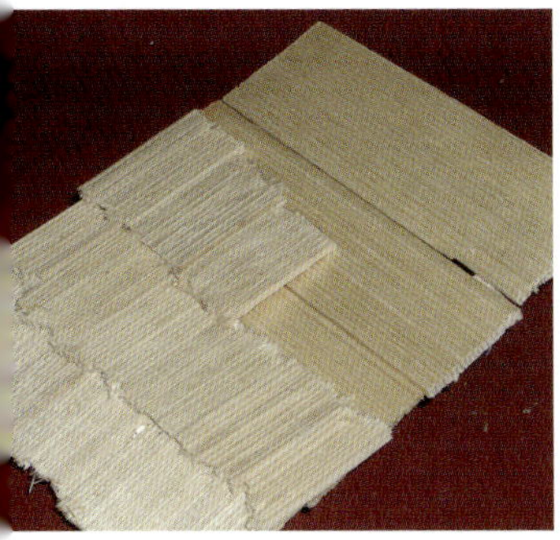

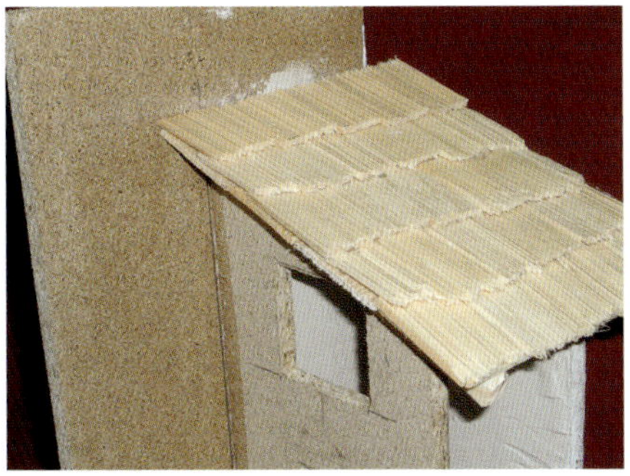

3 Das Dach mit Beize streichen.

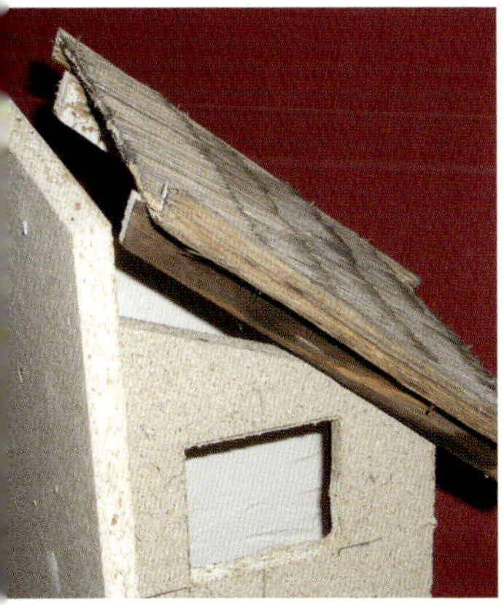

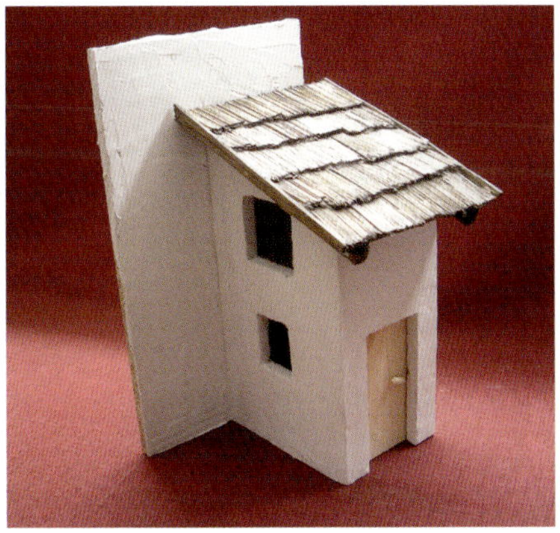

Fenster- und Türrahmen am Anbau anbringen

Aus den Leistenteilen Nr. 19 Fensterrahmen schneiden und mit Heißkleber oder Leim aufkleben. Die Fensterrahmen ggf. vorher streichen (nicht die Klebefläche!).

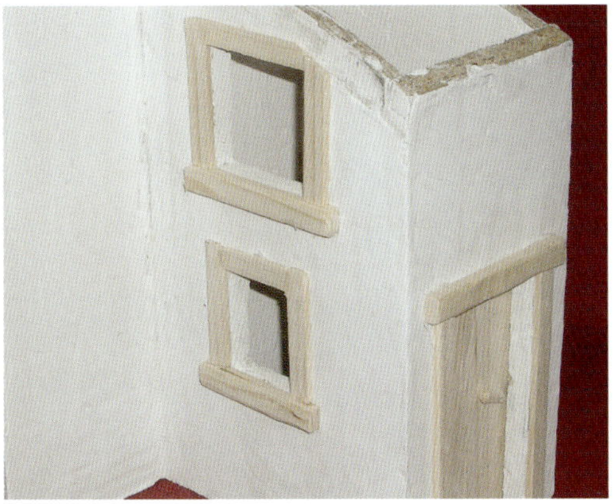

Vorderfront (Nr. 10) mit Gipsmasse bestreichen

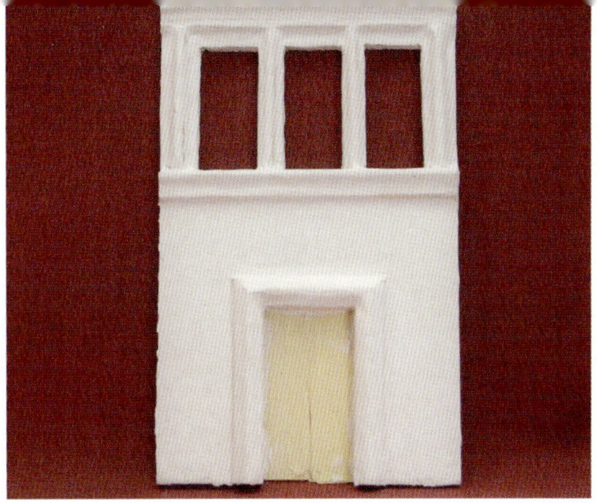

1 Die Gipsmasse wie vorher beschrieben außen und innen auftragen, vorher alle Holzteile mit Leimwasser bestreichen (der Auftrag erfordert etwas Geduld und Geschick). Nach dem Antrocknen kann der Auftrag mit nassen Händen etwas nachbearbeitet werden.

2 Nach dem Trocknen die Vorderfront mit Schleifpapier etwas nachbearbeiten; ggf. auch mit Gipsmasse nachbessern.

Fensterläden für die Herberge (Vorderfront)

1 Für die Fensterläden 2 mm bis 3 mm starke Holzbrettchen verwenden. Die Holzbrettchen so auf Maß bringen, dass sie auf jeder Seite (auch oben und unten) ca. 2 mm größer als die Fensterausschnitte sind.

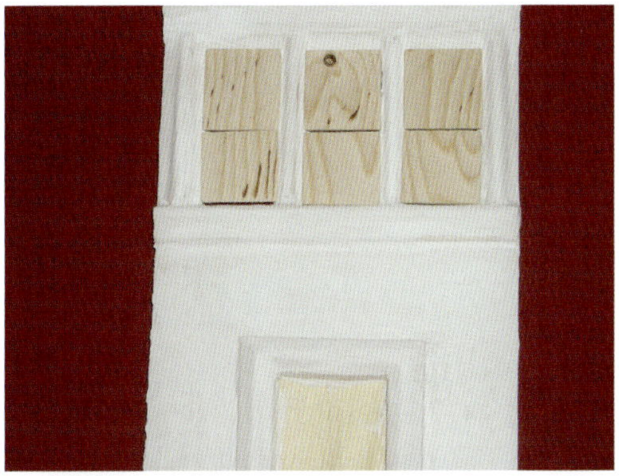

2 Die Brettchen zur Hälfte quer durchschneiden und mithilfe von zwei Lederbändchen, die mit Schnellkleber aufgeklebt werden, wieder so zusammenfügen, dass sie beweglich bleiben. Die Fensterläden noch nicht an den Fenstern befestigen.

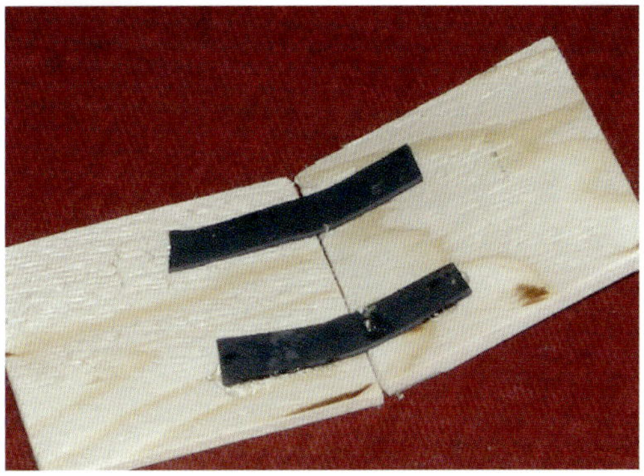

Zusammenbau der Herberge

1 Das linke Seitenteil der Herberge (Nr. 12b) entsprechend der angegebenen Maße zuschneiden und mit der langen Schnittkante, mit der Vorderfront von vorne, verschrauben (Senkkopfschrauben). Schraubenlöcher vorbohren und ansenken.

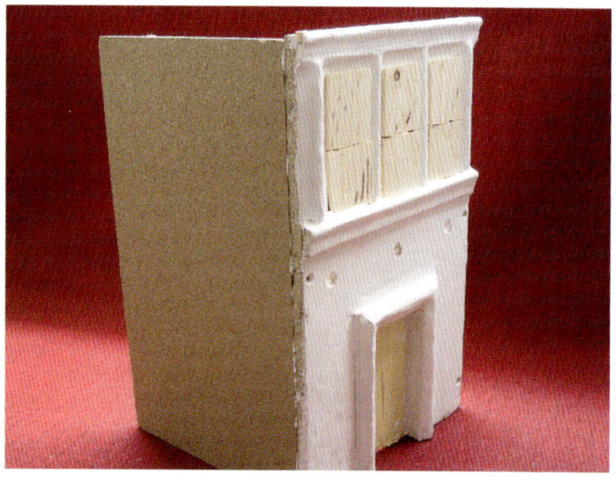

2 Das rechte Seitenteil (Nr. 12 a) mit seitlichem Anbau ebenfalls mit der Schnittkante an der Vorderfront von vorne verschrauben.

3 Das linke Seitenteil sowie die Schnittkanten und die Schraubenköpfe, wie auf Seite 74 beschrieben, mit Gipsmasse bestreichen und trocknen lassen.

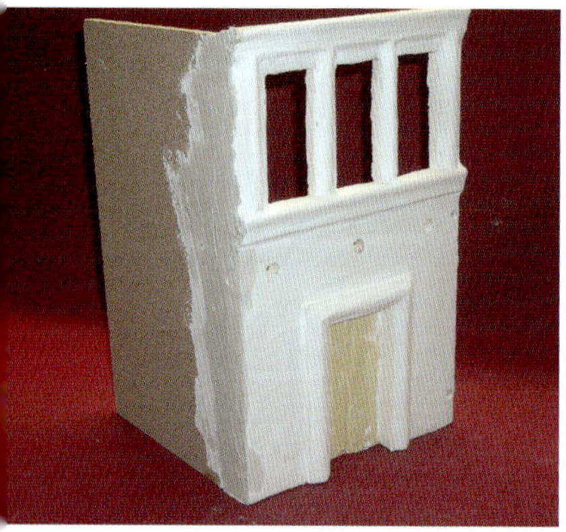

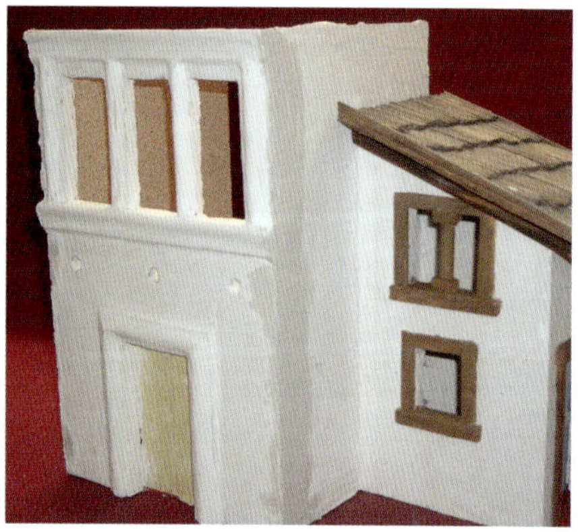

Anstrich (Herberge und Anbau)

1 Vor dem Anstrich die Fensterrahmen des Anbaues abkleben. Als Farbe wurde weiße Wandfarbe verwendet, die mit Abtönfarbe entsprechend abgetönt wurde (je nach Geschmack ein leichter Gelb- oder Rotton).

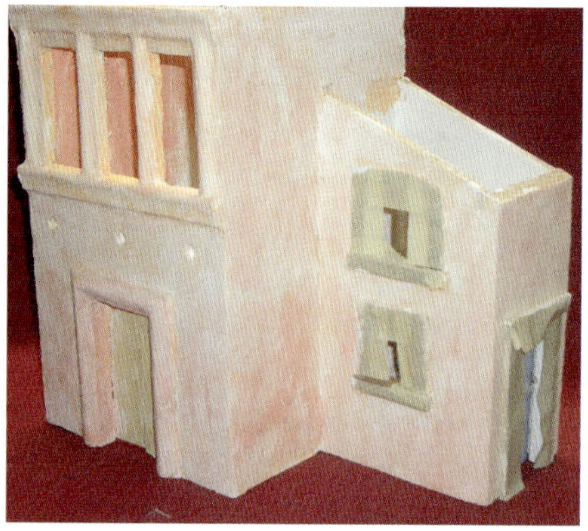

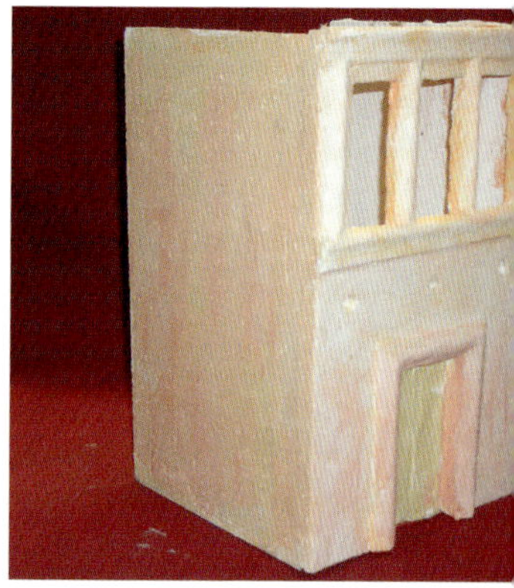

2 Die Fensterläden und Türen streichen; als Farbe können Sie z. B. ein helles Blau verwenden.

Fensterläden anbringen

Die Fensterläden nach dem Trocknen der Farbe im oberen Teil mit Heißkleber an der oberen Fensterhälfte ankleben; die untere Hälfte bleibt beweglich zum Öffnen und Schließen.

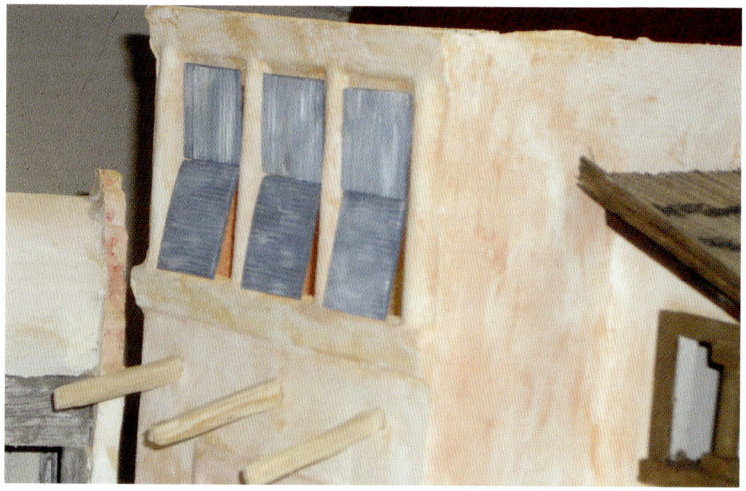

Vordach über der Tür anbringen

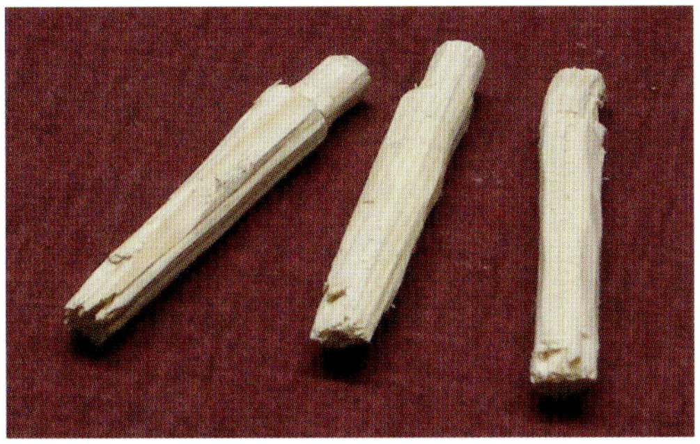

1 Die drei bereits vorhandenen Löcher über der Tür der Vorderfront von Gips freimachen. Drei kurze, ca. 10 cm lange Dachsparren (Nr. 23) mit Messer, Drahtbürste und Schleifpapier bearbeiten.

2 Die Sparren in die vorgebohrten Löcher einsetzen und festkleben. Quer über die drei Sparren mit dünnen, schmalen Holzleisten eine Lattung für die Schindeln aufbringen.

3 Die Schindeln zuschneiden und von unten nach oben überlappend, wie beim Dach des Anbaues beschrieben, aufkleben. Das Dach entsprechend beizen.

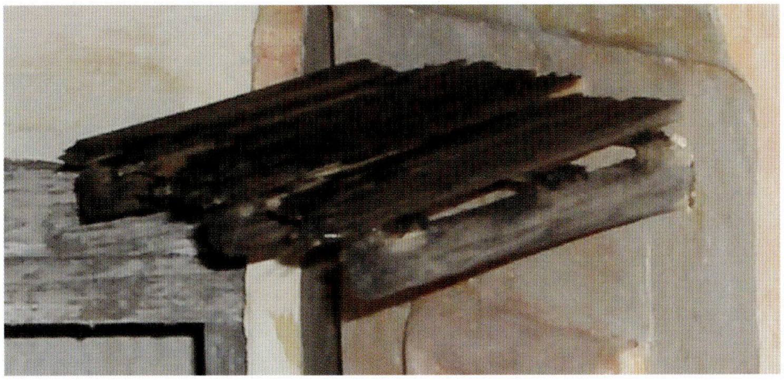

Rückwand anbringen

Die Rückwand der Herberge (Nr. 11) wie die Vorderfront an den beiden Seitenteilen befestigen und mit Gips außen und innen bestreichen.

Dachaufsatz

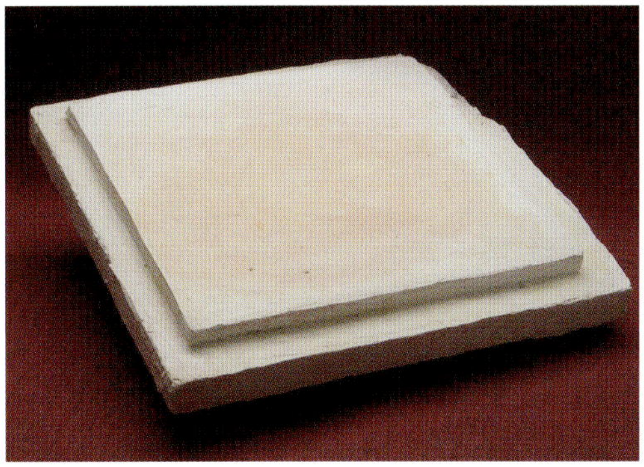

1 Als Dach für die Herberge eine 2 cm dicke Styroporplatte verwenden, die nach allen Seiten ca. 2 cm überstehen soll. Auf diese Styroporplatte eine weitere etwas kleinere 1 cm dicke Styroporplatte mittig aufkleben.

2 Die zusammengefügten Platten vollständig mit Gipsmasse überziehen, trocknen lassen und mit Wandfarbe streichen. Zur Arretierung des Daches an seiner Innenseite zwei bis vier Leisten aufkleben.

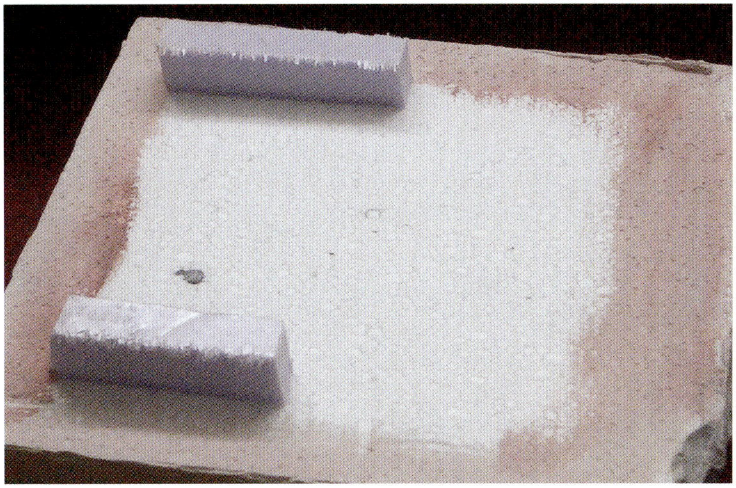

Boden der Herberge

Zum Gestalten der Grundplatte die Herberge mit Anbau auf eine 3 cm dicke Styroporplatte kleben und den Grundriss mit dem Messer ausschneiden.

Grundplatte

1 Beide Gebäudeteile (Stall und Herberge) im Winkel von ca. 120° zueinander auf die Grundplatte (Nr. 24) stellen, ausrichten und den Standort auf der Grundplatte kennzeichnen. Die Gebäudeteile wieder abnehmen und die Grundplatte in eine beliebige Form schneiden.

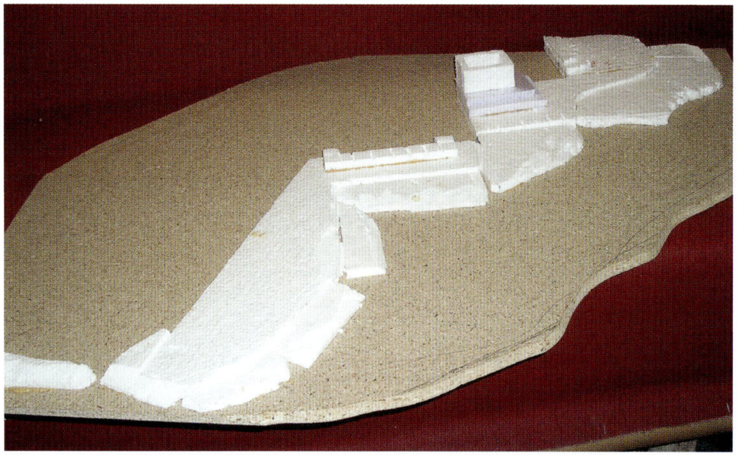

2 Zur weiteren Ausgestaltung der Grundplatte Styroporplatten in verschieden Stärken und Größen nach eigenen Vorstellungen aufkleben und vollständig mit Gipsmasse bestreichen.

3 Den Gips antrocknen lassen.

4 Nach dem Antrocknen können mit einem spitzen Gegenstand „Steine“ in die Gipsmasse geritzt werden.

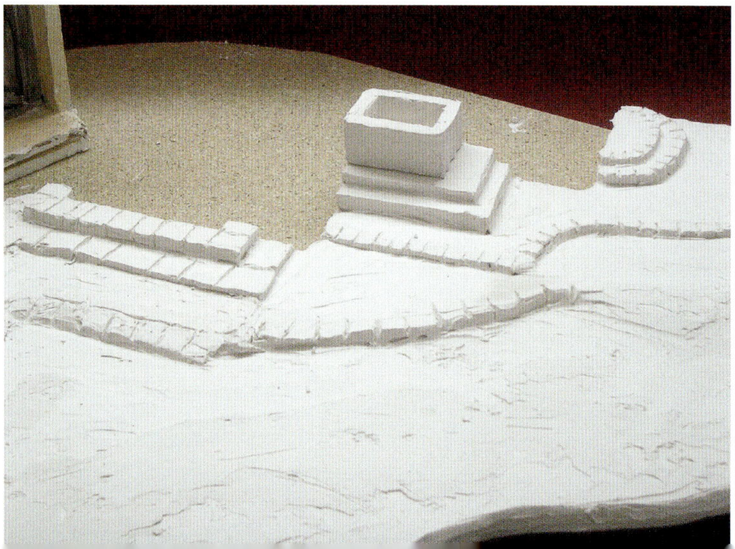

5 Die Grundplatte nach dem Trocknen mit Schleifpapier bearbeiten und nach eigenen Vorstellungen mit abgetönter Wandfarbe streichen.

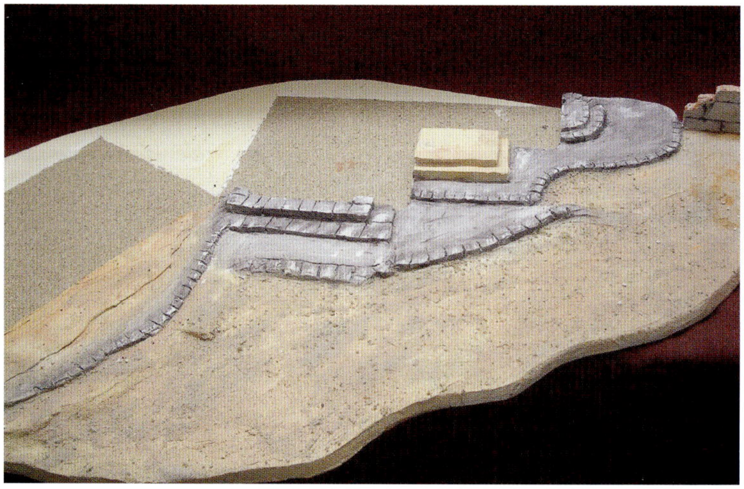

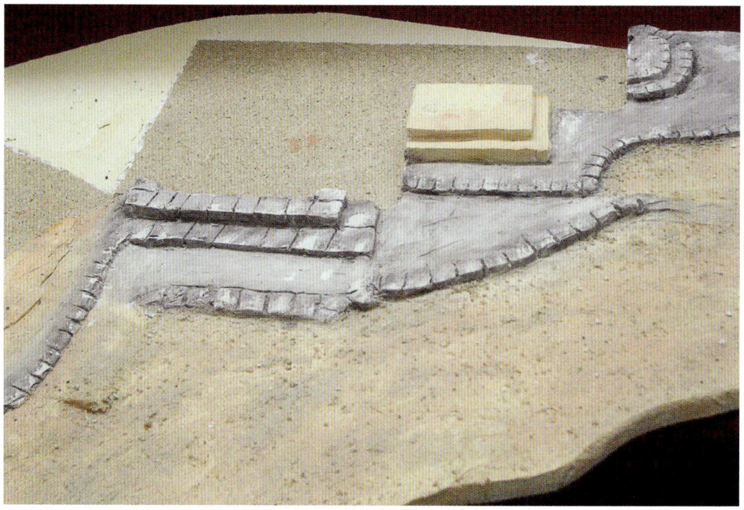

6 Nach dem Einstreichen mit Leimwasser kann auf die Grundplatte auch etwas Vogelsand aufgestreut werden.

7 Zur weiteren Ausgestaltung können Sie an einer beliebigen Stelle eine Mauer (mit Gipsmasse überzogenes Styropor) oder einen aus einer Wurzel bestehenden Baum anbringen (von Unterseite mit Schraube).
Weitere Hinweise zum Ausgestalten der Krippe finden Sie auf Seite 11 bis 15. Zum Anbringen der Laterne beachten Sie bitte die Anleitung auf Seite 59.

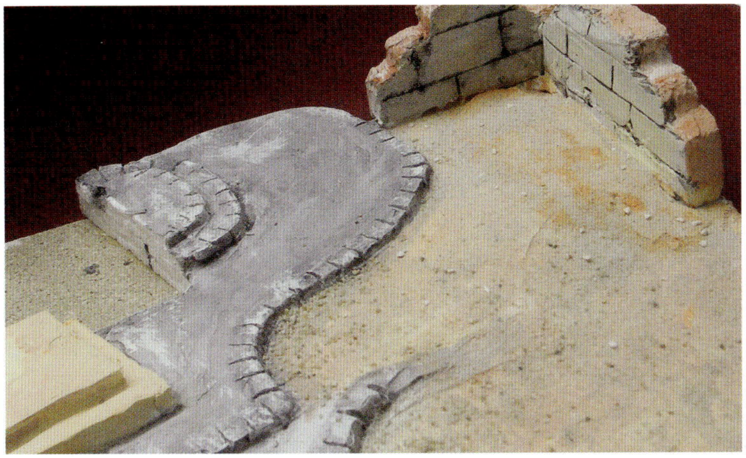

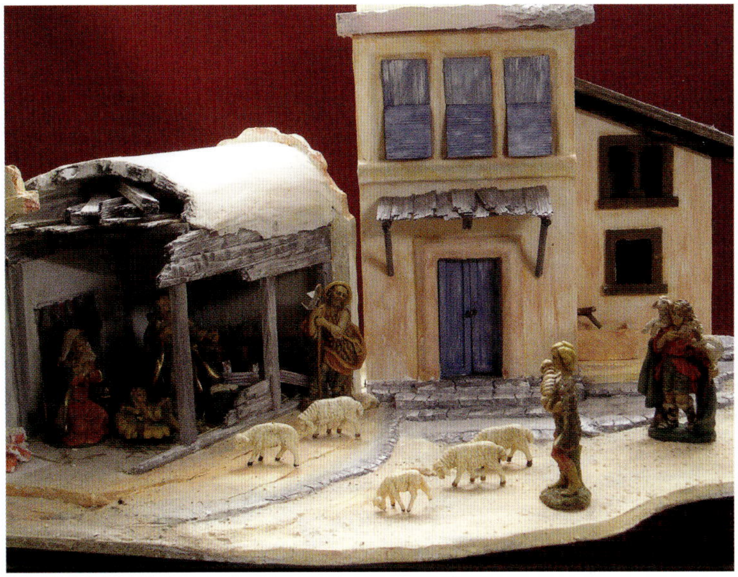

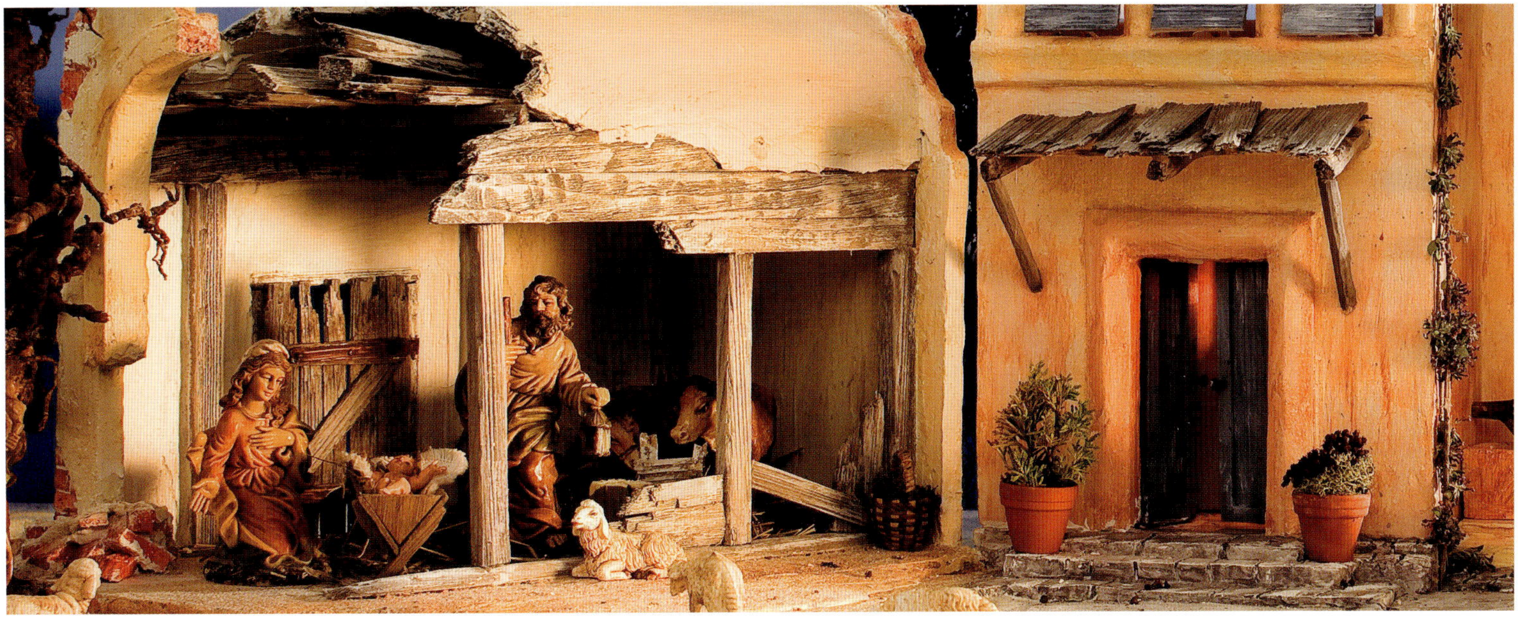

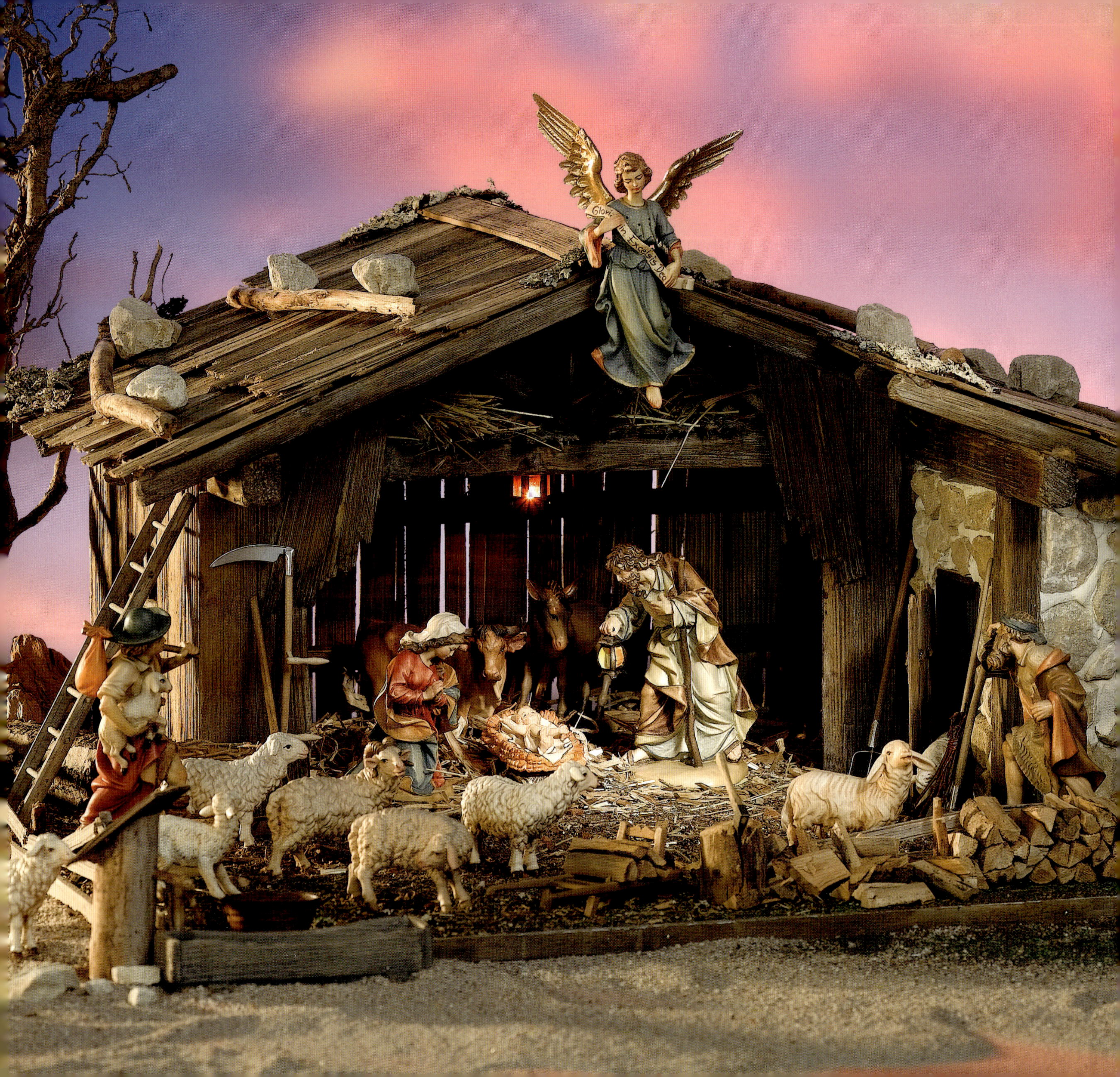
Glori
in Excelsis Deo

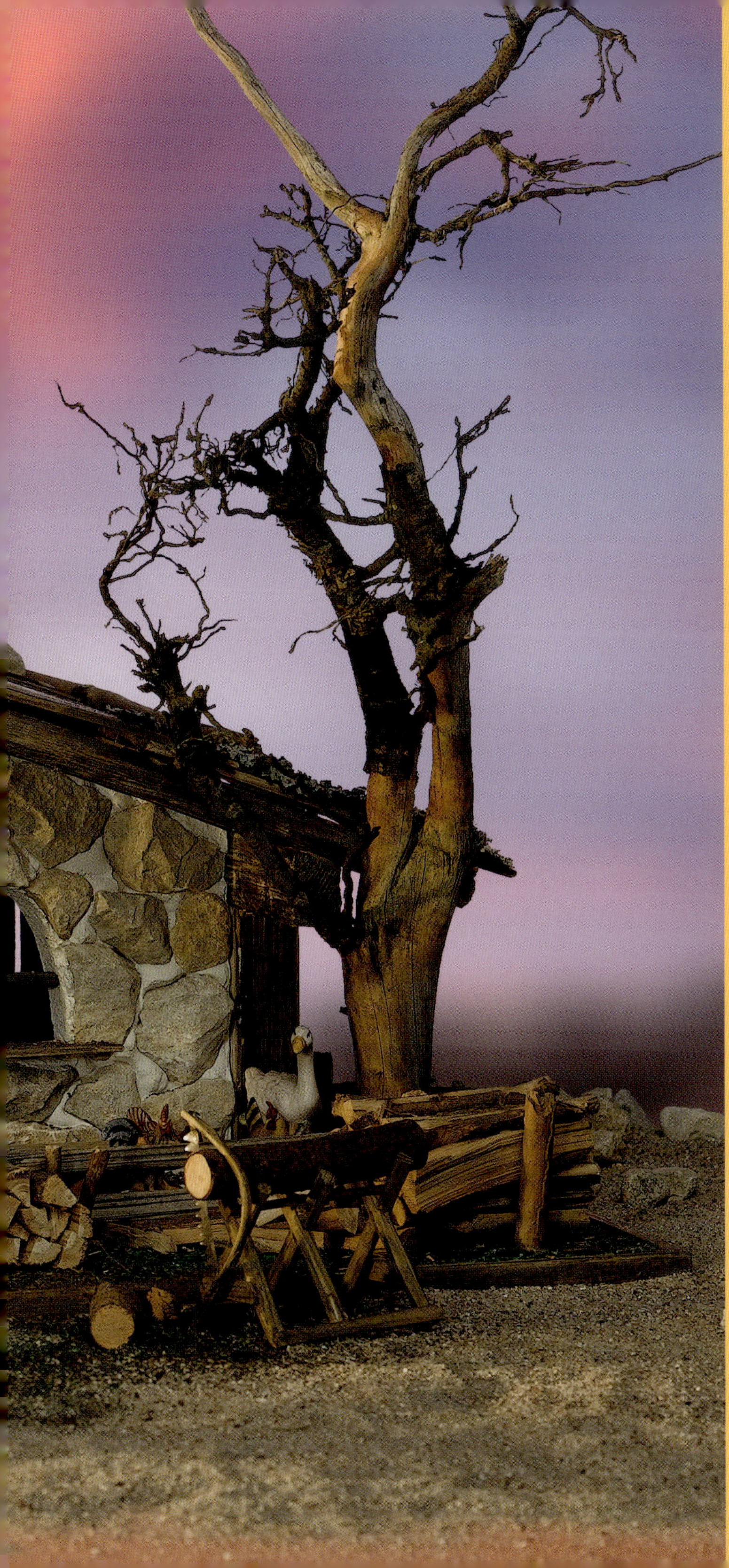

Krippe im Morgenrot

Diese Krippe besteht aus einer Scheune mit Heuboden und einem nach rechts verlaufenden Schleppdach. Das Stallgebäude ist nach vorne hin abgesetzt. Die Krippe ist durch die vielen Details etwas aufwändiger, das spektakuläre Ergebnis lohnt aber die Mühe.

SCHWIERIG-KEITESGRAD

● ● ●

MOTIVGRÖSSE
70 cm x 42 cm, ca. 31 cm hoch

FIGUREN-GRÖSSE
max. 13 cm

MATERIAL FÜR BEIDE VARIANTEN

- Fichtenholz (siehe Stückliste)
- Pressspanplatten (siehe Stückliste)
- Vierkanthölzer aus Fichtenholz (siehe Stückliste)
- Gips, z. B. Moltofil®
- ca. 4 bis 6 Obstkisten, 2 mm bis 3 mm stark, 20 mm bis 50 mm breit (Holzverschläge, Dacheindeckung, Heuboden)
- Holunderast, ø ca. 2 cm
- Heu, Stroh
- Kiesel- oder Schottersteine ca. 2,5 cm groß (Stallwand)
- Hasenstallgitter, 20 cm x 20 cm
- ca. 50 Senkkopfschrauben, 35 mm x 3 mm
- Acrylfarbe in Beige
- Holzbeize in Braun und Grau
- ggf. 2 Lederstreifen, ca. 4 mm x 30 mm (Scharniere)
- kleine Nägel
- ggf. Weißblech, z. B. Konservendose, 2 x 4 mm x 60 mm (Scharniere)
- kleiner Haken (für Laterne)
- Laterne
- Stromkabel und Batterie oder Trafo
- Äste, ø ca. 1 cm (Dachgestaltung)
- flache Steine (Dachgestaltung)
- ggf. Baummoos (Dachgestaltung)
- Holzbohrer, ø 3 mm und 10 mm

Die Adresse zum Bestellen eines kompletten Bausatzes für diese Krippe finden Sie auf Seite 156.

HINWEISE
Die Grundplatte, auf die das Stallgebäude geschraubt wird, kann natürlich beliebig groß gewählt werden, sollte jedoch nicht kleiner als 80 cm x 60 cm sein. Bei der Größe der Grundplatte berücksichtigen, dass die Krippe durch Türen transportiert wird und auch aufbewahrt werden muss, wenn sie nicht mehr benötigt wird.
Der nach vorne abgesetzte Stall kann entweder mit Brettern (siehe Seite 104) oder mit Steinmauer (siehe Seite 103) sowie mit einer verputzten Mauer gestaltet werden. Die beiden Stallwände 17 und 18 brauchen Sie nur, wenn Sie statt einer Steinmauer lieber einen Bretterverschlag machen möchten.

Stückliste

Nr.	Bezeichnung	Profil/Material	Maße in cm	Anzahl
1	Tragebalken	Vierkant	2,2 x 5 x 18	2
2	Pfette	Vierkant 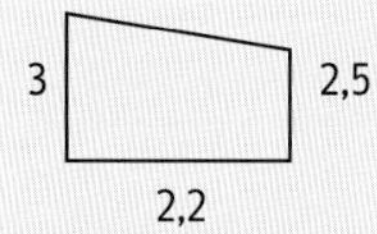	2,2 x 3 x 34	1
3	Pfette	wie Pfette Nr. 2	2,2 x 3 x 47	2
4	Querbalken	Vierkant	2,2 x 2,2 x 38	2
5	Tragebalken	Vierkant	2,2 x 2,2 x 18	3
6	Tragebalken	Vierkant	2,2 x 2,2 x 10	2
7	Firstträger	Vierkant	1,5 x 2,2 x 6,2	2
8	Firstbalken	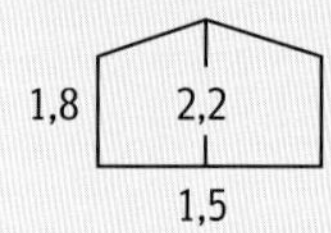	1,5 x 2,2 x 34	1
9	Strebe	Vierkant	1 x 1 x 9	2
10	Sparren	Vierkant	1,5 x 1 x 29	10
11	Sparren	Vierkant	1,5 x 1 x 30	5
12	Sparren	Vierkant	1,5 x 1 x 40	2
13	Querholm	Vierkant	1,5 x 1 x 38	2
14	Querholm	Vierkant	1,5 x 1 x 20	2
15	Querholm	Vierkant	1,5 x 1 x 34,4	2
16	Querholm	Vierkant	1,5 x 1 x 19,6	2
17	Stallwand	Brett	12,6 x 18 x 1	1
18	Stallwand	Brett	20,5 x 20 x 1	1
19	Rahmenholz	Vierkant	2 x 0,5 x 30	2
20	Randleiste	Vierkant	1,5 x 0,5 x 80	4
21	Grundplatte	Pressspan	ca. 60 x 80 x 1	1

Montageskizze

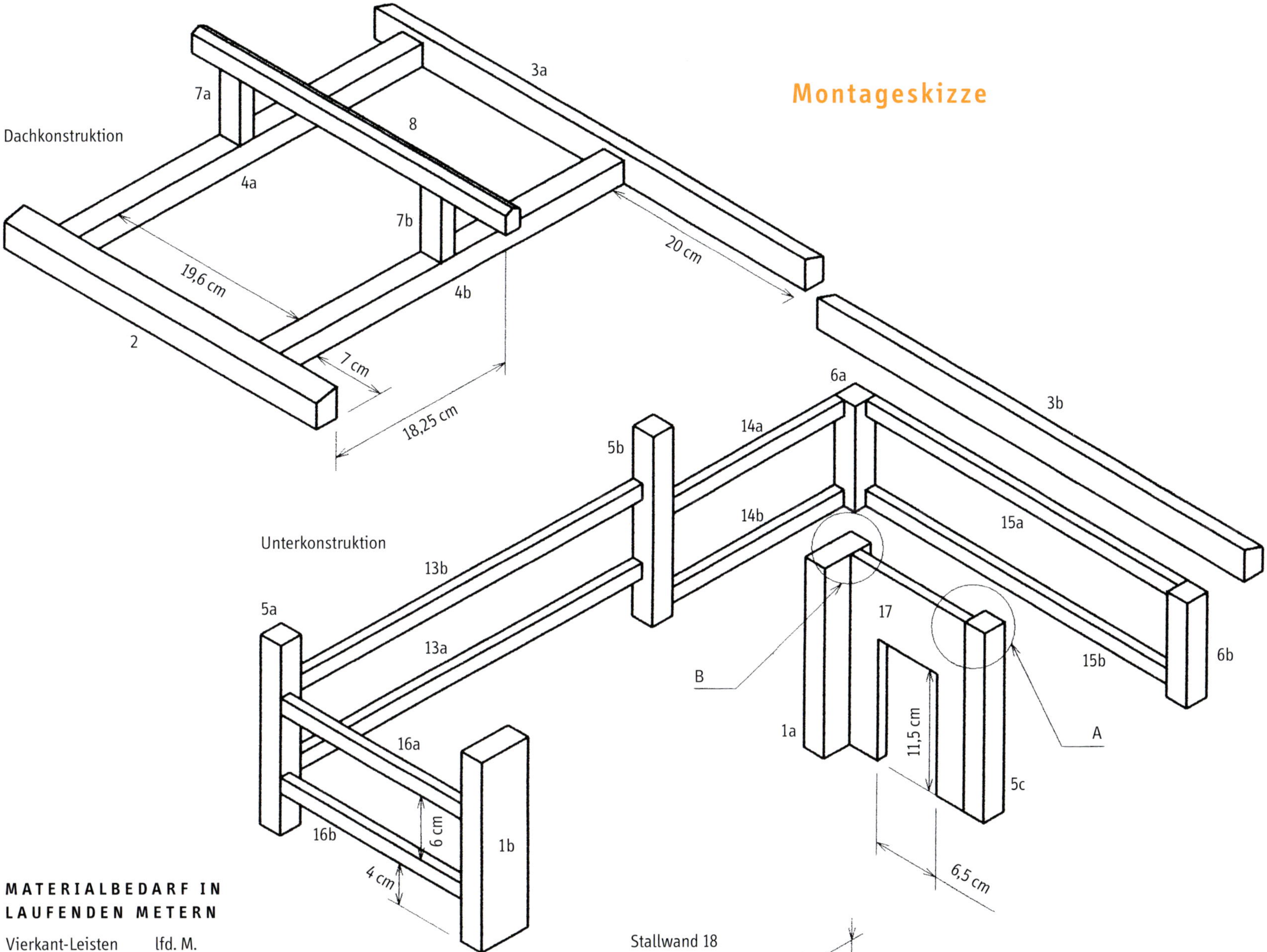

MATERIALBEDARF IN LAUFENDEN METERN

Vierkant-Leisten	lfd. M.
2,2 cm x 5 cm	0,4
2,2 cm x 3 cm	1,5
2,2 cm x 2,2 cm	1,7
2,2 cm x 1,5 cm	0,5
1,5 cm x 1,0 cm	8,2
1,0 cm x 1,0 cm	0,2
1,5 cm x 0,5 cm	3,2

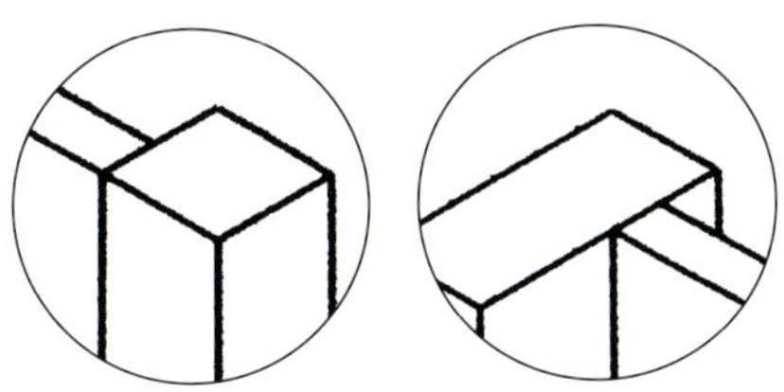

Detail A Detail B

Stallwand 18

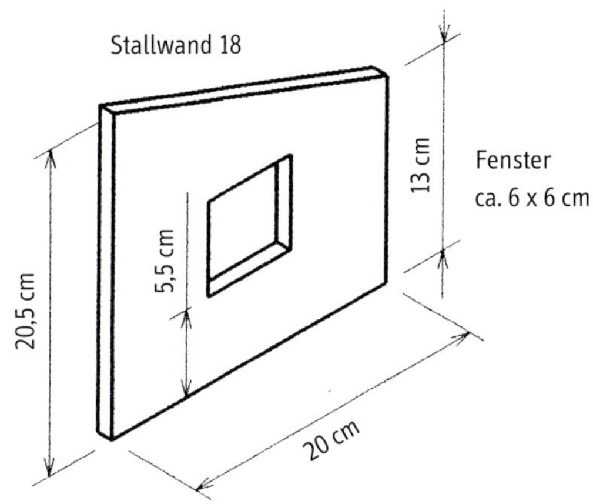

Ablängen und Beschriften

Mit dem Ablängen aller Kanthölzer und Leisten anfangen. Um das Auffinden der Teile beim Zusammenbau zu erleichtern, entsprechend der Montageskizze mit Bleistift nummerieren (z. B. Tragebalken in 1a, 1b, 1c, 1d oder die Längsbalken in 3a und 3b usw.).

Unterkonstruktion

1 Vor dem Zusammenbau an den Schnittflächen und -kanten der sichtbaren Teile mit Messer und einer Drahtbürste die Maserung des Holzes herausarbeiten und nochmals mit Schleifpapier glätten.

2 Tragebalken 1b und 5a mit den beiden Querholmen 16a und 16b zusammenschrauben (Abstände siehe Skizze). Die Breitseiten der Querholme sollten immer außen bündig an den Tragebalken befestigt werden.

3 Tragebalken 5a und 5b mit den beiden Querholmen 13a und 13b zusammenschrauben. Hier sind die Abstände beliebig; sie sollten ca. 3 cm bzw. 14 cm von der unteren Stirnseite der Tragebalken entfernt sein.

4 Restliche Tragebalken und Querholme bis zum Tragebalken 6b wie auf der Montageskizze auf Seite 85 zusammenschrauben. Dabei die Querholme in der Höhe etwas versetzt anbringen.

5 Pfette 3b über die Tragebalken 6b und 6a legen und von oben anschrauben. Vorher die Pfette auf der ganzen Länge mit scharfem Messer oder Hobel entsprechend dem Profil aus der Stückliste (siehe Seite 84) anschrägen. Die Pfette steht vorne ca. 3 cm über.

6 Die Senkkopfschrauben etwas versenken.

7 Pfettenenden mit Drahtbürste und Messer bearbeiten (siehe dazu Schritt 1).

8 Nachdem nun die Unterkonstruktion soweit fertiggestellt ist, wird diese auf der vorher auf Maß geschnittenen Grundplatte befestigt. Dazu die Unterkonstruktion auf die Grundplatte stellen, im rechten Winkel ausrichten; Standort der Tragebalken mit Bleistift markieren (Abstand der Tragebalken zur hinteren Schnittkante der Grundplatte ca. 6 cm) und dann von unten mit Schrauben befestigen; Bohrungen an der Unterseite der Grundplatte ansenken.

9 Anschließend können zwischen den beiden Querholmen Nr. 16 (auf der linken Seite) zwei senkrechte Holme eingepasst werden, die als Fensterrahmen dienen.

10 Anschließend auch die beiden Tragebalken 5c und 1a auf der Grundplatte befestigen (im rechten Winkel ausrichten; Maße siehe Stallwände Nr. 17 und 18, die später dazwischen gesetzt werden). Der Zusammenbau der Unterkonstruktion ist damit zunächst abgeschlossen.

Dachkonstruktion

1 Pfetten 2 und 3a mit den Querbalken 4a und 4b entsprechend der Montageskizze verschrauben und zusätzlich Holzleim verwenden. Vorher Pfetten 2 und 3a auf der ganzen Länge entsprechend der Profilskizze der Stückliste mit Messer oder Hobel anschrägen.

2 Schnittflächen und Schnittkanten der Pfettenüberstände sowie die von vorne zu sehenden Schnittflächen der Querbalken 4 mit scharfem Messer, Drahtbürste und Schleifpapier bearbeiten (Maße siehe Montageskizze Seite 85).

3 Die Firstträger 7a und 7b von unten mittig auf die Querbalken 4 schrauben.

4 Die nach vorne gerichteten Schnittflächen und Kanten werden wieder mit scharfem Messer, Drahtbürste und Schleifpapier bearbeitet.

5 Firstbalken 8 zweiseitig anschrägen (siehe Profilskizze auf der Stückliste) und von oben auf die Firstträger schrauben. Der Firstbalken steht, wie die beiden Pfetten 2 und 3a, hinten ca. 3 cm über. Kanten und Schnittflächen vorher wieder bearbeiten.

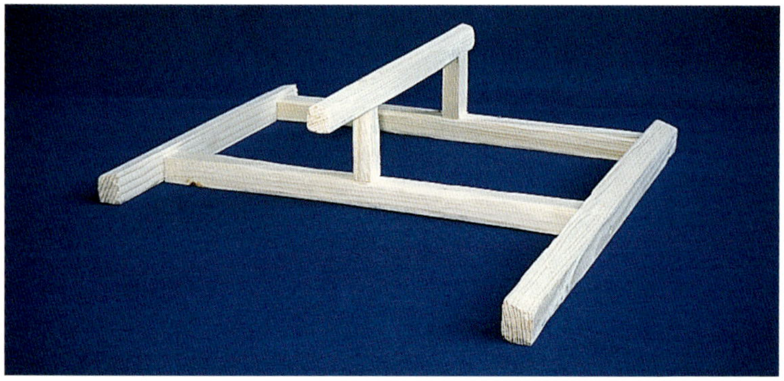

6 Nach dem Fertigstellen der Dachkonstruktion diese auf die Tragebalken der Unterkonstruktion auflegen, ausrichten und von oben mit dem Tragebalken verschrauben. Dabei wird die Pfette 2 so ausgerichtet, dass sie außen bündig mit den beiden Querholmen 16 und dem Querbalken 4b hinten ebenfalls bündig mit den beiden Querholmen 13 eine senkrechte Linie bildet.

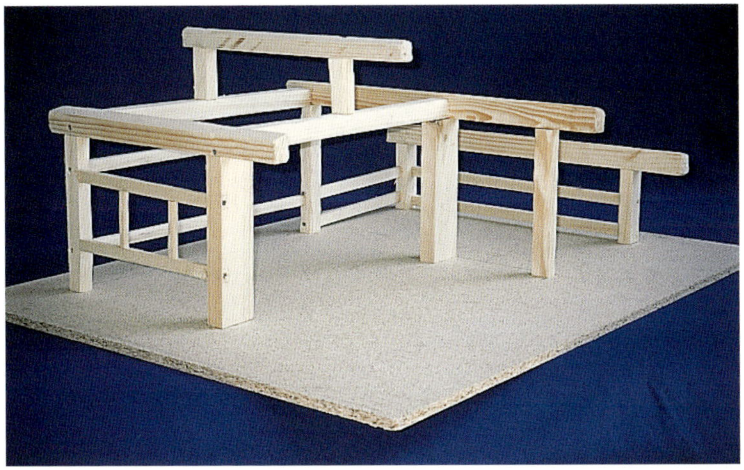

Der fertige Unterbau

Stallvorbau mit Steinmauer

1 Der Stallvorbau kann an Stelle des Bretterverschlages auch mit Steinen dargestellt werden. In diesem Fall werden die beiden Stallwände Nr. 17 und Nr. 18 nicht benötigt, sondern Steinmauern eingesetzt. Die Steinmauer sollte eine Wandstärke von ca. 2 cm haben. Den Holzrahmen für Stallwand 17 und 18 zusammenschrauben. Die Innenmaße der Rahmen entsprechen den Fertigmaßen der beiden Stallwände. Die Rahmenhöhe beträgt wie die Mauerstärke mindestens 2 cm.

2 Beide Rahmen nebeneinander auf eine glatte Unterlage legen und dort leicht festschrauben.

3 Auf die Unterlage Plastikfolie oder Ähnliches legen, damit die fertige Mauer später leichter von der Unterlage abzuheben ist.

4 Die Türfläche auf Mauer 17 und die Fensterfläche auf Mauer 18 aus einem ca. 2 cm starken Brett ausschneiden, in den entsprechenden Rahmen setzen und festschrauben. Die Maße der Türen und Fenster der bemaßten Montageskizze auf Seite 85 entnehmen.

5 Dickflüssige Gipsmasse (Moltofil®) anrühren und beide Rahmen damit bis ca. einem Drittel der Mauerstärke auffüllen.

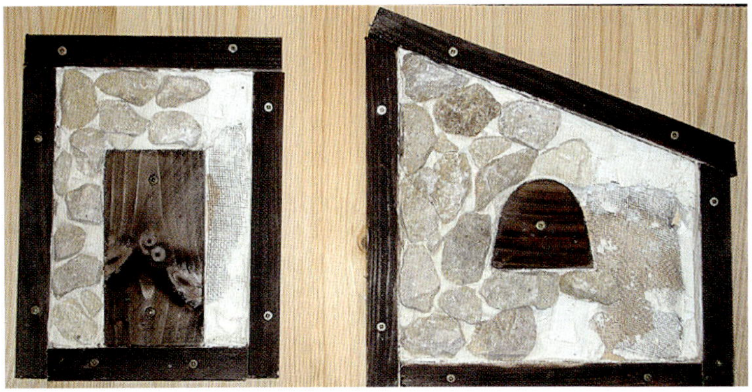

6 Zum Stabilisieren engmaschiges Drahtgeflecht (z. B. Hasenstallgitter) leicht in die Gipsmasse drücken. Vorher das Drahtgeflecht entsprechend zuschneiden; dabei auch Fensterfläche und Tür ausschneiden.

7 Den Rahmen mit Gipsmasse zu ca. zwei Dritteln auffüllen.

8 Bereitgelegte ca. 2,5 cm große Kiesel- oder/und Schottersteine möglichst nahe nebeneinander leicht in die Gipsmasse drücken. Beide Rahmen vollständig mit Steinen auslegen, nur die Tür und das Fenster bleiben frei.

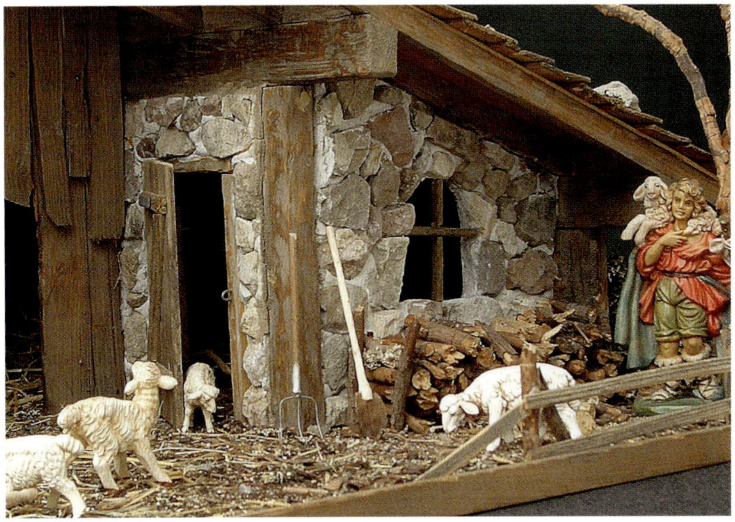

9 Nach dem Austrocknen der Mauer (drei bis vier Tage) Rahmen, Tür und Fensteraussparung vorsichtig entfernen.

10 Die fertige Mauer zwischen die Tragebalken setzen und innen an Grundplatte und Tragebalken mit Heißkleber oder Holzleim befestigen. Ggf. das Mauerwerk mit einer Holzraspel nachbearbeiten.

11 Türrahmen und evtl. ein Fensterbrett aus Holz fertigen und einkleben.

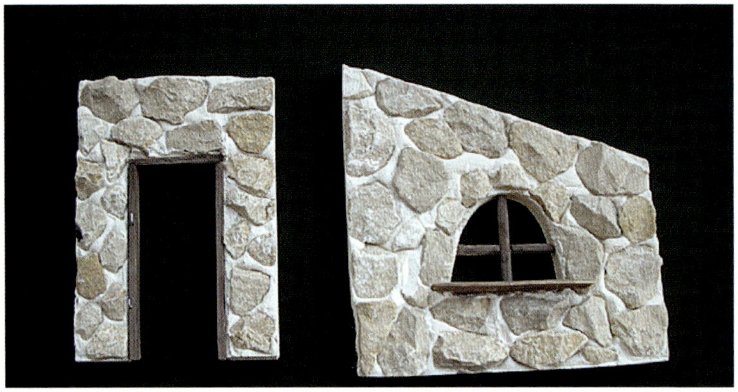

Stallvorbau als Bretterverschlag

1 Wird der Stallvorbau als Bretterverschlag dargestellt, aus den Stallwänden Nr. 17 und Nr. 18 entsprechend der Montageskizze Türen und Fenster mit der Stichsäge aussägen. Bretter aus Obstkisten ca. 1 cm bis 2 cm breit schneiden und waagrecht auf Querbalken 4a und 4b kleben.

2 Auf der Vorderseite der Krippe die Bretter ca. 2 cm überstehen lassen; auf der Rückseite sollten sie bündig mit dem Querbalken abschließen. Die Schräge an der Stallwand Nr. 18 anbringen.

3 Die Stallwände in die Grundkonstruktion einpassen und innen an den Tragebalken und der Grundplatte mit Heißkleber oder Holzleim befestigen (siehe Abbildung rechts).

Montage der Dachsparren

1 Zur Fertigstellung des Rohbaus die Dachsparren aufkleben. Sparren 10 hochkant und paarweise vom Firstbalken 8 zur Pfette 2 bzw. zur Pfette 3a legen und mit Heißkleber befestigen.

2 Sparren stirnseitig schräg schneiden, damit sie bündig zusammenstoßen.

3 Sparren an Pfette Nr. 2 ca. 4 cm überstehen lassen. Die Sparren auf der rechten Seite liegen nur ca. 1 cm auf der Pfette 3a auf. Entsprechend zuschneiden.

4 Jeweils ein Sparrenpaar am vorderen und hinteren Ende der Pfetten anbringen.

5 Jeweils ein Sparrenpaar wird außen senkrecht über den Querbalken 4a und 4b angeklebt. Das restliche Sparrenpaar mittig festkleben.

6 Sparren 11 hochkant als Verlängerung der Sparren 10 von der Pfette 3a zur Pfette 3b legen und aufkleben.

7 Sparren an Pfette 3b ca. 4 cm überstehen lassen.

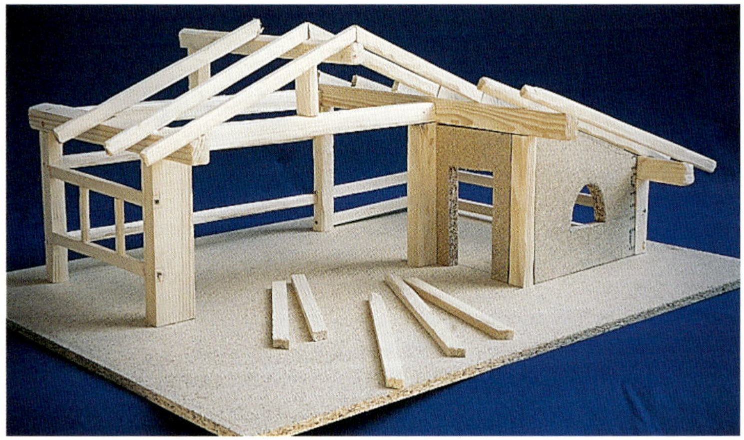

Grundkonstruktion, Stallvorbau mit Bretterverschlag

8 Die beiden Sparren 12 über dem Vorbau anbringen. Vor dem Aufkleben Sparrenüberstände und Schnittflächen der vorderen Sparren mit Messer, Drahtbürste und Schleifpapier bearbeiten.

9 Einen Sparren am vorderen Pfettenende, den zweiten Sparren über der Stallwand außen bündig anbringen.

10 Streben 9 als Schrägversteifung am vorderen Giebel zwischen Querbalken 4a und Sparren schräg einpassen und festkleben. Vorher Streben mit Messer, Bürste und Schleifpapier bearbeiten. Den Rohbau mit brauner Holzbeize anstreichen.

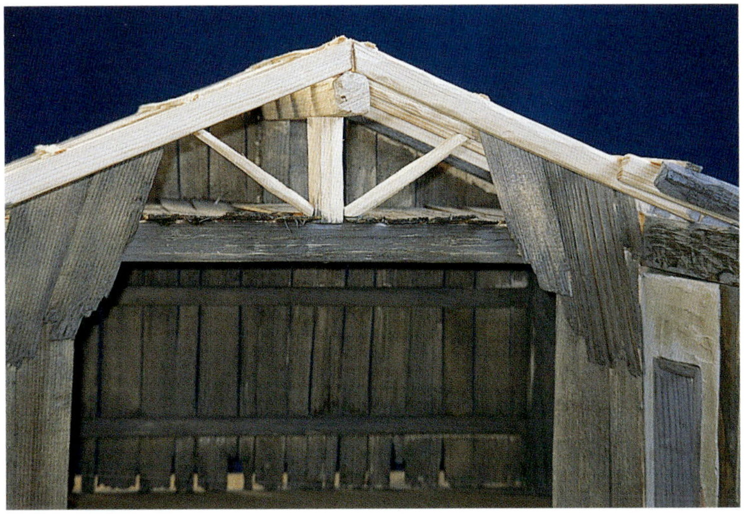

Anbringen der Holzverkleidung für den Bretterverschlag

1 Für den Bretterverschlag werden, wie auch später für die Dachschindeln, Obst- oder Salatkisten verwendet (siehe Materialliste Seite 84).

2 Für den Bretterverschlag mit einem Messer ca. 1 cm bis 2 cm breite Bretter zurechtschneiden und mit Heißkleber an die Dachsparren, Querbalken und Pfetten kleben.

3 Bei der Variante mit Bretterverschlag die beiden Mauern 17 und 18 mitverkleiden.

4 Auf der linken Stallseite ein ca. 6 cm breites Fenster frei lassen. Die Querholme 16 unten und oben bilden den Fensterrahmen.

5 Die Vorderseite der Krippe beliebig offen gestalten.

6 Tragebalken, an denen Schrauben sichtbar sind, werden mitverkleidet.

Dacheindeckung

1 Das Dach mit Schindeln eindecken. Dazu die gleichen Bretter wie für den Bretterverschlag verwenden. Für die Schindeln 5 cm bis 6 cm breite Streifen zuschneiden, die dann auf die benötigten Längen abgebrochen werden. Vorher wird jedoch die Dachlattung auf die Sparren geklebt.

2 Als Dachlatten werden Brettchen von Obst- oder Salatkisten in 5 mm bis 1 cm breite Streifen geschnitten. Sie werden dann mit Heißkleber quer über die gesamte Tiefe des Daches geklebt.

3 Jeweils auf der linken und rechten Dachseite am unteren Sparrenende einen durchgehenden Streifen aufkleben.

4 Jeweils einen Streifen links und rechts oben nahe des Firstes ankleben.

5 Einen Streifen am oberen Ende der beiden Sparren über dem Vorbau ankleben.

6 Auf der rechten Dachseite noch vier, auf der linken Dachseite noch drei Lattungen gleichmäßig verteilen.

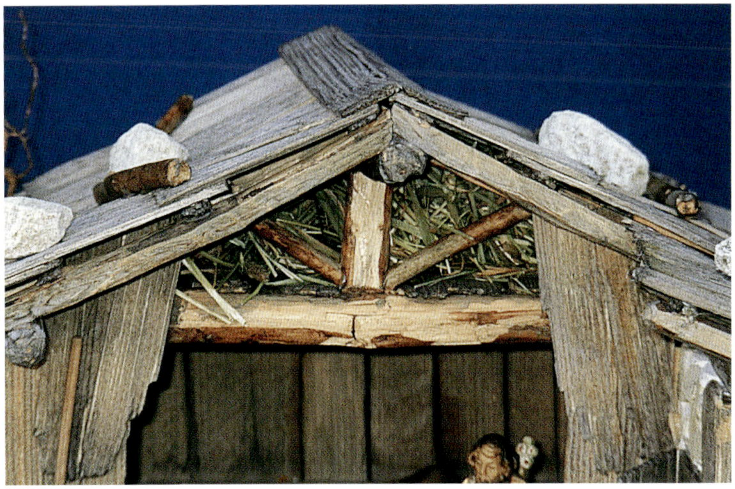

7 Vorbereitete Dachschindeln mit Heißkleber auf die Dachlattung kleben.

8 Die Länge der Dachschindeln ergibt sich aus dem Abstand der Dachlatten plus 1 cm bis 2 cm.

9 Die Dacheindeckung auf der rechten Dachseite mit der untersten Schindelreihe beginnen. Die Schindeln müssen auf den beiden unteren Latten aufliegen und sollen bis zum Sparrenende reichen. Schindel neben Schindel bis zum hinteren Sparren nebeneinander aufkleben.

10 Die zweite Schindelreihe vorne mit einer halben Schindel beginnen (zur Vermeidung eines durchlaufenden Stoßes), dabei wird die untere Schindel ca. 1 cm weit überlappt. Schindelreihen abwechselnd mit einer ganzen und einer halben Schindel beginnen.

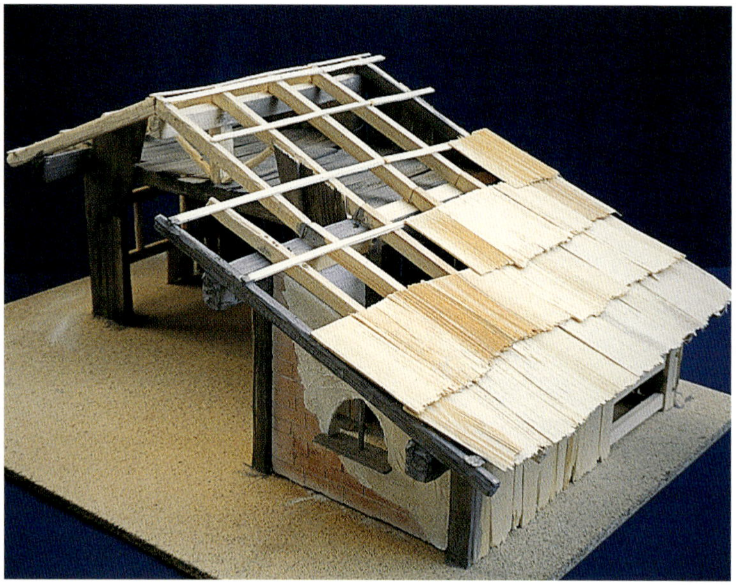

11 Beide Seiten des Daches auf diese Weise eindecken.

12 Am First sollen die Schindeln der rechten und linken Dachhälfte zusammenstoßen.

13 Für die Firstkappe einen Holunderast mit der Stichsäge in der Länge halbieren, dessen Mark entfernen und den Ast über die gesamte Tiefe des Daches kleben.

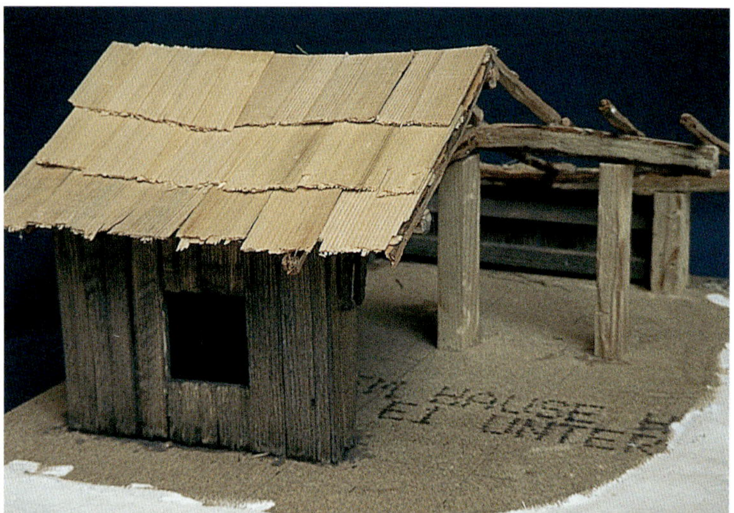

14 Nach der Fertigstellung des Daches wird es zusammen mit dem Bretterverschlag gebeizt. Als Farbton ist Grau bis Graubraun geeignet. In jedem Fall eine Probebeizung durchführen.

Stalltür

1 Für die Anfertigung einer Tür für den Stall die Maße abmessen. Ca. 1 cm breite Bretterstreifen von Obstkisten verwenden. Die Bretterstreifen auf einer ebenen Unterlage bis zur entsprechenden Breite von 5 mm bis 10 mm nebeneinander legen und ausrichten.

2 Über die gesamte Türbreite im oberen und unteren Bereich quer einen weiteren Streifen kleben. Diagonal zwischen die beiden waagrechten Streifen einen dritten Streifen zur Stabilisierung kleben.

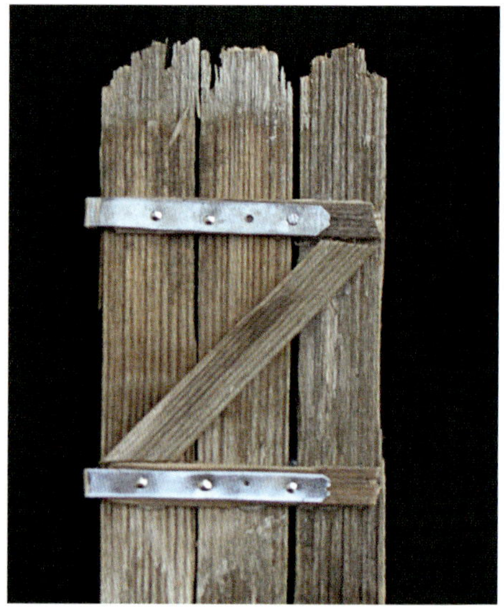

3 Als Scharniere können dünne Lederstreifen verwendet werden, die auf einem waagrechten Streifen befestigt werden. Für die Befestigung kleine Nägel verwenden oder die Lederstreifen ankleben. Das Befestigen der ca. 1 cm überstehenden Lederstreifen an den Tragebalken mit kleinen Nägeln erfordert etwas Geduld.

4 Die Scharniere können auch aus Weichblech (leere Konservendose) hergestellt werden. Dazu mit einer Schere ca. 4 mm bis 5 mm breite und ca. 6 cm lange Streifen zurechtschneiden. Aus einem Ende des Streifens ein kleines Scharnier biegen. Das Scharnier mit zwei kleinen Nägeln auf den waagrechten Streifen der Tür befestigen. Zu lange Nägel auf der Rückseite mit dem Seitenschneider kürzen und mit einem Tropfen Heißkleber versiegeln. Das Scharnier sollte auf einer Seite ca. 5 mm überstehen.

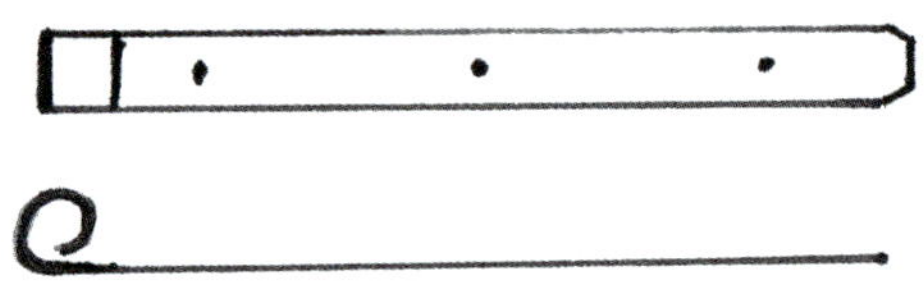

5 Als Angeln für die Scharniere ebenfalls kleine Nägel verwenden. Sie werden ca. 5 mm vor dem Kopf im rechten Winkel umgebogen. Anschließend den Kopf des Nagels mit dem Seitenschneider entfernen. Die längere Seite der Angel nach dem Vorbohren mithilfe einer Flachzange eindrücken.

6 Vor dem Anbringen der Tür sollte sie dem Türausschnitt angepasst werden. Die Lage der Türangeln ebenfalls vorher festlegen.

Fertigstellung der Krippe

1 Die Grundplatte nach Grundanleitung auf Seite 11 bis 15 nach Geschmack ausgestalten.

2 Auf das Dach zum Beschweren der Dachschindeln mit Heißkleber flache Steine kleben. Als Schneefang am Ende der beiden Dachhälften ca. 1 cm starke, runde Äste aufkleben. Zur weiteren Gestaltung des Daches evtl. auch etwas Baummoos aufkleben.

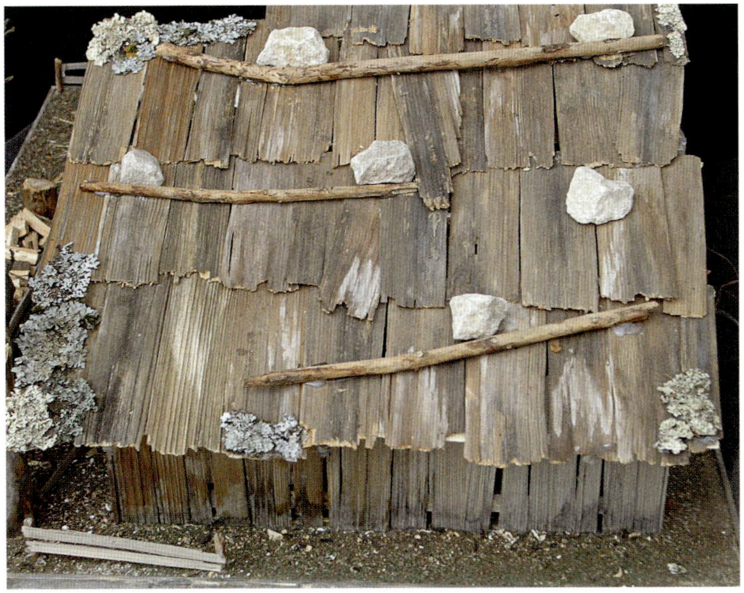

3 Für die elektrische Beleuchtung eine Stalllaterne nach Abbildung besorgen und anbringen.

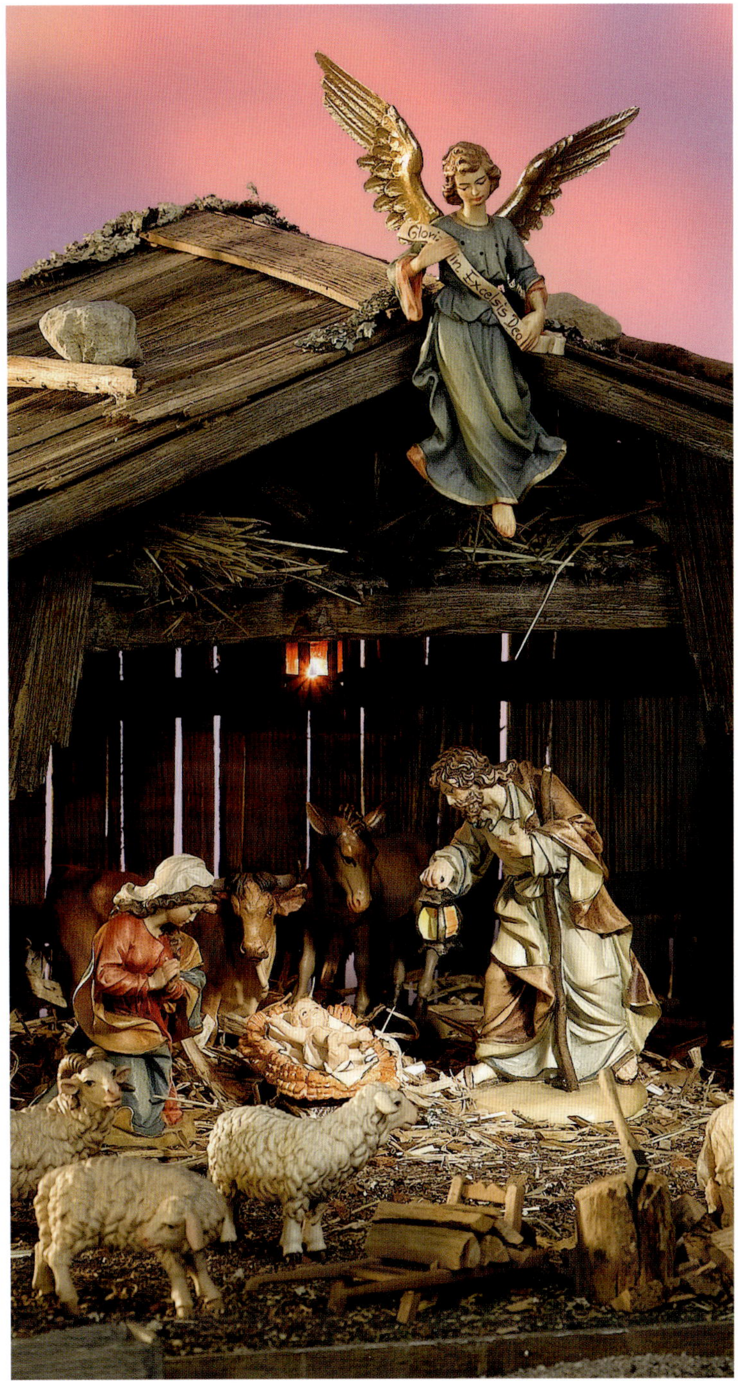

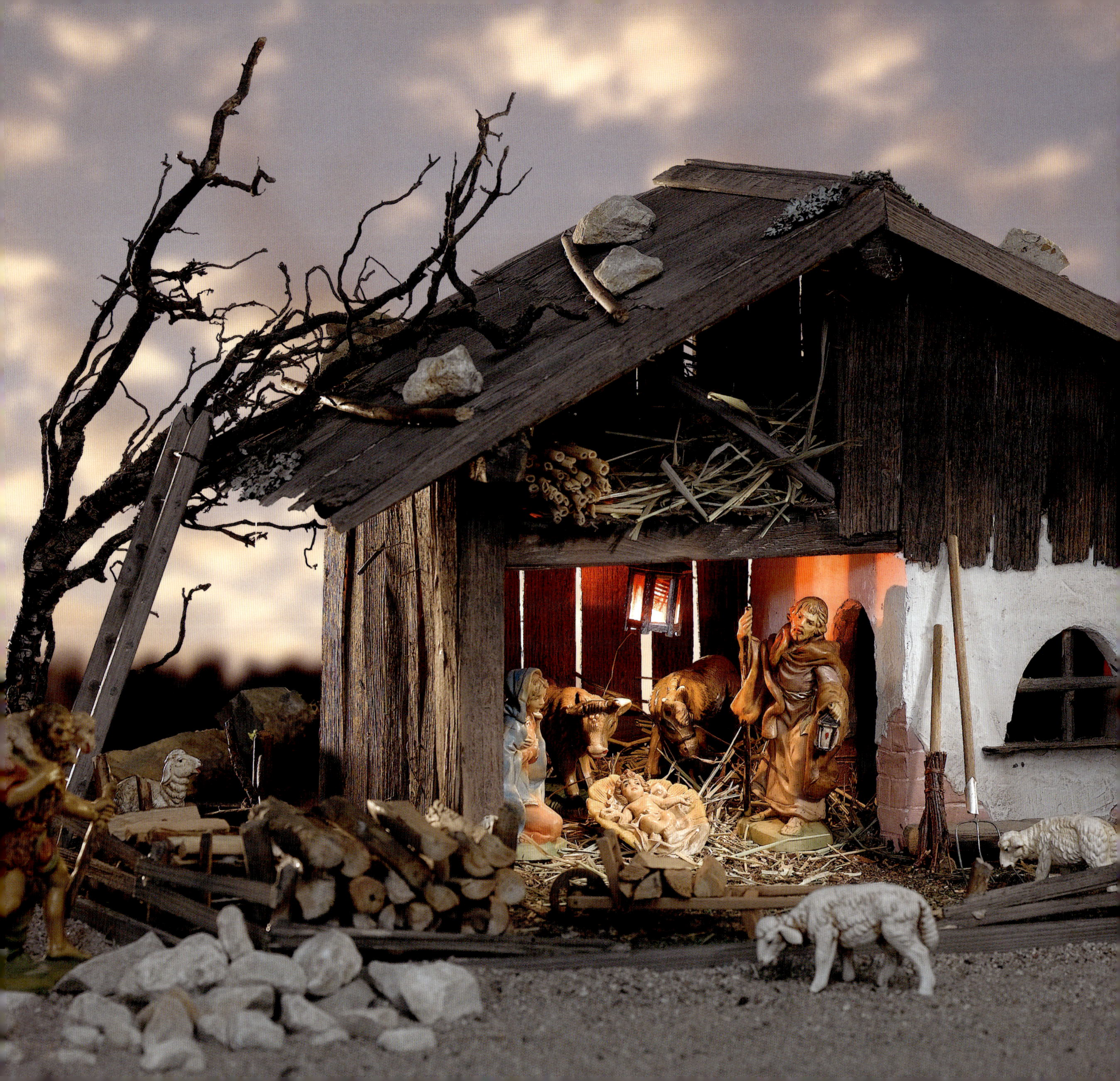

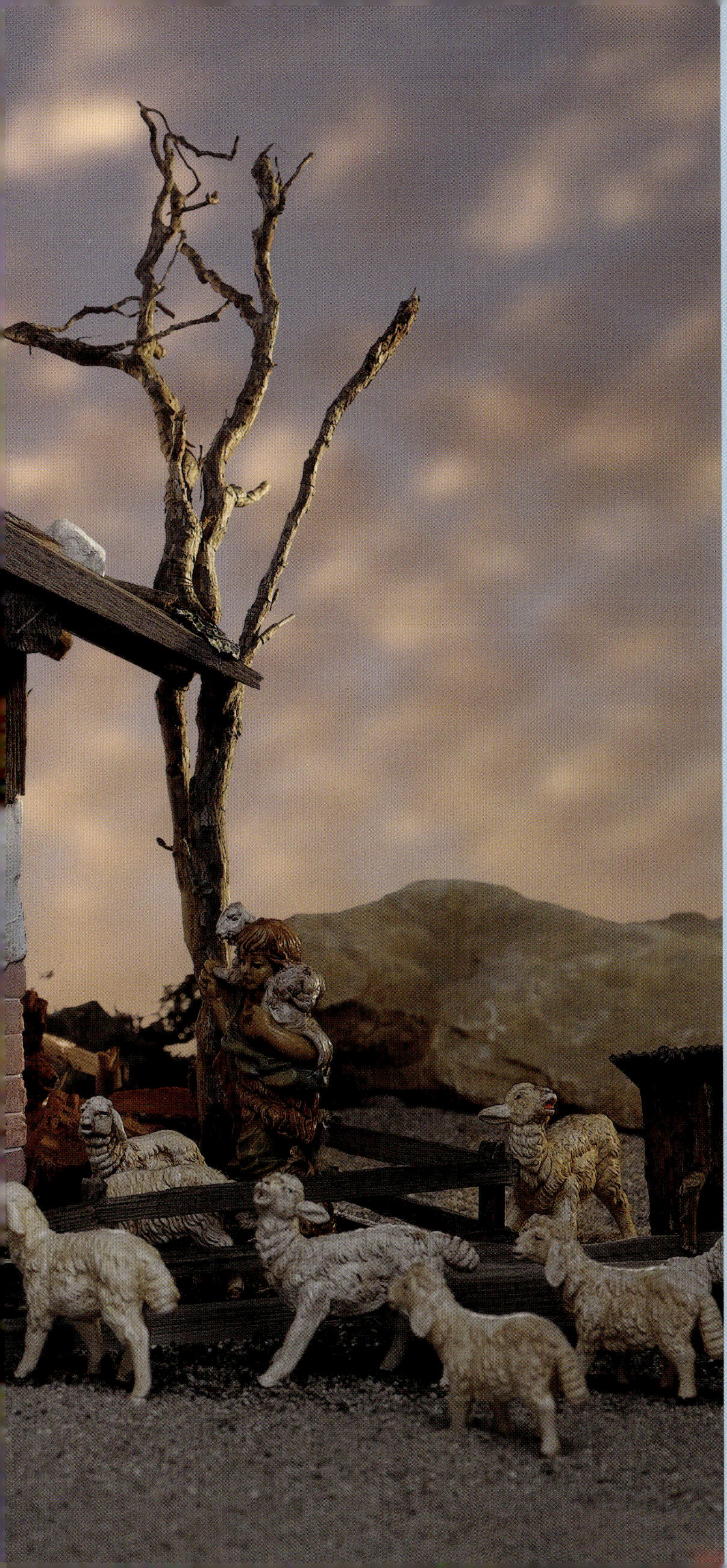

Krippe Eibsee

Die Krippe Eibsee hat eine verputzte Außenwand und hat – wie die meisten alpenländischen Krippen – auf dem Dach einen Schneefang aus Ästen und kleinen Zweigen.

SCHWIERIGKEITSGRAD

●●○

MOTIVGRÖSSE
35 cm x 20 cm,
ca. 30 cm hoch

FIGURENGRÖSSE
max. 10 cm

MATERIAL

- Pressspanplatten (siehe Stückliste)
- Vierkanthölzer aus Fichtenholz (siehe Stückliste):
  20 mm x 20 mm, 1,7 lfm
  15 mm x 15 mm, 0,2 lfm
  12 mm x 8 mm, 3,5 lfm
  5 mm x 20 mm, 1,8 lfm
- 3 bis 4 Obstkisten oder Brettchen, 2 mm bis 3 mm stark, 20 mm bis 50 mm breit (Heuboden, Holzverkleidung, Dacheindeckung)
- ca. 50 Senkkopfschrauben, 35 mm x 3 mm
- Holzbeize in Grau und Braun, ca. 200 ml
- Acrylfarbe in Weiß und Rot
- Gips, ca. 200 g, z. B. Moltofil®
- Holunderast, ø ca. 2 cm, 25 cm lang
- Heu, Stro
- Äste, ø ca. 1 cm (Dachgestaltung)
- flache Steine (Dachgestaltung)
- ggf. Baummoos (Dachgestaltung)
- kleiner Haken (für Laterne)
- Stalllaterne
- Stromkabel und Batterie oder Trafo
- Holzbohrer, ø 3 mm und 10 mm

Die Adresse zum Bestellen eines kompletten Bausatzes für diese Krippe finden Sie auf Seite 156.

Stückliste

Nr.	Bezeichnung	Profil/Material	Maße in cm	Anzahl
1	Tragebalken	Vierkant	2 x 2 x 17	2
2	Tragebalken	Vierkant	2 x 2 x 4	2
3	Querbalken	Vierkant	2 x 2 x 31	2
4	Pfette rechts	Vierkant 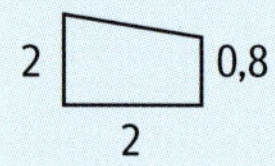	2 x 2 x 20	1
5	Firstbalken	Vierkant 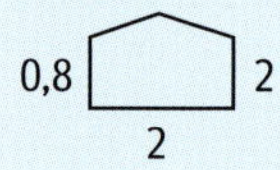	2 x 2 x 20	1
6	Pfette links	Vierkant 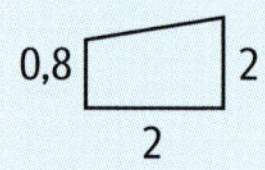	2 x 2 x 20	1
7	Stallwand	Pressspan	13 x 13 x 1	2
8	Stallwand	Pressspan	16 x 13 x 1	2
9	Firstträger	Vierkant	1,5 x 1,5 x 9,5	2
10	Querholm	Vierkant	1,2 x 0,8 x 12	2
11	Querholm	Vierkant	1,2 x 0,8 x 18	1
12	Sparren	Vierkant	1,2 x 0,8 x 26	8
13	Grundplatte	Pressspan	45 x 35 x 0,8-1	1
14	Randleisten	Vierkant	0,5 x 2 x 47	2
15	Randleisten	Vierkant	0,5 x 2 x 38	2

Montageskizze

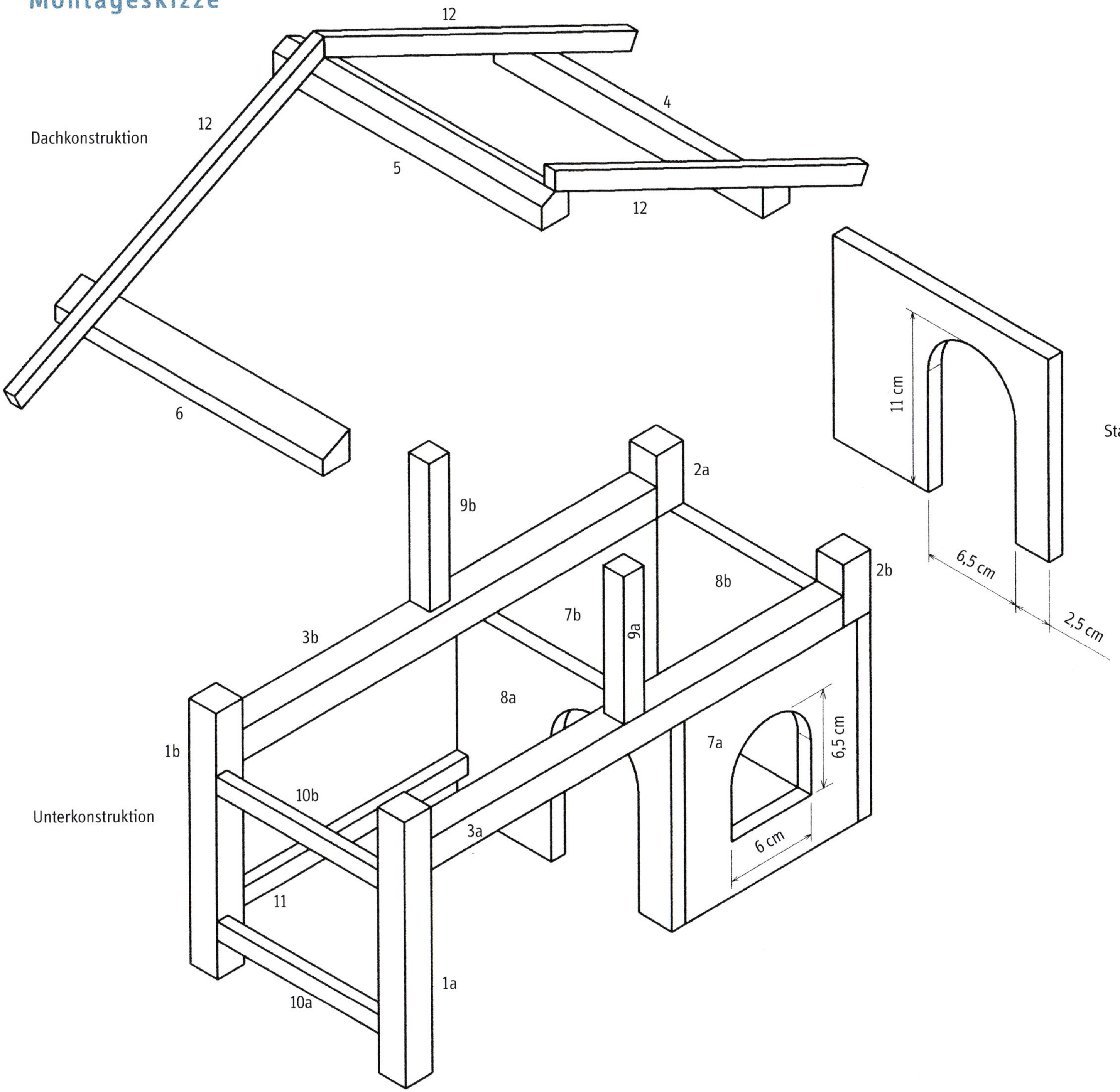

Ablängen und Beschriften

Mit dem Ablängen aller Kanthölzer und Leisten anfangen. Um das Auffinden der Teile beim Zusammenbau zu erleichtern, entsprechend der Montageskizze mit Bleistift nummerieren (z. B. Tragebalken in 1a, 1b, 1c, 1d oder die Längsbalken in 3a und 3b usw.).

Unterkonstruktion

1 Die Stallwände (Tür und Fenster) mit der Stichsäge ausschneiden. Die Maße der Montageskizze entnehmen.

2 Stallwände 7 und 8 außen bündig und rechtwinklig zusammenschrauben. Der Stall ist 15 cm breit und 16 cm tief.

3 Die beiden Tragebalken 1 und 2 mit den jeweiligen Querbalken 3 wie in der Montageskizze zu sehen verschrauben. Vor dem Zusammenbau an den Schnittkanten und Schnittflächen mithilfe eines Messers und einer Drahtbürste die Maserung des Holzes herausarbeiten und nochmals mit Schleifpapier glätten.

4 Die beiden Firstträger 9 mittig auf den Querbalken 3 befestigen. Von unten anschrauben.

5 Beide fertiggestellten Träger auf die Stallwände 7 auflegen und von oben verschrauben. Dabei sind die Querbalken 3 außen bündig mit den Stallwänden 7.

6 Beide Querholme 10 zwischen die beiden Tragebalken 1 einfügen und von außen verschrauben. Dafür die Tragebalken 1a und 1b zum Verschrauben mit einem 3 mm-Bohrer vorbohren und die Bohrungen von außen etwas ansenken (siehe Glossar). Die Oberkante des Querholms 10b ist in der Höhe der Stallwände 7 und 8 anzubringen (13 cm). Die Höhe des Querholms 10a ist beliebig (ca. 3 cm).

7 Querholm 11 zwischen Tragebalken 1b und Stallwand 8a einfügen und verschrauben. Die Höhe des Querholms ist beliebig (ca. 3 cm).

8 Die beiden Pfetten 4 und 6 werden in ihrer ganzen Länge auf ca. 40° mit einem Messer angeschrägt. Der Firstbalken 5 wird auf zwei Seiten angeschrägt (Profile siehe Stückliste). An den Überständen der drei Pfetten (vorne 3 cm, hinten 1 cm) werden die Schnittflächen und Schnittkanten mit einem Messer, einer Drahtbürste und Schleifpapier bearbeitet.

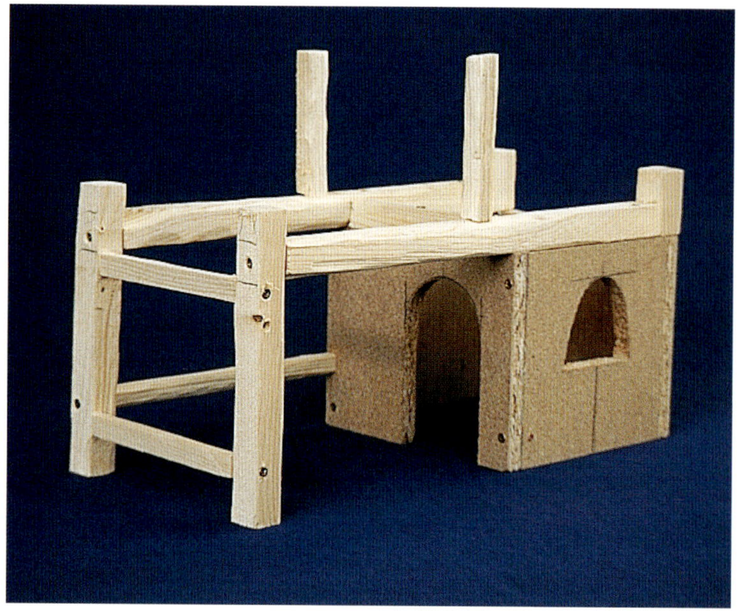

9 Die beiden Pfetten 4 und 6 auf den jeweiligen Tragebalken und den Firstbalken auf den beiden Firstträgern befestigen. Dabei Pfette 6 auf beide Tragebalken 1 legen und von oben verschrauben (Überstand nach vorne ca. 3 cm). Pfette 4 auf beide Tragebalken 2 legen und ebenfalls von oben verschrauben (Überstand nach vorne ca. 3 cm). Firstbalken 5 auf beide Firstträger 9 legen und von oben verschrauben (Überstand ca. 3 cm).

10 Die Stallwände innen und außen mit einer ca. 2 mm dicken Gipsschicht bestreichen. Dafür die Stallwände vorher mit wasserverdünntem Leim bestreichen. Den Gips in einem Gefäß cremig anrühren und reichlich Holzleim beimischen. Gipsmasse mit Spachtel auf die Stallwände auftragen. Nach dem Trocknen die Stallwände je nach Geschmack etwas patinieren.

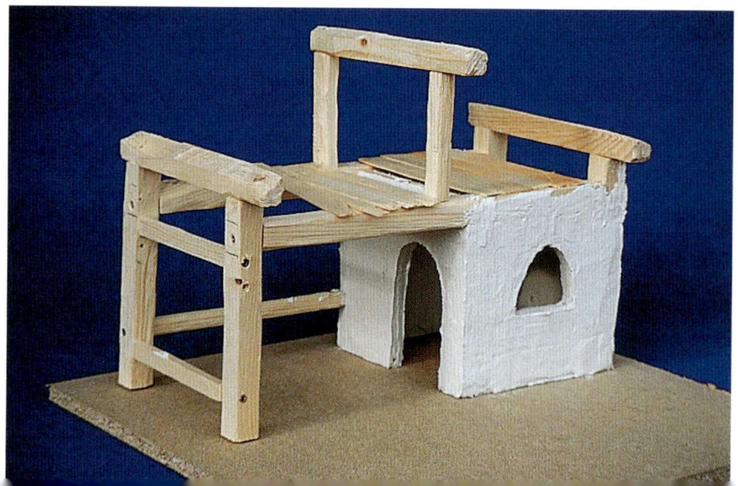

11 Den Rohbau auf der Grundplatte rechtwinklig ausrichten und von unten an den Tragebalken und der Stallwand verschrauben. Dabei beträgt der Abstand der Stallwand zum hinteren Rand der Grundplatte ca. 4 cm. Seitlich kann der Stall je nach Geschmack nach links oder rechts versetzt angebracht werden.

12 Alle Holzteile beizen. Die Beize mit dem Pinsel nicht zu satt aufbringen und vorher eine Probebeizung vornehmen.

Einbau des Heubodens

Für den Heuboden Brettchen von Obstkisten (ca. 1 cm bis 2 cm breit) so in die Länge schneiden, dass sie auf die beiden Querbalken 3 gelegt und mit Heißkleber angeklebt werden können.

Tipp

Statt Obstkisten können Sie auch dünne Holzbrettchen verwenden (2 mm bis 3 mm stark, 10 mm bis 40 mm breit). Die Brettchen erhalten Sie beim Schreiner.

Dachkonstruktion

1 Im Anschluss die Dachsparren aufkleben. Sparren 12 paarweise hochkant vom Firstbalken 5 zu Pfette 4 bzw. Pfette 6 legen und mit Heißkleber befestigen. Die Stirnseiten der Sparren so anschrägen, dass sie bündig zusammenstoßen. Das vordere Sparrenpaar bündig mit den vorderen Enden der Pfetten und des Firstbalkens aufkleben.

2 Die Sparrenüberstände an den Pfetten 4 und 6 betragen 3 cm bis 4 cm. Sie werden mit Messer und Drahtbürste bearbeitet. Das hintere Sparrenpaar schließt außen mit der Stallmauer 7b und dem Querholm 11 ab. Das zweite Sparrenpaar von vorne verläuft direkt über der vorderen Stallwand und dem Tragebalken 3a. Das letzte Sparrenpaar mittig zwischen dem zweiten und hinteren Sparrenpaar aufkleben.

Anbringen der Holzverkleidung

1 Für den Bretterverschlag wie auch für den Heuboden Brettchen von Obst- oder Salatkisten verwenden.

2 Die Verschlagbretter (ca. 1 cm bis 2 cm breit) werden auf den äußeren Sparren, Querbalken bzw. Pfetten und den darunter liegenden Querholmen mit der Heißklebepistole befestigt.

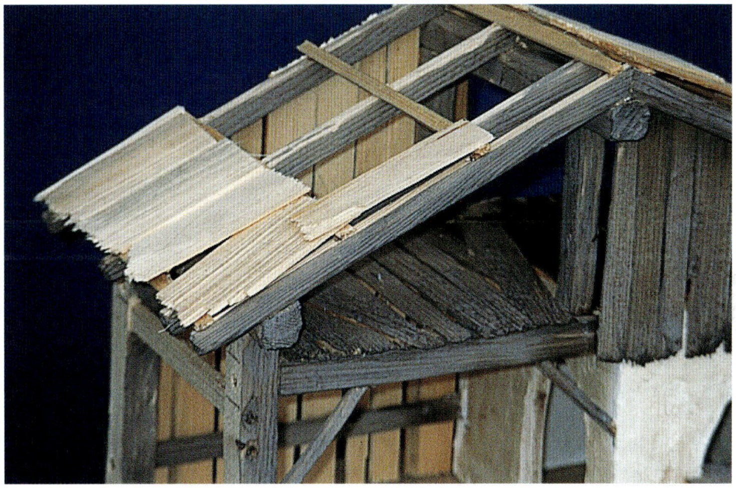

Tipp

Statt einer Heißklebepistole können Sie auch Kraftkleber oder schnell trocknenden Holzleim verwenden.

Dacheindeckung

1 Für die Dacheindeckung zuerst auf jeder Dachseite vier Dachlatten quer über die Sparren 12 kleben. Die Dachlatten bestehen aus ca. 1 cm breiten und 1 mm bis 2 mm starken Streifen, die in der Länge mit den Pfetten abschließen (z. B. Furnierreste vom Schreiner).

2 Die oberste Dachlatte wird auf jeder Dachhälfte soweit oben wie möglich am First, die unterste Dachlatte ca. 1 cm vom unteren Ende der Dachsparren angebracht. Die beiden restlichen Dachlatten werden gleichmäßig auf der jeweiligen Dachseite verteilt.

3 Für das Schindeldach die gleichen Bretter wie für den Bretterverschlag verwenden. Sie sollen 4 cm bis 6 cm breit sein und in der Länge etwas mehr als über zwei Dachlatten reichen.

4 Wenn der Eindruck eines möglichst alten Daches erweckt werden soll, die Bretter in ihrer Länge einfach über eine Kante abbrechen.

5 Bei der Dacheindeckung mit der unteren Schindelreihe beginnen. Schindeln nebeneinander auf die unteren zwei Dachlatten legen und mit Heißkleber festkleben. Sie sollten seitlich mit dem Dachsparren abschließen. Die Schindelreihen abwechselnd mit einer ganzen und einer halben Schindel anfangen, um einen durchlaufenden Stoß zu vermeiden.

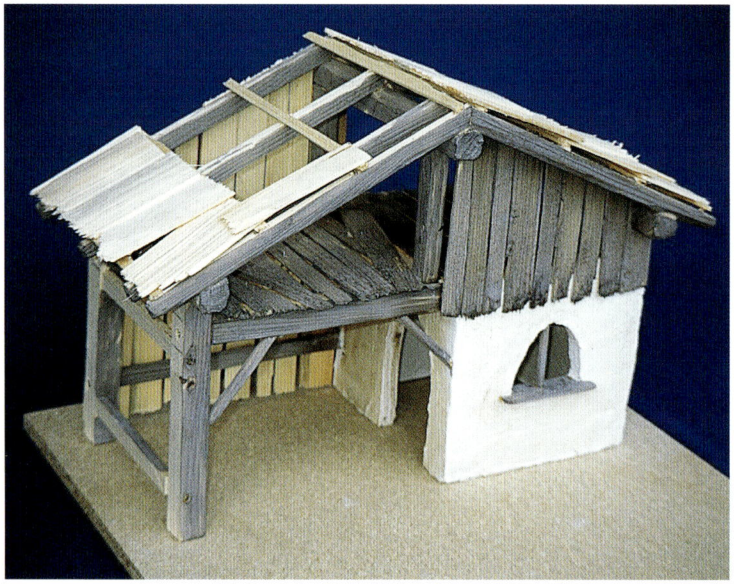

6 Die zweite Schindelreihe überlappt die darunter liegende Reihe um ca. 2 cm. Die oberste Schindelreihe jeder Dachseite stößt am First zusammen. Als Firstkappe kann ein ca. 2 cm starker, gerader und mit der Stichsäge halbierter Holunderzweig dienen, dessen Mark entfernt wurde und der über die gesamte Dachtiefe aufgeleimt wird.

7 Nach der Fertigstellung des Daches und des Bretterverschlags kann beides gebeizt werden.

Gestaltung der Grundplatte

Die Gestaltung der Grundplatte mit Streumaterial, Stroh, Baumrinde, Moos und dergleichen ist auf Seite 11-15 beschrieben.

Dachgestaltung

Auf das Dach zum Beschweren der Dachschindeln mit Heißkleber flache Steine kleben. Als Schneefang am Ende der beiden Dachhälften ca. 1 cm starke, runde Äste aufkleben. Zur weiteren Gestaltung des Daches evtl. auch etwas Baummoos aufkleben.

Elektrische Beleuchtung

Zum Aufhängen einer Stalllaterne wird in den Heuboden ein kleiner Haken gedreht. Das Stromkabel durch die rückwärtige Stallwand führen (evtl. nochmals ein Brett entfernen und dann neu ankleben) und dort eine Batterie oder einen Trafo anschließen.

Tipp

Laternen und Trafos sind auf Weihnachtsmärkten oder im Baumarkt erhältlich. Bäume, Geräte, Brunnen etc. finden Sie im Bastelfachhandel.

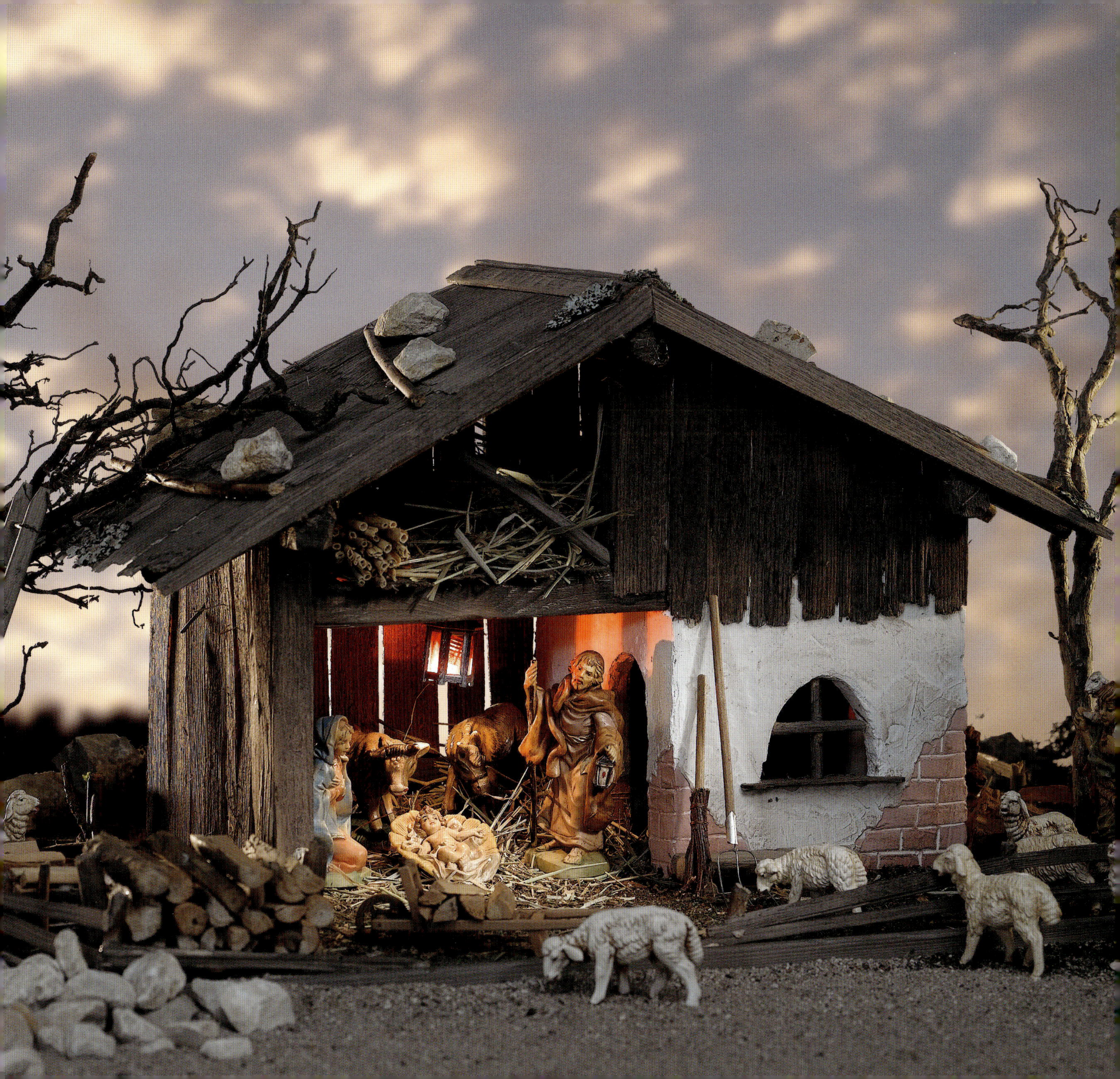

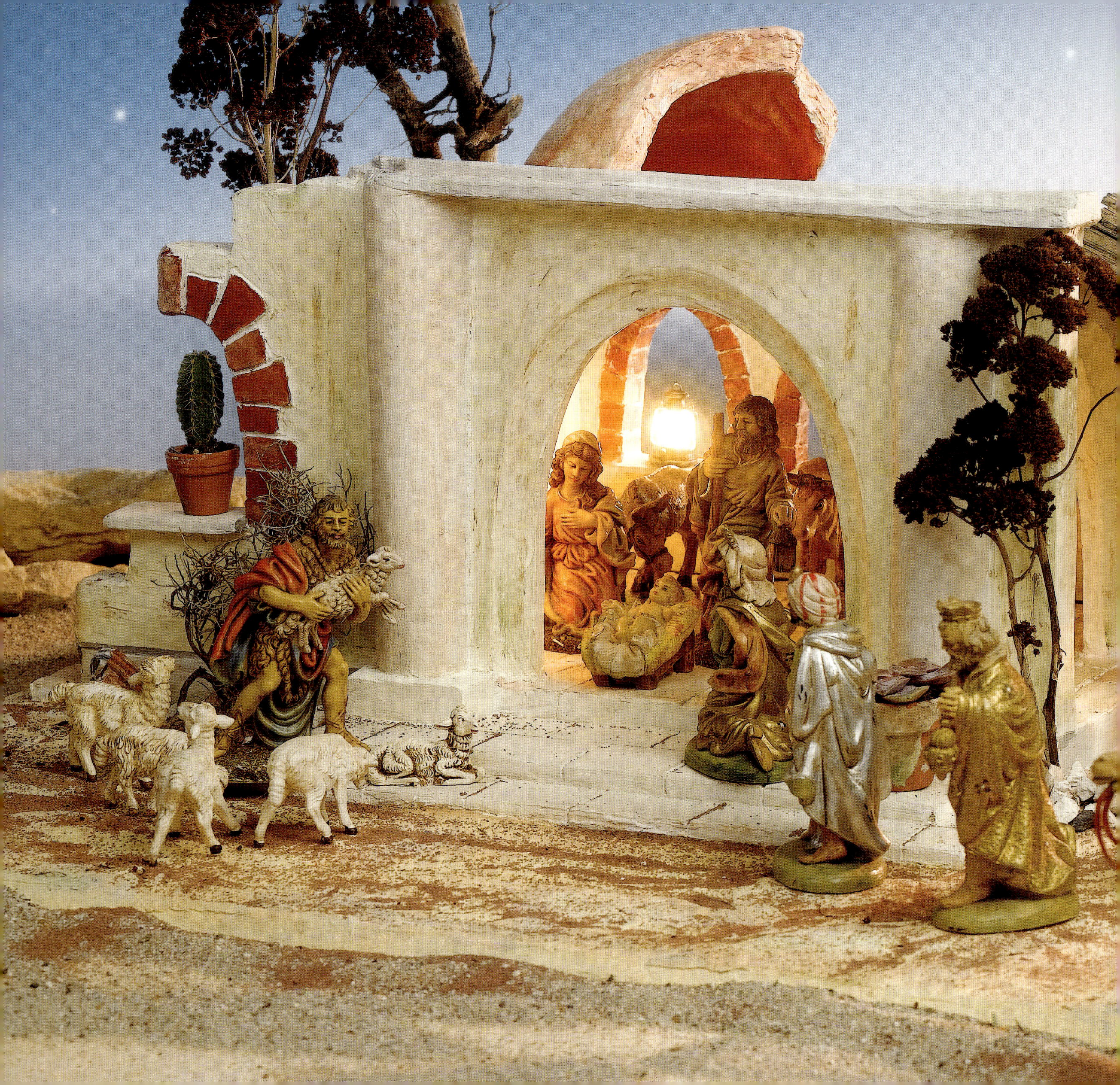

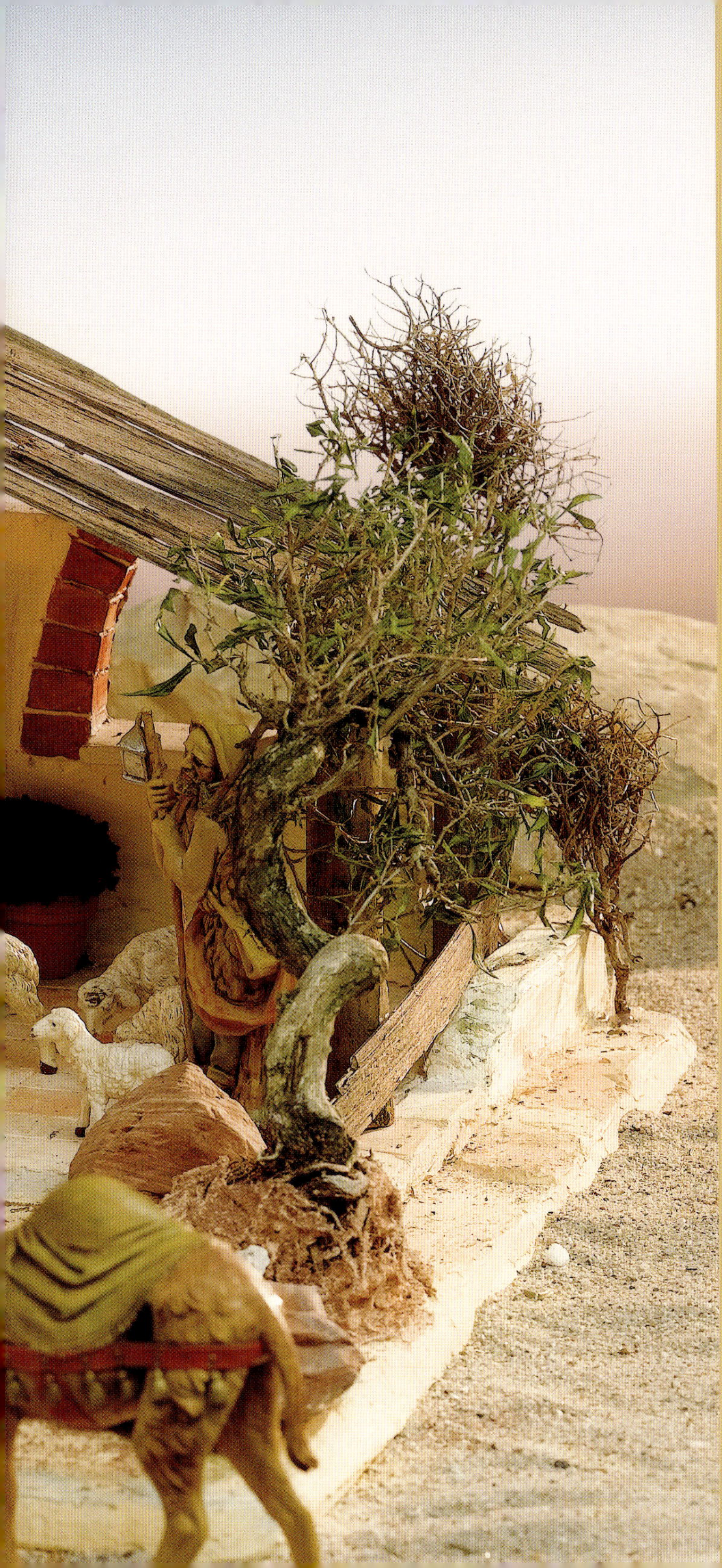

Orientalische Krippe

Eine orientalische Krippe bringt uns zur Weihnachtzeit den fremden Zauber und die Faszination des fernen Orients in unser Wohnzimmer. Sie ist mit antiken Elementen gebaut und wird gerne als Ruine dargestellt.

SCHWIERIGKEITESGRAD

● ● ●

MOTIVGRÖSSE

80 cm x 60 cm, ca. 35 cm hoch

FIGURENGRÖSSE

10 cm bis 13 cm

MATERIAL

- Pressspanplatten (siehe Stückliste)
- Vierkanthölzer aus Fichtenholz (siehe Stückliste)
- Leisten (siehe Stückliste)
- Rundholzstäbe (siehe Stückliste)
- Gips, ca. 500 g, z. B. Moltofil®
- Acrylfarbe in Rosa, Rot, Grau, Braun und Gelb
- Holzbeize in Dunkelbraun oder Grau
- ca. 40 Senkkopfschrauben, 15 mm x 3 mm und 35 mm x 3 mm
- Krippenleuchte mit Batterie
- Klebeband
- Styroporkleber
- Brettchen für Dach, 1 cm bis 3 cm breit, ca. 3 mm stark, 20 cm bis 25 cm lang

Tipp

Die in der Stückliste aufgeführten Holzbauteile können Sie im Baumarkt oder beim Schreiner erwerben und auf die vorgegebenen Maße schneiden lassen.

Die Adresse zum Bestellen eines kompletten Bausatzes für diese Krippe finden Sie auf Seite 156.

Stückliste

Nr.	Bezeichnung	Profil/Material	Maße in cm	Anzahl
1	Vorderseite	Brett/Pressspan	48 x 22 x 1	2
2	rechtes Seitenteil	Brett/Pressspan	27 x 19 x 1	2
3	Anbau rechts	Styrodur	15 x 17 x 2	1
4	linkes Seitenteil	Brett/Pressspan	25 x 19 x 1	2
5	Rückwand	Styrodur	33 x 19 x 2	1
6	Eingangsstufe	Brett/Pressspan	36 x 11 x 1	1
7	Eingangsstufe	Brett/Pressspan	31 x 7,5 x 1	1
8	Säule	Halbrund	ø 5 x 21	2
9	Säulensockel	Klotz	6 x 3 x 2	2
10	Sims über Eingang	Leiste	37 x 4,5 x 0,5	1
11	Sims über Eingang	Leiste	37 x 2,5 x 0,5	1
12	Dach	Brett/Pressspan	28 x 18 x 1	1
13	Fensterbretter	Leiste	7 x 3,5 x 0,5	5
14	Tragebalken Anbau rechts	Vierkant	2 x 2 x 12,5	2
15	Dachbalken	Rundholz	1,5 x 18	4
16	Grundplatte	Brett/Pressspan	49 x 29 x 2	1
17	Grundplatte	Brett/Pressspan	71 x 29 x 1	1
18	Grundplatte	Brett/Pressspan	78 x 57 x 1	1
19	Kugelsegment/ hohl	Styropor	ø ca. 25 cm	1

Montageskizze

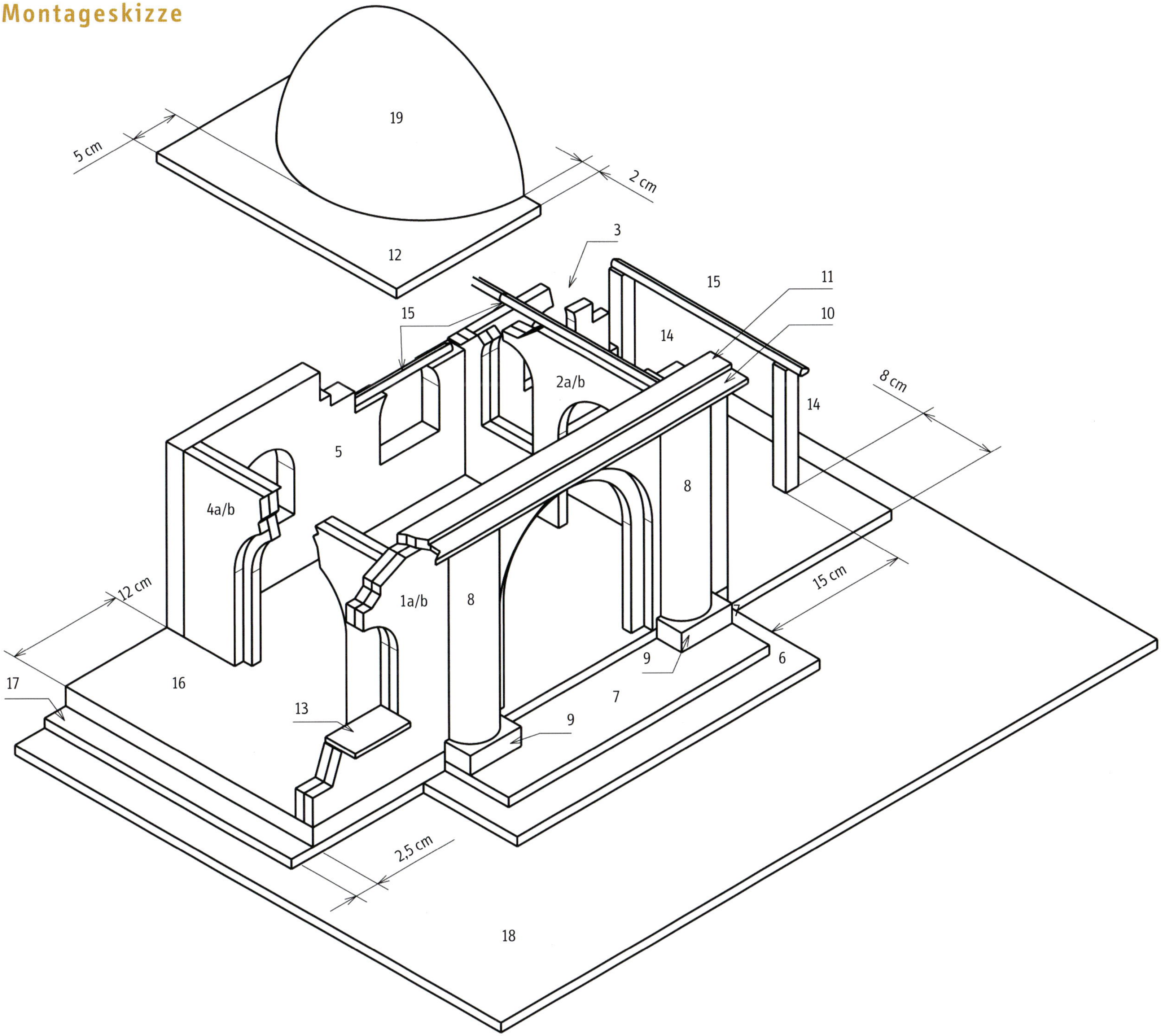

Arbeitsvorbereitung

Zum leichteren Auffinden der Bauteile beim Zusammenbau empfiehlt es sich zunächst, diese entsprechend der Stückliste mit Bleistift zu nummerieren (z. B. Vorderseite 1a+1b)

Vorderseite

Teil 1: 49 cm x 22 cm x 1 cm

1 An beiden Vorderseiten (1a + 1b) die Tore entsprechend der Bemaßung in der Skizze mit der Stichsäge ausschneiden

2 Beide Vorderseiten kantengenau aufeinanderleimen und mit fünf bis sechs Senkkopfschrauben (15 mm x 3 mm) miteinander verschrauben.

3 Anschließend das Fenster entsprechend der Bemaßung mit Bleistift aufzeichnen und mit der Stichsäge ausschneiden.

4 Abgebrochene, eingestürzte Mauerteile links aufzeichnen und mit der Stichsäge ausschneiden.

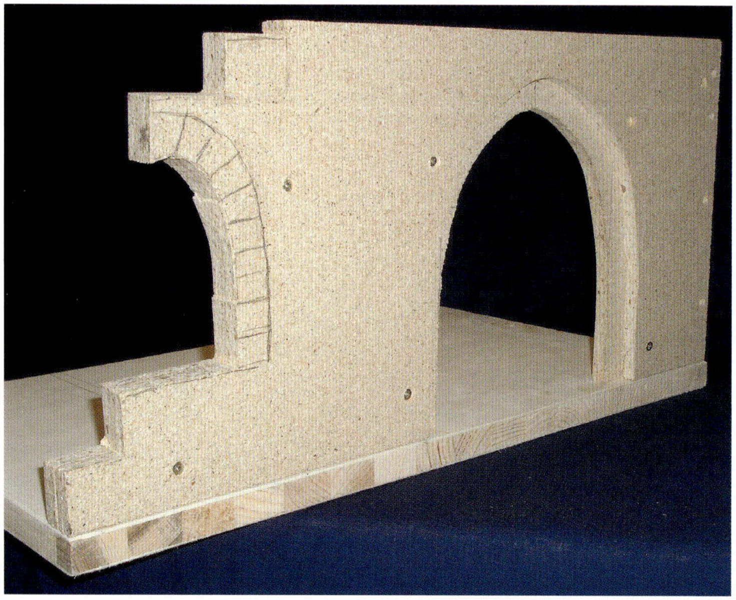

Vorderteil 1a + 1b

1a

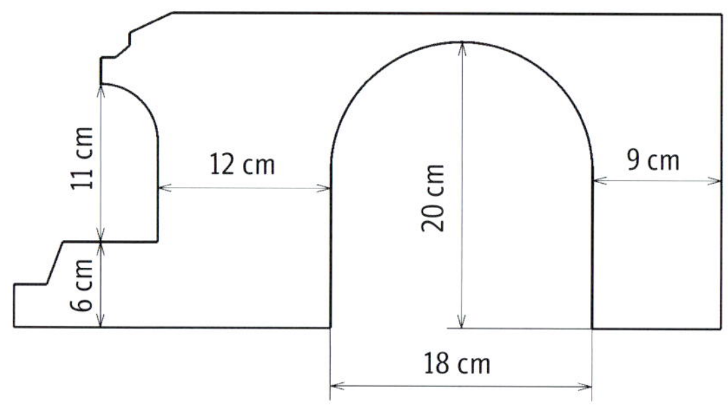

1b

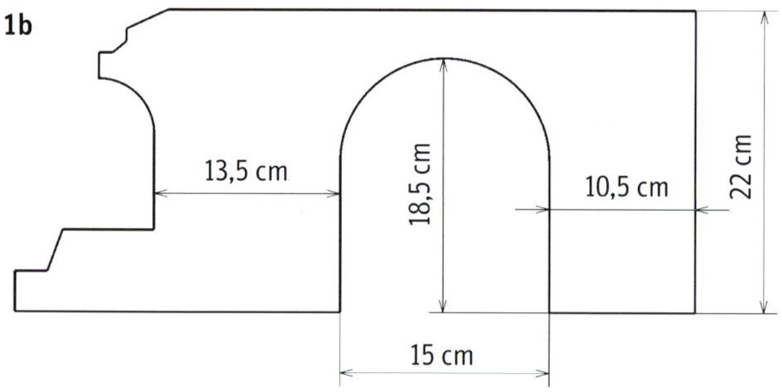

Rechtes Seitenteil

Teil 2: 27 cm x 19 cm x 1 cm

1 An beiden Seitenteilen (2a + 2b) die Tore entsprechend der Bemaßung mit der Stichsäge ausschneiden.

2 Die Seitenteile wie beim Vorderteil kantengenau aufeinanderleimen und mit fünf bis sechs Senkkopfschrauben (15 mm x 3 mm) verschrauben.

3 Wie beim Vorderteil das Fenster entsprechend der Bemaßung sowie die Mauerteile ausschneiden. Abgebrochene, eingestürzte Mauerteile können beliebig dargestellt werden.

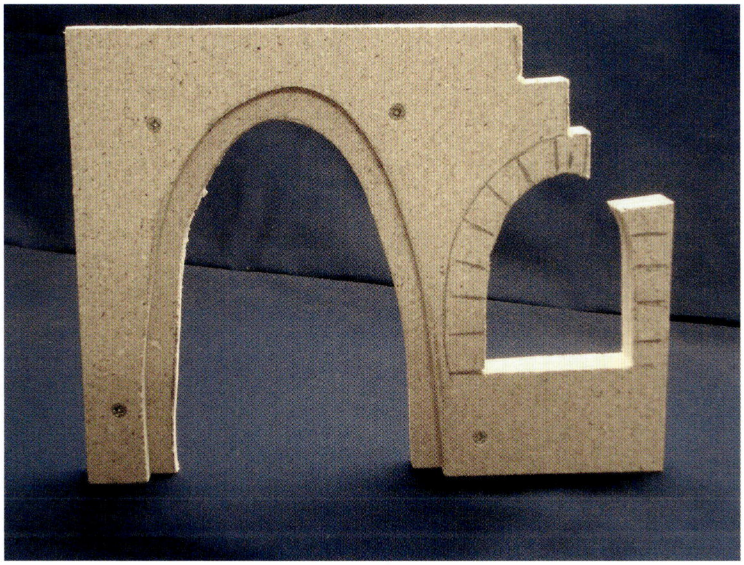

Rechtes Seitenteil 2a + 2b

2a

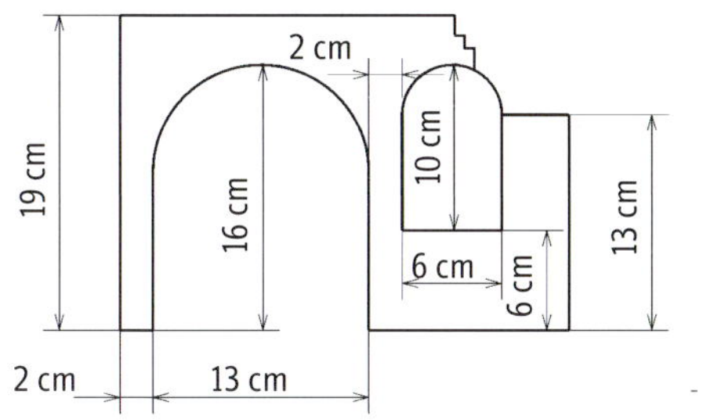

2b

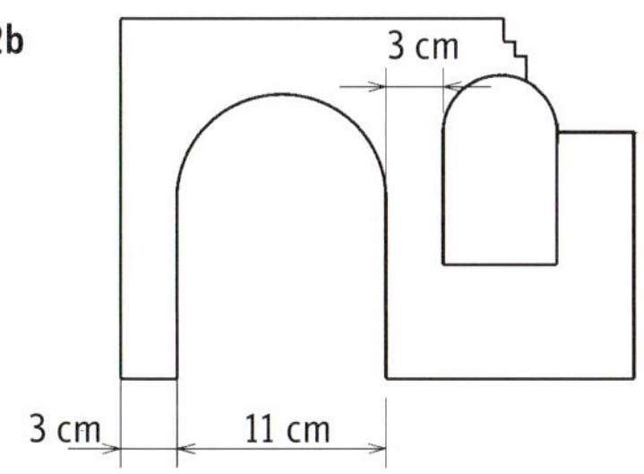

Linkes Seitenteil

Teil 4: 25 cm x 19 cm x 1 cm

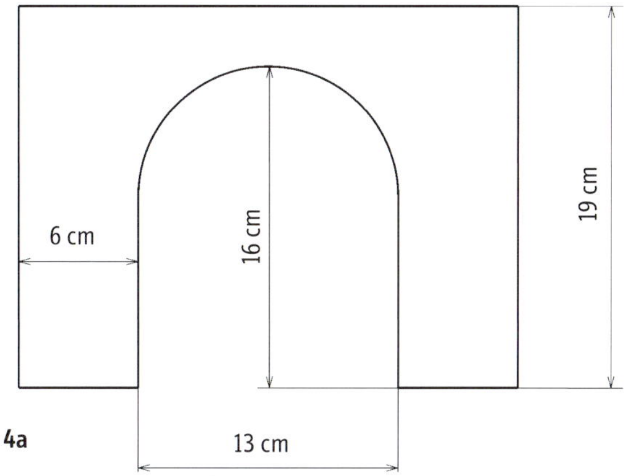

4a

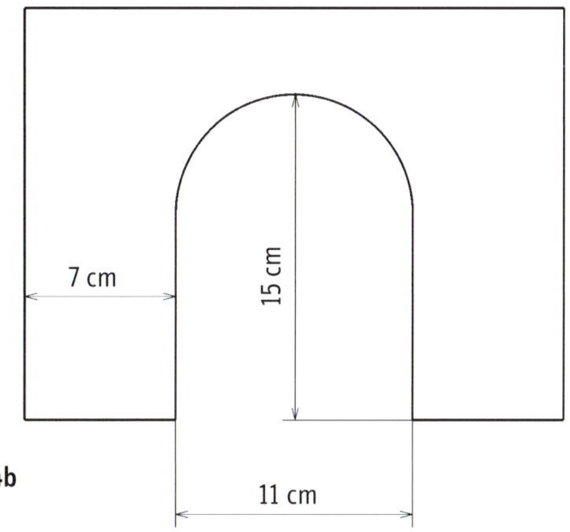

4b

Beim linken Seitenteil Nr. 4a und 4b die Tore entsprechend der Bemaßung in der Skizze ausschneiden und wie beim Vorderteil und dem rechten Seitenteil zusammenfügen.

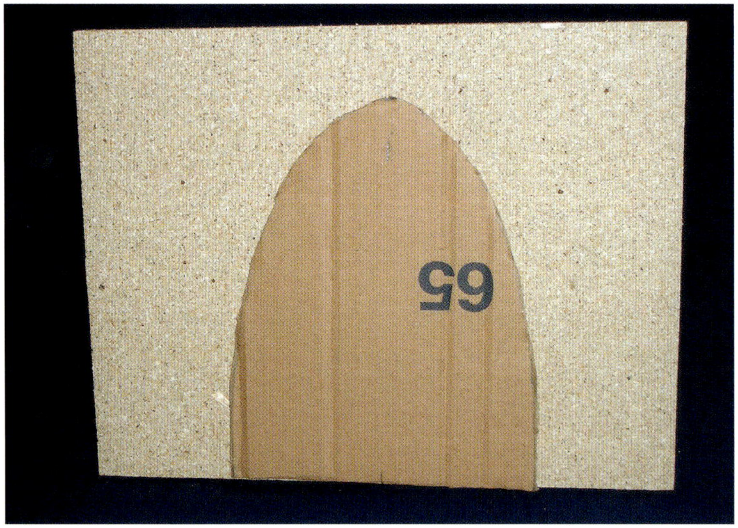

Linkes Seitenteil

Rückwand

Teil 5: 33 cm x 19 cm x 2 cm

Bei der Rückwand Nr. 5 entsprechend der Bemaßung in der Skizze Fenster und eingestürztes Mauerwerk aufzeichnen und ausschneiden. Die Rückwand kann beliebig auch mit drei Fenstern dargestellt werden.

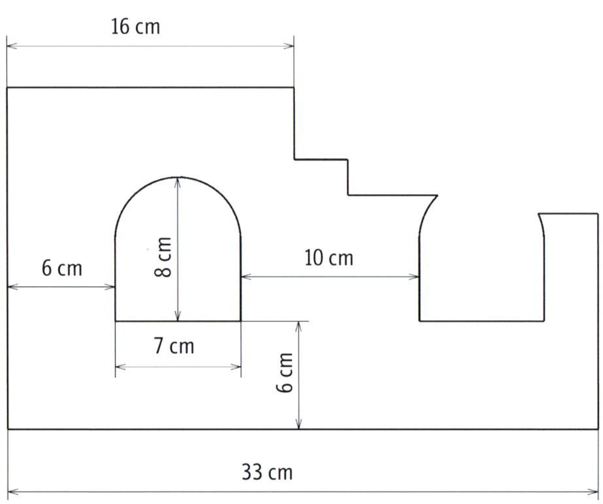

Rechter, hinterer Anbau

Teil 3: 17 cm x 15 cm x 2 cm

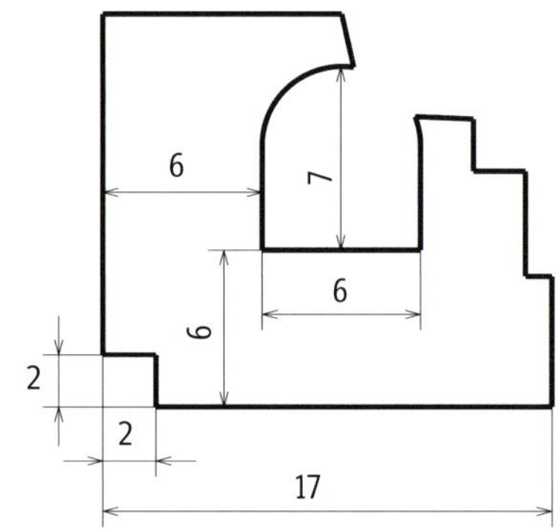

Beim Anbau rechts hinten (Nr. 3) die Fenster entsprechend der Bemaßung sowie die eingestürzte Mauer mit der Stichsäge aussägen. Eingestürzte Mauerteile nach Geschmack darstellen.

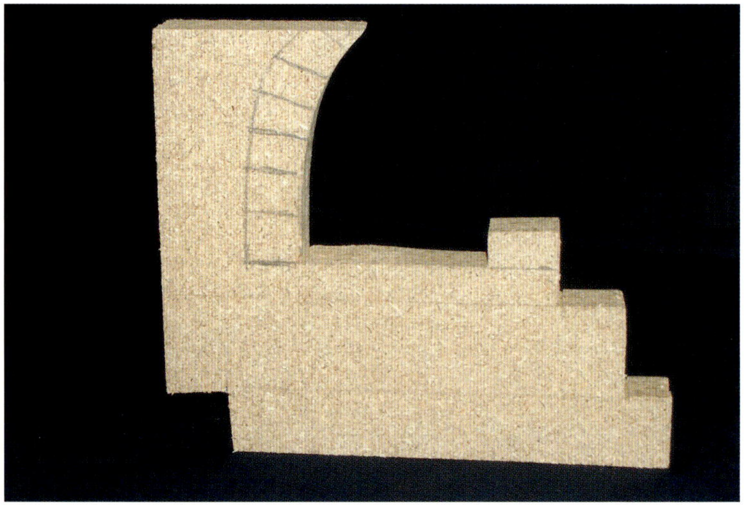

Rechter, hinterer Anbau

Fensterausschnitte

1 Fensterbretter Nr. 13 einpassen und mit Heißkleber oder Leim auf die ausgeschnittenen Fensterbänke kleben.

2 Beinahe alle Holzbauteile (Wände und Grundplatten) werden mit Gips bestrichen. Holzleim mit Wasser verdünnen und damit alle zu vergipsenden Bauteile unmittelbar vor dem Vergipsen einstreichen.

3 Für die Gipsmasse Gips mit einer etwas längeren Verarbeitungszeit (ca. 1 Stunde) verwenden. Den Gips mit Wasser zu einer cremigen Masse anrühren und etwas Holzleim hinzufügen. Zum Auftragen einen schmalen und einen etwas breiteren Spachtel verwenden.

4 Zur Darstellung von Ziegelsteinen um die Fensterausschnitte zunächst eine ca. 2 cm breite und 1 mm dicke Gipsschicht um die Fensterausschnitte auftragen. Die Gipsschicht gut antrocknen lassen.

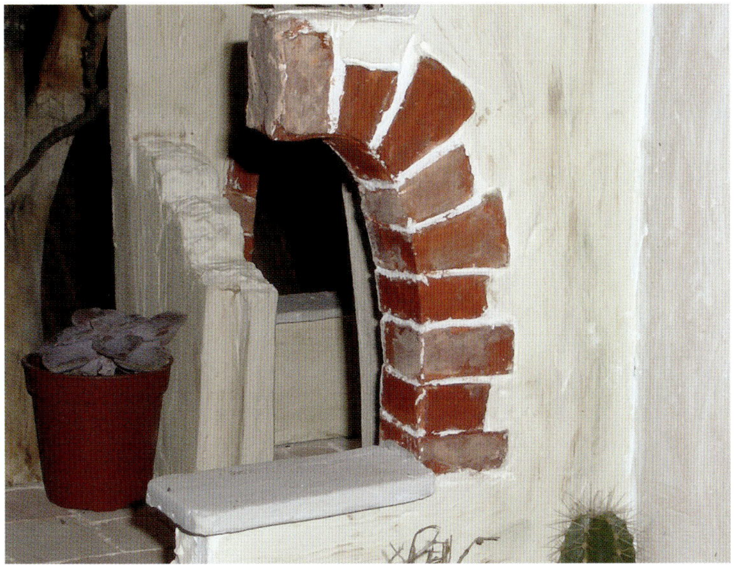

Vergipstes Fenstersegment der Vorderseite

5 Auf diese Schicht eine weitere, ca. 3 mm starke Gipsschicht auftragen.

6 Diese Gipsschicht etwas antrocknen lassen (ca. eine Stunde) und dann mit einem Nagel und einem schmalen Spachtel Steine darstellen.

Montage der Wände Nr. 1 und Nr. 2 auf der Grundplatte

1 Zunächst die Vorderseite Nr. 1 längs, bündig mit der vorderen Schnittkante der Grundplatte Nr. 16, von der Unterseite der Grundplatte mit drei bis vier Senkkopfschrauben (3 mm x 35 mm) verbinden.

2 Das rechte Seitenteil Nr. 2 mit seiner Stirnseite im rechten Winkel zur Vorderseite mit dieser verschrauben. Das Seitenteil 2 cm von der Schnittkante der Grundplatte Nr. 16 nach links einrücken.

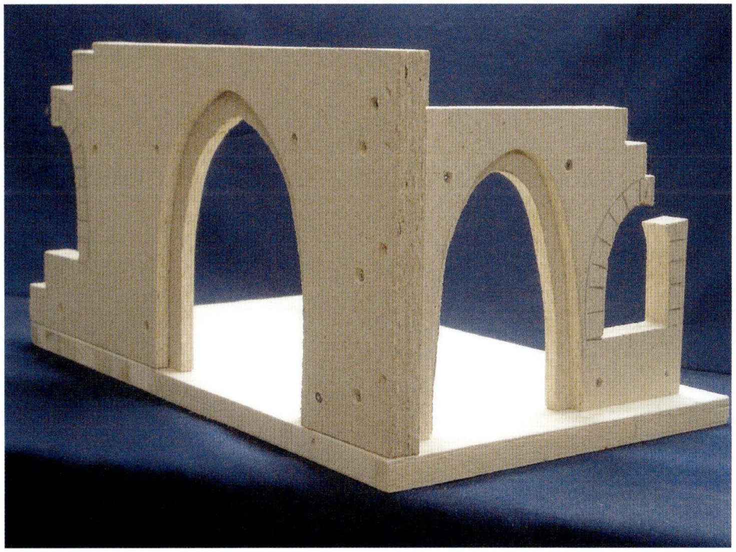

Gestaltung des Bodens

1 Die gesamte Grundplatte Nr. 16 mit Leimwasser einstreichen. Nach dem Antrocknen mit einer ca. 2 mm starken Gipsschicht bestreichen.

2 Nach dem Antrocknen des Gipses, nach ca. einer Stunde, mit einem Nagel einzelne Platten in den Gips ritzen.

3 Die Plattenfugen nach dem vollständigen Trocknen nachziehen. Lose Teile und Ränder mit einem Spachtel abschaben bzw. mit Schleifpapier bearbeiten.

4 Anschließend einzeln die Platten mit rosa, roter und gelber Acrylfarbe mit einem kleinen Pinsel sorgfältig bemalen. Die Farben stark mit Wasser verdünnen. Vorher Probeanstriche durchführen.

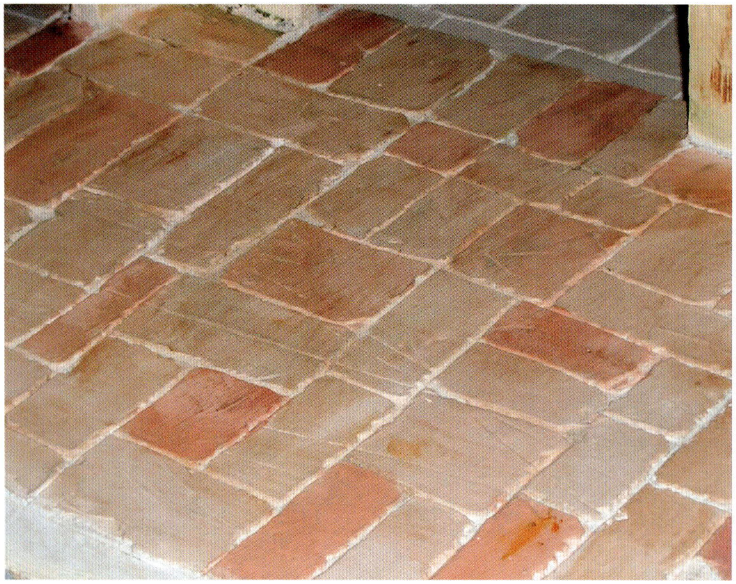

Vergipsen der Wände

1 Vor dem Vergipsen der Wände kann das linke Seitenteil zum Darstellen einer teilweise eingestürzten Wand am Torbogen noch in zwei Teile geschnitten werden (siehe Montageskizze Seite 119). Die Teile an der Rückwand bzw. der Vorderseite befestigen. Einen Teil mit seiner Stirnseite im rechten Winkel mit der Rückwand Nr. 5 verschrauben. Den anderen Teil mit seiner Stirnseite rechtwinklig mit der Vorderseite verschrauben. Der Abstand zur linken Schnittkante der Grundplatte Nr. 16 beträgt 12 cm.

2 Mit dem Vergipsen der Wände an den Toröffnungen der Vorderseite und der Seitenteile anfangen. Zunächst die Schnittkanten der Tore mit Gipsmasse bestreichen und mit den Fingern zwischen den Schnittkanten eine Hohlkehle formen. Die Gipsmasse sollte dafür etwas „strenger“, das heißt etwas angetrocknet, sein. Die Finger mit Wasser befeuchten.

3 Anschließend werden – mit Ausnahme der Vorderfront der Vorderseite – alle Wände, auch die Rückwand, mit dem Seitenteil und der rechte Anbau beidseitig mit einer 1 mm bis 2 mm dicken Gipsschicht bestrichen. Die Fensterbretter mit bestreichen.

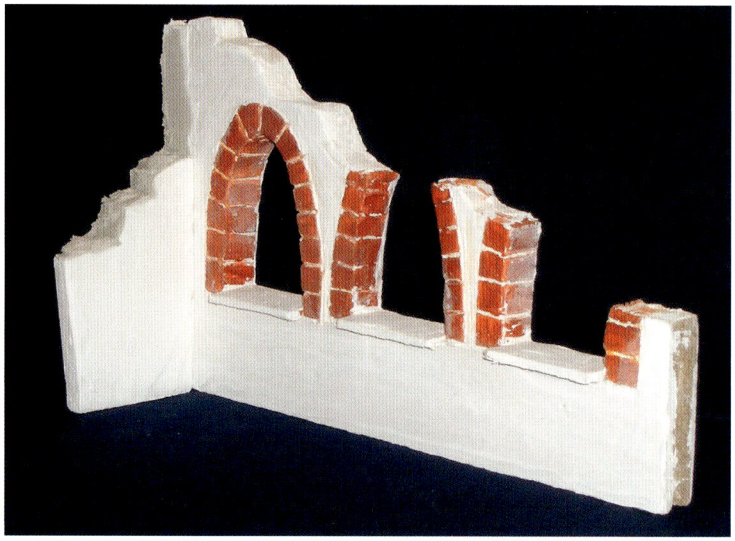

Rückwand mit drei Fenstern und einem Teil des linken Seitenteils

Beleuchtung

1 Für das Elektrokabel der Beleuchtung in der Ecke des linken Seitenteils und der Vorderseite innen ein Loch in die Grundplatte bohren (ø 10 mm).

2 Auf der Unterseite der Grundplatte von dieser Bohrung zum hinteren Rand der Grundplatte eine ca. 1 mm tiefe Nut für das Elektrokabel der Beleuchtung schneiden. Dafür sind eine Handkreissäge, ein Fuchsschwanz oder ein Stemmeisen geeignet.

3 Für den Einbau der Beleuchtung die 3-W-Lampe ca. 18 mm über der Bohrung an der Innenseite der Vorderwand anbringen. Das Elektrokabel mit Klebeband oder mit Heißkleber in der Nut fixieren.

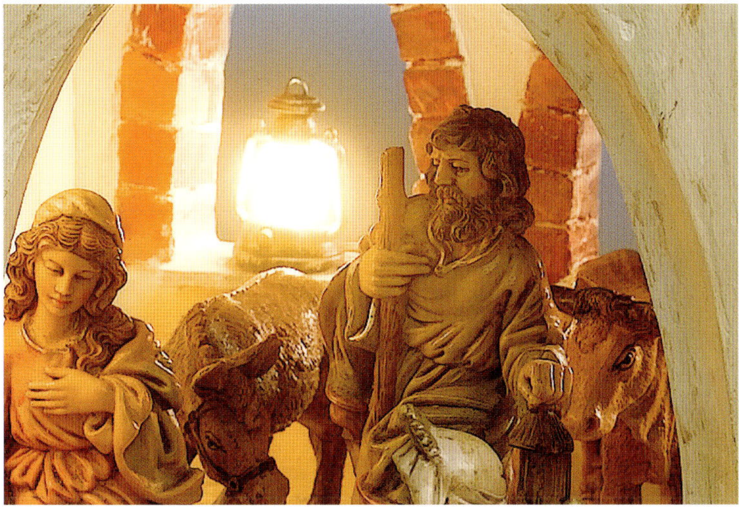

Montage der Grundplatte

1 Das Grundgerüst mit Grundplatte auf Grundplatte Nr. 17 stellen, ausrichten und mit fünf bis sechs Schrauben von unten miteinander verschrauben. Hintere und vordere Schnittkante sind bündig, die Grundplatte Nr. 17 hat rechts einen Überstand von 19 cm.

2 Den rechten, linken und vorderen Rand der Grundplatte Nr. 18 mit einer Stichsäge anschrägen (ca. 45°).

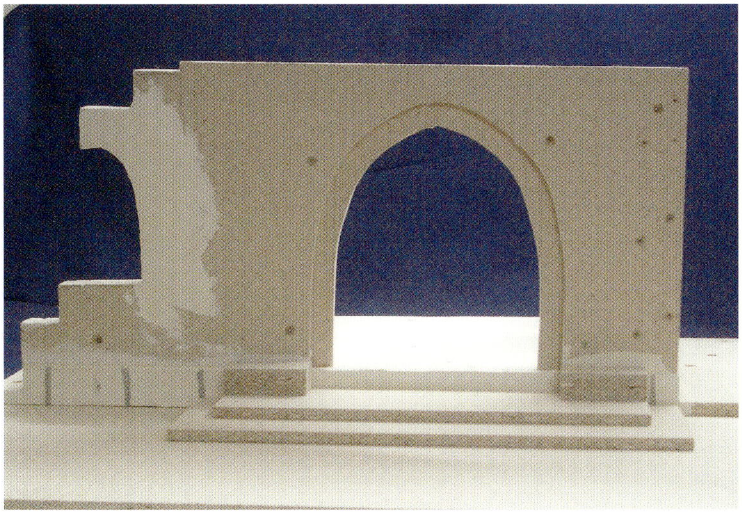

3 Das Grundgerüst mit den Grundplatten Nr. 16 und Nr. 17 auf Grundplatte Nr. 18 stellen. Hinten wieder bündig ausrichten, links und rechts mit ca. 3,5 cm Überstand. Von der Unterseite wieder zusammenschrauben.

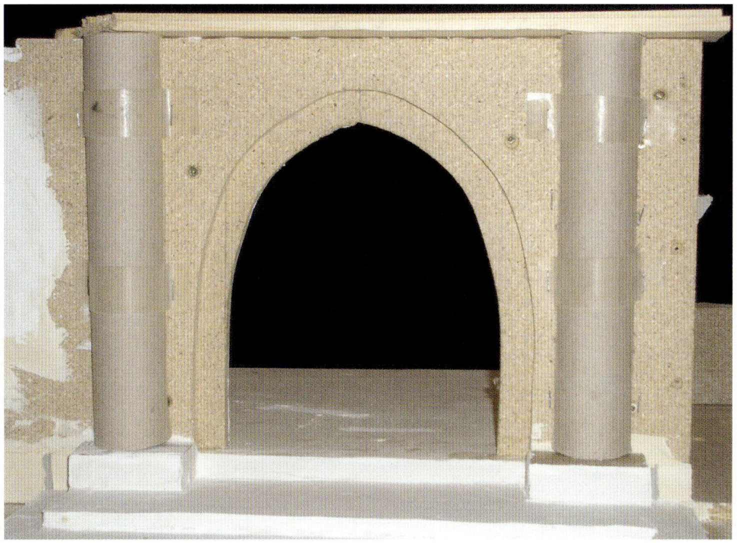

Gestaltung der Vorderfront

1 Die Eingangsstufe Nr. 6 mittig vor dem Tor auf Grundplatte 18 festschrauben (Senkkopfschraube 3 mm x 15 mm), darauf die Eingangsstufe Nr. 7 mittig festschrauben.

2 Auf der Eingangsstufe Nr. 7 die beiden Säulensockel Nr. 9 links und rechts bündig mit der Stufenkante befestigen.

3 Die beiden Säulen Nr. 8 auf die Sockel stellen und an der Vorderfront mit jeweils zwei Senkkopfschrauben befestigen.

4 Als Sims über dem Eingang quer über die beiden Säulen und die obere Schnittkante der Vorderfront zuerst die Leiste Nr. 10 und dann die Leiste Nr. 11 festschrauben.

5 Die gesamte Vorderfront einschließlich des Simses, der Säulen, der Säulensockel, der Treppenstufen und dem Fenster mit Leimwasser bestreichen. Anschließend alles mit einer 1 mm bis 2 mm starken Gipsschicht bestreichen. Um möglichst glatte Wände zu erhalten, nach dem Antrocknen des Gipses mit befeuchteten Fingern noch etwas glätten.

6 Die Treppenstufen werden mit Platten belegt dargestellt (siehe dazu Seite 108). Sichtbare Mauersteine um das Fenster nach Anleitung im Abschnitt „Fensterausschnitt“ formen.

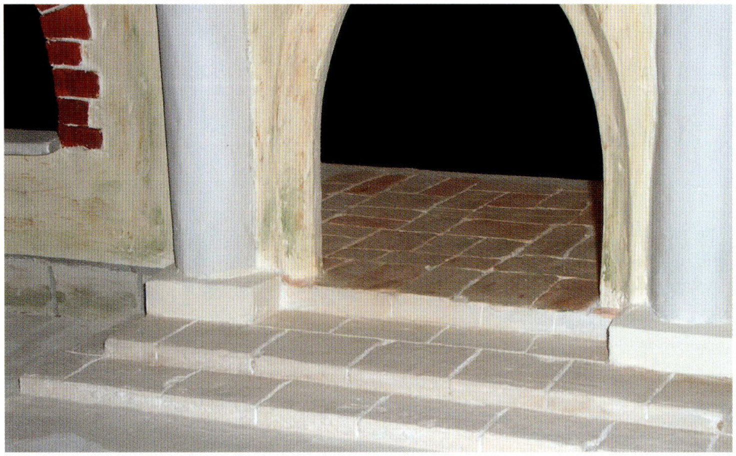

7 Die gesamte Grundplatte Nr. 18 – nicht den rechten Teil der Grundplatte Nr. 17 – mit Leimwasser einstreichen und dann mit Gips bestreichen. Um Felsplatten darzustellen, sollte der Gipsauftrag unregelmäßig stark sein (1 mm bis 5 mm) und erkennbare Schichten aufweisen. Dem Gips können auch Sägespäne oder dergleichen beigemengt werden. Zur Darstellung von Stein- und Felsplatten können auch Teile von Kieferrinde in die Gipsschicht eingedrückt oder eingearbeitet werden.

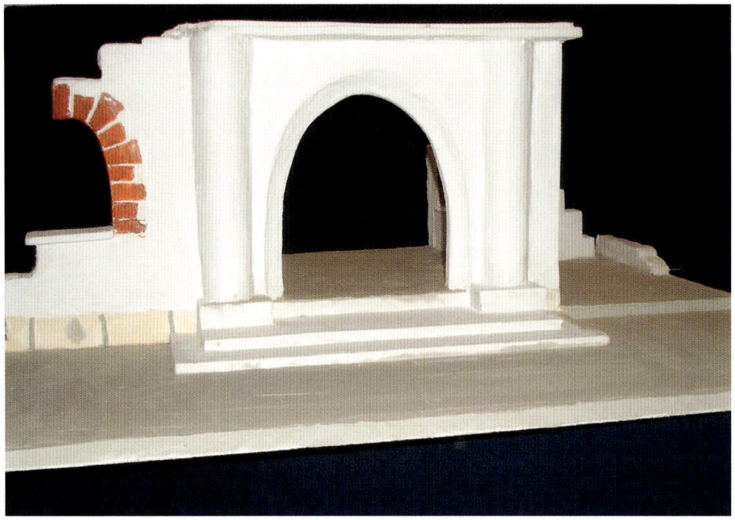

Rechter Anbau

1 Das fertig vergipste rechte Anbauteil Nr. 3 links unten an der Ecke so ausschneiden, dass es mit seiner Stirnseite mit dem rechten Seitenteil Nr. 2 und der Grundplatte Nr. 17 hinten bündig verschraubt werden kann (Senkkopfschrauben). Die Schraubenbohrungen an der Innenseite des Seitenteils Nr. 2 ansenken (siehe Glossar).

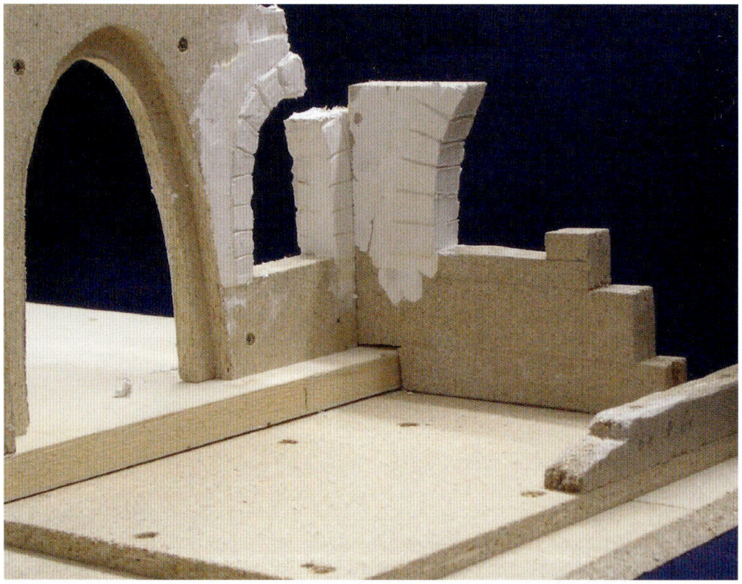

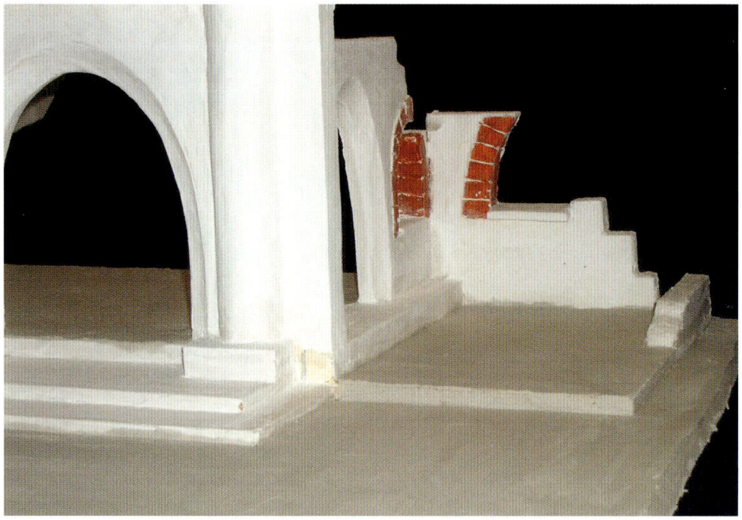

2 Die Grundplatte Nr. 17 des rechten Anbaues mit Leimwasser bestreichen. Anschließend mit einer ca. 2 mm starken Gipsschicht bestreichen und als Plattenboden gestalten (siehe Grundplatte Nr. 16.

3 Nach dem vollständigen Trocknen und der Bemalung auf den Platten rechts hinten und rechts vorne die beiden Tragebalken Nr. 14 für das Dach des Unterstandes von unten auf der Grundplatte Nr. 17 verschrauben. Der Abstand nach links zur Grundplatte Nr. 16 beträgt ca. 15 cm.

Kuppel

1 Für die halb eingestürzte Kuppel die hohle Styropor-Halbkugel mit einem Messer nochmals unregelmäßig teilen.

2 Die Styroporkuppel auf dem Dachbrett Nr. 12 entsprechend der Bemaßung in der Montageskizze ausrichten, die Rundung der Kuppel auf dem Dachbrett mit Bleistift aufzeichnen und anschließend mit der Stichsäge ausschneiden.

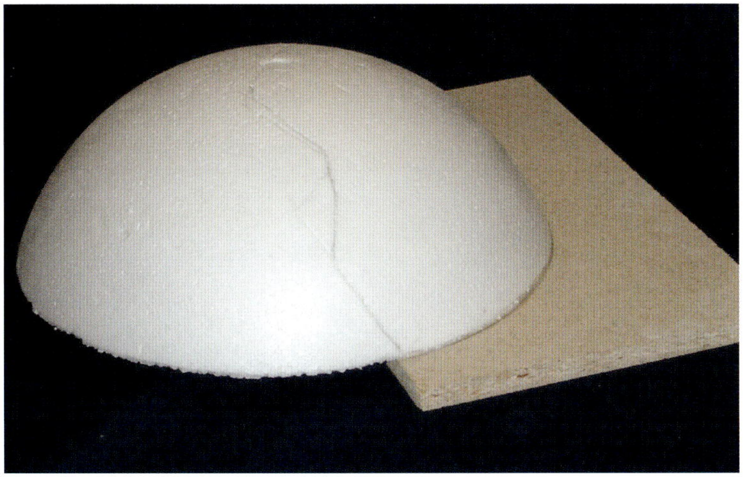

3 Anschließend die Styroporkuppel entsprechend des Ausschnittes mit Styroporkleber oder einem anderen styroporgeeigneten Klebstoff auf das Dach kleben.

4 Nachdem die Teile festgeklebt sind, Dach und Kuppel (auch die Schnittkanten) mit einer 1 mm bis 2 mm starken Gipsschicht bestreichen. Die Kuppel nach dem Antrocknen mit der nassen Hand noch etwas modellieren.

5 Die farbliche Gestaltung der Kuppel ist auf den folgenden Seiten beschrieben. Die Dachkuppel erst nach der Bemalung der gesamten Krippe aufschrauben.

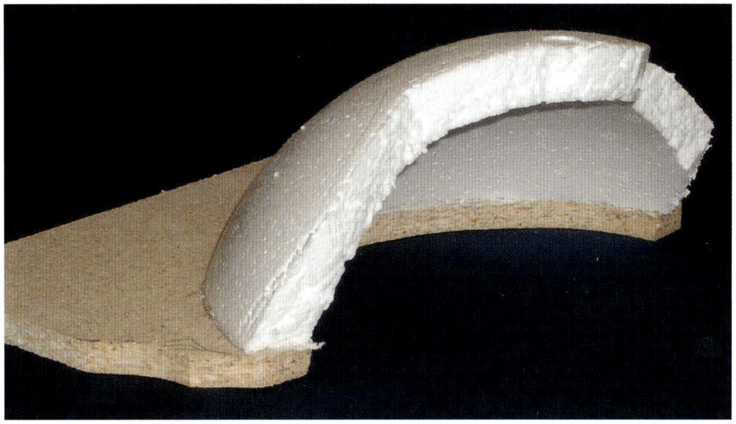

Farbliche Gestaltung

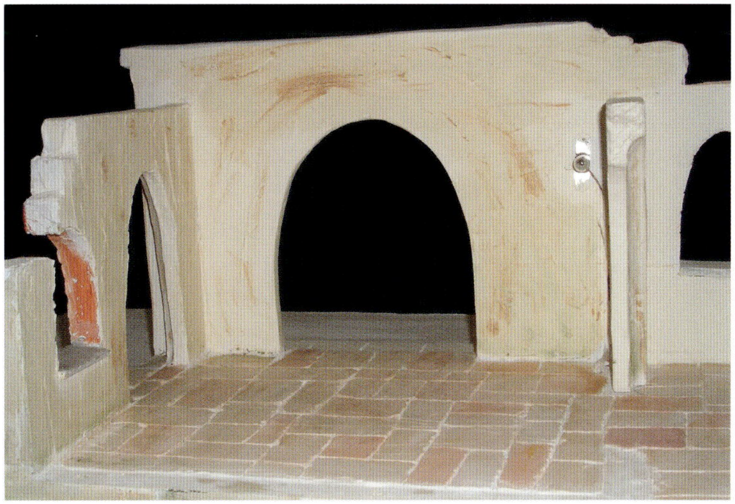

Vorderfront innen mit Beleuchtung rechts

1 Bei der Farbgestaltung der Krippe an der Abbildung orientieren. Damit die Farben nicht zu kräftig sind, sollten sie stark mit Wasser verdünnt werden. In jedem Falle vorher einen Probeanstrich durchführen.

2 Für die Mauern einen blassen Gelbton verwenden, der verschiedene Schattierungen haben kann.

3 Das Dach mit der Kuppel sehr hell mit grauen Schattierungen bemalen. Die Kuppel innen in einem kräftigen Rotton streichen. Außen kann der Anstrich etwas verblichen wirken.

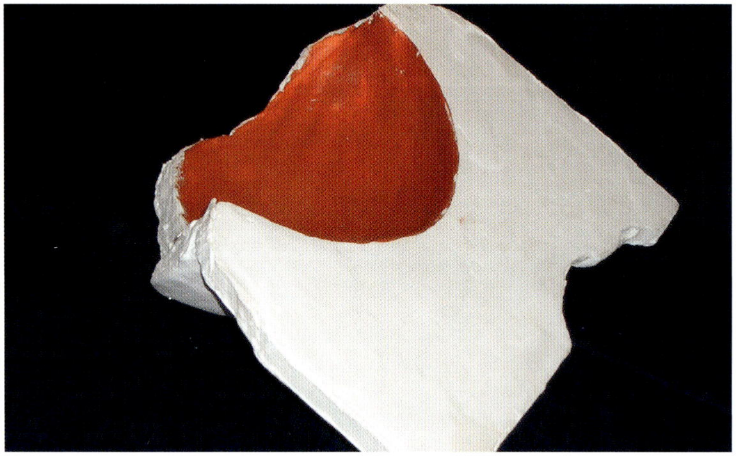

4 Die Fußbodenplatten im Innenbereich sind bereits in verschiedenen Rot- und Gelbtönen gestaltet. Die Treppenstufen außen in verschiedenen Grautönen streichen. Die Ziegel- und Mauersteine um die Fenster in verschiedenen Rottönen bemalen. Zur Gestaltung des Vorplatzes (Grundplatte Nr. 18) Braun-, Gelb- und Rottöne ineinander laufen lassen.

5 Im Innenbereich der Krippe und der noch nicht montierten Rückwand mit dem Anstrich beginnen.

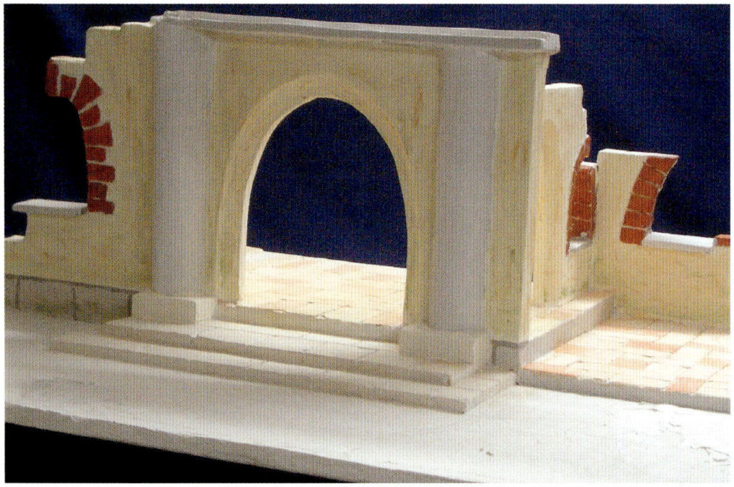

Tipp
Anstatt Acrylfarbe können Sie auch Abtönfarbe verwenden, sie ist etwas günstiger.

Montage Rückwand

Vor dem weiteren Anstrich die Rückwand montieren. Sie wird rechts stirnseitig mit Heißkleber oder Leim am rechten Seitenteil befestigt und von unten mit der Grundplatte verschraubt (Senkkopfschrauben).

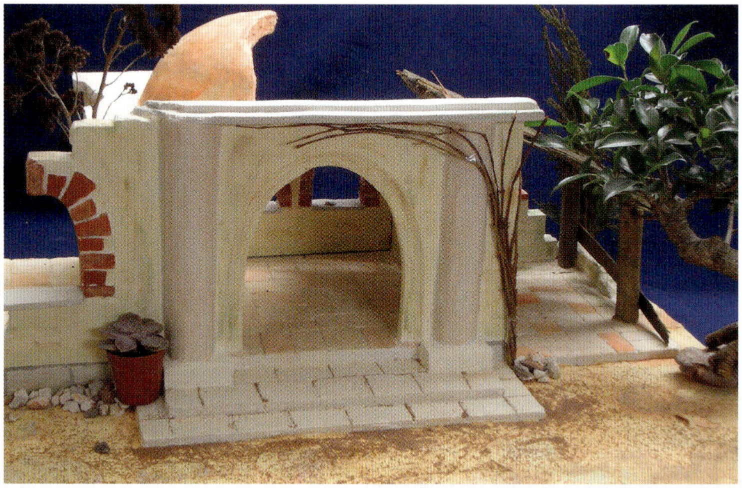

Dachmontage

1 Das Dachteil mit der Kuppel auf die linke Gebäudeseite legen und von oben mit dem linken Seitenteil und der Rückwand verschrauben (Senkkopfschrauben). Der seitliche Überstand links beträgt 1 cm bis 2 cm.

2 Einen der längeren Dachbalken Nr. 15 an der Innenseite der Vorderfront quer vom Dach zum rechten Seitenteil legen, dort auflegen und mit Heißkleber oder Leim festkleben.

3 Einen weiteren Dachbalken Nr. 15 auf der Rückwand zum rechten Seitenteil bzw. zum Anbau rechts legen und ebenfalls darauf festkleben.

4 Einen Dachbalken Nr. 15 auf den beiden Tragebalken rechts im Anbau befestigen und einen weiteren Dachbalken Nr. 15 der Länge nach auf dem rechten Seitenteil befestigen.

5 Als Dacheindeckung für den Anbau drei bis fünf Holzbrettchen über die Dachbalken auf dem rechten Seitenteil und auf den beiden Tragebalken Nr. 14 legen und festkleben. Die Dacheindeckung vorher mit braungrauer Holzbeize streichen.

6 In gleicher Weise die Dacheindeckung über die beiden Dachbalken Nr. 15 für ein Bretterdach über dem nach oben offenen Gebäudeteil gestalten. Damit ist Ihre orientalische Krippe fertig.

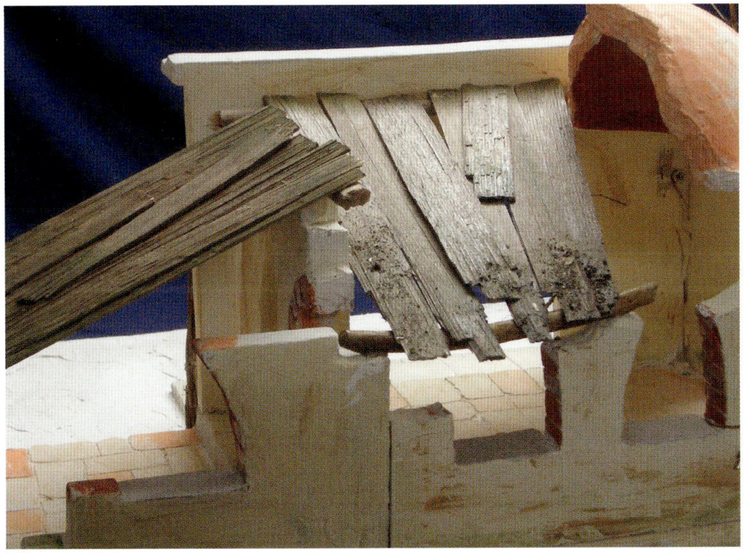

Gestaltung des Außenbereichs

1 Bei der Gestaltung des Außenbereichs wurde im Modell eine Wurzel von einem Wurzelstock als Baum verwendet. Die Wurzel von unten an der Grundplatte festschrauben.

2 Als zweiter Baum einen Bonsai verwenden. Die Erde entfernen und teilweise im Außenbereich mit Gips befestigen.

3 Zur Darstellung von Felsen und Steinen die Rinde von Kiefern oder echte Steine verwenden. Besonders schöne „Felsen" sind im Aquarien-Fachhandel erhältlich.

Tipp

Geeignete Materialien zur weiteren Gestaltung des Außenbereichs können Sie bei einem Spaziergang in der Natur oder im Bastelgeschäft ausreichend finden. Im Internet finden Sie auf Modellbau oder Krippen spezialisierte Händler.

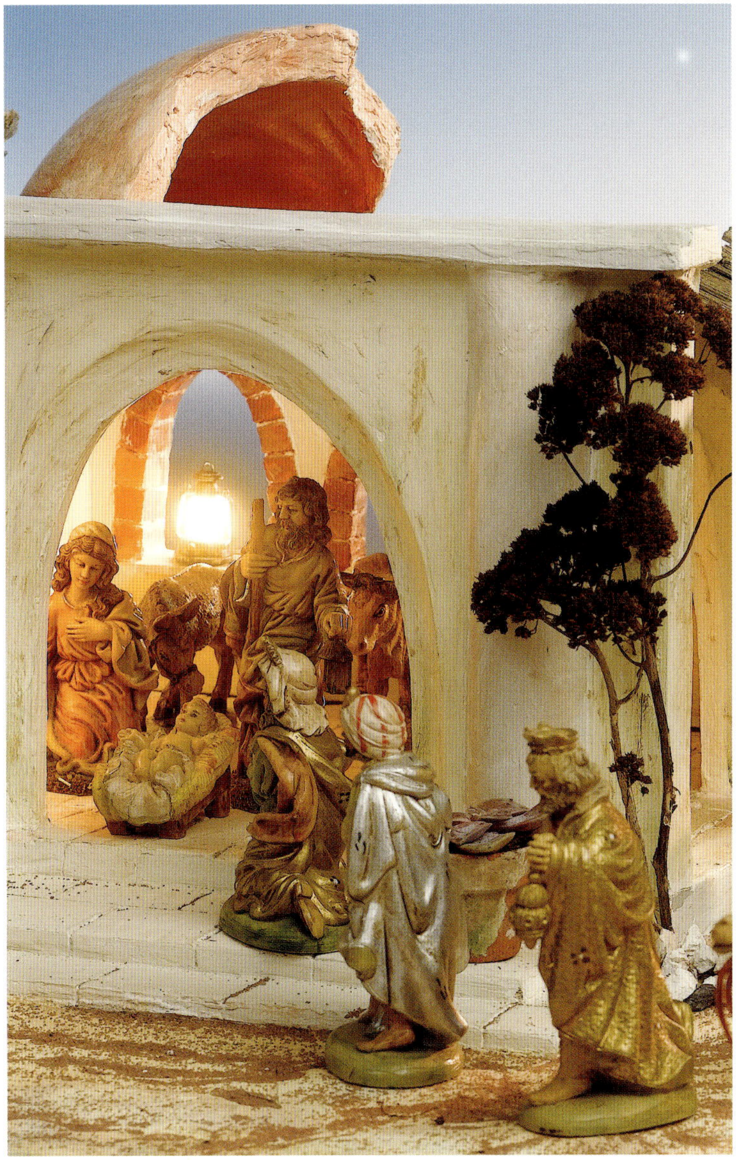

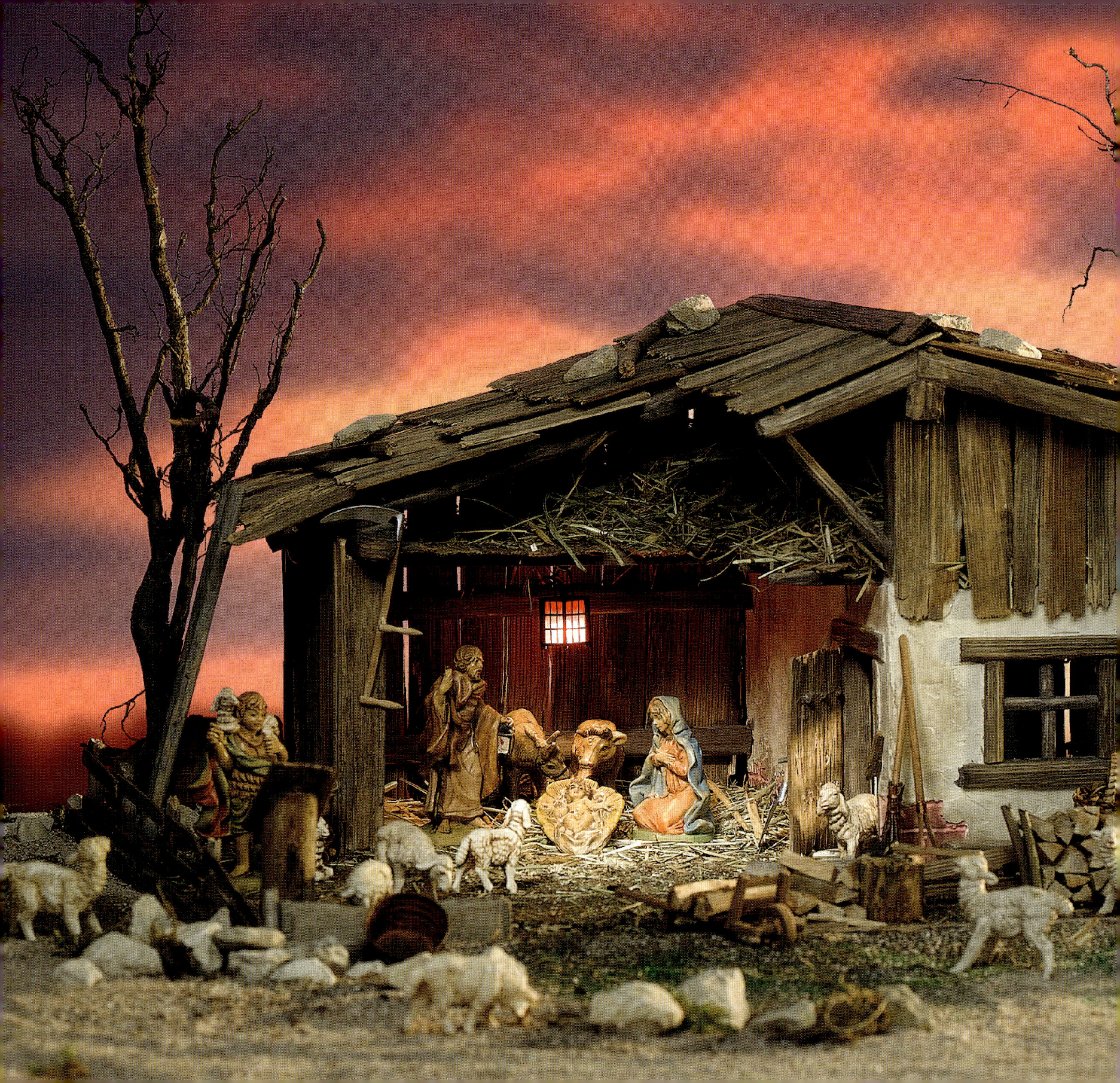

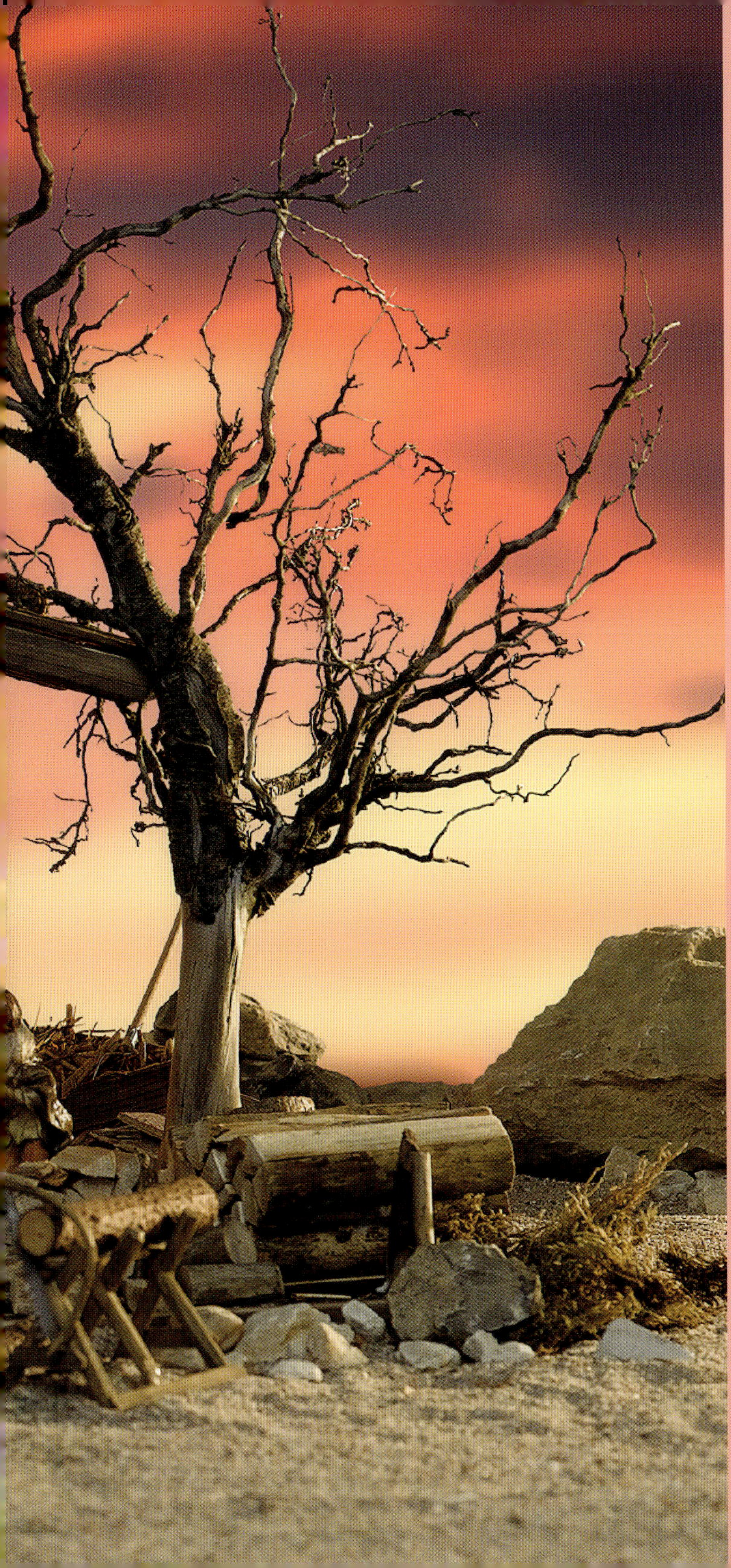

Krippe Brauneck

Die Krippe besteht aus einem Stallgebäude, einem darüber liegenden Heuboden sowie einer seitlich zurückversetzt angebrachten Scheune, die nach vorne offen ist. Das Satteldach ist als nach links verlaufendes Schleppdach ausgebildet und mit Schindeln eingedeckt. Diese Form entspringt zwar der Fantasie, sie könnte jedoch in den Alpenländern so angetroffen werden.

SCHWIERIGKEITESGRAD

● ● ○

MOTIVGRÖSSE

43 cm x 29 cm, ca. 28 cm hoch

FIGURENGRÖSSE

ca. 10 cm bis 12 cm

MATERIAL

- Vierkanthölzer und Pressspan (siehe Stückliste)
- ca. 250 ml Wachsbeize
- ca. 50 Holzschrauben (Senkkopf 35 x 3 mm)
- Holzschleifpapier
- ggf. kleine Packung Gips, z. B. Moltofil®
- ggf. kleine Packung Tapetenkleister
- ggf. engmaschiges Drahtgeflecht (Hasenstallgitter)
- Drahtbürste
- Seitenschneider
- Metermaß
- sonstiges haushaltsübliches Kleinwerkzeug

ZUSÄTZLICH FÜR DIE GESTALTUNG DER GRUNDPLATTE

- Streumaterial (z. B. vom Modelleisenbahnbau)
- fein zerriebene, trockene Baumrinde
- Heu und Stroh
- ggf. Steine für die Stallwände

Die Adresse zum Bestellen eines kompletten Bausatzes für diese Krippe finden Sie auf Seite 156.

Stückliste für beide Varianten (mit Mauerwerk bzw. Bretterverschlag)

Nr.	Bezeichnung	Profil/Material	Maße in cm	Anzahl
1	Tragebalken	Vierkant	2,2 x 2,2 x 16	2
2	Tragebalken	Vierkant	2,2 x 2,2 x 24	2
3	Tragebalken	Vierkant	2,2 x 2,2 x 20	2
4	Querholm	Vierkant	1,5 x 1 x 10	2
oder	Stallwand	Pressspan	16 x 10 x 1	1
5	Pfette	Vierkant 1,5 / 2,2 2,2	2,2 x 2,2 x 17,5	1
6	Pfette	Vierkant 2,2 / 1,5 2,2	2,2 x 2,2 x 32	1
7	Firstbalken	Vierkant 1,8 / 2,2 2,2	2,2 x 2,2 x 32	1
8	Querholm	Vierkant	1,5 x 1 x 24	2
oder	Stallwand	Pressspan	16 x 24 x 1 (stark)	1
9	Brett für Mauer	Pressspan	12,5 x 15 x 1	2
10	Brett für Mauer	Pressspan	24,5 x 15 x 1	2
11	Bodenbalken	Vierkant	0,75 x 0,75 x 21	3
12	Bodenbalken	Vierkant	0,75 x 0,75 x 43	2
13	Sparren	Vierkant	1,5 x 1 x 35	3
14	Sparren	Vierkant	1,5 x 1 x 24	5
15	Sparren	Vierkant	1,5 x 1 x 9	2
16	Stützbalken	Vierkant	1,5 x 1 x 9	1
17	Streben	Vierkant	1 x 1 x 11	3
18	Leisten für Fensterrahmen	Vierkant	1,5 x 0,5 x 34	4

19	Leisten für Türrahmen	Vierkant	1 x 0,5 x 35	2
20	Grundplatte	Pressspan	55 x 65 x 1	1
21	Leisten für Grundplatte	Vierkant	65 x 1,5 x 0,5	4

Variante mit Bretterverschlag

MATERIALBEDARF IN LAUFENDEN METERN

Vierkant-Leisten	lfd. M.
2,2 cm x 2,2 cm	1,90
1,5 cm x 1,0 cm	3,80
1,0 cm x 1,0 cm	0,35
0,75 cm x 0,75 cm	1,60
1,0 cm x 0,5 cm	1,40

Montageskizze

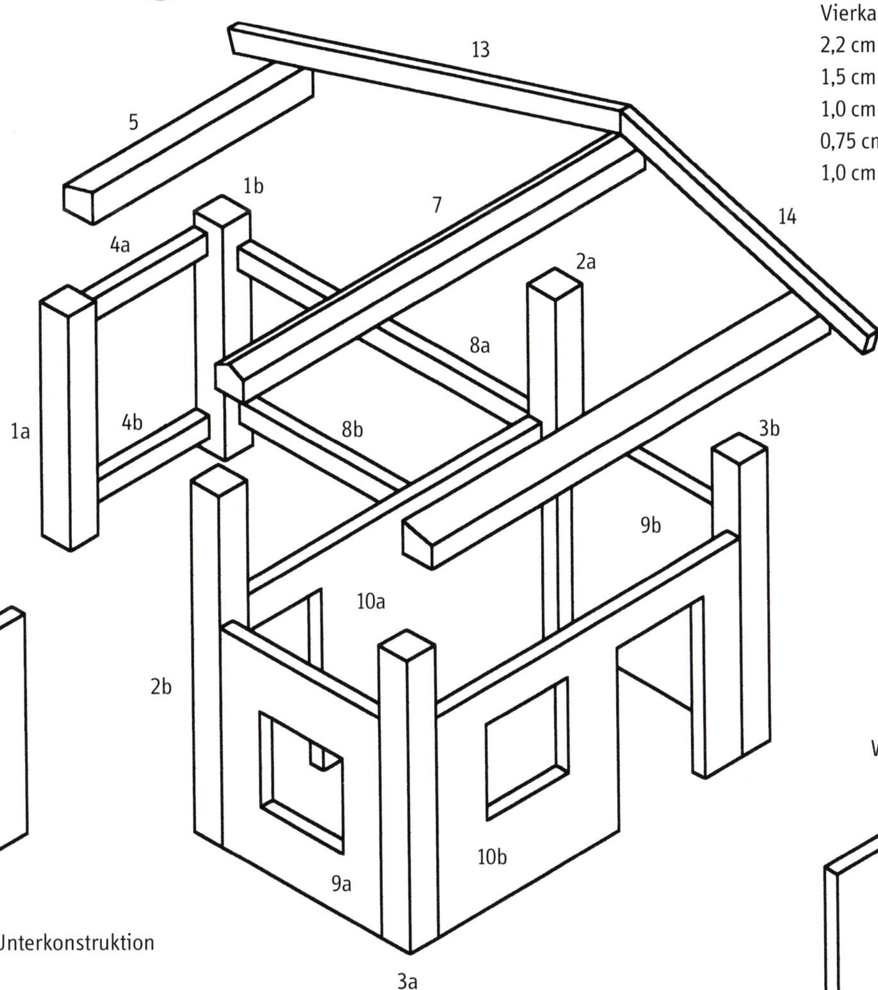

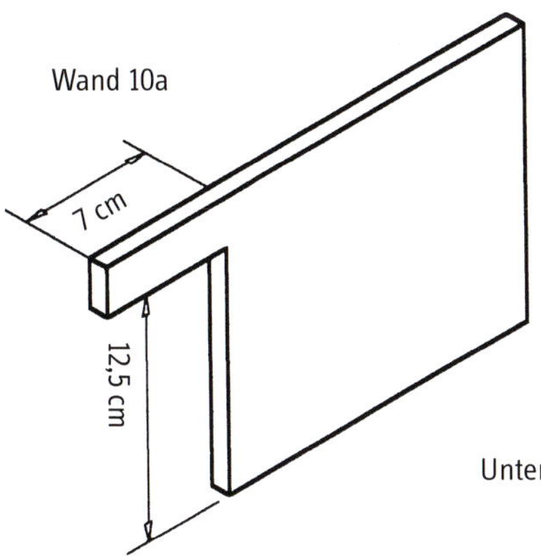

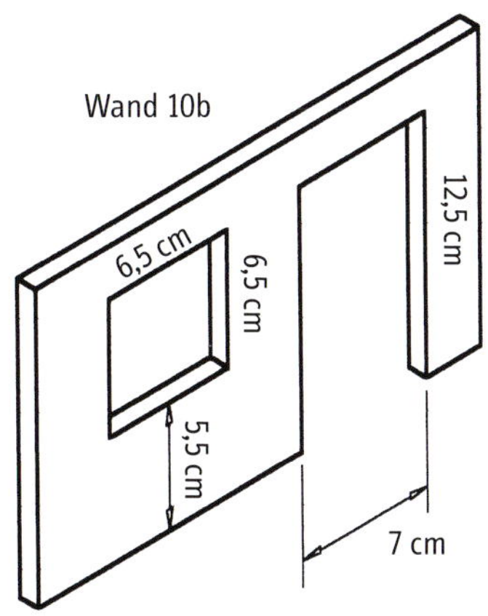

Variante mit Bretterverschlag

Diese Krippe kann in zwei Varianten ausgeführt werden. Bei der einen Variante wird der Stall als Mauerwerk dargestellt, während die rückwärtige Scheunenwand mit einem Bretterverschlag ausgestattet wird. Bei der zweiten Variante wird der ganze untere Bereich als Mauerwerk ausgebildet, wobei die Tragebalken sichtbar bleiben (Bild Seite 131).

Montage, Variante mit Bretterverschlag

Unterkonstruktion

1 Türen und Fenster aus den Stallwänden 9a, 10a und 10b aussägen (Maße siehe Montageskizze, Seite 133). Zum Ansetzen der Stichsäge wird in die Fenster zuerst eine Bohrung (ø ca. 8 mm) angebracht. Die Konturen der Fenster und Türen evtl. mit der Holzraspel nacharbeiten.

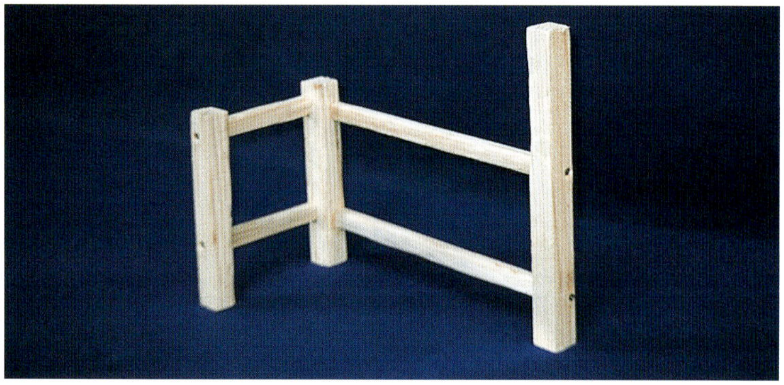

2 Tragebalken 1a, 1b und 2a mit den Querholmen 4 und 8 verschrauben. Die Querholme werden hochformatig und außen bündig mit den Tragebalken eingebaut. Querholme mit Schrauben (35 mm x 3 mm) an die Tragebalken schrauben. Tragebalken vorher für Schrauben aufbohren (ø ca. 3 mm). Schraubenköpfe versenken. Etwas Holzleim beim Zusammenbau verwenden. Bei Querholmen 4 und 8 und Tragebalken 1b vor dem Zusammenbau alle sichtbaren Schnittkanten und Flächen mit Messer und Drahtbürste bearbeiten.

3 Den unteren Querholm 4b ca. 3 cm von der unteren Stirnseite der Tragebalken entfernt anbringen.

4 Den oberen Querholm 4a im Abstand von 1 cm von der oberen Stirnseite der beiden Tragebalken entfernt anbringen. Querholme 8 etwas versetzt anbringen.

5 Tragebalken 3a und 3b sowie 2b außen bündig mit den Stallwänden 9a, 9b, 10a und 10b verschrauben. Die Tragebalken dafür vorher für die Schrauben vorbohren (ø ca. 3 mm) und die Schraubenköpfe versenken. Dabei etwas Holzleim verwenden.

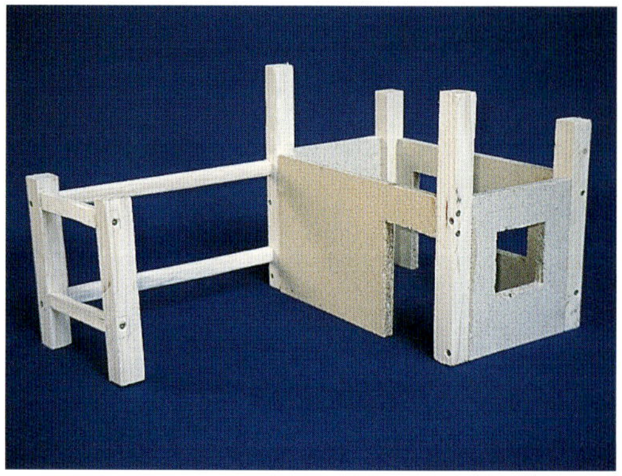

6 Tragebalken 2a mit jeweils zwei Schrauben an Stallwänden 9b und 10a befestigen.

7 Die Unterkonstruktion rechtwinklig ausrichten.

Dachkonstruktion

1 Pfetten 5 und 6 sowie Firstbalken 7 mit scharfem Messer oder Hobel in ganzer Länge anschrägen (Profil und Maße siehe Stückliste Seite 116).

2 Pfetten und Firstbalken auf die entsprechenden Tragebalken legen und mit diesen von oben verschrauben. Die Schnittkanten und -flächen der Pfettenenden und des Firstbalkens werden mit Messer und Drahtbürste bearbeitet. Der Überstand der Pfetten nach hinten beträgt ca. 1 cm.

3 Die Unterkonstruktion wird auf die Grundplatte geschraubt. Richten Sie dazu die Unterkonstruktion auf der Grundplatte aus und markieren Sie die Standorte der Tragebalken. Der Abstand zum hinteren und zum linken Plattenrand beträgt ca. 4 cm. Tragebalken von der Unterseite der Grundplatte anschrauben und Schraubenköpfe versenken.

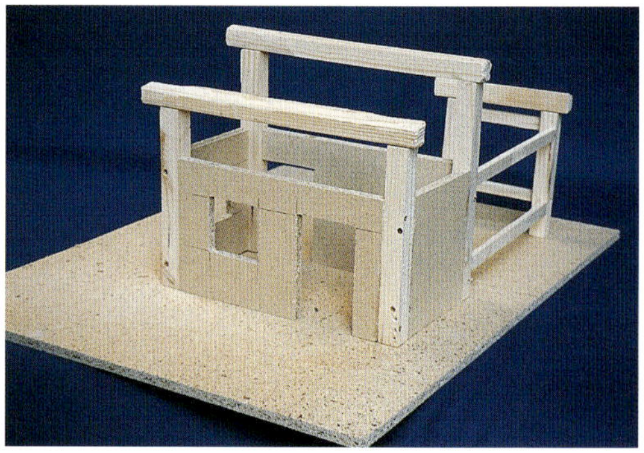

Stallmauern

1 Beide Stallwände 9 und 10 werden innen und außen mit einer ca. 2 mm dicken Gipsschicht bestrichen. Vorher werden die Wände mit wasserverdünntem Holzleim bestrichen. Moltofill (längere Verarbeitungszeit) mit Wasser cremig anrühren und reichlich Holzleim beimengen. Tragebalken bis zur Höhe des Mauerwerks mitverspachteln und anschließend trocknen lassen.

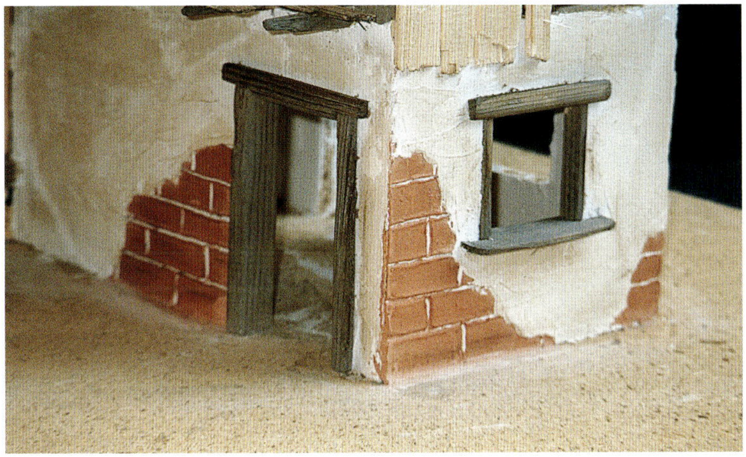

2 Wenn Teile des Mauerwerks – wie auf den Bildern zu sehen – wie Ziegelmauern aussehen sollen, so bestreichen Sie diese Bereiche nochmals mit vorher entsprechend abgetönter Gipsmasse. Nach dem Antrocknen werden dann mit einem spitzen Gegenstand Ziegelsteine als Mauerwerk nachgezeichnet. Nach dem erneuten Trocknen wird an den Übergängen zum bereits vorhandenen Mauerputz nochmals eine Gipsschicht aufgebracht.

3 Die Stallwände werden nach dem Trocknen außen patiniert.

Einbau des Heubodens

1 Die beiden Bodenbalken 12 werden auf den Querholm 4a und die Stallmauern 10a und 10b gelegt und dort angeklebt. Ein Bodenbalken wird dabei neben den Tragebalken (1b, 2a und 3b) befestigt. Der zweite Bodenbalken wird neben den Tragebalken 1a geklebt und verläuft parallel zum anderen Bodenbalken.

2 Die drei Bodenbalken 11 parallel zu den Balken 12 auf die beiden Stallwände legen und festkleben. Lassen Sie sie über der Stallwand 10a ca. 6 cm überstehen. Die Überstände der Balken werden mit Messer und Bürste bearbeitet.

3 Nun wird der Bodenbelag (Heuboden) auf die Bodenbalken geklebt. Dafür werden 1 cm bis 2 cm breite Bretter von Obst- oder Salatkisten verwendet. Der Bodenbelag darf an den Stallwänden nicht überstehen. Decken Sie Stall und Scheune vollständig.

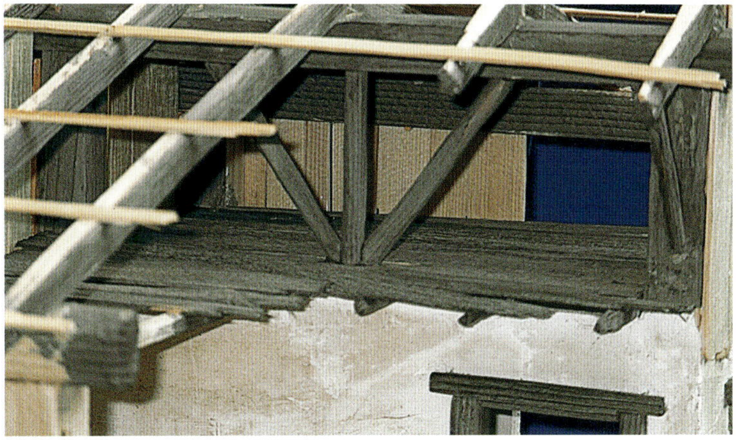

Heuboden mit Stützbalken

4 Zwischen dem Heuboden und dem Firstbalken in der Mitte den Stützbalken 16 einpassen und festkleben.

5 Streben 17 neben Stützbalken 16 schräg nach oben zum Firstbalken beliebig einkleben. Balken und Streben vorher mit Messer und Bürste bearbeiten.

Anbringen der Dachsparren

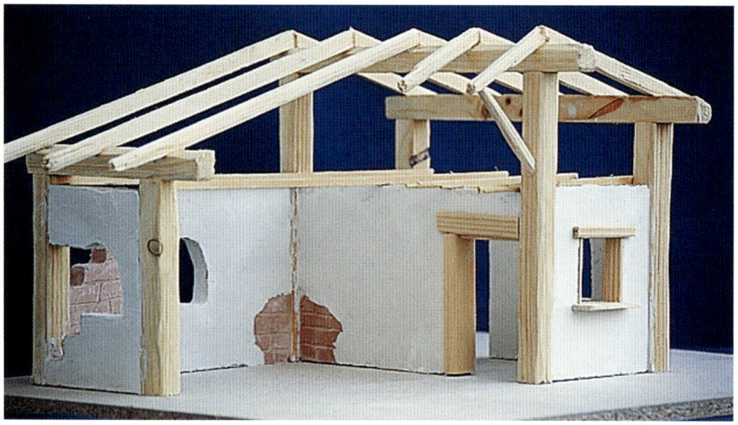

1 Dachsparren 13 auf der linken Dachseite, Sparren 14 auf der rechten Dachseite hochkant auf den Firstbalken und die Pfetten legen und mit Heißkleber ankleben. Die Sparren bilden Pärchen. Sie werden an der Stirnseite so angeschrägt, dass sie bündig zusammenstoßen. Die Überstände der Sparren an den Pfetten betragen 3 cm bis 4 cm. Überstände mit Messer und Bürste bearbeiten. Hinteres Sparrenpaar über der Stallwand 9b und dem Querholm 8a anbringen. Der vordere Sparren 14 bildet außen eine Linie mit der Stallwand 9a. Vorderen Sparren 13 ca. 1 cm vom vorderen Pfettenende entfernt anbringen. Die restlichen Sparren 13 und 14 paarweise mittig anbringen.

2 Sparren 15 im vorderen Bereich des Stalles als Verlängerung der beiden Sparren 14 auf dem Firstbalken mit Heißkleber befestigen.

3 Zwischen dem vorderen Sparren 15 und dem Tragebalken 2b Strebe 17 schräg einpassen und festkleben.

4 Anschließend den fertigen Rohbau beizen. Die Beize sollte nicht zu satt aufgetragen werden. Nach dem Trocknen wird der Grauschleier mit feinem Schleifpapier entfernt.

Anbringen des Bretterverschlags

1 Für den Bretterverschlag werden wieder Obst- oder Salatkisten oder ein entsprechend bearbeitetes Profilbrett verwendet.

2 Schneiden Sie die Bretter für den Verschlag in 1 cm bis 2 cm breite Streifen und vermeiden Sie dabei scharfe Kanten und gerade Schnittflächen. Bretter evtl. mit dem Messer nachbearbeiten.

3 Bretter für den Verschlag an Sparren bzw. Pfette sowie an der Mauer mit Heißkleber befestigen. Die Verkleidung darf dabei oben nicht über den Sparren hinausragen. Unten soll der Bretterverschlag die Oberkante der Stallwände ca. 1 cm überlappen und abgebrochen sein.

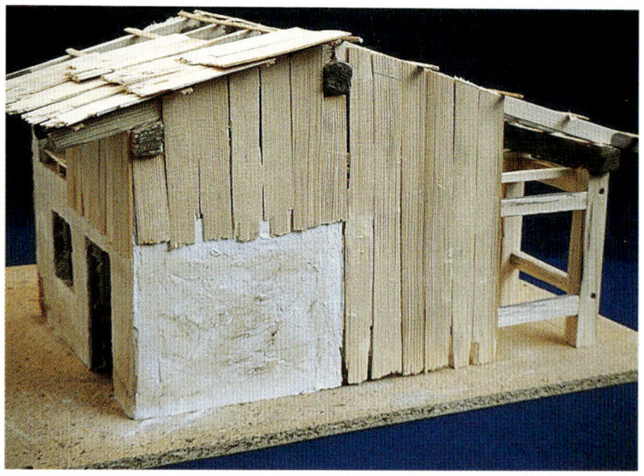

Rückansicht Variante mit Bretterverschlag

4 Auf der linken Stallseite werden die Bretter an Sparren, Pfetten und Querholme geklebt. Achten Sie darauf, dass Sie die Bretter unregelmäßig anbringen. Die Tragebalken werden mitverkleidet.

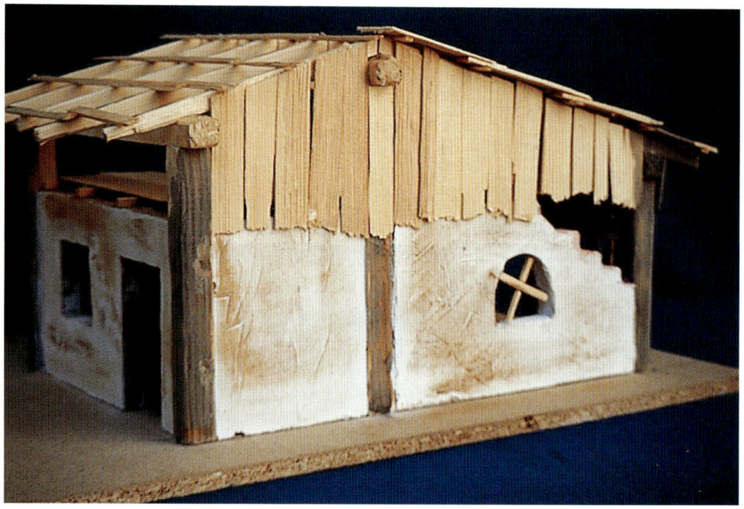

Rückansicht Variante mit Mauerwerk

Fenster- und Türrahmen

1 Die Fenster- und Türrahmen werden aus den Leisten 18 und 19 gefertigt. Messen Sie die Rahmen für die Fenster und Türen direkt am Original aus, schneiden Sie sie in der Länge entsprechend zu und bearbeiten Sie sie mit Messer und Schleifpapier.

2 Die Rahmen beizen und mit Heißkleber einkleben.

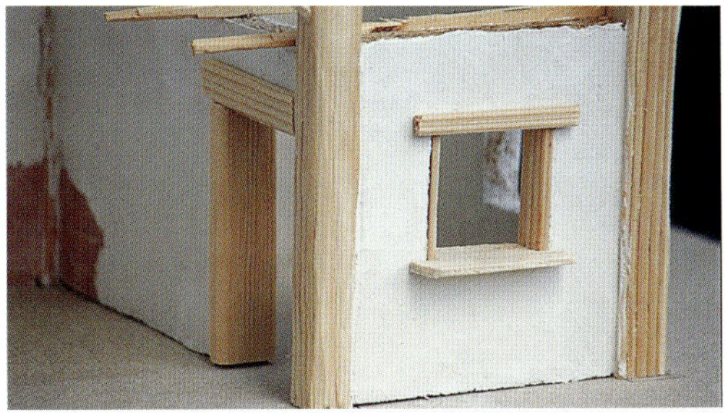

Fenster- und Türrahmen

Dacheindeckung

1 Für die Dachlattung werden möglichst dünne, ca. 1 cm breite Holzstreifen verwendet. Sehr gut geeignet sind Furnierreste, die man beim Schreiner erhält. Eine Lattung auf jeder Dachseite am unteren Sparrenende über die ganze Tiefe des Daches anbringen. Die Überstände hinten und vorne entsprechen dem Pfettenüberstand. Je eine Lattung wird direkt am First auf jeder Dachseite und eine Lattung wird auf der linken Dachseite am Ende der Sparren 15 angebracht. Auf jede Dachseite jeweils noch zwei Lattungen kleben (ausmitteln).

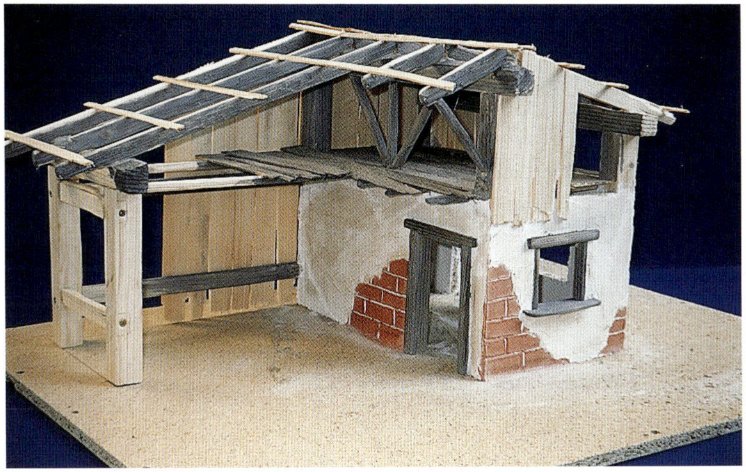

Dach mit Dachlattung

2 Nun werden aus Obst- oder Salatkisten gefertigte Dachschindeln auf die Dachlattung geklebt. Verwenden Sie für die Dachschindeln 4 cm bis 6 cm breite Brettchen. Eine Seite wird sauber abgesägt, die andere über eine Tischkante abgebrochen. Die Länge der Schindeln ergibt sich aus dem Abstand der Dachlatten zueinander plus 1 cm bis 2 cm (Überlappung).

3 Beginnen Sie mit der Eindeckung auf der rechten Dachseite mit der untersten Schindelreihe. Die Dachschindeln müssen auf den beiden unteren Dachlatten aufliegen und werden dort mit Heißkleber aufgeklebt. Zuerst wird die unterste Schindelreihe angebracht. Die zweite Schindelreihe beginnt vorne mit einer halben Schindel und überlappt die untere Reihe um 1 cm bis 2 cm. Beginnen Sie die anderen Schindelreihen abwechselnd mit einer halben und einer ganzen Dachschindel, damit ein durchlaufender Stoß vermieden wird.

4 Decken Sie beide Dachhälften auf diese Weise ein. Die beiden obersten Schindelreihen stoßen am First zusammen.

5 Als Firstkappe einen halbierten Holunderzweig aufkleben. Dafür wird ein gerader Holunderzweig (ø ca. 2,5 cm) halbiert, das Mark entfernt und die eine Hälfte auf den First geklebt.

6 Dach und Bretterverschlag beizen.

7 Die Ausgestaltung des Daches ist auf Seite 126 beschrieben.

Gestaltung der Grundplatte

1 Die weitere Gestaltung der Grundplatte mit Streumaterial, Zaun, Holzstößen, Misthaufen und einem Baum sowie weitere Infos zur Ausgestaltung der Krippe finden Sie auf Seite 11 bis 15.

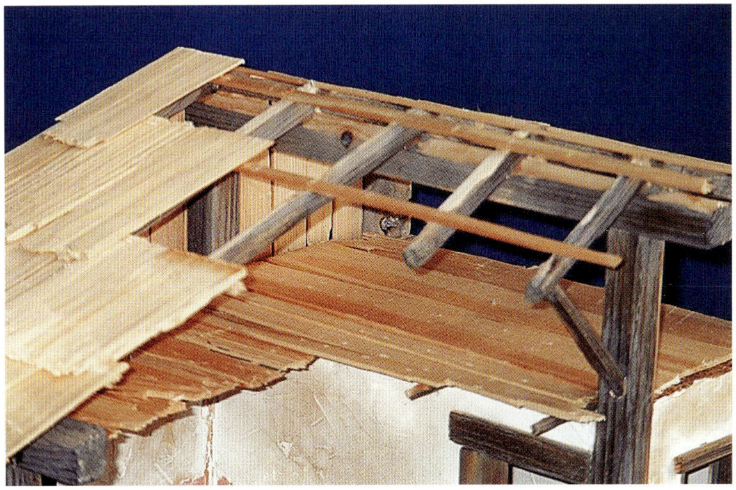

Variante mit Mauerwerk

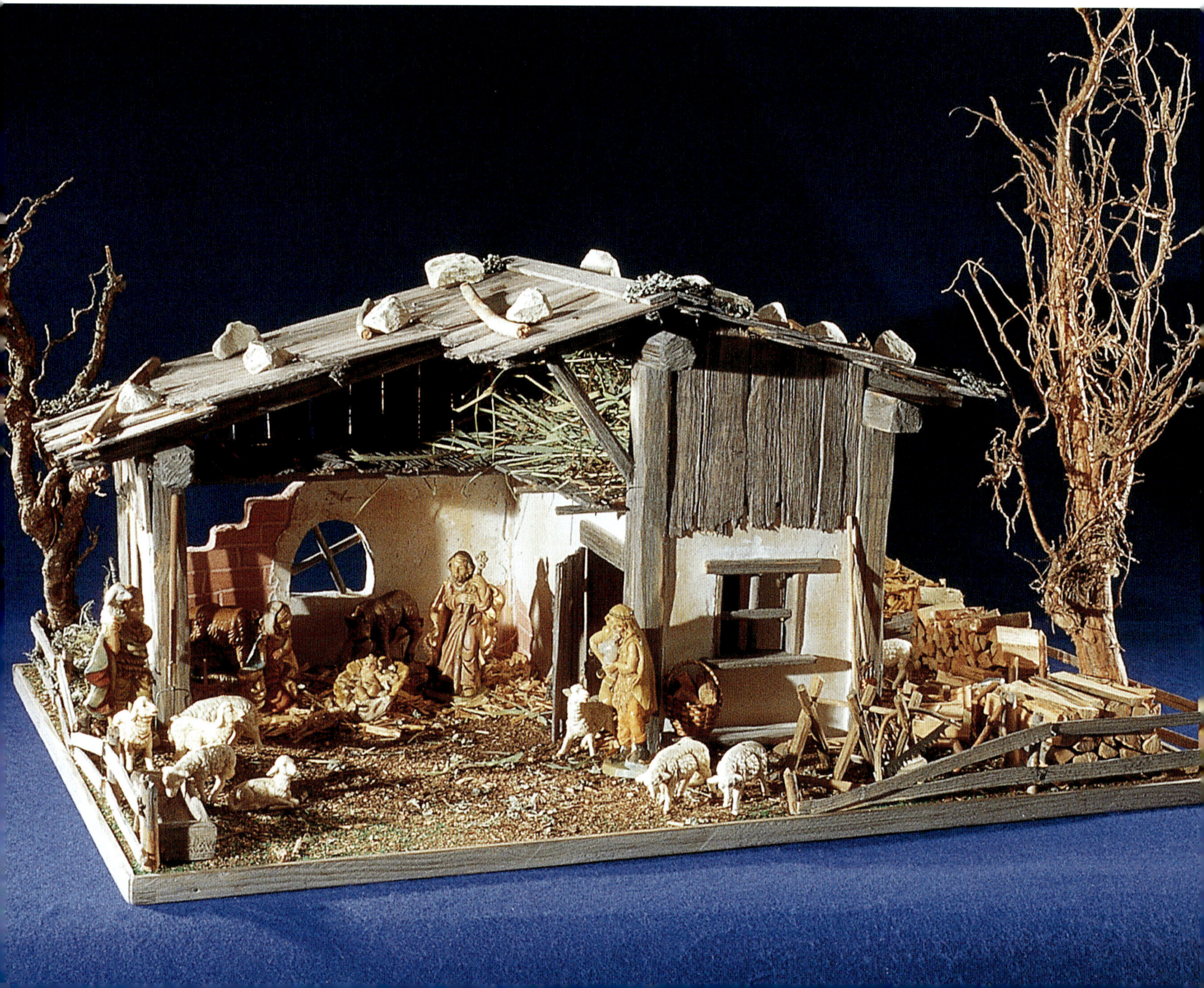

Montageskizze

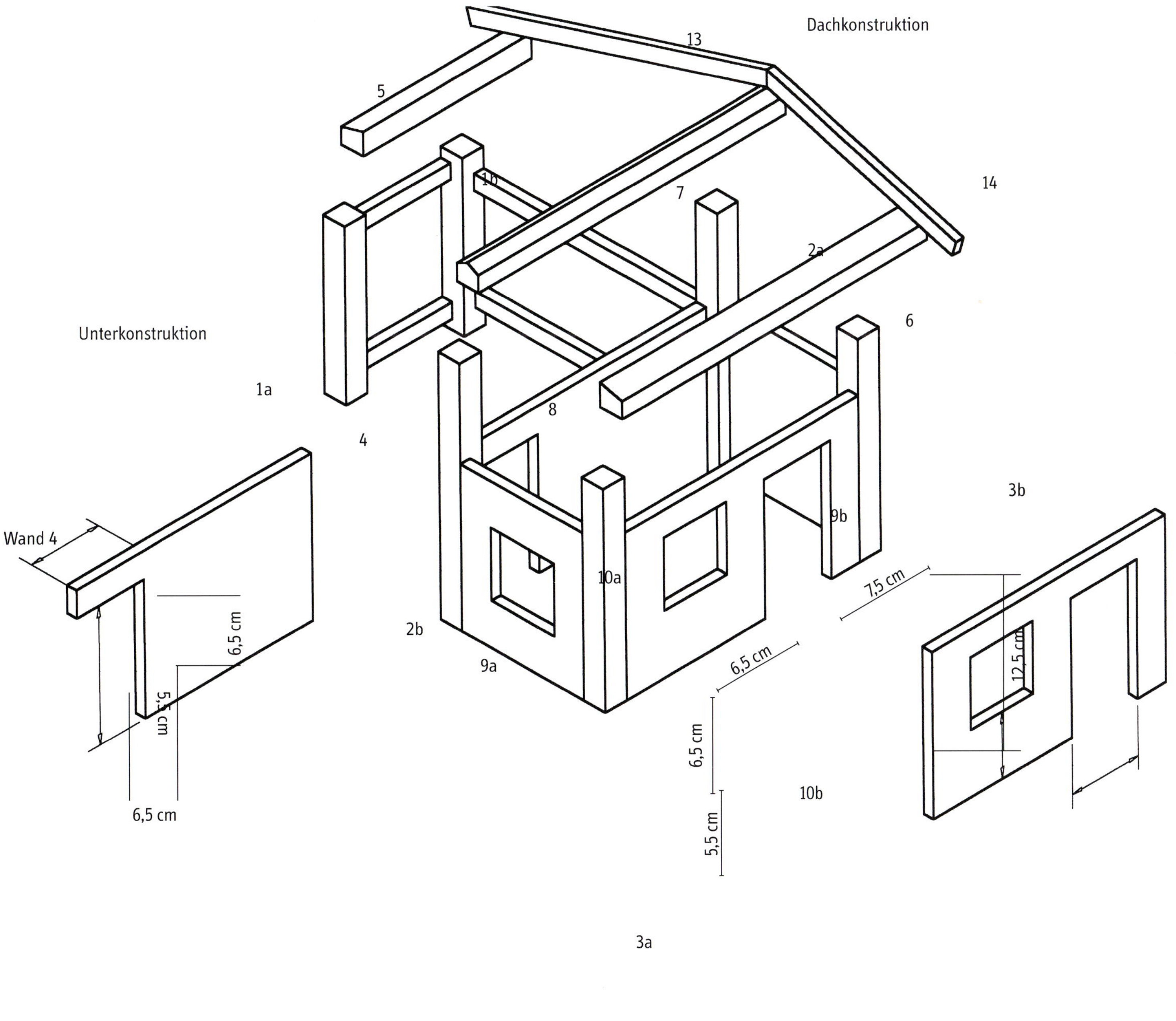

Unterkonstruktion

1 Die Montage der Unterkonstruktion erfolgt im Wesentlichen wie die Montage der Variante mit Bretterverschlag, wie sie ab Seite 136 beschrieben ist.

2 Anstelle der Querholme 4 und 8 werden die beiden Stallwände 4 und 8 verwendet.

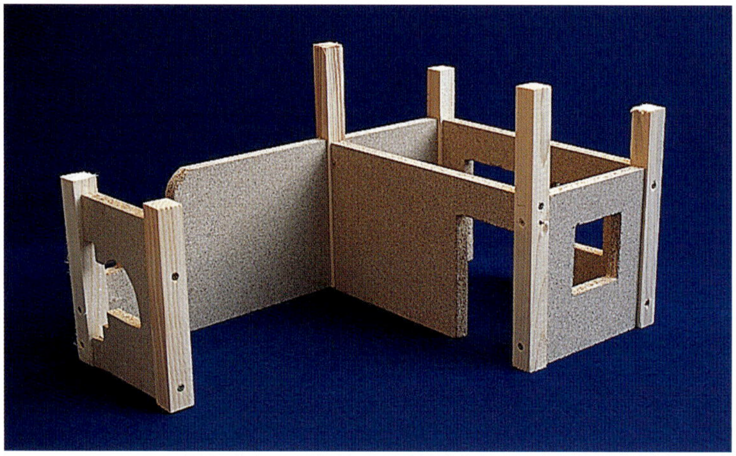

3 Vor dem Zusammenbau werden die Fenster und Türen aus den Wänden gesägt (Maße siehe Skizze). Für eine eingestürzte Mauer sägen Sie entsprechende Steinsegmente mit einer Stichsäge aus den Stallwänden 4 und 8.

4 Die Stallwände werden dann außen bündig mit den jeweiligen Tragebalken montiert. Wenn die Tragebalken des Stalles und der Tragebalken 1a sichtbar bleiben sollen, werden sie vor dem Gipsen der Stallwände mit rechtwinkligen Profilleisten (20 mm x 20 mm), die im Baumarkt erhältlich sind, verkleidet. Die Profilleisten werden auf die entsprechende Länge geschnitten und die geraden Schnittflächen und Kanten werden mit einem scharfen Messer und einer Drahtbürste bearbeitet. Anschließend mit Heißkleber oder Holzleim an die Tragebalken kleben.

5 Beim Vergipsen der Stallwände können sie abgeklebt werden.

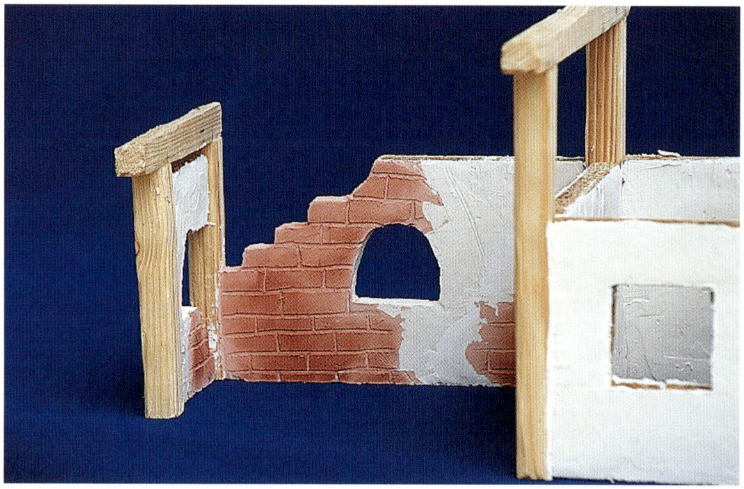

6 Der weitere Zusammenbau ist identisch mit der Variante mit Bretterverschlag (Seite 136).

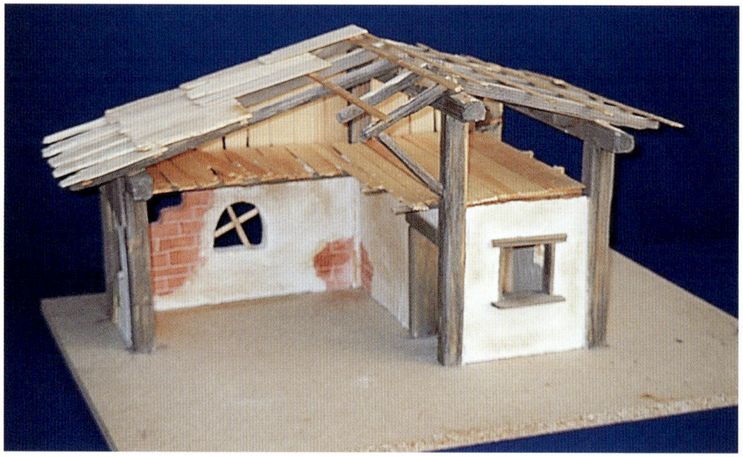

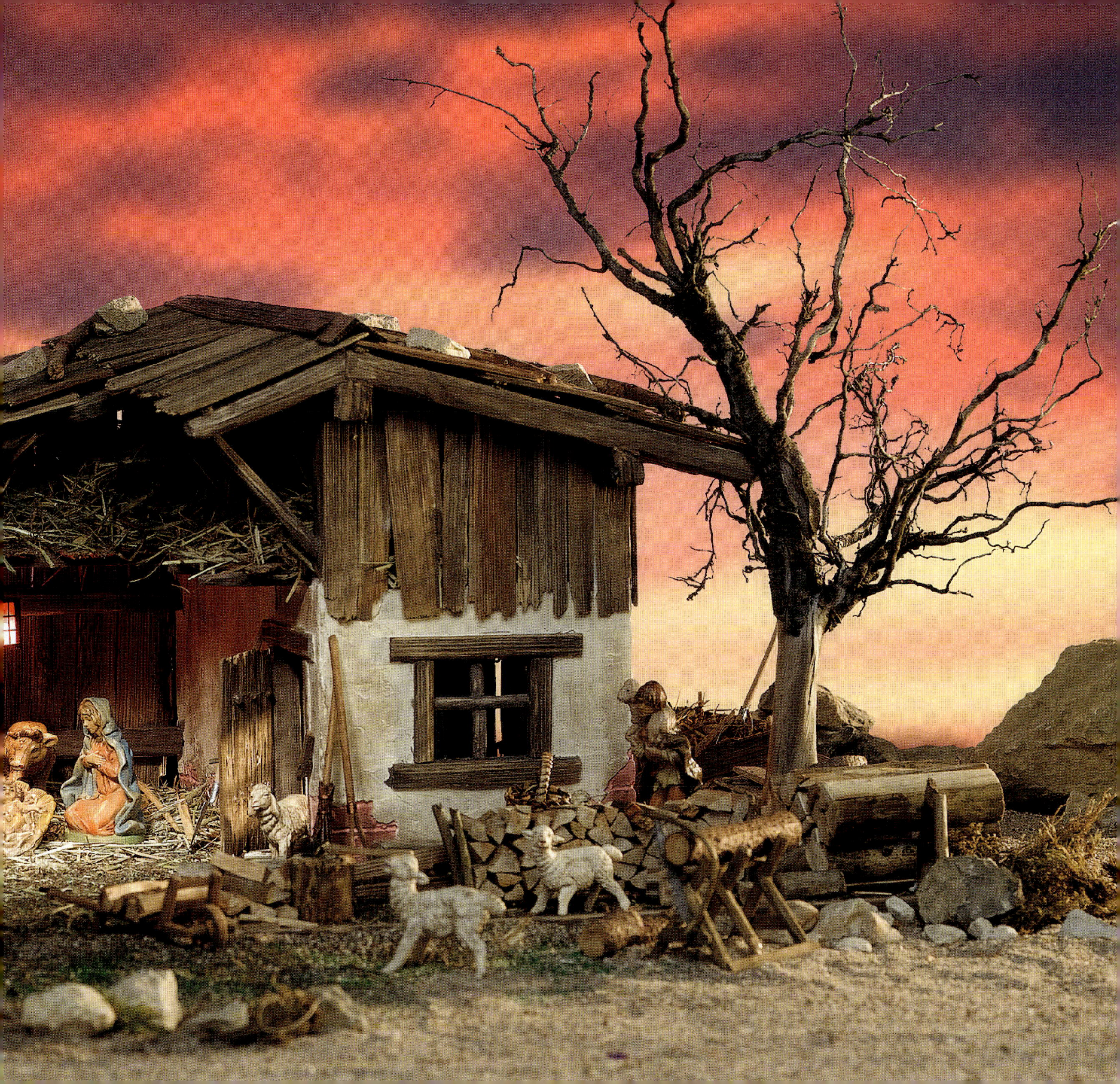

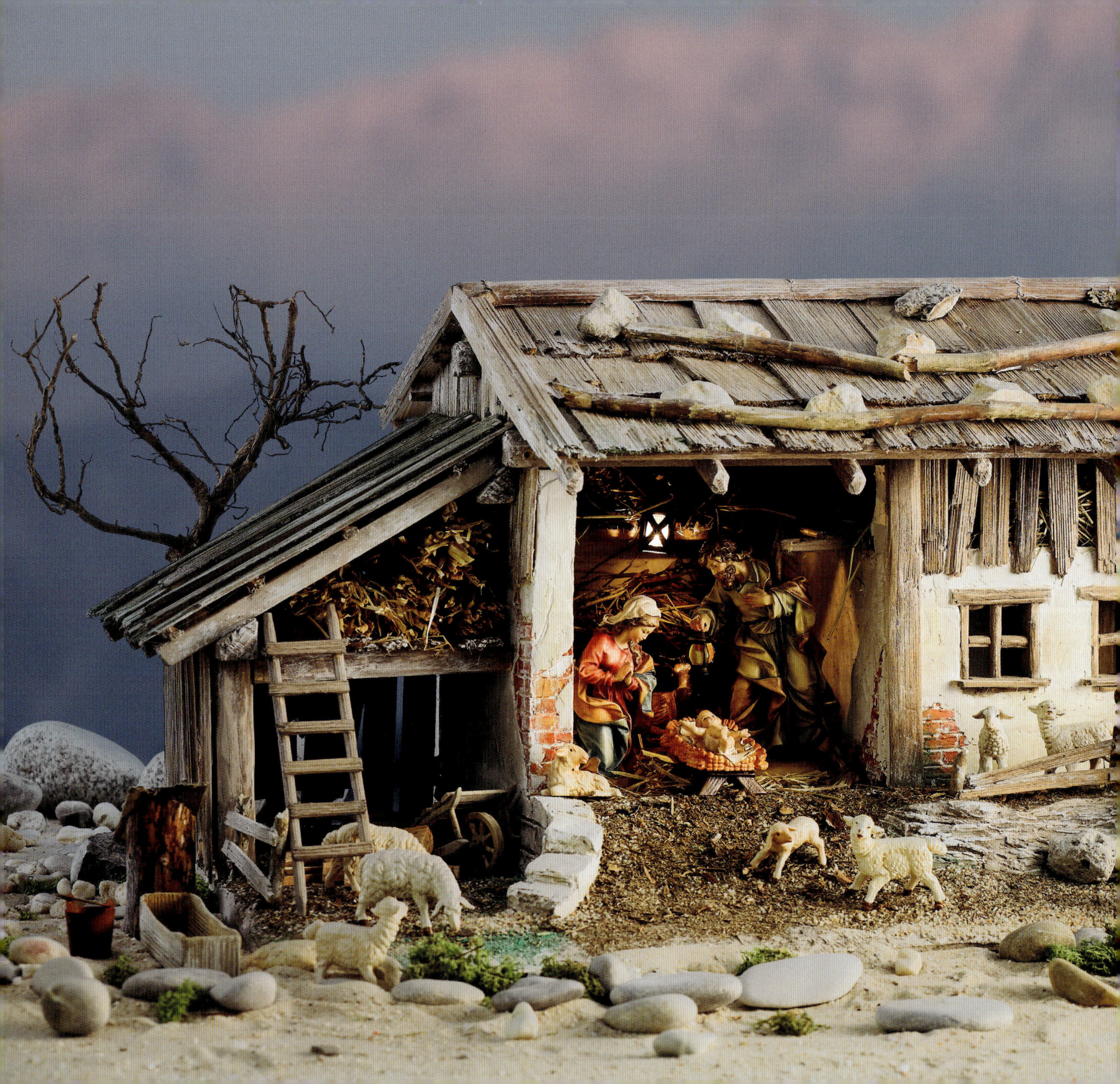

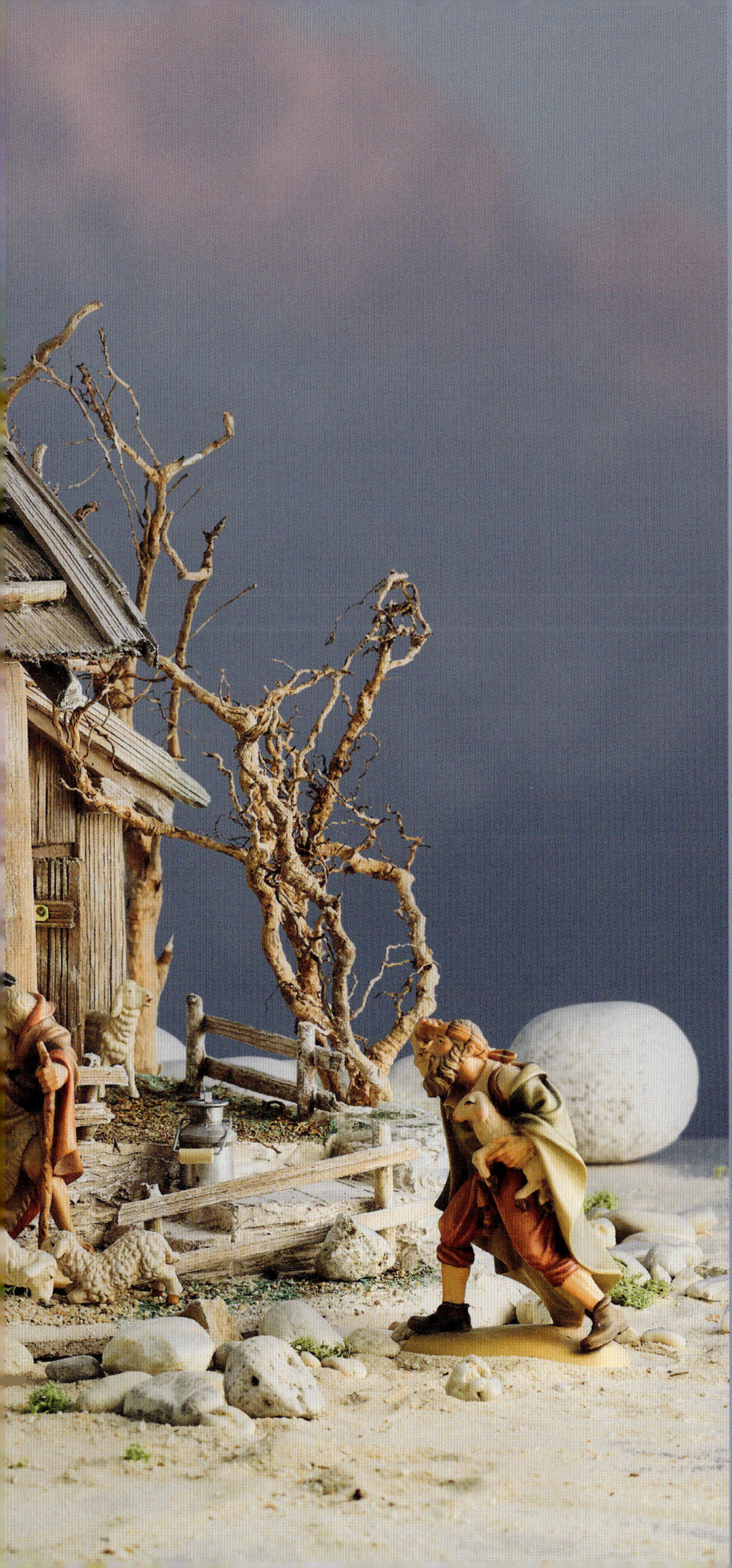

Krippe Ellmau

Die Krippe Ellmau besteht aus einem Stallbereich, einem Wohnraum und einem seitlichen Anbau. Der rechtwinkelige Grundriss des Gebäudes, das mit Schindeln gedeckte Satteldach, der Heuboden sowie der an der Längsseite gelegene Zugang sind im ländlichen Raum immer wieder zu sehen.
Sie wird auf Hofstellen als Scheune oder Geräteschuppen sowohl in freier Landschaft als auch als Heuschober oder Unterstand und Stall für das Weidevieh verwendet.
Die Scheune ist im unteren Bereich mit Mauerwerk gebaut. Sie kann aber auch an Stelle der Mauern mit Bretterverschlag gebaut werden. Größe und Aufwand unterscheiden sich kaum voneinander.

SCHWIERIGKEITESGRAD

● ● ●

BAUZEIT FÜR DEN STALL:

ca. 35 Std. und mehr (je nach Können)

Wenn ein Gelände gebaut werden soll, sind weitere 5 bis 7 Std. einzuplanen.

MOTIVGRÖSSE

Breite 70 cm, Tiefe 36 cm, Höhe 35 cm

FIGURENGRÖSSE

8 cm bis max. 12 cm Höhe

MATERIAL

- Holz-/Pressplatte Breit 70 x Tiefe 45 cm, 10 mm stark

  Soll ein Gelände gebaut werden (siehe Seite 11 bis 15) ist eine kleinere Platte mit den Maßen von 53 x 25 cm und eine weitere Platte mit den Maßen 72 x 48–50 cm notwendig.
- Vierkanthölzer aus Fichte:
  2 cm x 2 cm, ca. 3,3 lfm
  1,5 cm x 1,5 cm, ca. 1,0 lfm
  1,5 cm x 1,0 cm, ca. 0,6 lfm
  1,2 cm x 0,8 cm, ca. 3,5 lfm
  1,0 cm x 1,0 cm, ca. 2,0 lfm
  1,5 cm x 0,5 cm, ca. 0,5 lfm
- 3 bis 4 Obst- oder Salatkisten für Holzverkleidung, Dachlattung, Schindeln, Zaun und dgl. (2 bis 3 mm stark)
- Pressspannplatten für Mauern und Grundplatte (Größe individuell)
- Gips (Moltofill)
- Leim
- ca. 50 Holzsenkkopfschrauben 35 x3,5 mm
- ca. 250 ml Holzbeize (Braun- oder Grautöne)
- Heißklebepistole mit Sticks (ca. 5 Stück)
- Akku-Bohrschrauber mit Bits
- Stichsäge
- scharfes, stabiles Messer evtl. Hobel
- diverse Bohrer (ø 2, 3, 8 mm)
- Pinsel und Spachtel
- eine Drahtbürste und
- 1–2 Bögen Schleifpapier

HINWEIS

Komplette Bausätze, entsprechend der Stückliste – einschl. der Holzbrettchen für Bretterverschlag und Dach - können auch über den Autor erworben werden (siehe dazu Seite 156).

Stückliste

Nr.	Bezeichnung	Profil/Material	Maße in cm	Anzahl
1	Tragebalken	Vierkant	2 x 2 x 17,5	6
2	Brett f. Stallwand	Pressspan	20 x 13 x 1	3
3	Brett f. Stallwand	Pressspan	16 x 13 x 1	2
4	Brett f. Stallwand	Pressspan	18 x 13 x 1	1
5	Pfette	2 cm 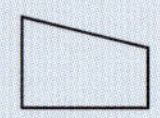 1 cm	2 x 2 x 43	2
6	Querbalken	Vierkant	1,5 x 1,5 x 20	2
7	Firstbalken	1,5 cm 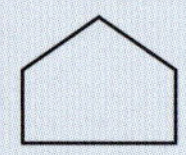	2 x 2 x 43	1
8	Firstträger	Vierkant	1,5 x1,5 x 3,5	2
9	Sparren	Vierkant	1,2 x 0,8 x 21	12
10	Bodenbalken	Vierkant	1,0 x 1,0 x 25	2
11	Bodenbalken	Vierkant	1,0 x 1,0 x 40	2
12	Rahmenholz	Vierkant	1,5 x 0,5 x 20	2
13	Hilfsleiste	Vierkant	2 x 0,5 x 20	1
	Anbau links			
14	Tragebalken	Vierkant	2 x 2 x 12	2
15	Pfette	2 cm 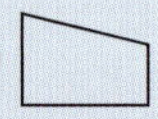 1 cm	2 x 2 x 20	2
16	Querholme	Vierkant	1,5 x 1,0 x 14	4
17	Dachsparren	Vierkant	1,2 x 0,8 x 22	4
	Anbau rechts			
18	Tragebalken	Vierkant	1,5 x1,5x11,5	2
19	Pfette	1,5 cm 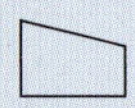 1 cm	1,5 x 1,5 x 13	2
20	Querholme	Vierkant	1,0 x 1,0 x 8	5
21	Dachsparren	Vierkant	1,2 x 0,8 x 13	3
22	Rahmenholz	Vierkant	1,0 X 1,0 X 9	2

Montageskizze

Soweit kein kompletter Bausatz vorliegt zunächst alle Bauteile entsprechend der Stückliste zuschneiden und zur besseren Übersicht mit Bleistiftnummerieren (z.B. 1a, 1b, 1c ... usw.).

Die folgenden Montageschritte müssen nicht immer in der angegebenen Reihenfolge erfolgen.

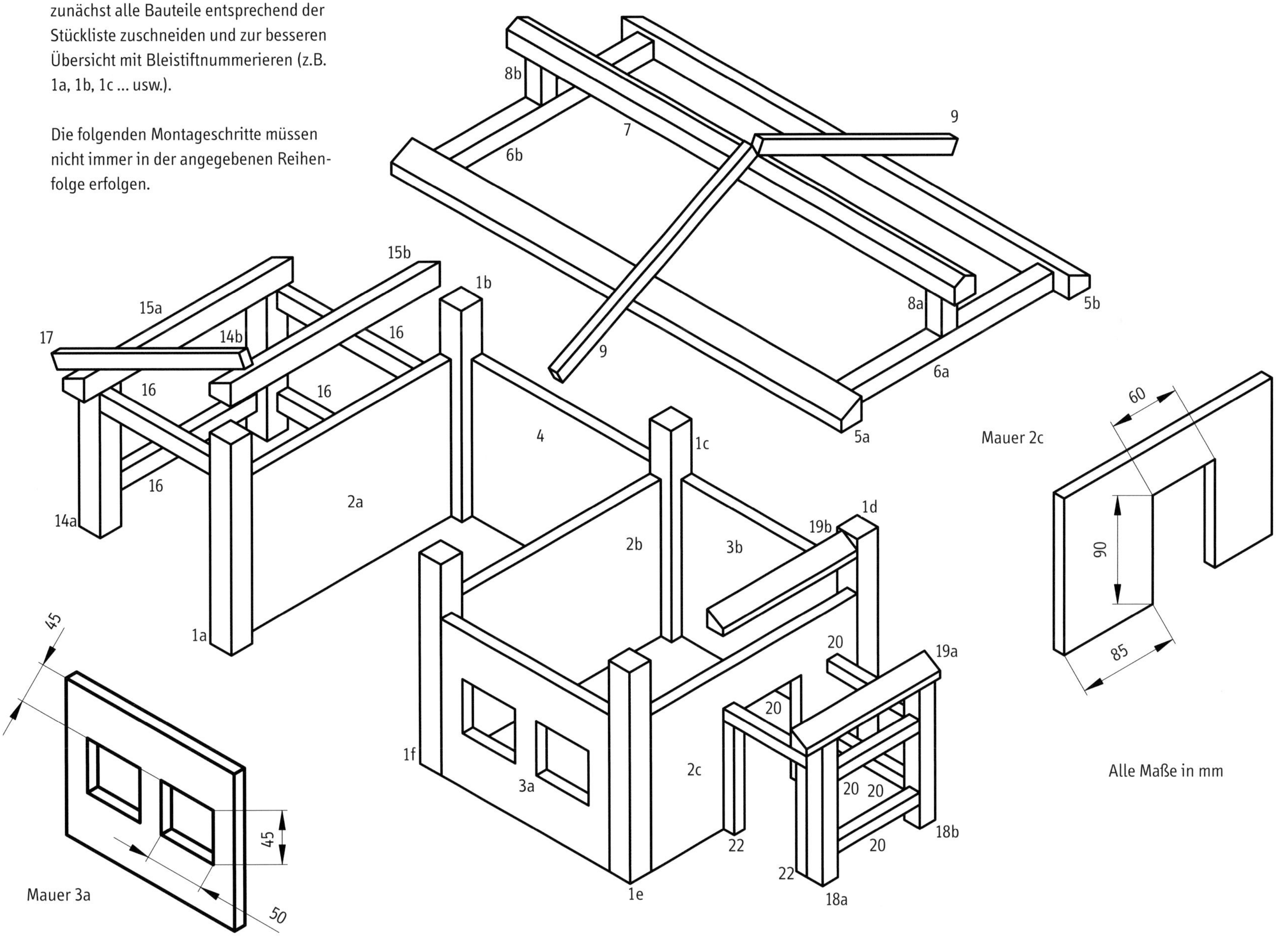

Alle Maße in mm

Unterkonstruktion

1 Zunächst die Grundplatte auf das individuelle Maß schneiden oder schneiden lassen.

Wenn ein **Gelände gebaut werden soll,** zunächst eine Grundplatte mit den Maßen 53 x 25 cm verwenden, auf deren Unterseite Abstandsleisten an den beiden Längsseiten mit jeweils zwei Senkkopfschrauben befestigen.

Die Leistenhöhe kann 1 bis 4 cm betragen und bestimmt den Geländeunterschied.

Ist **kein Gelände geplant** eine Platte 72 x 44 cm verwenden.

Die weiteren Montageschritte sind für beide Varianten gleich.

2 Zunächst die Stallwände 2b, 2c und 3a, 3b auf Maß schneiden (Maße siehe Stückliste).

3 Fensteröffnungen und Türe aufzeichnen und mit der Stichsäge ausschneiden (Maße siehe Montageskizze). Zum Ansetzen der Stichsäge vorher eine Bohrung ca. 9 mm im Fenster einbringen. Konturen evtl. mit Holzraspel nacharbeiten.

Aus dem Rahmenholz Nr.22 Fenster- und Türrahmen schneiden, einpassen und mit Leim oder Heißkleber einkleben.

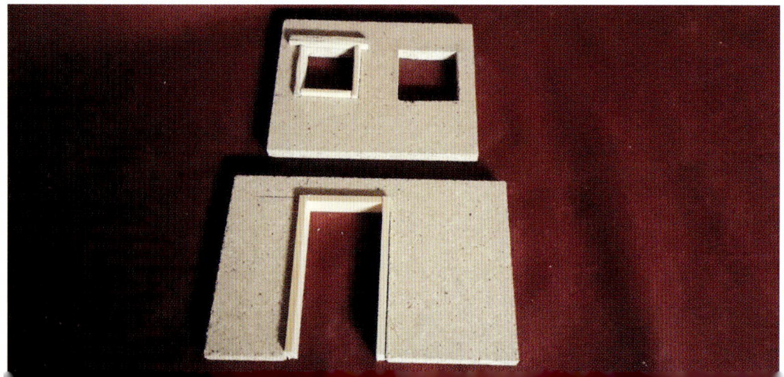

4 Die Tragebalken Nr. 1c bis 1f mit den Stallwänden Nr. 2b, 2c und 3a, 3c außen bündig mit Holzschrauben 35 x 3 mm verschrauben.

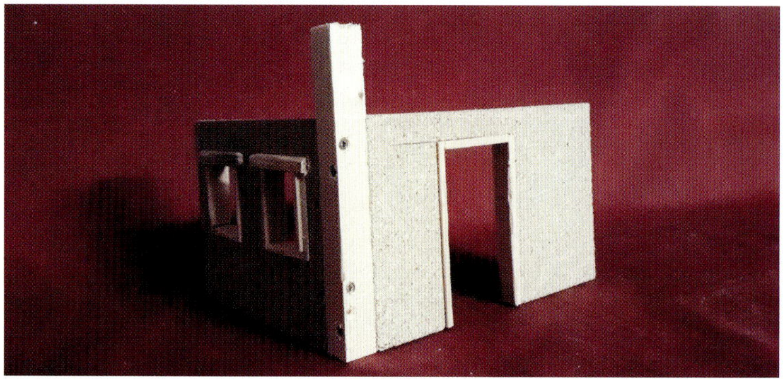

Die Schraubenköpfe versenken, etwas Holzleim verwenden. Stall rechtwinkelig ausrichten.

5 Dann die linke Stallhälfte mit den Tragebalken Nr. 1a und 1b die Stallwänden Nr. 2a und 4 auf die gleiche Weise zusammenbauen.

Zum Zusammenbau der beiden Stallhälften Stallwand Nr. 4 mit Hilfe einer Hilfsleiste (Nr. 13) mit Stallwand 3b verschrauben, vorher die Schnittkante der Stallwand und Tragebalken mit Leim bestreichen.

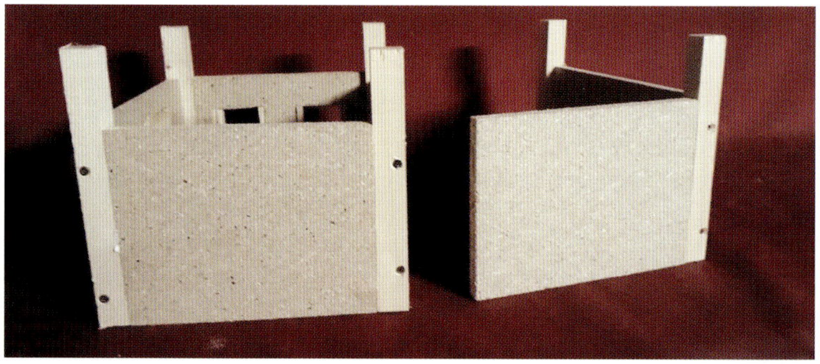

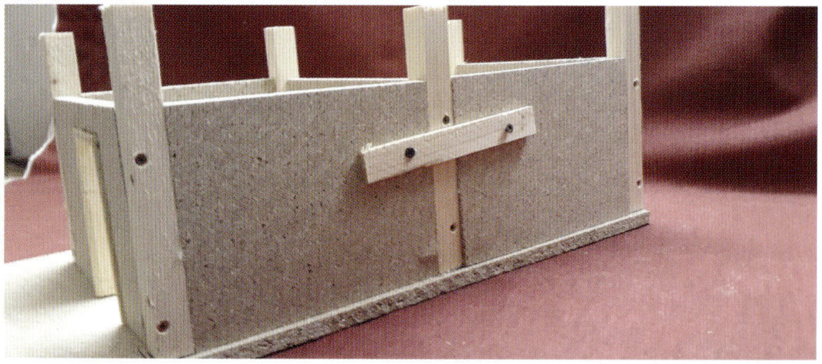

Montage auf Grundplatte

1 Nach dem Zusammenbau des Untergerüstes dieses auf der Grundplatte rechtwinklig ausrichten und von unten mit den Tragebalken verschrauben. Schraubenkopf auf der Unterseite der Grundplatte versenken.

2 **Wenn kein Gelände vorgesehen ist** die Grundkonstruktion auf der Grundplatte (mind. 72 x 44 cm) verschrauben. Die Unterkonstruktion darauf so ausrichten, dass der Abstand zum linken Plattenrand ca. 20 cm und zum rechten Plattenrand ca. 12 cm beträgt. Auf der Rückseite Grundgerüst bündig abschließen.
Wenn ein Gelände geformt werden soll, die kleinere Grundplatte mit den Maßen 53 x 25 cm verwenden.
Die Unterkonstruktion mit der Grundplatte links und nach hinten bündig ausrichten und von unten verschrauben.

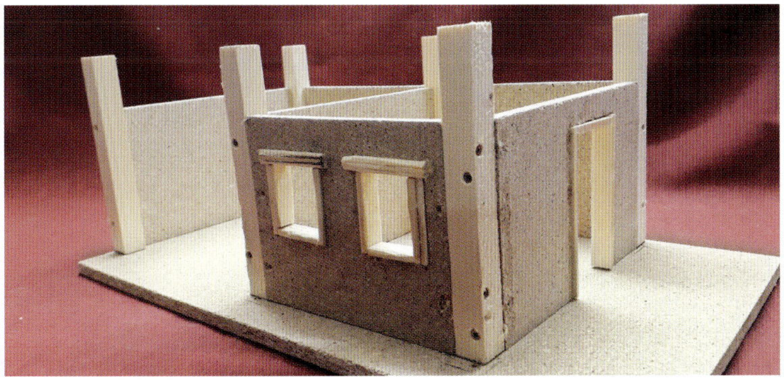

Nachdem die Unterkonstruktion auf der Grundplatte verschraubt wurde, die rückwärtige Hilfsleiste wieder entfernen.

Mauerwerk

1 Die Stallwände mit stark wasserverdünntem Holzleim bestreichen, dann Gips oder Moltofill mit Holzleim und Wasser zu einer cremigen Masse verrühren und mit Hilfe eines Spachtels 1-2mm dick innen und außen auf die Stallwände aufbringen. Vorher Fenster- und Türrahmen evtl. mit Klebeband abdecken. Trocknen lassen.

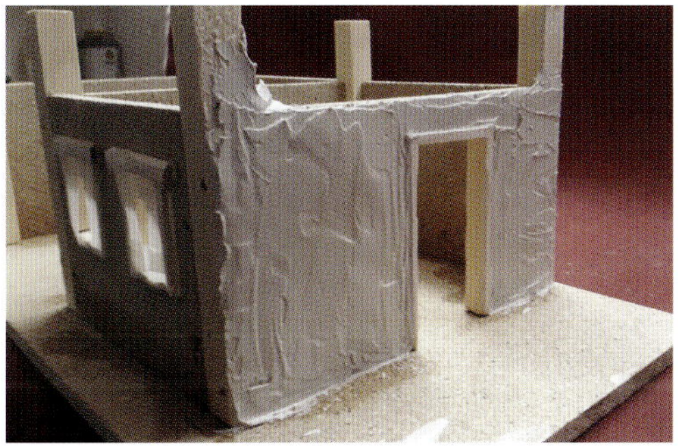

2 Dann festlegen, an welchen Stellen später Mauersteine zu sehen sein sollen.
Auf diese Stellen nochmals eine 1 bis 2 mm dünne Gipsschicht großflächig auftragen und etwas antrocknen lassen.
Auf die angetrockneten Stellen mit Hilfe eines Lineals und eines spitzen Gegenstandes (z.B. größerem Nagel, spitzem Holzspleiß oder ähnlichem) Mauerfugen und Mauersteine einritzen.
Antrocknen lassen und anschließend Mauerfugen und Mauersteine mit Spachtel nacharbeiten.

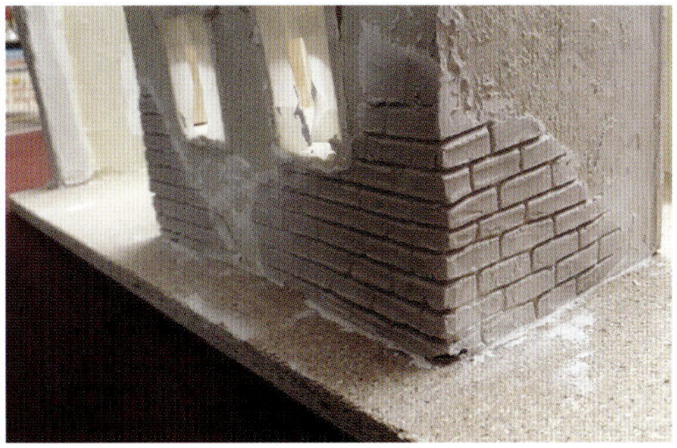

3 Nach dem Trocknen die Mauersteinfläche, die verputzt aussehen sollen, erneut mit dünner Spachtelmasse überspachteln.

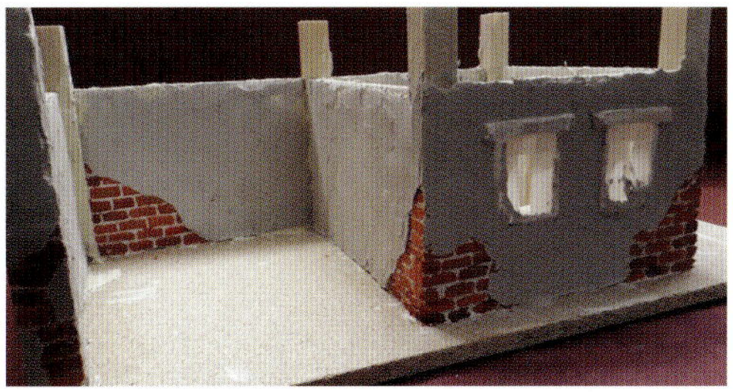

4 Nach dem Trocknen Mauersteine mit Abtönfarben und mit Hilfe eines kleinen Pinsels in verschiedenen Rot- und Gelbtönen streichen.

Dachkonstruktion

1 Beide Pfetten Nr. 5 mit einem scharfen Messer auf die ganze Länge anschrägen.

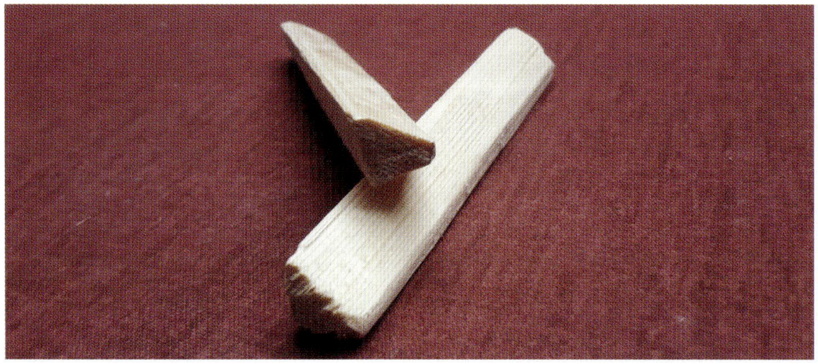

2 Firstbalken Nr. 7 auf zwei Seiten anschrägen (Profil siehe Stückliste). Schnittkanten an den Stirnseiten der Pfettenenden bearbeiten.

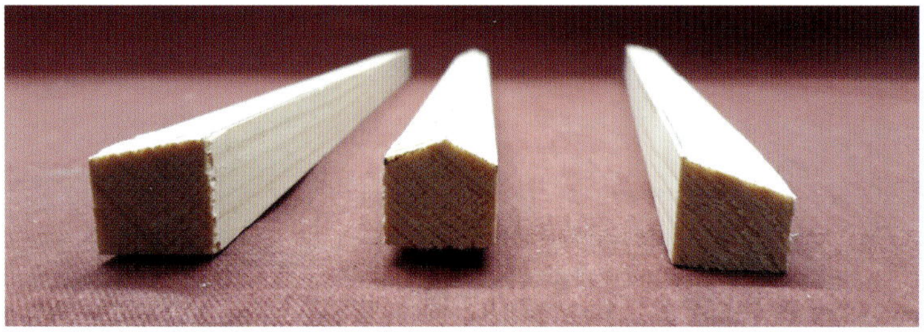

3 Die beiden Firstträger Nr. 8 jeweils mittig von unten auf die beiden Querbalken Nr. 6 aufschrauben.

4 Die beiden Querbalken Nr. 6 mit den beiden Pfetten Nr. 5 verschrauben, Überstand der Pfetten auf beiden Seiten; ca. 1,5 cm. (siehe Montageskizze).

5 Firstbalken Nr. 7 von oben auf die beiden Firstträger Nr. 8 aufschrauben.

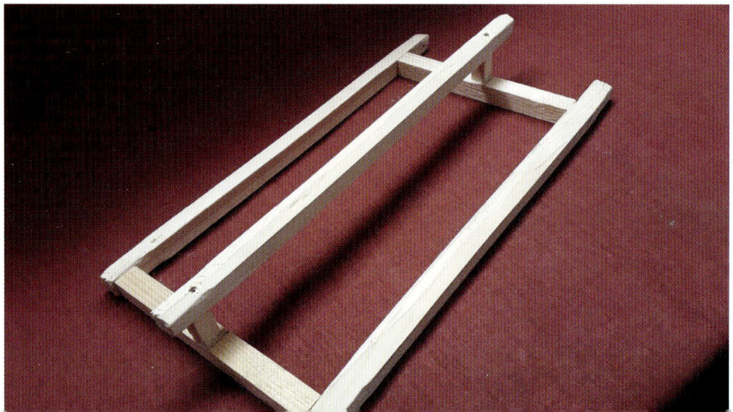

Einbau des Heubodens

1 Für den Heuboden werden Brettchen von Obst- und Salatkisten (oder auch Funierreste vom Schreiner) verwendet. Breite 1 bis 3 cm.

2 Die Bodenbalken Nr. 10 und Nr. 11 mit Heißkleber auf die Stallwände Nr. 2a, 2b und 2c aufkleben.

3 Bodenbrettchen zurechtschneiden, auflegen und mit Heißkleber festkleben.

4 Soweit eine Beleuchtung vorgesehen ist, einen kleinen Haken von unten in einen der Bodenbalken schrauben, um später daran eine Laterne zu befestigen. Beim späteren Einbau der Lampe hinten ein Brettchen entfernen, Lampe durchführen und Brettchen wieder ankleben.

Nach dem Einbau des Heubodens die Dachkonstruktion auf die Tragebalken Nr. 1a bis 1f auflegen und von oben mit Senkkopfschrauben befestigen, Schraubenkopf versenken.

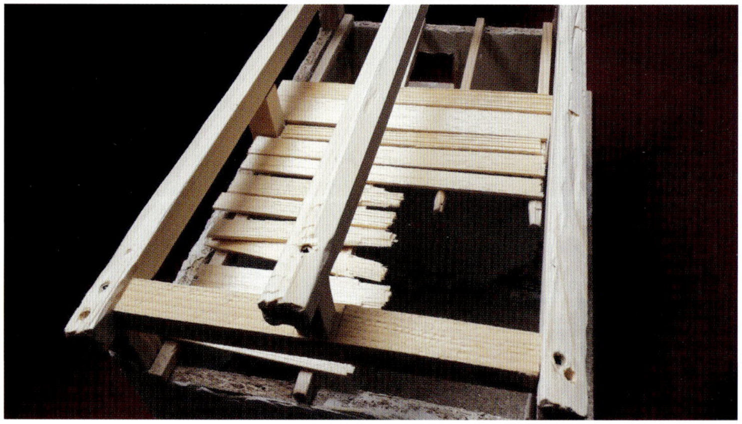

5 Die beiden Querbalken und Pfetten können gebeizt werden. Die Flächen der Querbalken und Pfetten die nach Außen zeigen nicht mitstreichen.

6 Beim Beizen bleibt die Maserung des Holzes sichtbar, die Beize kann mit einem Pinsel oder auch mit einem Schwamm aufgetragen werden. Empfohlen werden Farbtöne grau bis braun. Vor dem Anstrich in jedem Falle eine Probebeizung durchführen (siehe Seite 11 bis 15).

Anbringen der Dachsparren

1 Die Sparren Nr. 9 werden **hochkant** und paarweise vom Firstbalken Nr. 7 zur Pfette Nr. 5a bzw. 5b gelegt und mit Heißkleber angeklebt. Vor dem Ankleben die später sichtbaren Kanten der Sparrenenden mit einem scharfen Messer und ggf. auch mit Drahtbürste und Schleifpapier bearbeiten.

2 Die Sparrenenden oben so anschrägen, dass sie am First bündig zusammenstoßen, jeweils zwei Sparren bilden ein Pärchen. Der Dachüberstand der Sparren beträgt 2 bis 3cm. Evtl. kürzen.

3 Jeweils ein Sparrenpaar außen bündig und senkrecht über den Querbalken Nr. 6a und Nr. 6b ankleben. Sparren, Querbalken und Mauer bilden außen eine senkrechte Linie, auf die später die Holzverkleidung angeklebt wird.

Restliche Sparren gleichmäßig auf die Dachlänge verteilen und ankleben.

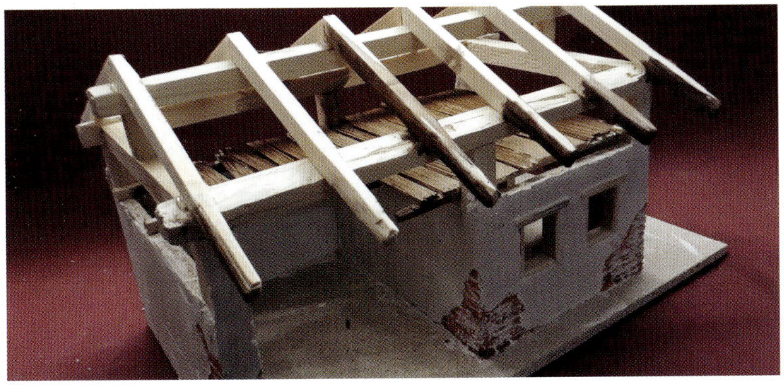

Dacheindeckung

Die Dacheindeckung wird aus Obst- oder Salatkisten Dachschindeln hergestellt. Die Brettchen sollten ca. 4–5 cm breit sein.

1 Die Holzbrettchen für die Dachlatten in ca. 1 cm breite Streifen schneiden. Diese auf die ganze Länge des Stalles auf die hochkant liegenden Sparren aufkleben.

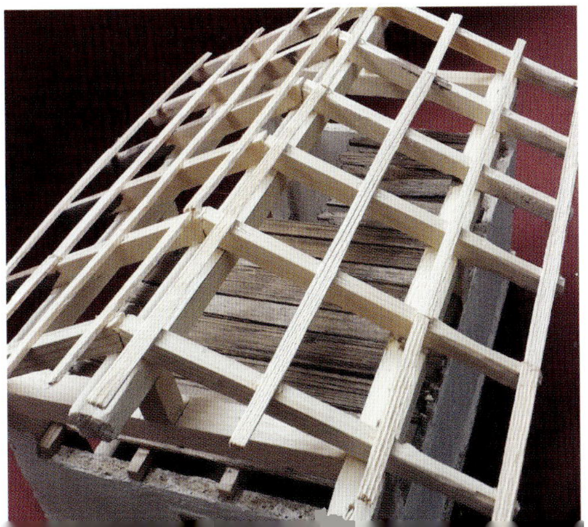

2 Auf jeder Dachseite einen Streifen am unteren Sparrenende und einen Streifen möglichst nahe oben am Firstbalken aufkleben.

3 Zwischen dem oberen und unteren Streifen drei weitere Streifen aufkleben.

4 Beidseitig am unteren Dachende eine #fett# doppelte Dachlattung anbringen. Der Dachüberstand der Streifen beträgt 2 bis 3 cm über den letzten Sparren.

5 Aus den vorgeschnittenen Brettern Dachschindeln herstellen. Die Schindellänge ergibt sich aus dem Abstand von zwei Dachlatten (1 bis 2 cm länger).
Die Bretter auf entsprechende Schindellänge über eine Tischkante abbrechen.

6 Schindeln mit Heißkleber auf Dachlatten aufkleben. Mit der unteren Schindelreihe am linken oder rechten Dachende beginnen.

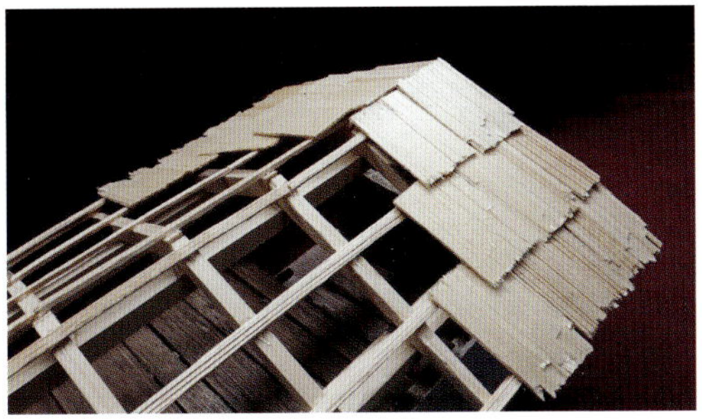

7 Schindeln über die beiden unteren Lattungen legen und mit Heißkleber aufkleben, Schindeln reichen bis zum Sparrenende, untere Schindelreihe vollständig verlegen; zweite Reihe liegt auf der dritten Dachlatte und überlappt die darunterliegende Reihe um 1 bis 2 cm, die Reihe mit einer halben Schindelbreite beginnen.

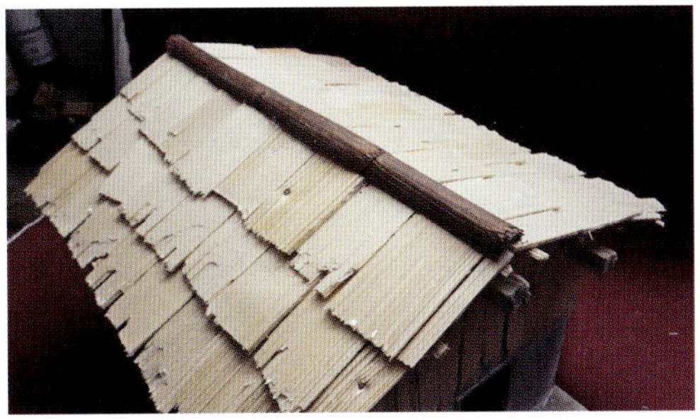

8 Dritte Reihe wieder mit einer ganzen Schindel beginnen. Am Dachfirst sollen die Schindeln der rechten und linken Dachhälfte zusammenstoßen. Beide Dachhälften auf diese Weise eindecken.
Als Firstkappe kann ein ca. 2 cm dicker Holunderzweig, der in der Mitte geteilt wird und aus dem das Mark entfernt wurde, verwendet werden. Die Firstkappe mit Heißkleber aufkleben. Das fertige Dach ebenfalls beizen.

Anbringen der Holzverkleidung auf den Giebelseiten

1 Dazu wieder Brettchen von Obst- oder Salatkistchen verwenden. Nach dem Anpassen und Zuschneiden auf die richtige Länge die Brettchen an den äußeren Sparren und an den Querbalken Nr. 6a bzw. 6b sowie an der Mauer mit Heißkleber befestigen. Oben entsprechend der Dachschräge abschrägen, so dass sie unterm Dach oben abschließen und unten den Mauerrand 1 bis 2 cm überlappen.

2 Danach können auch die beiden Tragebalken 1e und 1f mit Holzbrettchen verkleidet werden (Heißkleber verwenden). Nun die vollständige Rück- und Vorderseite über den Fenstern auf die gleiche Weise verkleiden.

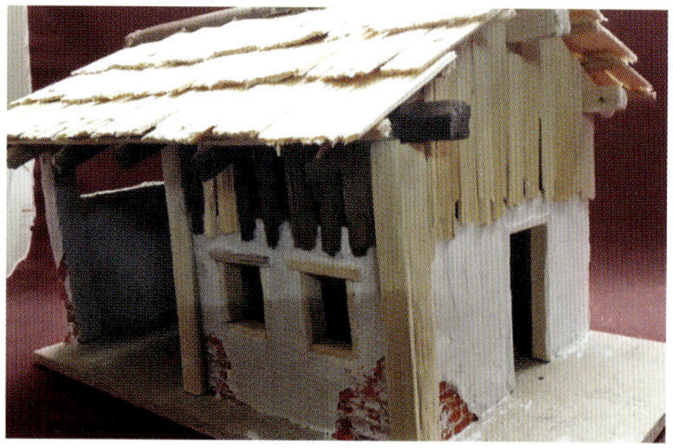

Farbgebung

Nach Fertigstellung der Verkleidung kann der Rohbau einschließlich des Daches gebeizt werden.
Beizen und Farbgebung siehe „Einbau des Heubodens“. Vor dem Beizen die Mauerteile unterhalb der Holzverkleidung sowie neben den Tür- und Fensterrahmen mit Klebeband abkleben.

Montage Anbau rechts = Türeingang

1 Die beiden Pfetten Nr. 19 mit einem stabilen, scharfen Messer auf die ganze Länge anschrägen (ca. 30 °). Die Kanten der Stirnseiten und den Überstand vorne wieder mit Messer bearbeiten.

2 Eine der beiden Pfetten auf der rechten Giebelseite horizontal an der Holzverkleidung mit Heißkleber festkleben Der Abstand der Unterkante zur Bodenplatte beträgt 15,5 cm, das Einrücken des vorderen Tragebalken 1e ca. 6 cm.

3 Die andere Pfette von oben auf den Stirnseiten der beiden Tragebalken Nr. 18 mit Senkkopfschrauben verschrauben, Schraubenkopf versenken.

4 Die Pfette nach hinten ca. 0,5 cm überstehen lassen, nach vorne ca. 1,5 cm.

5 Zwischen den beiden Tragebalken Nr. 18 zwei der Querholme Nr. 20 verschrauben, die Querholme sind außen bündig mit Tragebalken.

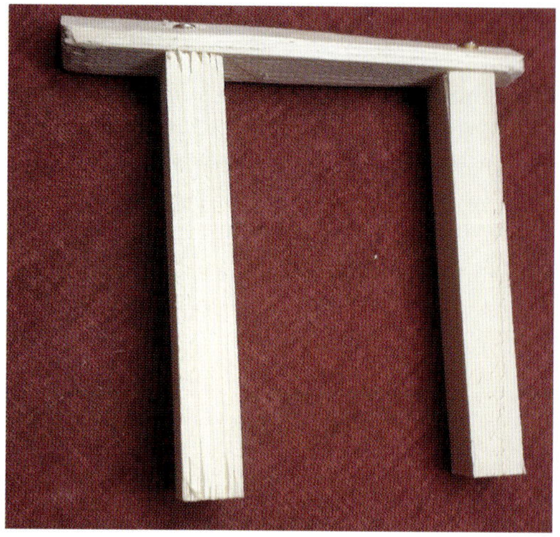

6 Einen der Querholme Nr. 20 im rechten Winkel an der vorderen Pfette mit Senkkopfschraube verschrauben und ansenken. Der Abstand zur unteren Stirnseite der Pfette (zur Grundplatte) beträgt 9,5 cm.

7 Zwei der Querholme Nr. 20 im rechten Winkel an der hinteren Pfette außen bündig verschrauben.

8 Zum Befestigen des Türgerüstes an der rechten Giebelseite die Stellung der beiden Tragebalken auf der Grundplatte mit einem Stift markieren und nach der Pfette, die am Giebel befestigt wurde, ausrichten.

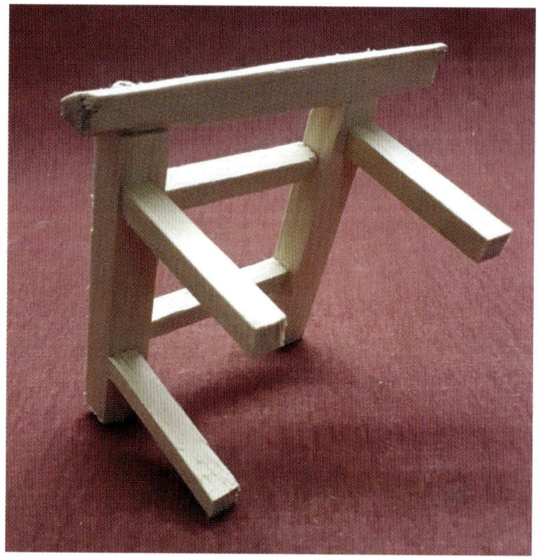

9 Beide Tragebalken von der Unterseite der Grundplatte verschrauben (vorbohren und Schrauben versenken) und gleichzeitig die Querholme mit ihrer Stirnseite an der Giebelmauer mit Heißkleber ankleben.

10 Eines der Rahmenhölzer Nr. 22 stehend an der vorderen Pfette innen (zur Mauerseite hin) einpassen und ankleben. Gegenüber an der Mauerseite ebenfalls ein Rahmenholz stehend einpassen und festkleben.

Die Dachsparren Nr. 21 auf den beiden Pfetten und der Mauer mit Heißkleber befestigen, Dachsparren an der Seite der Mauer anschrägen, Schnittkanten der anderen Stirnseite mit Messer bearbeiten.

11 Die beiden äußeren Sparren bündig und senkrecht über den Querholmen Nr. 20 ankleben, Sparren und Querholme bilden außen eine senkrechte Linie, auf der dann die Holzverkleidung angeklebt wird.

12 Die Dacheindeckung erfolgt auf die gleiche Weise wie die Eindeckung des Stalles.
Die Anbringung der Holzverkleidung erfolgt auf die gleiche Art wie beim Stallgebäude, den Türausschnitt nicht mitverkleiden.

13 Der Bau und Einbau der Tür erfolgt später und wird auf Seite 11 bis 15 beschrieben.

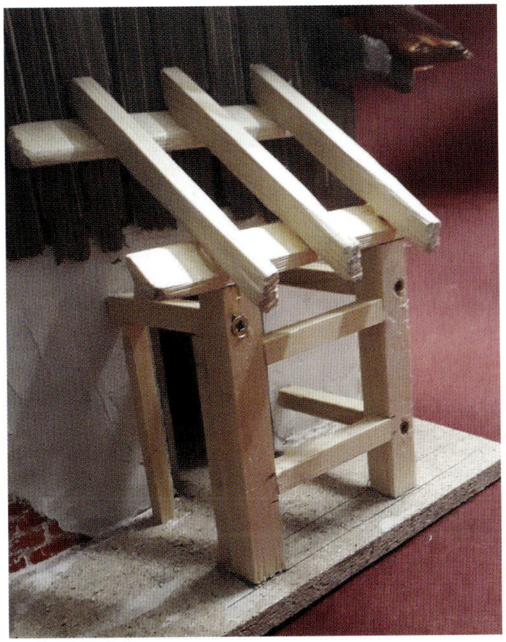

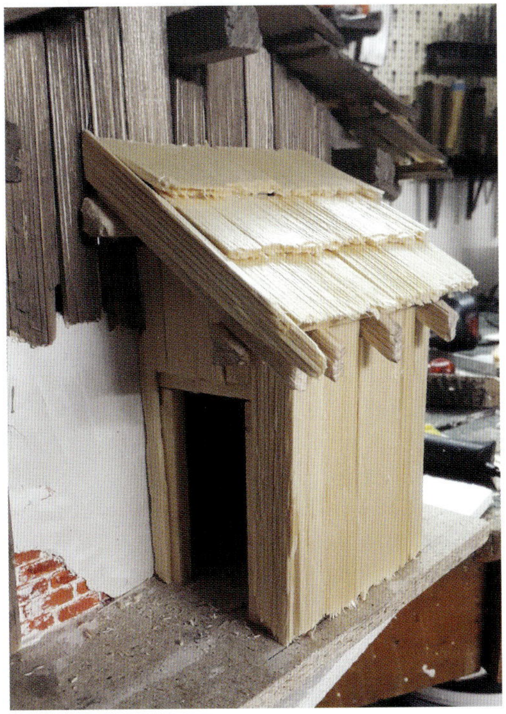

Krippenbauer, die ein Gelände eingeplant haben setzen ihre Grundplatte mit den Abstandsleisten auf die zweite größere Grundplatte (72 x 50 cm) und befestigen diese von unten mit den Abstandsleisten (Schrauben versenken).
Den Stall mit den Abstandsleisten nach hinten wieder bündig ausrichten. Abstand zum Plattenrand links ca. 20 cm. Den Zwischenraum zwischen oberer und unterer Platte mit Styropor ausfüllen und wie den Giebel mit Gips bestreichen.

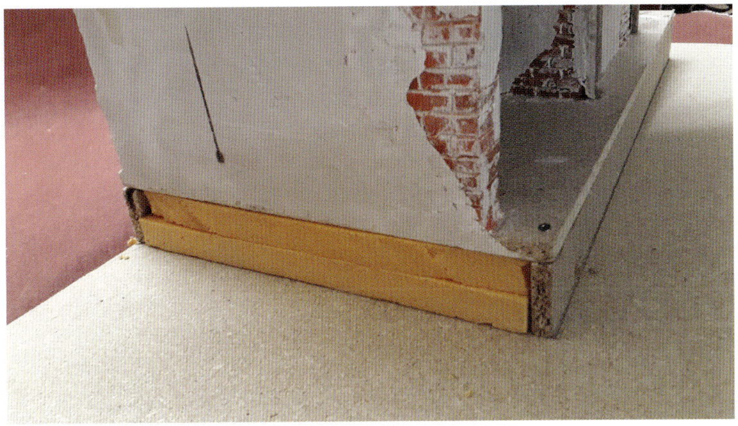

Montage Anbau linke Seite

(mit oder ohne Gelände gleichbleibend)

1 Die Schnittkannten der Grundplatten auf der Vorder- und an der Stirnseite mit Hilfe einer Stichsäge anschrägen/abrunden.

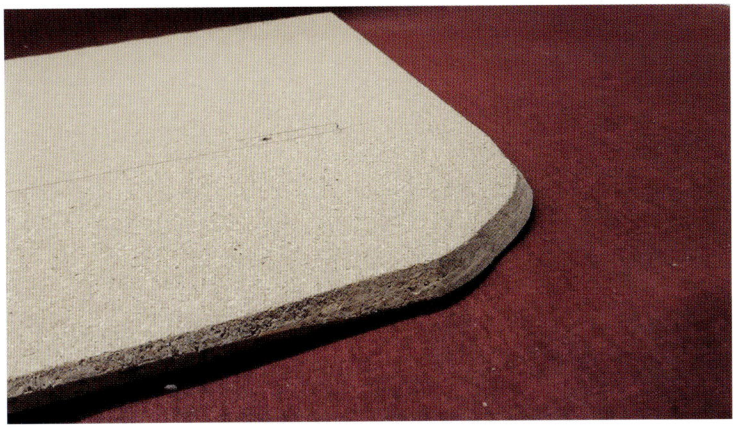

2 Die Grundplatte in dem Bereich, auf dem der Anbau steht, mit einer dünnen Gipsschicht überziehen und trocknen lassen (siehe Mauerwerk).

3 Die beiden Pfetten Nr. 15 mit einem scharfen Messer auf die gesamte Länge anschrägen (Profil siehe Stückliste, ca.-Angabe). Die Schnittkanten an den beiden Stirnseiten mit einem Messer bearbeiten.

4 Eine der beiden Pfetten an der linken Giebelseite des Stalles mit Heißkleber befestigen, Pfette so weit vorne einrücken, dass die Pfette Nr. 15 zwischen die beiden Pfettenenden Nr. 5 passen. Abstand zur Grundplatte **ohne Gelände ca. 19 cm. Mit Gelände minus dem Maß der Abstandsleiste ca. 15,5 cm**

5 Auf den Stirnseiten der beiden Tragebalken Nr. 14 die Pfette Nr. 15 von oben verschrauben, vom Tragebalken vorne ca. 1,5 cm einrücken, Abstand zwischen den beiden Tragebalken 14 cm.

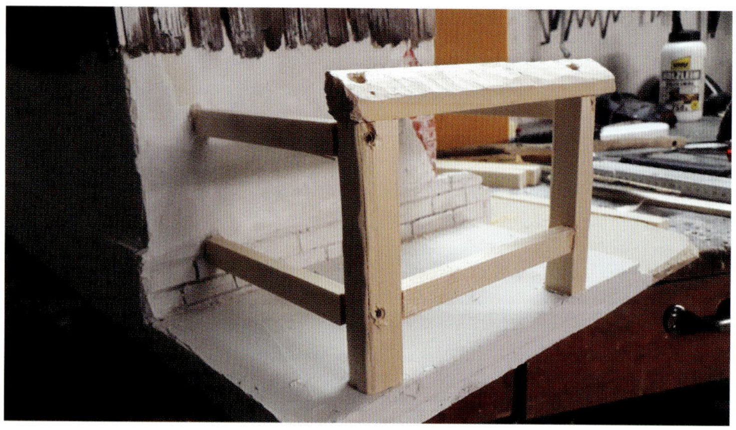

6 Zwischen den Tragebalken Nr. 14 einen Querholm Nr.16 außen bündig mit den Tragebalken verkleben. Abstand nach unten ca. 2 cm.

7 Zwei weitere Querholme Nr.16 am hinteren Tragebalken im rechten Winkel verschrauben oder kleben; außen bündig mit Tragebalken, oberer Querholm mit 10,5 cm Abstand nach unten; unterer Querholm ca. 2,5 cm nach unten.

8 Am Tragebalken (14a) vorne ebenfalls Querholm rechtwinkelig anbringen, mit 10,5 cm Abstand nach unten.

9 Zum Befestigen des Anbaus an der linken Giebelseite, die Stellung der beiden Tragebalken auf der Grundplatte mit Stift markieren (nach der Pfette am Giebel ausrichten), beide Tragebalken von der Unterseite der Grundplatte aus verschrauben und die Querholme an der Giebelmauer mit Heißkleber ankleben.

10 Die Dachsparren Nr. 17 hochkant auf den beiden Pfetten und an der Mauer mit Heißkleber befestigen, Dachsparren an der Seite der Mauer anschrägen, die Schnittkanten der anderen Stirnseite mit einem Messer bearbeiten.

11 Die beiden äußeren Sparren bündig und senkrecht über den Querholmen Nr. 16 ankleben. Sparren und Querholme bilden außen eine senkrechte Linie, auf der dann die Holzverkleidung angeklebt wird. Die Dachlattung wie auf dem Stallgebäude anbringen.

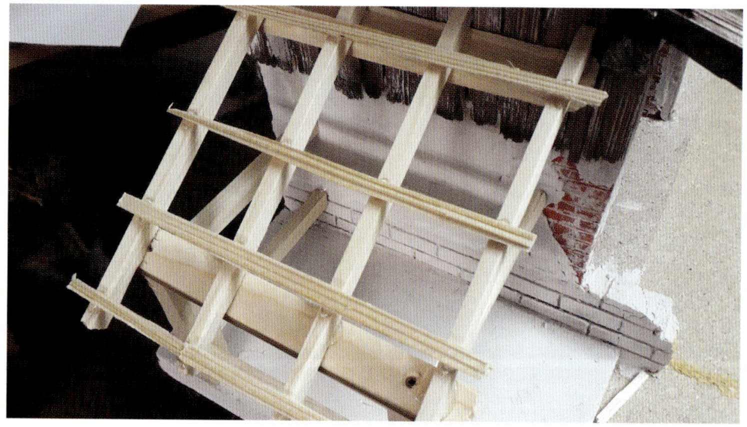

12 Zur Dacheindeckung können Schindeln oder längliche Brettchen verwendet (2 bis 4 cm breit) werden, die von der oberen Pfette locker und übereinander zur unteren Pfette gelegt und angeklebt werden.

13 Die Anbringung der Holzverkleidung erfolgt auf die gleiche Art wie beim Stallgebäude und dem Anbau rechts.

14 Nach Fertigstellung kann der Anbau gebeizt werden.

Zur weiteren Ausgestaltung und Gestaltung der Grundplatte sowie des Geländes lesen Sie bitte Seite 11 bis 15.

Variante an Stelle der Mauer mit Bretterverschlag

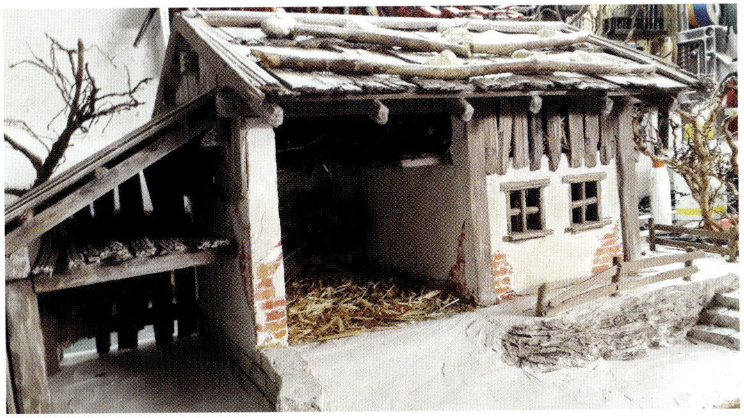

Beim Bau der Krippe mit einem Bretterverschlag an Stelle der Mauern werden die Pressspannbrettchen für die Mauern Nr. 2, 3 und 4 durch Querholme ersetzt. (Mauer Nr. 2 wird ersetzt mit jeweils zwei Querholme 1,5 x 1,0 x 20 cm, Mauer Nr. 3 mit jeweils zwei Querholmen 1,5 x 1,0 x 16 cm und Mauer Nr.4 mit zwei Q. 1,5 x 1,0 x 18 cm.

Die Querholme werden eingebaut wie beim Anbau links und rechts des Stallgebäudes. An der Mauerseite 2c wird ein Rahmen für die Tür eingebaut. Die Querholme werden mit Holzbrettchen verkleidet. Alle anderen Montageschritte erfolgen auf die gleiche Art wie beschrieben.

Beim Kauf eines kompletten Bausatzes beim Autor dies Variante bitte gesondert angeben.

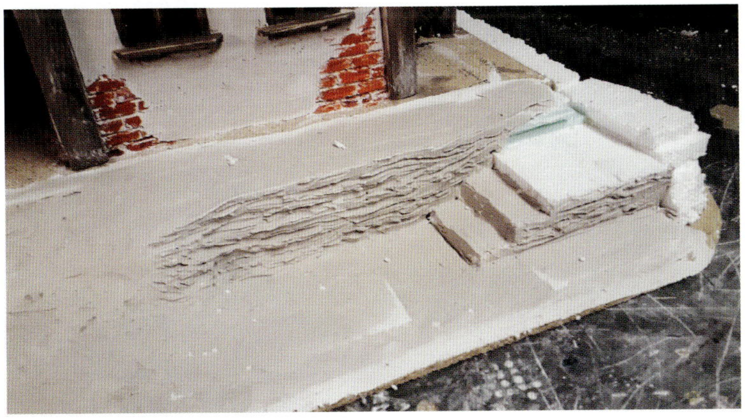

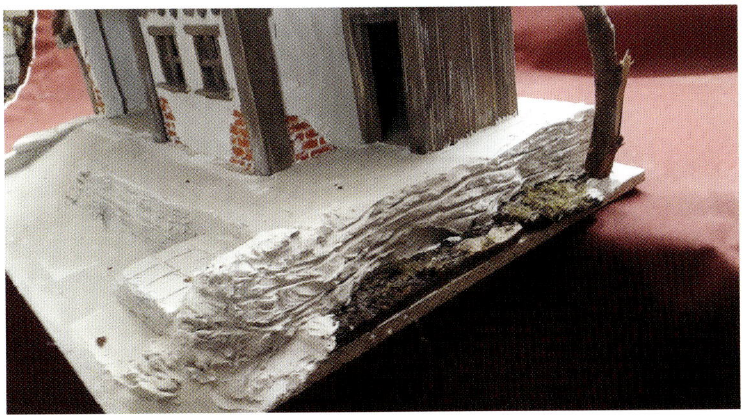

Glossar

Ablängen
Unter Ablängen versteht man das exakte Abschneiden (Kappen) von Brettern, Leisten, großen und kleinen Werkstücken.

Ansenken
Bei Senkkopfschrauben bohrt man nach der Bohrung für das Gewinde im Durchmesser der Schraube (hier 3 mm), noch eine nur ca. 3 mm tiefe Bohrung im Durchmesser von 10 mm. Darin verschwindet der Schraubenkopf. Mit einem Krauskopfbohrer wird die Öffnung trichterfömig vergrößert.

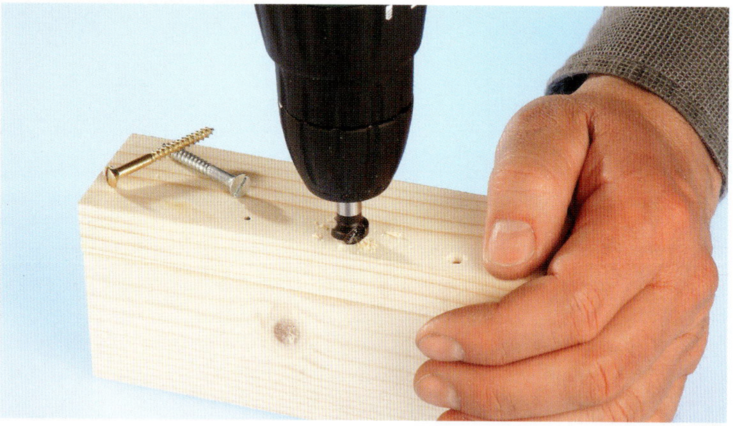

Beize
Beizen gibt dem Holz Farbe, macht es unempfindlicher und schützt gegen Schimmel. Die Maserung und die Färbung des Holzes werden durch die Beize betont. Vor dem Beizen das Holz gründlich entstauben.

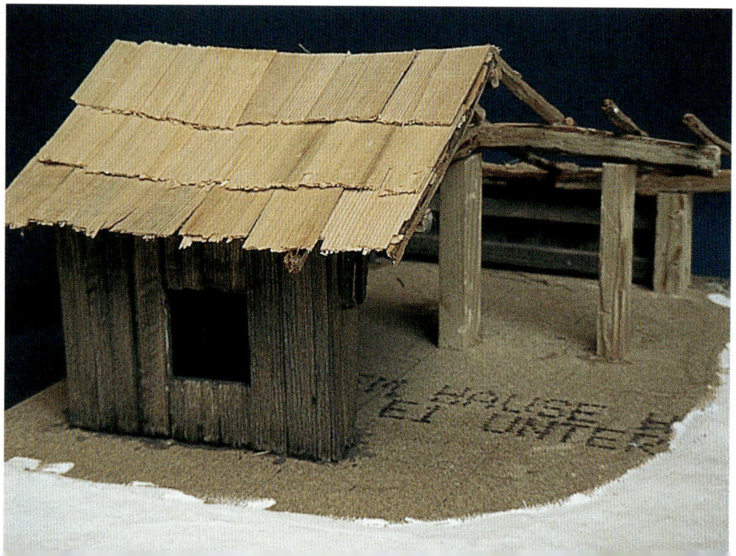

Dachschindeln
Schindeln können aus Stein, Holz oder Ton gefertigt werden. Die Schindeln werden überlappend wie Fischschuppen auf eine Lattung geklebt (Heißkleber).

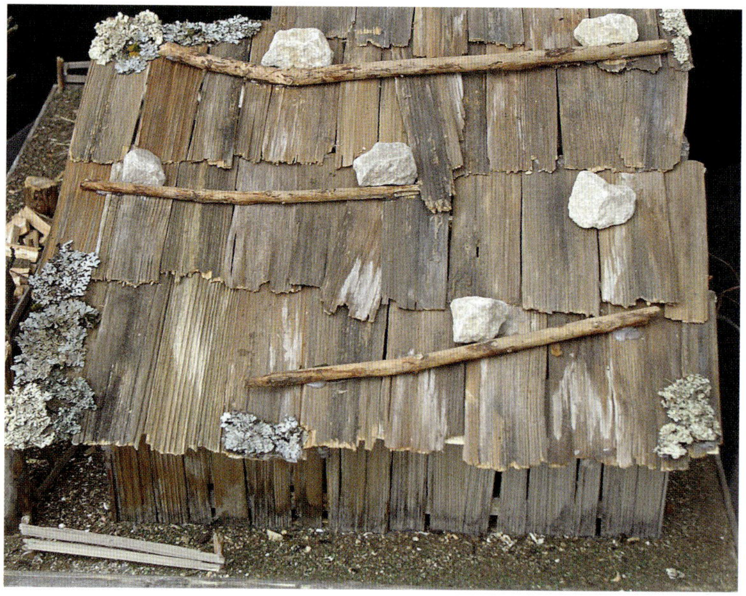

Dachsparren
Als Dachsparren bezeichnet man die in Richtung der Dachneigung schräg verlegten Balken eines Daches. Auf diesen liegt die Dachhaut auf. Sie sind meistens aus Holz, können aber auch aus Metall oder Beton sein. Die Dachsparren tragen die Lattung oder die Schalung des Dachs.

Einzapfen
Beim Einzapfen werden zwei Hölzer durch eine Steckverbindung miteinander verbunden. Hier haben die Giebelbalken eine Kantenlänge von 2 cm x 2 cm. An der Stelle, an der sie zusammengefügt werden, also auf einer Breite von 2 cm mit einer Säge oder einem Stemmeisen 1 cm entfernen.

First
Der Begriff First bezeichnet im Allgemeinen die obere Schnittkante von zwei Dachflächen. Also den höchsten Punkt des Daches.

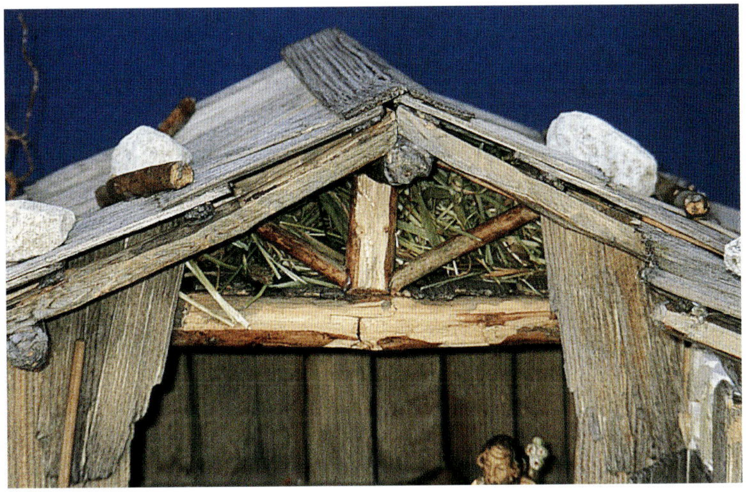

Gehrung
Als Gehrung bezeichnet man die Eckverbindung zweier in einem Winkel aufeinanderstoßenden länglichen Werkteile. In den meisten Fällen ist die Gehrung dabei die Winkelhalbierende des Winkels mit dem die Teile fixiert werden. Stoßen zum Beispiel zwei Leisten eines Bilderrahmens im Winkel von 90° aufeinander, so wird die Gehrung durch einen Schnitt von 45° an den Enden der Leisten gebildet. Der Vorteil dieser Verbindungstechnik liegt darin, dass die Kontakt- bzw. Verbindungsfläche vergrößert wird, was die Stabilität des Werkstücks erhöht.

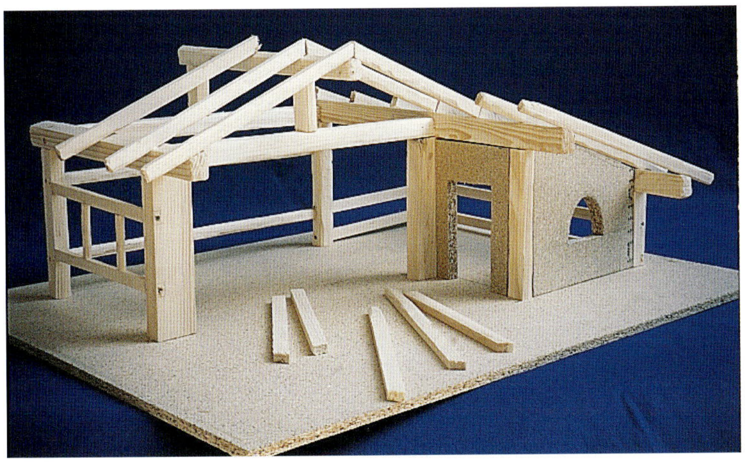

Giebel
Der spitz zulaufende, dreieckige, obere Teil der Wand eines Gebäudes, der zu beiden Seiten vom schräg ansteigenden Dach begrenzt wird.

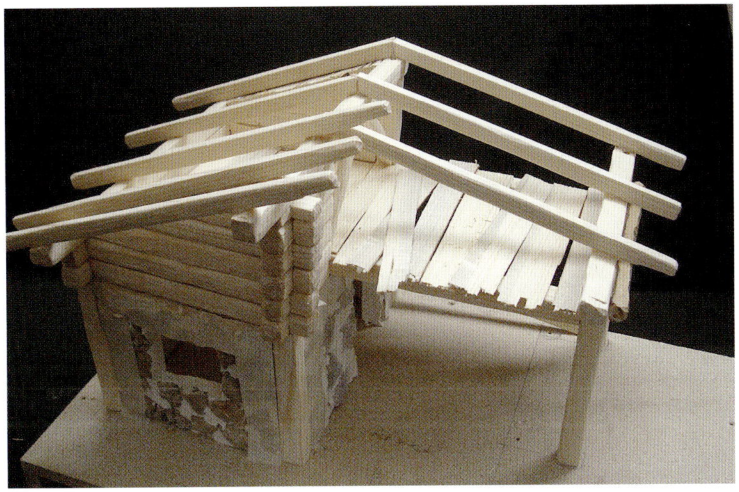

Holm
Längsholz, z. B. die Sprossen einer Leiter oder die Stange eines Barrens.

Patinieren
Patinieren verleiht Gegenständen ein älteres Aussehen. Patina in Form von Wachs erhält man in Bastelfachgeschäften. Sie wird mit einem sauberen, fusselfreien Lappen dünn aufgetragen.

Pfetten
Eine Pfette (auch: Fette) ist in der Zimmerei ein im Allgemeinen parallel zum First verlaufender Holzbalken, auf dem die Sparren des Dachstuhls aufliegen. Die Pfette ist ein Teil des Dachstuhlrahmens.

Sparren/Dachsparren
Die schräg liegenden Hölzer des Dachgerüsts, Träger der Dachdeckung.

Traufe
Die waagerechte untere Kante mit dem Regenablauf.

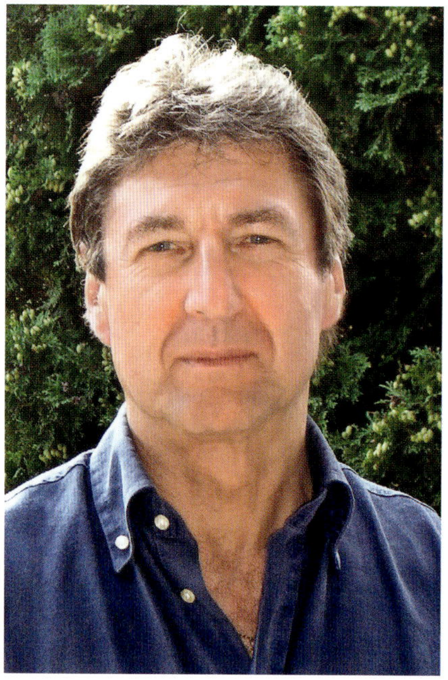

Kurzportrait

Karl-Heinz Reicheneder, Jahrgang 1949 lebt mit seiner Familie in Oberbayern bei München. Er befasst sich seit mehr als 30 Jahren in seiner Freizeit mit dem Krippenbau und hat seither mehrere Krippüenbücher verfasst. Er ist Autodidakt und begeisteter Bastler. Ideen und Anregungen findet er immer wieder bei Auslügen und Wanderungen seiner oberbayerischen Heimat. Insbesondere die im Alpenraum in einer Vielzahl vorhandenen traditionell aus Holz und Stein erbauten Unterstände und Heuschober sind für ihn jederzeit willkommene Anregungen für neue Krippenmodelle.

Hilfestellung zu allen Fragen, die Materialien und Bastelbücher betreffen: Frau Erika Noll berät Sie gerne.
Rufen Sie an: 07 11/12 37 57 20.*, E-mail: mail@kreativ-service.info

*normale Telefongebühren

Weitere Krippen und Bausätze für Krippen finden Sie unter www.bayerische-krippen.de, Karl-Heinz Reicheneder, Tel. 08441-84877

FOTOS: frechverlag GmbH, 70499 Stuttgart; Karl-Heinz Reicheneder (Arbeitsschrittfotos); Lichtpunkt, Michael Ruder, Stuttgart (Seite 10/11, 16/17, 44/45, 64/65, 132/133, 142/144); Ullrich und Co., Renningen (alle übrigen Fotos).

MONTAGE-SKIZZEN: Andreas Reicheneder

PRODUKTMANAGEMENT UND LEKTORAT: Annika Bitten, Tanja Kasten

COVER: Tatjana Weiß

UMSCHLAG/LAYOUT/HERSTELLUNG: Heike Köhl

DRUCK UND BINDUNG: Livonia Print SIA, Lettland

1. Auflage 2021

ISBN 978-3-7724-4598-9
Best.-Nr. 4598